唯一的規則

유일한 규칙

리링 저작선
04

唯

유일한
규칙 손자의
투쟁철학

리링李零 지음 **임태홍** 옮김

的規則

글항아리

일러두기

1. 이 책은 리링李零의『唯一的規則-孫子的鬪爭哲學』, 三聯書店, 2010을 완역한 것이다.
2. 중국 인명은 신해혁명(1911) 이전은 한자 독음으로, 그 뒤는 중국어 발음으로 표기했다. 지명은 한자 독음 표기를 원칙으로 했다.
3. 본문에 인용된『손자』원문 번역은 기본적으로 저자 리링의 원문 설명과 분석에 따르고 부족한 경우는『전쟁은 속임수다-리링의 손자강의』(리링 지음, 김승호 옮김, 글항아리, 2012)를 참조했다.
4. 이 책에 제시된『손자』원문에는 ( ) [ ] 〈 〉 세 종류의 괄호가 나온다. ( )는 저자가 판단하기에 잘못 알려진 글자이며, [ ]는 저자가 고치거나 보충한 것, 〈 〉는 역자가 보충한 것으로 저자의 원문에 빠져 있는 글자다.
5. 이 책에서 각 편의 배치는『손자』의 순서와 다소 다른데, 그 이유는 저자 리링이『손자』전체의 내용 흐름을 염두에 두고 독자의 이해를 돕기 위해서 제8편「구변」편을 제11편「구지」편과 제12편「화공」편 사이에 끼워넣었기 때문이다.

고전으로 다시 돌아가다

- 평유란과 후스의 차이를 함께 논함 -

1

지금 시대에 우리가 경전을 읽는다고 할 때, 나는 현대인의 시각에서 중국 고전의 지혜를 가장 잘 대표할 수 있는 책으로 다음 네 권을 추천한다. 『논어』 『노자』『손자』『주역』이다. 왜 내가 이 책들을 읽어봐야 할 기본 교재로 추천하는지에 대해 그 이유를 간단히 설명하려 한다.

첫째, 이 책 네 권은 중국 고전 학술의 대표작이다. 선진先秦, 즉 진나라 이전 시대 학술은 제자백가의 학문이었다. 제자백가 중에서 영향력이 가장 컸던 것은 유교와 도교였다. 『논어』는 유가의 대표작이고, 『노자』는 도가의 대표작이다. 이 두 책은 의심할 나위 없이 선진 사상을 대표하는 저작이다. 나머지 두 책 역시 매우 전형적이다. 고대에는 두 종류의 학문이 있었는데 하나는 치국治國·용병用兵이었고, 다른 하나는 수술數術·방기方技였다. 치국, 즉 나라를 다스리는 일은 경전이 필요 없다.(경전이 있다고 하더라도 강의할 수가 없다.) 용병, 즉 병사를 부리는 데는 경전이 있다. 『손자』는 바로 선진 시대 병학兵學의 대표작이다. 고대에 수술과 방기 쪽으로는 어디에나 응용할 수 있는 이론들이 있었다. 그것을 음양오행설이라고 불렀다. 음양오행설 역시 경전은 없었다. 다만 『주역』이 있어서 후대에 전해졌는데, 영향력이 커서 이론이 널리 퍼지게 되었다.

둘째, 이들 책 네 권은 연대가 비교적 빠르고 편폭도 매우 적다. 『논어』는 약 1만5000자로 약간 긴데, 『노자』『손자』『주역』은 모두 5000자 정도의 작은 책이다.(『손자』는 약 6000자다.) 다른 옛 책들, 예를 들면 『관자』『묵자』『장자』『한비자』『여씨춘추』 등은 어느 것이나 모두 앞의 책들보다 크다. 경전은 연대가 빠르면서 분량이 적은 것을 먼저 읽은 다음 연대가 늦고 분량이 많은 것을 읽으면 훨씬 수월하고 효과가 가장 좋다.

셋째, 이 네 권의 책에 담긴 지혜는 매우 풍부하다. 중국 책들이 유럽으로 전해진 지가 약 400년이 되었는데, 그들이 이리저리 고르고 골라서 본 책들 가운데 가장 좋아한 것이 이 네 권이었다. 그래서 번역본도 가장 많다. 이 책들은 다른 옛 책들보다 훨씬 더 잘 중국의 문화를 대표할 수 있으며, 또한 더 쉽게 세계 문화에 융합될 수 있다.

이 세 가지가 바로 내가 이들 책을 추천한 이유다.

2

하지만 나는 문제를 좀 더 깊게 좀 더 멀리 보면서 말하고 싶다. 이 네 권의 책은 하나의 창구일 뿐이라는 점을 분명히 알았으면 한다. 그 배후에는 더 광활한 배경이 있다. 이것들은 단지 견본일 뿐이다.

선진 시대가 중국 사상사와 학술사에서 가장 휘황찬란한 시기라는 점은 누구도 의심하지 않을 것이다. 이 시대에 많은 인재가 배출되었고 사상도 활발했다. 유럽 문명에서 가장 위대했던 고전 시대와 같은 시대이며, 독일 철학자 야스퍼스가 말한 '기축基軸시대'에 해당된다. 이 역시 일종의 세계적인 현상이었다.

모두가 알고 있듯이 선진 시대는 자학의 시대였으며 선진의 학술은 제자백가諸子百家의 학문이었다. 제자백가는 서로 평등했으며, 자유로운 학술 사상을 펼쳤다. 당시 6경은 자학이라는 테두리 안에 담겨 있었고, 자학의 일부분이었다. 한漢대에 유학만이 독존하며 6경만을 중요시한 것과는 달랐다.

한나라는 경학의 시대였다. 경학의 시대와 자학의 시대는 다르다. 경학 시대에는 유학의 경전이 제일이었고 유학자는 그 뒤였다. 예를 들면 『논어』『맹자』는 경전보다는 다소 낮은 '전기傳記'가 되었다. 다른 유파들이 의탁했던 각종 기술은 언급할 가치도 없었다. 어떤 유파는 살아남았고 어떤 유파는 없어졌다. 그러나 생존한 유파들도 유학에 빌붙어 봉사할 수밖에 없었다. 이러한 모습은 중국 고전 학술의 진면목이라 하기 어렵다.

유럽의 문예부흥은 고전으로의 복귀였다. 그들은 종교의 독재를 반대하며 사상의 해방을 외쳤다. 그것은 중세기로 돌아가기 위함이 아니었다. 그러나 요즘 큰 소리로 문예부흥을 외치는 사람들은 이와는 완전히 반대다.[1]

제자백가의 학문을 연구하기 위한 자료로서 중요도가 높은 것은 다음의 여섯 편이다.

(1) 『장자』의 「천하」

「천하」 편에서 말하기를, 천하에 방술方術을 닦는 사람은 무척 많은데 그들은 모두 자기가 배운 것이 최고라고 생각한다. 「천하」 편에서 말하는 '방술'이란 고대의 '기술'로서 후대 사람들이 말하는 방술보다 그 뜻이 넓다. 즉 앞에서 말한 수술·방기와 치국·용병의 기술이다.

「천하」 편에서는 이러한 것들이 아니라 '도술道術'을 말한다. 소위 도술은 사상이다. 처음에는 단지 "공자와 맹자가 태어난 곳의 선비나 유학자들이 대개 그것에 밝았다." 그러다 백가百家의 학문이 그 가운데서 퍼져나와 "도술이 천하를 분열시켰다."

「천하」 편의 도술에는 주로 다음의 여섯 유파가 있다.

1) '추로의 선비나 관리 선생鄒魯之士, 搢紳先生'은 유가다.
2) 묵적墨翟과 금활리禽滑釐는 묵가다.[2]
3) 송견宋鈃과 윤문尹文은 묵가에 가까운 유파다.
4) 팽몽彭蒙, 전병田駢 그리고 신도愼到는 법가다.
5) 관윤關尹과 노담老聃은 도가다.
6) 혜시惠施, 환단桓團과 공손룡公孫龍은 명가名家다.

「천하」 편에서는 음양가를 언급하지 않았다.

(2) 『순자』의 「비십이자非十二子」

「비십이자」 편은 학술사를 두루 논한 글이 아니다. 단지 12명을 비평했는데, 순자는 그들의 사상이 "이유와 논리가 있어 우매한 대중을 속이고 미혹에 빠뜨릴 만하다"고 하여 싫어했다.

1) 타효佗囂와 위모魏牟의 문제점은 방종한 경향이다. 「천하」 편에서는 이들을 언급하지 않았다.

2) 진중陳仲과 사추史鰌의 문제점은 억압적인 경향이다. 「천하」 편에서는 이들 역시 언급하지 않았다.

3) 묵적과 송견宋鈃의 문제점은 차별을 말하지 않았다는 점이다. 묵적은 묵가의 창시자고, 송견은 묵가와 관련이 있다.

4) 혜시惠施와 등석鄧析의 문제점은 궤변 늘어놓기를 좋아한다는 점이다. 그들은 명가인데, 「천하」 편은 등석을 언급하지 않았다.

5) 신도와 전병의 문제점은 법률을 우롱한다는 점이다. 그들은 법가다.

6) 자사子思와 맹자의 문제점은 전통을 위조하고 성현의 이름을 빌려 가탁假託한다는 점이다. 그들은 유가다.

순자荀子는 유가다. 유가의 각 파 중에서 그는 자사와 맹자를 가장 싫어했고, 그들을 유가의 죄인으로 배척했다. 순자는 자장子張, 자하子夏, 자유子游의 후학들 역시 싫어했다. 유일하게 칭찬한 사람은 공자와 자궁子弓이었다.

이 「비십이자」 편 역시 음양가를 언급하지 않는다.

(3) 『한비자』의 「현학顯學」

「현학」 편에서는 "세상의 현학은 유가와 묵가"라고 하며 유가와 묵가만을 설명했다. 선진 시대 초기 자학에서 주요한 두 학파가 유가와 묵가였다. 유가는 다음의 여덟 가지로 나뉜다.

1) 자장子張의 유학: 자장(본명은 전손사顓孫師)의 후학後學이다.

2) 자사子思의 유학: 자사(공자의 손자 공급孔伋)의 후학이다.

3) 안씨顔氏의 유학: 공자의 제자 안자顔子의 유학이며, 반드시 안회顔回의 학

생만을 염두에 둔 것은 아니다.

4) 맹씨孟氏의 유학: 맹자의 후학이다.

5) 칠조씨漆雕氏의 유학: 칠조가 시작한 것으로 추정되는 학파의 후학이다.

6) 중량씨仲良氏의 유학: 증자曾子의 제자로 추정되는 중량자仲梁子의 유파다.

7) 손씨孫氏의 유학: 손씨는 손경孫卿으로, 순자의 후학이다.

8) 악정씨樂正氏의 유학: 증자의 제자 악정자춘樂正子春의 유파다.

공자의 70제자 중 자하, 자유, 증자, 자장이 맨 뒤에 속하는데, 자사와 맹자는 이들보다 더 뒤인 70제자 이후에 속한다. 『현학』에 자하의 유학이 없는 것은 매우 이상한 일이다. 상하이박물관 초간楚簡에는 안회의 '안顔'과 언유言游의 '언言'이 같은 글자를 쓴다. 가장 의심되는 것은 안씨의 유학이 혹시 자유의 후학이 아니었나 하는 것이다. 이들 유파는 주로 전국 시대 말기의 유가였다.

한편 묵가는 셋으로 분류되고 서로 '별묵別墨'이라 부른다.

1) 상리씨相里氏의 묵가: 「천하」 편에서는 "상리근相里勤의 제자들로, 오후五侯의 무리였다"고 했다.

2) 상부씨相夫氏의 묵가

3) 등릉씨鄧陵氏의 묵가: 「천하」 편에서는 "남방의 묵가로, 고획苦獲, 이치已齒, 등릉자鄧陵子의 무리'라고 언급했다.

(4) 유안劉安의 『회남자』 「요약要略」

「요약」 편은 국가별로 나누어 다음과 같이 서술했다.

1) 노나라: '유학자의 학문'과 '묵자'

2) 제나라: '관자管子의 책'과 '안자晏子의 책'

3) 한나라: '신자申子의 법률에 관한 책'

4) 진나라: '상앙商鞅의 법'

이외에 종횡가縱橫家의 학술도 언급하는데, 구체적인 국가는 말하지 않았다.

(5) 사마담司馬談의 『육가요지六家要指』

여기에는 세 종류의 서술 순서가 있는데 다음과 같다.

1) 음양가, 유가, 묵가, 명가, 법가, 도덕가道德家

2) 유자儒者, 묵자墨者, 법가, 명가, 도가, 음양가

3) 음양가, 유자, 묵자, 법가, 명가, 도가

이중에서 세 번째가 주요 순서다. 사마담은 사관史官이었는데, 당도唐都에게서 천문학을 배웠고, 양하楊何에게서 역易을 배웠다. 그리고 황자黃子에게서 도가의 이론을 습득해 음양가와 도가를 가장 중시했다.

'술術'이 주가 된다는 점에서 음양가는 사상 유파가 아니다. 그래서 맨 앞에 두었다. 유가와 묵가는 현학이기 때문에 '유자' '묵자'라 칭해 뒤의 3가와 구별하고, 음양가 뒤에 두었다. 법가와 명가도 '술術'인데, 옛날 사람들은 '형명법술刑名法術'이라 불렀다. 법가, 명가 다음에 두었다. 마지막으로 오는 것은 바로 도가다.

(6) 반고班固의 『한서漢書』 「예문지」 제자략諸子略

반고의 분류는 유향劉向과 유흠劉歆에 근거한 것이다. 그들은 고서를 육예六藝, 제자諸子, 시부詩賦, 병서兵書, 수술數術, 방기方技의 여섯 종류로 분류했다. 그 중에 자서子書는 이른바 '구류십가九流十家'가 있다. '십가'는 다음과 같이 두 종류로 분류할 수 있다.

1) 유가, 도가, 음양가, 법가, 명가, 묵가다. 이 6가는 사마담司馬談의 6가와 같으나 다만 순서가 다르다. 전한前漢 말기에는 유가가 가장 존중받았고 그 다음은 도가였다. 또한 당시에 음양재이陰陽災異가 성행했는데, 음양가도 어느 정도 지위가 있었다. 이들이 가장 중요한 3가였다. 법가와 명가 2가는 형명법술의 학문으로, 진나라 때 성하고 한나라 때 쇠했다. 이들은 가혹한 관리의 대명사로서 뒤쪽에 배치되어 있다. 묵가는 소리없이 자취를 감추었는데(『사기』에 등장하지 않음), 묵가가 마지막으로 귀결된 곳은 신선가神仙家였다.(후한 대에 묵자파의 신선가가 있었다.)

2) 종횡가, 잡가雜家, 농가農家, 소설가小說家다. 이 4가는 새로 생겨난 것이다. 종횡가는 『요략要略』에 보이는데, 외교와 유세游說의 학술이다. 잡가는 백과전서파다. 전국 시대 말기에는 여러 유파가 융합하여 많은 사상가가 모두 통달한 인재였다. 하지만 개인이 모든 것을 완전히 장악할 수 없었기 때문에 『여씨춘추呂氏春秋』와 『회남자淮南子』 같은 집단 창작이 있었다. 농가는 중농파와 농업기술이 혼재되어 있었다. 소설가는 단지 패관야사稗官野史나 자질구레한 일을 다루는 것으로, 모두가 사상 유파는 아니다.

반고가 말하기를 '구류십가'는 모두 고대 관리들의 학술에서 나온 것으로 유파마다 거기에 대응하는 관리 집단이 있었다고 한다. 이것이 유명한 왕관설 王官說이다. 우리는 경전을 읽을 때 옛 사람들의 사상 분류법과 학술 분류법이 어떠했는지를 염두에 두어야 한다.

3

중국 철학사는 5·4 신문화운동의 산물이다. 이 운동은 다소 지나친 점이 있었 으나 신학문의 주도적 지위를 확립했다는 점에서 그 성과를 무시할 수 없다.

5·4 운동 때에 "타도공가점打倒孔家店"이라 하여 공자의 상점, 즉 유교 문화를 배척하는 움직임이 있었으나 여기서 타도한 것은 '공자의 상점'이지 공자는 아 니었다. 공자는 성스러운 제단을 내려가 다시 제자백가로 돌아갔는데, 그 의미 는 굉장히 크다. 다른 것은 차치하고, 오직 전통문화의 진실된 면모를 회복했다 는 것만으로도 헤아릴 수 없이 커다란 의미가 있었다. 왜냐하면 이 한 걸음이 없었다면 중국 철학사가 없었을 것이고 더 나아가서 중국 사상사나 학술사도 없었을 것이기 때문이다.

(1) 펑유란과 후스의 차이를 말함

중국 철학사의 창시자로 두 사람을 꼽을 수 있다. 한 사람은 후스胡適이고 다른 한 사람은 펑유란馮友蘭이다. 이들의 철학사는 모두 중서中西 융합의 새로 운 학술이었다. 전통적인 경학도 아니고, 전통적인 자학도 아니었다.

당시 중국 문화의 운명은 마치 나라의 운명과 같아, 산이 무너지듯 전쟁에서 패한 상태였다. 쓰러진 모든 것은 다시 일어날 때를 기다리고 있었고 가진 것은 하나도 없었다. 대가들은 자신들의 사상사에서 서양의 '철학' 개념과 대등한 것들을 찾고 있었다.

자학子學이 흥성했던 청淸대에 새로운 활력을 불어넣은 것은 서학이었다. 유학만이 홀로 중시되어 썩은 물이 가득 찬 상황에서 서학은 새 바람을 몰고왔다.

후스는 해외에서 박사학위를 취득한 인물로 컬럼비아대 출신이었다. 그의 『중국철학사대강』 상권(상하이 상무인서관商務印書館, 1919)은 1917년부터 1918년까지 베이징대에서 강의한 중국 철학사 강의 초안이다. 강의 범위는 선진 시대의 자학이었다. 그 뒤에 발간한 『중국중고中古사상사 장편』(상하이 중국공학中國公學, 1930년 유인본油印本)도 있다.

평유란은 베이징대 철학과 학생이었는데, 1919년에 그도 컬럼비아대로 유학을 갔다. 후스의 뒤를 이어 그는 두 권으로 된 『중국철학사』(상하이 상무인서관, 1930)와 영문판 『간명한 중국철학사A Short History of Chinese Philosophy』(맥밀런, 1948)를 출간했다. 두 저작으로 평유란은 후스를 뛰어넘었고, 중국뿐 아니라 해외에서도 그의 영향력은 후스보다 컸다.[3] 그의 『중국철학사』 제1편 「자학시대」와 『간명한 중국철학사』의 앞쪽 열여섯 장은 모두 선진 시대의 자학을 논하고 있다.[4]

평유란과 후스의 차이는 돌이켜 음미할 만한 가치가 충분하다. 평유란과 후스 두 사람은 중국 근대 학술사에서 경쟁관계였다. 그들은 모두 미국에서 유학했고 둘 다 옛 서적을 집중적으로 다루었으며 같은 제목으로 책을 썼다. 일반적인 인상으로 보면, 후스는 회의적인 태도를 선호하고 평유란에 비해 미국적이었다. 평유란은 보수적인 경향이 있었고, 후스에 비해 중국적이었다. 후스는 대진戴震(1724~1777)을 받들고, 평유란은 주희朱熹(1130~1200)를 전파했다. 이러한 차이를 평유란은 "한나라와 송나라의 차이"라고 해석했다. 즉 후스는 한학漢學이며 자신은 송학宋學이라는 것이다. 사실 그들 두 사람은 중국도 서양도 아니었으며, 새로운 것도 낡은 것도 아니었다. 단지 급진적이고 보수적인 정도만 달랐을 뿐이다.

그들의 견해는 세 부분에서 크게 달랐다.

1) 제자백가의 사상은 관리들의 학문인가: 후스는 아니라고 하고, 펑유란은 조건부로 인정했다.
2) 선진 시대에 육가六家가 있었는가: 후스는 없었다고 하고, 펑유란은 조건 부로 인정했다.
3) 공자와 노자 중에서 누가 먼저이고 누가 뒤인가: 후스는 노자가 먼저라고 보았으며 펑유란은 공자가 먼저라고 보았다.

이 세 가지 문제는 중국 및 서방 학술계에서 줄곧 논쟁이 되고 있다.

(2) 제자백가는 관리들에게서 나왔나?

『한서』 「예문지」에 소개된 여섯 종류의 책 가운데 육예六藝, 제자諸子, 시부詩賦는 '학學'이다. 옛날 사람들은 이를 '문학'이라 불렀다. 병서兵書, 수술, 방기는 '술術'이다. 옛날 사람들은 이를 '병서'와 '방술'이라 불렀다. 전자는 인문학으로 오늘날의 문文·사史·철哲과 같은 것이며, 후자는 고대의 과학(각종 미신을 포함한)이다. 반고는 제자諸子[5]가 왕의 관리, 즉 고대 정부의 직능 분야에서 나왔다고 했는데 이러한 주장은 당시부터 곧바로 논쟁을 불러일으키며 화제가 되었다.

중국 철학사는 서구화의 산물이다. 골격을 세우려면 우선 무엇이 '철학'인지 물어야 한다. 철학의 개념은 물론 서방에서 온 것이고, 그 표준은 형이상학이다. 후스의 철학사는 사실상 자학子學이었다. 그는 자학에서 철학을 찾았고 명학名學을 주요시했다. 다만 명학은 자학의 한 부분일 뿐이라 실제로 이것을 범위로 삼기는 어렵다. 펑유란은 중국 민족의 철학을 널리 알리고자 하면서도 서양 철학의 개념을 표준으로 삼았다. 그는 '술術'에 대해서는 논하지 않겠다고 분명하게 선언했다. 예를 들어 그는 『손자』를 수용하지 않았다. 두 사람의 논의 범위는 모두 좁은 의미에서의 제자諸子였으며 학을 중시하되 술은 중시하지 않았다.

후스의 체계는 기초적이다. 마땅히 설명해야 할 것은 모두 설명했으며 전체적인 배치는 모두 분명하게 갖추었다. 유가는 공자와 맹자 사이에 70제자가 있고, 맹자와 순자 사이에 유가의 여덟 개 유파가 있다. 묵가는 묵자와 별묵이 있고, 도가는 양주와 노자, 장자가 있다. 기타 제자는 사이사이에 끼워넣었다. 이것이 기본 구조다.

펑유란은 이러한 토대에서 출발해 시대의 흐름을 따라갔다. 자학이 경학經學으로, 경학이 현학玄學으로 나아가고, 현학은 이학理學으로 나아갔다. 이학은 근대에 이르러 물이 흐르듯 밑으로 내려갔는데, 모든 강물이 바다로 흘러들어가듯이 유학으로 흘러갔다. 공자는 사상적 '교황'이었다. 펑유란이 지은 세 권의 철학사는 육서六書를 관통하는데, 모든 것이 존귀한 공자를 위해 준비한 것이었다. 쓰면 쓸수록 분량이 많아지고 거대해진 그의 책은 많은 사람의 마음속에서 후스를 대신하게 되었다. 펑유란은 3단계 형식의 논리 전개를 즐겨 사용했는데 선진 유가를 설명할 때나 선진 도가를 설명할 때 언제나 3단계로 설명했다. 그리고 유가, 묵가, 도가에서 유가는 '종결자'였다.

후스의 전체 구성은 오늘날의 관점에서 봐도 여전히 장점이 있다. 특히 유가는, 오늘날의 출토 자료에서 본다면, 공자에 대한 설명을 끝내고 바로 70제자가 나오는 것이 비교적 좋으며 기백도 더 광대하다. 후스가 중국 철학사를 마땅히 '사상사'로 불러야 한다고 주장하며 판도를 더욱 넓혔다면, 펑유란은 오히려 유학의 재확대에 관심이 있었다. 표면상으로 보면 후스의 철학사 범위가 작고 펑유란의 것이 큰 듯하지만 사실은 그 반대다.

현재 학자들은 중국 철학사를 확대하여 중국 사상사나 중국 학술사로 개조하자고 한다. 이러한 생각은 후스로부터 나온 것이다. 그러면 어떻게 개조할 것인가? 이것은 여전히 토론할 만한 가치가 있다. 내 생각에 관건은 '술術'을 흡수하는 데 있다. 예를 들어 『손자』 안에 어떻게 사상이 없고 철학이 없을 수 있겠는가? 음양오행설은 전형적인 자연철학인데, 수술과 방기를 떠나서 어떻게 연구할 수 있겠는가? 내가 병법과 방술을 연구하는 것은 바로 그 길을 개척하기 위함이다.

결론적으로, 중국의 학술을 연구하는 데 있어 우리는 어떤 것이 '학學'이고 어떤 것이 '술術'인지 분명히 알아야 한다. 설령 제자략諸子略이라도, 혹은 '구류십가九流十家'라도 역시 이러한 구별이 있다. 예를 들어 제자백가는 관리였는가? 이를 판단하는 데 관건은 '학'과 '술'의 구별에 있다. '술'은 관리들과 대응관계를 갖는 반면 '학'은 관리들과 대응시킬 만한 방법이 없다.

우리는 고대의 제자백가가 '술'과 별개일 수 있다고 생각해서는 안 된다. '술'을 버리면 '학'은 곧 실체가 없는 것이 되어버린다. 내 주장은 '술'로 '학'을 읽고 제자백가로 공자를 읽어야 한다는 것이다. 이렇게 할 때 비로소 사상사가 존재하게 된다.

제자백가의 기술 전통과 지식 구조는 어떠했을까? 이는 주제를 벗어난 문제가 아니다. 오늘날을 예로 들더라도 '사상'과 '지식'은 서로 표리관계이기 때문이다.

(3) 선진 시대에 '육가'가 있었는가?

선진 시대에 육가가 있었을까? 어떤 이는 있었다고 말한다. 더 나아가 육가 뿐 아니라 더 많은 사상가가 있었다고 주장하기도 한다. 사람마다 일가一家를 이루었기 때문에 '백가百家'라는 말도 부족하다고 한다. 한편 어떤 이는 없었다고 주장한다. 도가는 물론이고 법가, 명가, 음양가도 없었다고 한다. 이러한 말들은 그 연원을 찾아 올라가보면 모두 평유란과 후스로부터 나왔다.

후스는 말하기를, 사마담司馬談의 분류는 한漢대의 것으로 선진 시대를 반영하지 않았으며, 선진 시대에 육가는 없었다고 한다. 요 몇 년 새 중국의 런지위任繼愈:6 그리고 해외에서는 키더 스미스Kidder Smith:7 등이 이런 설을 거듭 주장했다. 그래서 서양의 한학漢學 연구자들 대다수가 이렇게 믿고 있다.

내 생각에 '육가'는 여섯 개의 사상 유파가 아니라, 세 개의 '학'과 세 개의 '술'이었다. 사마담이 말한 육가 역시 한대의 학술이 아니라 선진 시대의 학술을 말한 것이다. 육가가 완전히 없었다고 할 수는 없다. 예를 들면 기원이 비교적 빠른 유가와 묵가는 바로 가장 확실한 유파들이다. 선진 시대의 제자백가는 모두 이렇게 설명할 수 있으며 절대 허구가 아니었다.

도가는 늦게 나타났다. 경계가 모호해 뭐라고 불리든 상관없으나 유가도 묵가도 아니며, 그 자체로 하나의 큰 유파였다. 결국 유가, 묵가, 도가 이 3가가 일류였다. 그 밖의 부류는 '술'과 관련된 유파로, 법가와 명가는 형명법술刑名法術의 학이며 음양학은 수술과 방기의 학술로서 사상 유파는 아니었다. 도가는 늦게 나타나서 실용을 주장했는데, 형명법술이나 음양가의 학술과 분명히 구분되지 않는 상당히 복잡한 유파였다.

즉 육가는 사실 3가로, 고전파 혹은 보수파인 유가, 현대파 혹은 급진파인 도가, 과도기의 유파인 묵가가 있었다. 선진 시대에 제자백가가 없었다는 학설은 말하자면 모든 것을 말살해버리는 셈이므로 받아들이기 어렵다. '백가설百家說'도 마찬가지다. 『한서』「예문지」에서 말하듯 사람마다 일가를 이루었고 책마다 일가였다고 한다면 이는 제자백가가 없었다는 말과 같다. 이것은 백마는 말이 아니라는 궤변과 같으므로 역시 받아들일 수 없다.

(4) 공자와 노자의 선후 문제

유가와 묵가, 도가 중 어느 것이 먼저이고 어느 것이 뒤일까? 이는 토론해볼 만한 문제다. 이 문제에서 각자의 입장이 가장 분명하게 드러나기 때문이다.

후스는 『노자』를 공자 앞에 두었는데, 이것은 공자를 존중하는 풍조에 다소 어긋난다.[8] 평유란은 『노자』를 『논어』 뒤에 두었는데 후스는 그것을 인정하지 않았고 평유란이 공자에 대한 신앙 때문에 잘못 판단한 것이라고 했다. 평유란이 공자를 존중한 것은 사실이다. 다만 이 문제는 감정을 떠나서 사실에 근거해 고찰할 필요가 있다.

공자와 노자의 선후관계에 대해서 내 견해는 이렇다. 노자라는 사람은 아마도 공자보다 이른 시기에 살았을 것이다. 하지만 책은 별개의 문제로서, 유가나 묵가 이전에는 절대로 있을 수 없다.

학자들은 『노자』가 늦게 나왔다는 주장에 의구심을 갖는다. 그 이유 중 하나는 『노자』의 고사가 거의 모두 『장자』에서 나온다는 것이다. 그래서 학자들은 그것이 장자의 허구일 가능성이 매우 크다고 추측했다. 그러나 사실 이것은 별로 중요하지 않다. 관건이 되는 것은 유가, 묵가, 도가의 대화에 담긴 논리다. 평유란은 『노자』를 『논어』 뒤에 놓았는데, 나는 여기에 동의한다.

이에 관해서는 나중에 어떤 상황이 되더라도 토론할 수 있다. 근래에 슈워츠:[9]나 그레이엄의 저서:[10]를 보면 모두 『노자』를 뒤에 놓았다. 펑유란은 심지어 『노자』를 『맹자』 뒤에 두었는데, 그래도 상정 연대는 비교적 비슷하다. 한편 그레이엄은 『노자』를 『장자』 뒤에 두었는데(첸무錢穆도 일찍이 이와 같은 견해를 가졌다), 곽점초간에 따르면 그것은 늦다는 것이 증명되었다.

선진 시대 제자백가의 대변론에 대해서 「천하」 편은 매우 분명하게 소개하고 있다. 최초에 도술道術은 유가에 있었는데 후대로 오면서 비로소 천하에 퍼졌다. 유가는 최초의 발언자였다. 그때는 매우 적막했고 공자는 대화할 상대가 없었다. 이때 묵가가 유가와 맞섰다. 서로 맞서서 싸우니 시끄러워지고, 두 집단은 대칭성을 갖게 되었다. 도가는 이와 달리 유가와 묵가의 싸움에서 벗어나 있었다. 도가는 유가와 묵가의 싸움을 초월하여 아주 멀리까지 나아갔다. 백가의 기초는 3가였다. 우선 유가와 묵가가 있었고 나중에 도가가 생겨났으며, 백가쟁명이 여기서 일어났다.

펑유란과 후스의 세 가지 큰 차이점에 대한 구체적인 결론에서 나의 견해는 펑유란과 더 가깝다. 하지만 이는 공자에 대한 신앙 때문이 아니다. 사상에는 명확한 목표가 존재하는 법이며, 유가는 뭇 화살의 과녁이었다. 앞선 것은 과녁이 된다. 활쏘기는 먼저 과녁이 있어야 하는 만큼, 과녁의 의미는 무척 위대하다. 예를 들어 후스는 바로 펑유란의 과녁이었다.

4

보수와 급진은 늘 상호 보완될 수 있다. 앞서 말한 차이에서 앞의 두 항목은 후스가 급진적이고 평유란이 보수적이었다. 한편 마지막 항목에서는 평유란이 급진적이고 후스는 보수적이었다. 서양의 한학계漢學界는 나누고 의심하기를 몹시 좋아하여 앞의 두 항목에서는 후스를 취하고 뒤의 한 항목에서는 평유란을 취했는데 이는 이치에 아주 잘 맞는다. 그들이 세운 중국 사상사의 큰 틀은 모두 평유란과 후스 두 사람으로부터 나온 것이다.

평유란과 후스 두 사람은 중국 철학사 창건에 각각 공헌한 바가 있으며, 양자가 서로 보완적이다. 다만 문화적인 입장에서 말한다면 나는 후스에게 더 찬동하고 싶다. 후스의 공헌은 처음 이 작업을 시작했다는 점 그리고 개방적이었다는 점이다. 그는 진정한 대스승이었다. 스승이었다 함은 새로운 풍조를 누구보다 먼저 외치고 후세를 위해서 기틀을 세웠다는 뜻이다. 모든 것을 수용해 모든 것에 책임진다거나, 이론이 완전해 빈틈이 없다는 것이 아니다.

차이위안페이蔡元培는 후스의 『중국철학사대강』이 갖는 4대 장점을 논한 적이 있다. 그중에 내가 보기에 가장 중요한 것은 다음의 세 가지다.

첫째, 후스가 개창한 중국 철학사는 제자諸子를 범위로 삼고, 고대 역사와 고대 서적을 나눈 뒤 직접 노자와 공자에서부터 서술을 시작했다. 차이위안페이는 많은 유파를 과감하게 정리하고 그러한 풍조의 선구를 이루었다는 점에서 후스의 공은 참으로 위대한 것이라고 평했다. 그런 기틀은 후스가 개창한 것이며, 평유란은 후스의 어깨 위에 섰다가 나중에 비로소 그보다 위로 오를 수 있었다.

둘째, 후스는 제자를 평등하게 놓고 모든 것을 수용해 방대하게 만들었다. 차이위안페이에 따르면 후스의 체계에는 '공정한 안목'이 있어서 유가를 특별히 존중하지도 비평하지도 않았다고 한다.[11] 이는 가장 잘 알려진 사실로서, 후스가 말한 제자의 평등은 진정한 평등이었다. 반면 평유란은 제자에 대해 '중

생평등衆生平等, 유아독존唯我獨尊'이라 했다. 그는 중국 사상사에서 유가의 지위가 바로 입헌군주제에서의 군주와 같으며, 기타 유파는 입헌군주제의 내각과 같다고 보았다. 만대를 거쳐도 한 유파, 즉 유가만이 군주의 자리에 오를 수 있었다. 치국治國의 정책은 내각에 따라서 항상 변했지만 평등은 유가 아래에서의 평등이었다.

셋째, 후스는 자학을 크게 만들어 사상사로 완성하려고 했다. 이는 평유란이 한 것과는 다르다. 평유란의 철학사에서는 자학이 경학이 되고, 경학은 이학이 되고 이학은 신유학이 되었다.(그는 입만 열었다 하면 성인이 되는 일, 제왕에 답하는 일을 말했다.) 그의 책은 쓰면 쓸수록 분량이 많아졌으나 길은 점점 더 좁아졌다. 중국 사상의 커다란 기백은 없어지고 중국 사상의 자유정신도 잃게 되었다.

중국 철학사는 일가의 학문에서 비롯되어 육가의 학문 혹은 백가의 학문으로 귀착되었다. 우리는 후스를 잊지 말아야 하며 중국이나 서양의 학자들 모두가 그에게 감사해야 할 것이다. 후스의 출현으로 인해 중국 사상사는 비로소 규모를 갖추고 멋진 시작을 하게 되었다.

여기서부터 묵가와 도가의 지위가 다시 평가되며 유가 자체도 재건에 맞닥뜨리게 되었다. 공자와 70제자, 선진 시대와 그 후 시대 그리고 70제자 이후 세대를 지나면서 등장한 유파들이 모두 다시 정리되어야 한다. 잊힌 것들도 모두 다시 새롭게 발견되어야 한다. 특히 송宋대의 유학자들이 몹시 미워하여 명明대에 유파에서 제명당한 순자 역시 존중과 공경을 다해 복권시켜야 한다.

신해혁명 전후에 사라졌던 많은 것이 부흥을 기다리고 있을 때, 후스는 패러다임의 변화를 가져왔다. 후스와 평유란의 책은 방향이 서로 매우 달랐다. 하나는 일가에서 백가로 되돌아가고자 했고, 다른 하나는 백가를 다시 일가로 끌어당기고자 했다. 평유란은 마치 순방향으로 가는 것 같지만 오히려 반대 방향으로 나아가고, 후스는 반대로 나아가는 것 같지만 오히려 순방향으로 갔다. 지금에 와서 이때의 역사를 되새겨보면 우리는 특별히 후스 선생에게 감사해야 한다. 만약 그가 없었더라면 우리는 무엇이 백가쟁명인지 몰랐을 것이다. 그의 방향성이 비로소 중국 문화의 새로운 방향성이 되었다.

지금의 이야기들을 독자 여러분은 이해했을까?

자학을 부흥시키는 일은 고전古典, 즉 내가 말하는 진정한 고전으로 다시 돌아가는 일이다.

2007년 12월 9일

베이징 란치잉藍旗營 숙소에서 씀

上 이론편

제1부_ 권모權謀: 전쟁의 삼부곡三部曲—묘산, 야전, 공성

제2부_ 형세形勢: 병력의 배치—형, 세, 허실

下 실전편

풀러John Fuller(1878~1966) 장군은 이렇게 말했다. "19세기에 서양에서
세 명의 '카를'이 나왔는데, 카를 폰 클라우제비츠와 카를 마르크스
그리고 찰스 로버트 다윈이다."(찰스는 독일에서 '카를'로 발음한다.) 이들은 모두
투쟁철학의 선구자들이다. 중국 역시 투쟁철학에 정통한 두 사람을
배출했는데, 한 명은 손무孫武이며 다른 한 명은 마오쩌둥이다.

병법兵法은 책략이다. 책략은 얕은 수작이 아니라 거대한 전략으로, 책략은
기술을 관리하고 기술은 무기를 관리한다. 무기는 도구이지 도道가 아니다.
도는 책략이다.

사람이 무기를 없앨 것인가 아니면 무기가 사람을 없앨 것인가. 인류가
멸종되고 나서야 마지막으로 무기가 없어지는 것은 아닐까? 사람이 없다면
무기는 그저 쓸모없는 기물일 뿐이다.

"전쟁에서는 속임수도 마다하지 않는다." 이 말은 정해진 규칙과 맞선다는 뜻이다.
유일한 규칙은 바로 '규칙은 없다'는 것이다.

자서自序

『손자孫子』는 매우 짧다. 단지 6000자 정도에 지나지 않는다. 서술도 간결하다. 하지만 그 이치는 매우 깊다. 늘 읽어도 늘 새로워 읽을 때마다 새로운 지혜를 얻는다.

나는 『손자』를 한 번만 읽은 것이 아니라 아주 여러 번 읽었다.

맨 처음 『손자』를 접한 것은 중학교 무렵이었다. 당시 나는 중국인민대학교 교내 신화서점에서 궈화뤄郭化若 장군이 쓴 『금역신편 손자병법今譯新編孫子兵法』(베이징 중화서국, 1962)을 한 권 샀다. 이 책은 아직도 내 수중에 있다. 『손자』 13편을 뒤죽박죽으로 읽고 다시 편성해 쓴 이 책은 내게 아주 깊은 인상을 주었다.

고등학교 시절 나는 또 같은 반 친구 장진징張進京의 집에서 매우 유용한 책 두 권을 발견했다. 하나는 송본宋本 『십일가주손자十一家注孫子』의 활자본(상하이 중화서국, 1961)이었고, 다른 하나는 양빙안楊炳安 선생의 『손자집교孫子集校』(베이징 중화서국, 1959)였다. 이 친구는 아버지가 런민대 철학과 주임교수이셨는데 그래서인지 집에 책이 많았다.

당시 『손자』를 읽기 위해 나는 공군학원에서도 적지 않은 책을 빌렸다. 주로 군사 교재들이었는데, 공군학원에 친척이 있어 특별히 빌릴 수 있었다. 이때부터 『손자』를 읽기 시작한 것이다.

27

1968년에서 1970년 사이 문화대혁명으로 네이멍구에 동원되었을 때 그곳에서 또 한 번 『손자』를 읽었다. 당시에는 가지고 있던 책이 아주 적어서 학습보다는 사색을 더 많이 했다. 나는 문장의 이치와 구조를 이해하는 데 온힘을 쏟았다. 어릴 때 장난감을 가지고 놀면서 이리저리 분해하고 조립해보듯이 『손자』를 재구성해보았다.

1971년에서 1975년 사이 나는 고향으로 돌아갔다. 1974년 우연히 베이징에서 『문물文物』(1974년 2기)이라는 잡지를 샀는데, 인췌산銀雀山에서 출토된 한나라 죽간漢簡의 『손자』에 관한 간단한 보고서가 실려 있었다. 이 발견은 나에게 큰 자극을 주었고 내 마음은 신비감과 탐색의 충동으로 가득 찼다. 전한前漢 시대의 서적과 지금의 판본은 도대체 어떤 차이가 있는지 간절히 알고 싶어졌다.

1975년 나는 아버지를 모시면서 책을 봤다. 그때 비로소 수도의 도서관에서 막 출판된 『인췌산 한묘죽간銀雀山漢墓竹簡 1』(선장대자본線裝大字本, 문물출판사, 1975)과 루다제陸達節가 요약한 『손자고孫子考』(重慶: 軍用圖書社, 1940)를 보았다. 베이징대 도서관에도 가보았다. 주로 하버드 연경학사燕京學社에서 출판한 『인덱스引得』를 찾아 유서類書[1]로부터 고서의 인용문을 찾아내 수집했다.

1976년 나는 논문 한 편을 썼는데, 그것은 『인췌산 한묘죽간』에 나타난 『손자』 상편의 정리 업무에 관한 몇 가지 의견이었다. 그 글은 류양차오劉仰嶠 동지(류칭펑劉青峰 교수의 부친)를 통해 샤나이夏鼐 선생에게 넘겨졌다.

1977년 1월 하순 중국과학원 고고考古연구소는 내 논문을 인췌산 한묘죽간 정리팀으로 보냈다. 5월 1일 인췌산 한묘죽간 정리팀이 나에게 감사의 편지를 보내왔다.(4월 8일에 쓴 편지였다.) 아울러 내게 보급판 인췌산 한묘죽간 『손자병법』(문물출판사, 1976년 10월)을 한 권 보내주었다. 그 책은 죽간본의 두 번째 정리본이었다. 그리고 나는 바로 그 논문 덕분에 중국과학원 고고연구소에 들어가게 되었다.

1977년에서 1983년 사이에 나는 고고연구소에 근무했는데, 덕분에 그곳의 장서를 이용할 수 있었을 뿐만 아니라 도서대출증을 발급받아 중국과학원도서관과 베이징도서관의 장서를 이용해 식견을 크게 넓힐 수 있었다. 1979년, 1981년 그리고 1983년에 나는 세 편의 글을 썼다. 모두 죽간본 『손자』에 대한 고증으로, 두 편은 『문사文史』에, 한 편은 『중화문사논총中華文史論叢』에 발표했다. 위웨이차오俞偉超와 리쉐친李學勤 그리고 추시구이裘錫圭 선생이 나를 도와 문장을 고쳐주었다. 감사의 마음을 평생 잊지 못할 것이다.

정장본 『인췌산 한묘죽간 1』(문물출판사, 1985)은 죽간본의 세 번째 정리본이다. 내 손에 있는 이 책은 서두에 제자題字가 있는데, 그것은 1986년 11월 10일 나의 장인과 장모, 즉 지금은 고인이 되신 푸마오지傅懋勣 선생과 쉬린徐琳 선생이 특별히 구입해 보내준 선물이다. 이 책은 내가 베이징대로 간 뒤 출간된 가장 중요한 책이다. 그들은 나에게 많은 격려와 지지를 해주었다. 베이징대에서 나는 줄곧 『손자병법』을 강연했다. 내가 쓴 『손자』에 관한 책은 주로 내가 베이징대에 있던 20여 년 동안 쓴 것이다.

『손자』를 연구한 기간, 즉 내가 손자와 교류한 지가 벌써 30~40년이나 되었다. 지금 되돌아 생각해보면, 이전의 일들 모두가 초석이 되었다. 내가 발표한 두 권의 책은 모두 이전의 연구를 총정리한 것이다. 하나는 『손자 13편 종합연구孫子13篇綜合研究』(중화서국, 2006)라는 책이고, 다른 하나는 『전쟁은 속임수다-내가 읽은 손자兵以詐立-我讀孫子』(중화서국, 2006)라는 책이다. 앞의 책은 예전에 모은 자료를 집대성한 것인데, 주로 본문의 고증에 치중해 다소 지루하다. 뒤의 책은 베이징대 중문과에서 했던 강의로서 주로 배경지식을 소개하고 전체 문장을 소통하는 데 중점을 두었다. 가독성이 높지만 세세한 내용이 지나치게 많기도 하다.

이들은 모두 기초적인 바탕이라고 할 수 있다. 이러한 기초가 없었다면 지금 이 책도 없었을 것이다. 구절에 관한 수많은 고증과 관련 지식은 이 두 책에서 찾을 수 있으니, 그것들을 다시 논할 필요는 없을 것이다. 이 책에서 나는 최대한 중복을 피하고 중점 사항을 검토하는 데 최선을 다했다. 문장의 이치와 사상을 논함에 있어 간략함을 중시하고, 당초에 관심을 둔 문제로 돌아가고자 했다.

문장의 이치를 논하면서는 13편을 4부로 나누고 이를 다시 상·하편으로 나누었다. 전체 구성과 사상을 다시 한번 정리한 뒤, 주요 강령을 제시하고 가장 간단하고 명확한 언어로 그 윤곽을 스케치했다. 각 편의 관계를 분석하고, 각 장, 즉 단락과 단락의 관계, 각 구와 구의 관계를 다루었다. 가장 중시한 것은 『손자』 안에서의 고증이다. 그래서 단어 상호 간의 의미를 검토하며 고증한 것이 적지 않다.

사상을 논하면서는 병법을 일종의 행동철학, 즉 투쟁철학으로 간주하고 고찰했다. 병법이란 고도의 대립 상태에서 민첩하게 대응하기 위해 필요한 것이며, 인지보다 판단이 더 중요하고 언어보다 행동이 더 중요한 사유 방식이라고 보았다.

행동하는 자의 모든 인식은 '알고 있는 것'에 '모르는 것'을 더한 것이다. 사실 정보는 뒤죽박죽 섞여 있으며 의심과 추측, 위험성과 부정확성으로 가득 차 있다. 좋게 말하면 '예술'이고 나쁘게 말하면 '도박'인데, 특히 '과학'과는 다른 것이다. 나는 줄곧 이것이 인류가 사유하는 진실한 모습에 좀 더 가까우며, 인류가 인지하는 전체상을 더욱 잘 반영하고 있다고 생각했다.

군사軍事 그 자체에 관해서도 나는 『손자』의 "계략을 귀하게 여기고 속임수를 중시한다貴謀尙詐"는 특징을 논하고자 했다. '전쟁은 속임수'라고 인식하는 이유가 대체 무엇이며, 중국 전략 문화의 특징은 대체 무엇인지를 알 수 있도록 말이다.

이 책을 읽어보면 독자들은 내가 많은 문제에 대해 새로운 시각을 제시하고 있다는 것을 어렵지 않게 알아챌 수 있을 것이다. 예를 들면 다음과 같다.

1. 무엇이 '병兵'인가? 『손자』에 나오는 '병'자는 대체 어떻게 번역해야 하는 가.(「계計」)

2. '산筭'과 '산算'은 어떤 관계인지 다시 논의한다.(「계」)

3. '항복한 병졸을 속여서 땅에 파묻는 일詐坑降卒'에 비하여 '포로를 우대하여 우리 편으로 만드는 일卒善而養之'이 진실로 어렵다는 점을 설명한다.(「작전作戰」)

4. 중국의 도시제도(형태, 규모, 수량)는 전국 시대에 정형화되었다. 그 후의 발전은 그리 크지 않아서 후기의 도시는 대부분 초기 도시만 못했다는 것을 논한다.(「모공謀攻」)

5. "승리할 수 없으면 지키고, 승리할 수 있으면 공격하라. 지키는 것은 부족하기 때문이요, 공격하는 것은 여유가 있기 때문이다"라는 구절에 대해서 다시 논한다.(「형形」)

6. '인仞'과 "심尋"의 차이를 논한다. '인'은 높이·고도의 단위이며 '심'은 길이의 단위임을 밝힌다.(「형」)

7. 린뱌오의 전술과 '세勢'의 관계를 논한다. 이전에는 단지 '일점양면一点兩面'에 대해서만 논했는데, 이번에는 '삼삼제三三制'와 '사쾌일만四快一慢'을 보충했다.(「세勢」)

8. 지도의 중요성에 대해 논한다. 린뱌오와 쑤위粟裕는 모두 지도 마니아였다.(「지형地形」)

9. 전제專諸와 조귀曹劌의 용기에 대해서 보충했다. 『오자吳子』와 『울요자尉繚子』는 모두 '목숨을 건 도적死賊'을 추앙했다.(「구지九地」)

10. '패왕霸王의 병兵'에 대해 보충 설명을 한다. 대국의 위협 역시 '속임수詐'다.(「구지」)

11. '간첩의 운용用間'은 속임수 중에서도 가장 높은 속임수이며, 간첩을 쓰는 것은 도덕에 대한 중대한 도전임을 강조한다.(「용간用間」)

12. 주봉갑朱逢甲의 『간서間書』는 체제가 좋지 않음을 논한다.(「용간」)

13. '반간反間'이 지니고 있는 서로 다른 두 가지 의미를 고찰한다.(「용간」)

한 가지 기억나는 일이 있다. 『전쟁은 속임수다』를 출판한 뒤 중화서국이 독자와 만날 수 있도록 자리를 마련해주어 쌴롄서점에서 강연한 적이 있다. 강연이 끝나고 군사대학軍事院校에서 온 독자가 던진 질문 내용이 매우 훌륭했다.

걸프전 이후 중국은 군사기술의 대혁명을 맞이했다고 하는데, 현재 우리에게 무엇이 가장 중요한가? 무기인가, 기술인가, 아니면 전략인가? 바꿔서 말하면, 즉 전쟁은 속임수인가, 아니면 무기인가, 기술인가?

이 문제는 내게 깊은 인상을 남겼다. 이것은 모든 독자가 의문을 가질 만한 문제이기 때문이다.

그런 까닭에 나는 '전쟁은 속임수다兵以詐立'라는 말을 새롭게 해석해보려고 한다. 무엇이 전쟁이고 무엇이 속임수이며, 어째서 전쟁이 속임수를 근본으로 삼아야 하는 것일까?

전쟁터는 결국 속임수로 가득한 곳이다. 인류사회는 늘 전쟁이나 전쟁과 유사한 행위들로 가득 차 있고 기만과 속임수는 결코 전쟁에만 있는 것은 아니다.

이는 인류의 도덕에 대한 하나의 도전이었다. 우리는 도덕과 거짓이 도대체 어떤 관계인가를 되묻지 않을 수 없다. 역사상 가장 적나라하게 그리고 솔직하게 기만과 속임수에 대해 말한 사람들은 사실 매우 성실한 이들이었다. 한비자도 착실했고, 마키아벨리도 아주 성실했다. 진정으로 교활한 자들은 모두 인의仁義와 도덕을 크게 외쳤다.

가장 성실한 것은 군인들이다. 『손자』에서 '전쟁은 속임수'라고 말한 것은 실제로 전쟁은 속임수이기 때문이다. 그래서 절대로 '충성'이나 '신뢰'라는 단어에 의지하고 이를 외치면서 살길을 도모하지 않았다.

'충성'과 '신뢰'를 크게 외친 이들은 대개가 매우 교활했다. 예를 들어 악덕 상인은 모두 이렇게 말한다. "거래에서 가장 중요한 것은 정성과 신용이다. 물건도 진짜이며 가격도 정말 싸다. 절대 속이는 것은 없다." 그러면서 그들은 모조품을 만들고 가짜를 판다. 머리를 굴려가며 돈세탁을 하고, 사람들이 감쪽같이 속아서 호소할 곳도 없게 만든다.

또 이익을 최고로 여기는 정치꾼들이 있다. 그들에겐 영원한 적도 없고 영원한 벗도 없다. 어떠한 사상도 없고 단지 거래만 있을 뿐이다. 정치에 신뢰나 성실은 눈곱만큼도 없다. 그러면서도 입만 열었다 하면 하늘에 걸고 맹세하며, 양심을 판다.

과거에 우리는 사기를 치는 것은 단지 소상인이나 소매점에만 있는 낮은 차원의 일이라고 생각했다. 거래가 커지면 설사 살인과 약탈을 하던 암흑가의 조직이라도 그런 범죄에서 완전히 손을 떼야 한다고 말이다. 하지만 사실은 그렇지 않다. 대기업이 분유에 멜라닌을 넣어 판 사건에서 금융 위기에 이르기까지 실제로 벌어지고 있는 사건들은 우리에게 큰 교훈을 준다. 물론 '상인들은 누구나 간교하다'고 단언할 수는 없지만, '상인'과 '간교함' 사이에는 여전히 뗄 수 없는 연관성이 있다.

과거에 우리는 서로 속고 속이는 궁정의 음모는 모두 전제적인 폭군의 짓이라고 생각했다. 그런데 지금은 어떤가? 비록 '민주국가'의 수장이라 할지라도 변함없이 새빨간 거짓말을 퍼트린다.

「용간」 편에는 이런 내용이 있다. 간첩이라는 말은 별로 듣기 좋은 말이 아니지만, 누구든 그런 존재로부터 자유로울 수 없다. 옛사람들도 그랬고, 요즘 사람들 역시 벗어날 수 없다. 대국大國이라면 어디든 간첩을 보배로 여겼다.

『손자』는 병법서다. 원래는 군인들을 위한 것으로, 생활과 전쟁에 활용하도록 하는 책이었다. 그러나 시절이 평화로워 전쟁을 하지 않는다면 『손자』는 대체 어디에 소용이 있을까?

정말 기이하게도, 일본인들은 전쟁에서 패했으나 상무정신은 아직도 남아 있다. 그들은 뜻밖에도 『손자』를 비즈니스에 사용할 생각을 해내고 경영과 매출, 관리를 연구하는 데 그것을 활용했다. 일본에서 이런 풍조가 생겨나면서 시중에 『손자』를 해석한 책이 많아졌다. 독자들의 관심은 주로 경제·경영이고 이것이 주요한 판매 포인트가 되었다.

나는 경영자들을 대상으로 강의를 한 적이 있다. 그들의 관심사는 어떻게 『손자』를 활용해 직원을 관리할 것인가, 어떻게 『손자』를 활용해 비즈니스 전쟁을 지휘할 것인가 하는 것이었다. 중국 전통의 음모와 계략, 예를 들어 『삼십육계三十六計』는 커다란 환영을 받았다. 그들은 『손자』를 『삼십육계』로 생각하고 읽었다.

『손자』를 거래의 지침으로 삼을 때 우선 몇 가지 문제를 분명히 할 필요가 있다.

첫째, 시장은 전쟁터인가? 그들은 아마도 경쟁 상대가 있으므로 '그렇다'고 할 것이다.

둘째, 당신은 누구와 싸우는가? 아마도 경쟁하는 상대와 싸운다고 할 것이다.

셋째, 전쟁을 끝냈다면 불행해진 것은 과연 누구인가? 경쟁 상대라고 대답하겠지만 가장 불행해진 것은 아마도 국민일 것이다. 전쟁터와 같은 것이다.

한마디로 말하자면 병가는 '전쟁은 속임수다'라고 했는데, 당신은 '장사는 속임수다'라고 감히 말할 수 있는가? '장사는 속임수다', 보통 사람들이라면 이 말을 어떻게 생각할까?

그러므로 나는 스스로 원칙을 세웠다. 옛 책은 옛 책이다. 군사軍事는 군사이며 사상은 사상이다. 나는 여러분에게 장사하는 법을 가르치지 않을 것이다.

'전쟁은 속임수다', 그럴 수 있다.

'장사는 속임수다', 그럴 수 없다.

『손자』는 사업 비결을 전하는 책이 아니다. 병법에서 상업의 지혜를 구하려 하는 사람은 이 책을 읽을 필요가 없다.

2009년 6월 12일
베이징 란치잉 숙소에서 씀

『손자』는 병법서다. 보통의 병법서가 아니라 병법서 중의 경전이다. 중국의 경전일 뿐만 아니라 세계적인 경전이기도 하다. 어떤 사람은 이 책에서 하는 말은 모두 보편적인 원리로, 문화적인 특징이 없다고 한다. 다소 지나친 점이 있지만, 이 책에서 말하는 이치가 비교적 보편적인 것은 사실이다. 문화 심리적인 간극도 비교적 크지 않다. 중국의 고전은 세계가 널리 인정하며 누구나 좋아하는데, 『손자』는 바로 그런 고전을 대표한다.

병법은 인간의 큰 도리를 연구하는 것이다

『한서』「예문지」는 고서古書를 여섯 종류로 나누고 있다. 육예, 제자, 시부, 병서, 수술, 방기 이렇게 여섯 종류인데, 앞의 세 종류는 인문학으로 대략 현대의 '문사철'에 해당된다. 뒤의 세 종류는 과학기술로, 현대의 사회과학과 자연과학에 해당된다. 물론 기술과 관련된 부분도 있고, 또 당연히 현대인이 소위 '미신'이라고 부르는 비과학적인 부분도 있다.

중국 전통에서 인문학은 경전을 으뜸으로 보며, 과학기술은 병서를 으뜸으로 여긴다.

고대 중국에는 병학이 매우 발달했다. 전 세계적으로 비교해보아도 역사적으로 병학이 가장 발달한 것은 중국이다. 다른 것은 몰라도 이것은 조금도 허풍이 아니다.

인간의 사회를 연구하는 것이 사회과학이다. 사회과학에는 두 종류의 큰 학문이 있는데, 하나는 정치학이고 다른 하나는 경제학이다. 경제학의 발달은 비교적 늦고 정치학에 미치지 못한다. 『예기』 「애공문哀公問」에 다음과 같은 재미있는 대화가 나온다.[2]

애공이 물었다. "감히 묻습니다만, 사람의 '도道'는 무엇이 큽니까?"
공자는 정색을 하며 낯빛을 고치고 대답했다.
"주군께서 이러한 문제에 관심을 갖는 것은 백성의 행복입니다. 저는 감히 사양치 않고 대답하겠습니다. 사람의 '도'는 '정치'를 가장 큰 것으로 여깁니다."

서양의 전통에서 인간에 관해 탐구한 것은 주로 두 가지 학문이다. 하나는 윤리학이고, 하나는 정치학이다. 정치학과 윤리학은 원래 함께 뒤섞여 오랫동안 구분되지 않았다. 옛사람들은 모두 "덕德으로 나라를 다스린다"고 말했는데 중국에서도 그렇고 서양에서도 마찬가지였다. 모든 사람이 '좋은 사람의 정치'를 갈망했으며 '좋은 사람'이 행하는 정치는 분명히 '좋은 정치'가 될 것이라고 믿었다.

플라톤은 『국가』에서 정의를 즐겨 논했다. 그는 언제나 국가 정의와 개인 정의를 하나로 여겼고, 정치와 윤리를 혼합해 함께 이야기했다. 이런 종류의 생각은 중국과 비슷한데, 예를 들어 공맹孔孟 일파의 사상가들이 그렇게 생각했다.

그들의 생각은 매우 간단했다. 작은 것이 없는데 어찌 큰 것이 있겠는가? 개인과 가정은 사회의 세포다. 제 몸을 잘 닦아야 제 집을 잘 다스릴 수 있고修身齊家, 제 집을 잘 다스려야 비로소 국가를 통치할 수 있으며, 국가를 잘 다스려야 비로소 천하를 평화롭게 할 수 있다治國平天下. 이것이 곧 작은 도리가 큰 도리를 규정한다는 것이다.

아리스토텔레스의 『정치학』에 와서야 비로소 윤리와 정치가 나뉘었다. 그는 그리스 시민이 도시국가 안에서 생활하는 '성안의 주민'이며 도시국가를 떠나서는 아무것도 아니라는 사실을 깨달았다. 그래서 그는 다음과 같은 명언을 남겼다. "사람은 정치적 동물이다."[3]

마키아벨리는 『군주론』에서, 처음으로 정치를 '나쁜 세계'로 간주했다. 그는 정치를 윤리로부터 벗겨냈고, 이로써 독립적인 정치학이 생겨났다. 그는 중국의 법가와 매우 비슷한데, 정치를 말할 때 그야말로 정치만을 말하고 도덕과 함께 논하지 않았다. 매우 성실하게 그리고 매우 담백하고 엄숙하게 말했다. 그만큼 냉혹하기도 했다.

마르크스는 말했다. "사람의 본질은 결코 단일한 개인에게 원래부터 존재하는 추상물이 아니며 실제로 그것은 모든 사회관계의 총합이다." 이들은 모두 큰 도리가 작은 도리를 규정한다고 강조했다. 이러한 출발 없이는 정치학도 사회과학도 없을 것이다.

중국의 정치학은 도덕과 결별한 뒤에 시작된 것으로 이를 '형명법술의 학'이라 부른다. 이러한 학문의 기초를 다진 것은 의심의 여지없이 법가다. 하지만 법가는 진秦나라와 함께 흥했다가 쇠락했고 이후 중국의 도덕세계에서는 줄곧 얼굴을 내밀 수 없었다. 다만 그것의 형제와 같은 학문으로 전해져 후세에 남은 것이 있다. 바로 중국의 고전 병법이다.

중국의 정치학은 본질적으로 일종의 병법이다.[4] 전국 말기에 천하에 유행한 것이 '상관商管의 법法'과 '손오孫吳의 책'(『한비자』「오두」)이었는데, 여기에 치국과 용병이 함께 들어 있었다. 특히 '대전략'을 말할 때 양자를 나누는 것은 불가능하다.[5] 현대 군사학의 첫 조목은 곧 전쟁과 정치의 관계다. 중국의 병법 역시 일찍이 이렇게 말했다. 『손자』는 시작하자마자 '오사칠계五事七計'에 대해서 설명하는데, 오사칠계의 첫 조항이 바로 '도道'이며 도는 곧 정치다.

고대 중국에서 도는 궁극적인 원리로, 일체의 작은 도리를 규정하는 큰 도리였다. 하늘에는 하늘의 도가 있고 땅에는 땅의 도가 있으며, 사람에게는 사람의 도가 있다. 각각 저마다의 큰 도리道理가 있는 것이다. 수술은 천지를 말하고 방기는 신체를 말했는데, 이것이 당시의 자연과학이었다. 진정으로 사람을 논할 때 중요한 것은 병법서에 집중되어 있다.

병법서는 '인도人道'를 말한다. 『할관자鶡冠子』「근질近迭」에 다음과 같은 이야기가 있는데, 『예기』「애공문」과는 대조적이다.

방자龐子가 할관자에게 물었다.
방자: "성인의 도는 무엇이 먼저인가?"
할관자: "사람이 먼저다."
방자: "사람의 도는 무엇이 먼저인가?"
할관자: "병兵이 먼저다."

『할관자』의 저자가 산 시대는 전국 시대 말기로, 수많은 사람이 죽었다. 당시의 전쟁은 매우 잔혹했는데, 그 참혹함은 전무후무한 것이었다. 아마 지난 세기에 일어난 두 차례의 세계대전만이 그에 견줄 수 있을 것이다. 이는 당시의 인간관에 매우 큰 충격을 주었다. 전쟁을 겪어보지 못한 사람들은 그 역사를 이해하기 매우 어려울 것이다.

전쟁은 인류를 괴롭히는 큰 문제였고, 병법은 역사를 해독하는 아주 중요한 열쇠였다. 그래서 중국 사람들은 병법을 인간 연구의 큰 원리로 삼았다.[6]

병법은 일종의 투쟁철학이다

병법이 연구하는 것은 사람이다. 사람이 있으면 이익이 있고, 이익이 있으면 곧 충돌이 일어난다. 충돌이 작은 것은 시어머니와 며느리 사이의 집안싸움이요, 큰 것은 서로 죽이는 그런 싸움이다. 사람은 동물에 비해 '내부 분쟁'을 훨씬 더 잘 일으킨다.

중국 철학사는 서양 철학의 개념을 빌려 중국의 자학을 재해석했다. 후스의 『중국철학사대강』과 펑유란의 『중국철학사』는 신지평을 개척한 양대 저작으로, 그들은 모두 뉴욕 컬럼비아대의 유학생이었다.

전통적인 분류법에 따르면 병법서는 '자학'에 속한다. 중국의 기술 서적은 모두 자학이다. 과거에 유학 경전은 통치 사상의 지위를 차지했다. 자학은 경학보다 낮고, 기술은 자학보다 낮았다. 때문에 『손자』는 권위가 전혀 없었다. 군인들이나 군사 일에 대해 논하기를 좋아하는 몇몇 문인을 제외하면 『손자』에 관심을 가진 사람은 거의 없었다. 그 외의 병법서들은 더 말할 필요도 없다. 자학과 병학의 부흥은 모두 서학에 의존해 이루어졌다.

후스와 펑유란은 선진 철학을 논할 때 유가, 묵가, 도가를 위주로 했다. 비록 명가나 법가도 다루었고 음양가도 참고로 언급했지만, 병법서와 수술 혹은 방기에 대해서는 두 사람 모두 한 글자도 언급하지 않았다.

평유란은 자료 선택 기준을 말하며 다카세 다케지로高瀬武次郎(1868~1950)의 『지나철학사支那哲學史』를 언급했는데, 이 책에서 『손자』를 지나치게 높게 추켜세웠다고 비판하면서도 결국 병법서를 철학사의 범위에 집어넣었다.

병법서는 기술 서적으로, 실용을 가장 많이 말한다. 이런 책에 과연 사상과 철학이 들어 있을까? 중국 사상사와 철학사를 연구하는 사람들은 그렇게 물을 것이다. 내 대답은 "당연히 들어 있다"는 것이다. 그것도 아주 풍부하다. 전쟁은 사람의 목숨이 달린 중대한 일이고, 변화무쌍하며 무궁무진하게 오묘하다. 골똘히 생각하지 않고 안목을 키우지 않는다면 죽음을 자초하게 될 것이다.

철학은 지혜를 사랑하는 학문이다. 병법은 지혜에 대해서 가장 많이 논한다. 병법의 철학은 가장 총명하고 가장 영리하다. 감히 단언하건대 중국의 사유 방식과 병법은 매우 큰 관련이 있다. 병법을 이해하지 못하면 중국 철학을 이해하지 못할 것이다.

1930년 평유란은 『중국철학사』 제1편을 썼는데 거기서 그는 『손자』에 대해 언급하기를 거부했다. 그런데 옌안延安 시대 중국 공산당은 그렇지 않았으며 무장투쟁 출신인 마오쩌둥도 그렇게 보지 않았다.

마오쩌둥은 병법을 연구했다. 주로 1936년에서 1938년까지, 병법을 철학과 함께 읽었다. 1936년 그는 예젠잉葉劍英에게 편지를 보내 국민당 점령지로 사람을 보내 『손자』를 사오도록 했다. 그는 「중국혁명전쟁의 전략 문제」(1936년 12월)라는 글에서 『손자』「모공」 편의 "적을 알고 나를 알면 백 번 싸워도 위험하지 않다知彼知己, 百戰不殆"는 말을 인용했다. 1937년 그는 소련에서 출판한 철학서를 읽었다. 『변증 유물론 강의 요강辨證唯物論講授提綱』(「실천론實踐論」과 「모순론矛盾論」의 전신, 1937년 7~8월)이라는 책에서 그는 레닌의 「철학필기哲學筆記」와 「변증법에 관한 문제關於辨證法問題」를 인용했고, 『손자』「모공」 편도 인용한 적이 있다.

1938년 마오쩌둥은 옌안에서 클라우제비츠의 『전쟁론』 연구회를 조직하여 『전쟁론』과 엥겔스의 군사 저작물을 읽었다. 또 허쓰징何思敬에게 독일어 번역을 부탁해 한편으로는 번역을 하고 또 한편으로는 강의를 했다. 「지구전持久戰을 논함」(1938년 5월)이라는 글에서 그는 클라우제비츠의 명언, "전쟁은 또다른 수단에 의한 정치의 연속"이라는 말을 인용했다. 궈화뤄郭化若 장군은 그 연구회의 일원이었는데, 『군사변증법軍事辨證法』(1949)을 썼고 『손자병법의 초보적 연구孫子兵法之初步研究』(1939~1940)를 집필했다. 또 『백화역해 손자병법白話譯解孫子兵法』(1944)을 펴내기도 했다. 이들 모두가 『손자』를 철리哲理가 풍부한 저작으로 여겼다.

1949년 이후 중국의 대학들과 전문대의 중국 철학사 강의의 대부분이 『손자』를 포함시켰는데, 거기서 『손자』의 변증법을 언급한 것은 옌안 시대의 유풍이라고 할 수 있다.

1958년과 1980년, 평유란은 두 차례나 『중국철학사 신편』을 썼는데 모두 『손자』를 포함시켰다. 오늘날은 누구도 중국 사상사나 철학사에 『손자』를 빼놓지 않으며 심지어 어떤 학자들은 중국의 변증법이 『손자』에서 비롯된 것이라고 주장하기도 한다.[7]

『손자병법』과 마오쩌둥의 병법은 모두 철학적인 성격이 매우 강하다. 이러한 종류의 철학은 사실 생존철학이고 투쟁철학이다. 말하자면 투쟁을 통해 생존을 모색하는 철학인 것이다.

사람과 사람의 투쟁은 굉장히 잔혹한 것이지만 회피할 수 없다. 그것은 인류 생존의 커다란 문제다. 사람의 모든 행위는, 그것이 어떠한 것이든 모두 생존 환경에 대한 반응이다. 앞서 말한 클라우제비츠, 마르크스, 다윈은 모두 각기 다

른 입장에서 생존철학을 논했다.[8]

클라우제비츠의『전쟁론』은 1832년에 출판된 책으로, 셋 중 가장 빠르다. 1911년의『대전학리大戰學理』는 가장 이른 중역본으로, 일어판을 번역한 것이다. 이 책은 유럽의『손자』로 철학적인 맛이 매우 강하다. 마르크스와 엥겔스가 주목한 이래 레닌과 소련의 군사 학계가 중시하고, 마오쩌둥과 옌안의 군인들이 중시한 덕분에 중국에 커다란 영향을 미치게 되었다.

마르크스·엥겔스의『공산당선언』은『전쟁론』보다 16년 늦은 1848년에 출판되었다. 중국에서 가장 빠른 번역본은 1920년 천왕다오陳望道의 것이다. 10월 혁명에 힘입어 마르크스의 계급투쟁 이론과 무산계급 혁명설은 중국에도 큰 영향을 미쳤다.

다윈의『종의 기원』은 1859년에 출판되었는데, 이는『전쟁론』과『공산당선언』보다 늦다. 하지만 중국 사람들이 진화론을 알게 된 것은 오히려『전쟁론』과『공산당선언』보다 빨랐다.『종의 기원』은 중국에서 1920년에 출판되었는데, 1898년에 옌푸嚴復가 번역한『천연론天演論』(헉슬리의『진화론과 윤리학』)이 이미 중국에 진화론을 소개했다.

'생존 경쟁' '자연선택' '적자생존'이라는 개념은 국가가 멸망하고 민족이 멸종할지 모르는 위기 상황에서 중국인들에게 실로 엄청난 영향을 미쳤다. 생물학적 의미보다 훨씬 더 크고 강력했던 것은 멸망을 피하고 생존을 도모해야 한다는 진화론의 사회학적 의미였다.

혁명과 전쟁이 서로 떼놓을 수 없는 관계임은 누구나가 목도하는 사실이다. 양자는 모두 폭력을 수반하며 서로 인과관계를 이루고 있다. 현대에 일어난 두 차례의 혁명은 두 차례의 세계대전과 함께 나타났다. 이에 대해서는 더 말할 필요도 없을 것이다.

올해(2009)는 다윈 탄생 200주년으로 기념할 만한 가치가 있다. 그의 『종의 기원』은 미국에서 곧잘 사람들의 비판을 받았으며 기독교 원리주의자와 보수주의자들로부터 욕을 먹었다. 심지어 마르크스주의의 원천이라는 누명을 쓰고 마르크스보다 더 심한 욕을 얻어먹기도 한다. 『종의 기원』은 『공산당선언』보다 11년이나 늦은데도 말이다.

옛날 사람들은 이빨이 강하고 뿔이 달렸으며 앞발과 뒷발의 발톱이 날카로우면서 독을 잘 사용하는 동물에 빗대어 전쟁을 이야기하곤 했다.:9 전쟁은 확실히 매우 동물적이다. 병법의 많은 사상이 사냥에서 나왔다.

동물의 싸움은 줄곧 인류 전쟁의 참고서였다. 그들은 서로 음식을 빼앗기 위해 싸우고, 샘을 빼앗기 위해 싸우고, 영역을 빼앗기 위해 싸우고, 교배 권리를 빼앗기 위해 싸운다. 이런 동물의 모습은 인류의 추한 모습을 비춰주는 거울과 같다. 동물은 인류의 선생이지만 "제자가 꼭 스승보다 못하라는 법은 없다." 같은 종끼리의 공격이라는 측면에서 보면 인간이 동물보다 훨씬 더하다고 볼 수도 있다.

동물은 하늘 위에서, 땅속에서, 바다 아래에서 무엇이든 못 하는 것이 없다. 그들은 머리부터 발끝까지, 온몸에 고도로 과학적인 방어책을 지니고 있다. 전파 탐지기, 수중 음파 탐지기, 적외선 탐지기, GPS, 전자파, 생화학 무기와 각종 위장술을 두루 갖추고 있다. 무기와 기술을 논할 때 역시 동물은 영감의 원천이다. 나는 텔레비전에서 늘 동물과 관련된 프로그램을 보는데, 이 역시 동물로부터 군사를 배우는 것이다.

인간은 싸우기를 매우 좋아한다. 생물학적 의미를 지닌 투쟁도 있고, 사회적 의미를 지닌 투쟁도 있다. 이러한 냉혹한 사실의 철학을 연구하는 것이 투쟁철학이다. 비록 '투쟁'이라는 두 글자가 이제는 더 이상 멋진 말이 아니지만, 그래도 투쟁은 여전히 존재한다.

병법서의 네 종류-계책과 속임수를 중시

전한 말기 유향劉向과 유흠劉歆은 천하의 병법서를 네 종류로 나누었다. 권모權謀, 형세形勢, 음양陰陽, 기교技巧가 그것이다.(『한서』「예문지」) 앞의 두 가지가 '모략謀略'이고 뒤의 두 가지가 '기술技術'에 해당한다.

(1) 권모

반고는 이렇게 정의했다. "권모라는 것은 바름正(정공법)으로 나라를 지키고, 기괴함奇(변칙)으로 군사를 운용하며, 먼저 계획을 세운 뒤에 전쟁을 하는 것이다. 아울러 형形과 세勢를 겸하며, 음陰과 양陽을 포함하고, 기교를 사용하는 것이다."

'권權'은 임기응변이고 '모謀'는 계책이다. '권모'란 전략, 즉 전쟁의 전체적인 국면에 대해 큰 계획을 연구하는 것이다. 고대 병법서인 『사마법司馬法』『육도六韜』『손자』는 '권모'의 대표작이다. 전쟁의 전체 국면이란 '용병'과 '치국'의 관계다. 예를 들어 『육도』는 치국은 물론 군대의 운용에 대해서도 말했는데, 이는 곧 '대전략大戰略'의 연구에 속하는 것이다.

"바름으로 나라를 다스리고, 기괴함으로 군사를 운용한다以正治國, 以奇用兵". 이것은 『노자』의 말이다.(제57장) 치국은 '바름'에 의지하는데, 신하를 관리하는 일도 그렇고, 백성을 다스리는 일도 그렇다. 규정을 준수해야 하며, 도덕을 말해야 한다. 하지만 군대를 운용하는 것은 다르다. 그것은 적군과 싸우는 일이다. 방법을 찾고 구상하는 일은 적군에 대응하면서 고심해야 한다. 이때 의지해야 할 것은 반反규칙이다. 이것을 '기괴함'이라 부른다.

예를 들어 『사마법』「인본仁本」에서 말하기를 "옛사람들은 인仁을 근본으로 삼고, 의義로 통치하는 것을 바름正으로 삼았다. 바르게 하여 그 뜻을 얻지 못하면 권, 즉 임기응변을 사용한다. 임기응변은 전투에서 나오는 것이지 충성忠과 믿음信에서 나오는 것이 아니다"라고 했다. 이것은 곧 '바름으로 나라를 다스리고, 기괴함으로 군사를 운용한다'는 말이다. 『손자』에서는 '전쟁은 속임수'라고 했는데 이 역시 '기괴함으로 군사를 운용한다'는 말이다.

"먼저 계획하고 난 뒤 전쟁하라"는 것이 『손자』의 특이한 점이다. 손자는 「계」편을 맨 앞에 두고 이를 강조했는데, 먼저 계산하고 계획한 다음에 야전野戰을 전개하고 그다음에 성곽을 공략해야 한다는 것이다. 우선 조정에서 계획을 세운 다음에 비로소 병사를 전쟁터로 내보내야 한다. 이것이 바로 '먼저 계획하고 그 후에 전쟁을 한다'는 말의 의미다.

"형세를 겸하며, 음양을 포함하고, 기교를 사용한다"는 말은 '권모'의 종합적인 성격을 드러낸다. 반고는 다음에 말하는 세 가지에 대해서도 모두 설명했는데, 이론적 성격뿐 아니라 종합적인 성격도 있다는 점에서 의학 서적으로 치면 의경醫經과도 같다. 『한서』「예문지」가 수록한 82편본 『손자』도 네 종류에 대해서 모두 설명했을 것인데, 지금 판본인 13편 역시 이와 같다.

(2) 형세

반고는 이렇게 정의했다. "형세라는 것은 천둥이 치고 바람이 일어나는 것처럼, 나중에 발동하지만 먼저 도달한다. 흩어졌다가 모이고, 등졌다가 되돌아서는 등 변화무쌍하다. 이로써 가볍고도 신속하게 적군을 제압하는 것이다."

'형세'는 전술적인 대책이다. 의학 서적으로 치자면 증세에 대응해 약을 조제하는 경방經方과도 같다. 형세에서 중요한 것은 신속한 반응으로, 탄력적이고 기민하게 움직여야 한다는 것이다. 병법서에서 형세를 설명할 때는 대화체가 가장 편리하다. 하지만 손자는 그렇게 하지 않았다.

손자는 '형形'과 '세勢' 두 글자를 서로 모순된 개념으로 취급했다. 먼저 이론 분석을 하고(「형」,「세」,「허실」), 과정을 묘사했다.(「전쟁」 이하 5편) '군대를 합하고 병사를 모으는 일合軍聚衆'에서 '적군과 마주 보고 보루를 만들어 대치하는 일交和而舍', 진군에서부터 전투를 벌이는 일까지 차근차근 하나씩 설명했다.

먼저 "천둥이 치고 바람이 일어난다雷動風擧"는 곧 "빠르기는 바람과 같고, 느리기는 숲과 같으며, 침략은 불과 같고, 움직이지 않기는 산과 같으며, 알아차리기 어렵기는 그늘과 같고, 움직임은 마치 천둥과 같다故其疾如風, 其徐如林, 侵掠如火, 不動如山, 難知如陰, 動如雷震"는 것이다.

"나중에 출발하지만 먼저 도달한다後發而先至"는 것은 "그 길을 우회하여 이익으로 유혹한다면 적들보다 늦게 출발하고도 먼저 도달할 수 있다. 이것은 우회하는 길을 곧은길로 삼는 계책을 이해하는 것이다故迂其途而誘之以利, 後人發, 先人至, 此知迂直之計者也"라는 뜻이다.

"흩어졌다가 모이고, 등졌다가 되돌아서는 등 변화무쌍하다"는 말은 곧 "전쟁은 속임수로 성립되고, 이익으로 움직이며, 분산과 집합을 변화로 삼는 것이다故兵以詐立, 以利動, 以分合爲變者也"라는 뜻이다.

이상은 모두 『손자』「군쟁軍爭」편에 나오는 문장이다.

(3) 음양

반고는 이렇게 정의했다. "음양이란 때를 맞추어 병력을 발동하며, 형벌이나 공덕을 추천하고, 북두칠성을 보고 공격하며, 오행상승에 의거하고, 귀신의 힘을 빌려 도움을 받는 것이다陰陽者, 順時而發, 推刑德, 隨斗擊, 因五勝, 假鬼神而爲助者."

'음양'은 수술의 학문(고대에 천문·지리를 연구하던 학문)과 음양오행설(수술의 학문에 관한 이론)을 군사적으로 응용한 것으로, 주로 천지天地와 관련이 있다. 흔히 제갈량이 '위로는 천문을 알고, 아래로는 지리를 알았다'고 하는데, 바로 이런 종류의 학문을 가리키는 것이다. 이러한 학문에 관한 이른 시기의 기록은 상당량이 유실되었기 때문에 독자들이 그것을 이해하려면 출토 자료를 봐야 한다. 여기서는 간단히 몇 구절만 소개한다.

"때를 맞추어 병력을 발동한다順時而發"는 것은 시일時日을 선택하는 것을 말한다(술가術家는 '선택'이라고 부른다). 군대를 쓰는 일은 시기에 맞아야 한다. 고대의 선택서選擇書들은 항상 군대 사용에 대해 말했고, 병서도 항상 선택의 문제를 말했다. 출토된 자탄고子彈庫의 백서帛書 수호지睡虎地 「일서日書」는 대부분 이런 종류의 내용이다.

"형벌이나 공덕을 추천한다推刑德"에서 '형덕'이란 일종의 선택 기술이다. 이것은 군대의 사용과 아주 밀접한 관련이 있다. 마왕두이 백서馬王堆帛書 『형덕形德』은 바로 이런 종류의 책이다. 쿵자포 한간孔家坡漢簡 『일서』에도 이런 내용이 있다.

"북두칠성을 보고 공격한다隨斗擊"는 것은 고대의 점술과 관련된다. 나침반이라고 부를 수 있는 일종의 공구가 있는데, 그 한가운데에 있는 것이 북두칠성이다. 주변에는 28개의 별자리가 있고 북두칠성은 나침반의 바늘과 같으며 28개의 별자리는 나침반의 각도와 같다. 옛날 사람들은 두병斗柄(북두칠성의 손잡이에 해당되는 세 개의 별)이 누가 패할 것인지를 가리키므로 그 반대 방향이 길하다고 믿었다. 『일서』(쿵자포 한간)에는 「격格」과 「두격斗格」이 있는데, 이는 바

로 이런 종류의 수술을 가르치는 것이다. 장자산 한간張家山漢簡 『개려蓋廬』에도
이런 내용이 있다.

"오승에 의거한다因五勝"는 것은 오행상승의 수술을 말하는 것이다. 『염씨오
승閻氏五勝』(후시산 한간虎溪山漢簡)이 바로 이런 종류의 수술을 설명했고, 『일서』
에도 이런 유의 내용이 있다.

이어서 "귀신의 힘을 빌려 도움을 받는다假鬼神而爲助者也"고 했는데, 이런 분
야의 학문은 다분히 미신적이다. 하지만 고대에는 오히려 그것이 고도의 과학
기술이었다. 고대의 군사기상학, 군사지리학이 모두 이런 분야에 집중되어 있다.

손자 역시 병음양兵陰陽(병법적인 음양론)을 이야기했는데, 이런 내용은 주로
후반부에 집중되어 있다. 먼저 「군쟁軍爭」에서 「구지九地」 편까지인데, 곳곳에서
지형을 논하면서 음양과 순역順逆(따르는 것과 거스르는 것)과 배향背向(등지는 것
과 향하는 것)을 언급했다. 또 하나는 「화공火攻」 편인데 여기서 손자는 "불은 놓
는 계절이 있고, 불이 잘 일어나는 날이 있다. 계절이란 날씨가 건조한 계절이
며, 날이란 달이 이십팔수 중 기수·벽성·익수·진수에 있는 날이다. 이 네 별자
리가 나타나면 대개 바람이 일어난다發火有時, 起火有日. 時者, 天之燥也. 日者, 月在箕·
壁·翼·軫也. 凡此四宿者, 風起之日也"고 적고 있다. 또한 "불이 바람을 타고 일어나면,
바람을 맞으며 공격해서는 안 된다. 낮에 바람이 오래 불면, 밤에 그 바람은 멈
춘다火發上風, 無攻下風. 晝風久, 夜風止"라고 말했다. 이러한 학문을 고대에는 풍각風
角이라 했는데 제갈량이 동풍을 이용한 것이 곧 이런 종류의 학문으로서, 고대
의 병음양에 속한다.

(4) 기교

반고는 이렇게 정의했다. "기교란 손과 발을 익히고, 도구를 잘 사용하며, 기

계를 모아 공격과 수비에 이용해 승리를 하는 것이다技巧者, 習手足, 便器械, 積機關, 以立攻守之勝者也."

'기교'란 사람과 관련되는 것으로, 무기의 사용뿐만 아니라 군사 기능의 훈련과도 관계가 있다.

"손과 발을 익힌다習手足"에서 '습習'은 연습이고 '수족手足'은 사람의 손과 발을 말한다. 고대의 군사 훈련은 단병격투單兵格鬪와 진법조련陣法操練을 포함했다. 단병격투란 '기격技擊'이라고도 하고 '무술武術'이라고도 했는데, 맨손 이용과 무기 활용의 두 종류가 있었다. 이것은 권법手搏, 검술劍道, 궁술射法 등을 포함한다. 고대의 군사체육인 씨름角抵이나 족구, 윷놀이와 바둑 같은 게임 등도 단병격투에 속한다.:10 진법조련은 주로 대열 훈련이다. 현대의 제식 동작(예를 들어 분열식分列式)이 이러한 훈련의 유산이다.

"도구를 잘 사용하다便器械"에서 '편便'은 편하게 이용하는 것을 말하는데, 여기서는 '숙지하다' '장악하다'의 뜻이다. '도구器械'란 창(과戈, 모矛, 극戟)이나 검劍 혹은 화살 등의 무기를 가리킨다.

"기계를 모으다積機關"에서 '적積'은 축적을 의미하고 '기계機關'란 복잡한 성능을 가진 기계 장치를 말한다. 갈고리 형태의 이빨이나 기어, 도르래, 가죽띠 혹은 기중기絞車를 사용해 자동 혹은 반자동으로 움직이는 무기가 이에 해당한다.:11 '기機'는 도구가 복잡한 것을, '관關'이란 통제하는 장치를 뜻하는데 예를 들면 성곽 공격과 성곽 수비의 각종 기계(석궁과 화포, 누로樓櫓와 수레轒轀 등)는 곧 이런 종류의 무기다.

"공격과 수비에 이용해 승리한다以立攻守之勝者也"는 말은 실전에 사용한다는 뜻으로, 특히 성곽을 공격하고 수비하는 것을 말한다. 『묵자』 중 성곽 수비와 관련된 각 편과 송宋대의 『무경총요武經總要』를 읽어본다면 곧 확실하게 알 수 있다. 고대 중국의 가장 선진화된 무기는 주로 성곽을 공방하는 데 쓰였다.

전략이 먼저이고 기술은 나중이다. 이것이 중국의 전통이다.:12 그렇다면 전략의 본질은 무엇인가? 바로 '속이는 것詐'이다.

'전쟁은 속임수다'를 다시 논함

"전쟁은 속임수다兵以詐立"는『손자』「군쟁」편에 나오는 말로, 후대 사람들은 '전쟁은 속임수를 싫어하지 않는다兵不厭詐'고 표현했다. 나는 베이징대에서『손자』를 강의할 때 바로 이 네 글자를 제목으로 책을 썼다.:13

전쟁은 속임수다, 즉 '병이사립兵以詐立'이란 무엇인가? 우리는 우선 두 가지 개념을 분명히 해야 한다. 무엇이 '병兵'이고 무엇이 '사詐'인가? 이 두 글자에 담긴 뜻은 간단치가 않은데, 이는『손자』연구에 매우 중요하다.

(1) '병'이란 무엇인가?

『손자』전체에서 맨 첫 번째 구절은 "병이란 나라의 대사이다兵者, 國之大事"로, 그 첫 번째 글자가 바로 '병'이다.

이 글자는 현재의 출판물과 많은 백화 번역본 그리고 영문 번역본에도, 나를 제외하고는 거의 예외 없이 모두가 '전쟁'으로 번역해놓았다. 그러나 이는 정확한 해석이 아니라는 것을 반드시 지적하고 싶다. 정확하게 번역하자면 '병'은 '군사軍事'를 의미하는 것으로, '전쟁'이 아니다. 군사는 전쟁보다 더 큰 개념이다. 전쟁에는 분명 군사가 있지만, 전쟁을 하지 않아도 군사는 있다.

우리는 현대 중국어의 이 '군사'라는 단어가 일본에서 차용한 외래어에서 온 것으로, 영어의 military affairs임을 알아야 한다.:14 위衛나라 영공靈公이 진법에 대해 묻자 공자가 대답하기를, "제사에 대해서는 늘 듣던 바가 있으나 군대의 일軍旅之事에 대해서는 아직 배우지 않았습니다"라고 했다.(『논어』 「위영공」) '군사'는 곧 군대의 일이자 군대와 관련된 일이다. 중국 고서 원본에서는 이 구절을 '병사兵事'라고도 일컬었다.:15

즉 '병兵이란 국가의 대사다'의 정확한 번역은 '군사軍事는 국가의 대사다'이다. '군軍'과 '병兵'은 군인이고 군대다. 사람뿐만 아니라 그들의 무기도 포함하는 것이다. '병법'을 연구한다고 할 때도 '병'이란 무장한 사람들이지 전쟁이 아니다. 고대의 훈고訓詁를 보아도 병兵을 전쟁으로 해석한 예는 없다.

그렇다면 무엇이 '병'인가? 고서의 용법에는 다음과 같이 세 가지 의미가 있다.

1) '병'은 무기로, 영문의 arms에 해당된다. '병'자의 본래 뜻은 병기兵器다. 다만 우리가 주의해야 할 것은 『손자』에 나오는 '병'이 병기를 가리키는 경우는 한 번도 없다는 사실이다.:16

2) '병'은 군대로, 영문의 army에 해당된다. 『손자』에서 '병'은 군대가 아니라 사람을 가리킨다. 즉 군대와 관련된 것을 뜻하며, 설령 전쟁이 없더라도 군사는 여전히 존재한다. 옛날 사람들은 '무비武備'라고 했는데 이 역시 군사에 속한다.

3) 더 정확히 말하자면 '병'은 무기를 이용해 무장한 사람들로, 이른바 무장역량武裝力量(armed forces)이다.

이런 종류의 단어 뜻을 판별하고 분석하는 것은 매우 중요하다. 왜냐하면 인류의 전쟁사에서 무기의 발달은 매우 빨라서, 이에 현혹된 사람들은 '군사의 역사는 바로 무기의 역사'라는 착각에 빠지기 때문이다. 마르크스는 상품세계 는 앞뒤가 뒤바뀐 세계라고 말했는데,[17] 무기의 세계 역시 그와 유사하다.

현대의 병법가는 거의 '병기가兵器家'와 같다. 그러나 여기서 우리가 분명하게 알아야 할 것은, 군사에서 주된 것은 사람이지 무기가 아니라는 점이다.

(2) 무엇이 '속임수'인가?

한비자는 이렇게 말했다. "예의범절을 중시하는 군자는 충忠과 신信을 싫어하 지 않고 전쟁터는 속임詐과 거짓僞을 싫어하지 않는다."(『한비자』「난일」) 이것이 '병불염사兵不厭詐(전쟁은 속임수를 싫어하지 않는다)'라는 말의 출전이다.

'속임'과 '거짓'의 본래 의미는 무엇인가? 속임詐은 만듦作과 관련이 있고 거 짓僞은 행위爲와 관련 있다. 이는 모두 모종의 인위성에 의해 조장된 성분임을 암시하고 있다. 인위적인 조장이란 무엇인가? 하나는 형形과 세勢를 만들어내 어 각종 거짓 현상을 꾸미는 것이다. 두 번째는 '미처 방비하지 못한 곳을 공격 하고, 생각지도 못한 곳으로 나아가는攻其無備, 出其不意' 상황을 만드는 것이다. 형세는 물론이고 심리 효과 역시 중요하다.

『전쟁은 속임수다』에서 나는 '약자가 강자보다 속임수를 좋아한다'는 클라우 제비츠의 말을 언급했다.[18] 이 말은 굉장히 중요하므로 여기서 내용을 보충하 고자 한다. '속임수'는 두 종류로 분류된다. '어두운 곳에서의 공격'도 물론 속임 수이지만 '공공연한 공격' 역시 속임수가 될 수 있다. 또 일반적으로 두 종류의 속임수는 결국 서로 균형을 이룬다. 이것이 충분히 체현된 상태를 '불균형적 균 형'이라 한다.

사람들은 흔히 약자가 속이는 것은 쉽게 기억하지만, 강자가 속이는 것에는 주의를 기울이지 않는다. 강자는 실력이 있으므로 근본적으로 속임수를 쓸 필요가 없을 거라고 생각하기 때문이다. 그러나 사실은 실력으로 속이는 것도 속임수이기는 마찬가지다. 미국의 한 무기 역사 전문가는 다음과 같이 분명하게 말했다. "미국의 냉전 사상은 사실상 일종의 기만이다. 하지만 표면적으로 그것은 아주 매혹적인 성질을 갖고 있어서, 적들도 어쩔 수 없이 진지하게 대응하게 된다.":19

현대에는 두 종류의 속임수가 서로 싸운다.

먼저 핵을 이용한 속임수다. 국가 공포주의로 미국과 러시아 두 강대국이 서로 대항하고 있다. 주로 무기를 견주면서 국력 정치, 경제, 외교의 총체적 실력을 경쟁한다. 쿠바 미사일 위기가 전형적인 사례다.

그리고 공포 전술이 있다. 약자가 강자에게 대항하기에는 힘의 차이가 지나치게 많이 난다. 약한 쪽은 가진 것이 거의 아무것도 없고 단지 AK47 소총과 '인육폭탄'만 있을 뿐인데, '9·11'이 전형적인 사례다.

이 두 종류의 속임수는 모두 상대방의 공포심을 이용한다. 전자는 힘의 절대우세를 이용해 상대방의 외부 교류와 지원을 막고, 상대방을 포위하여 곤경에 빠뜨리고 지치게 만든다. 또 기세에서 상대방을 압도해 위협하고, 무기의 우세로 아군의 손실을 막아 가장 적은 사상자로 가장 큰 승리를 얻는다. 후자는 죽음을 두려워하지 않는 정신을 이용한다. 너희는 죽음을 두려워하지만 우리는 두려워하지 않는다면서, 강대국과 부자들의 가장 큰 약점을 쥐고 싸우는 것이다.

죽음을 두려워하는 이들에게는 그에 맞는 사상이 있고, 죽음을 두려워하지 않는 이들에게는 또 그에 맞는 사상이 있다. 『손자』 「구지」 편에는 두 가지 이야기가 나오는데, 음미해볼 가치가 있다.

첫 번째 이야기는 이것이다. 패왕의 군대가 대국을 정벌하면 그 나라는 병사들을 모을 수가 없으며, 적국에 엄포를 가하면 그 나라는 외교관계를 맺을 수 없다. 그러므로 천하의 외교를 서로 다투지 않고 천하의 권력을 기르지 않아도 오직 자신의 사적인 것만으로 적에게 위협을 가할 수 있다. 그리하여 성을 빼앗고 그 나라를 무너뜨릴 수 있는 것이다.

두 번째 이야기는 이렇다. 출전 명령이 내려진 날, 앉아 있는 사병들은 눈물로 옷섶을 적시고, 쓰러져 누운 자들은 눈물이 교차한다. 하지만 이들을 도망갈 곳이 없는 곳으로 몰아넣으면 전제專諸와 조귀曹劌의 용맹스러움이 나온다.'

여기서 '패왕의 군대'가 의지하는 것이 실력이라면 '전제와 조귀의 용맹'이 의지하는 것은 용기다.

당저唐且가 진秦나라에 사신으로 파견되었을 때의 일이다.:20 드높은 패기로 당저를 압도하며 진왕이 말하기를, "그대는 천자의 분노에 대하여 들은 적이 있는가? 그것은 엎드린 시체가 백만이요, 흐르는 피가 천 리에 이른다는 말이다. 그것이 바로 '패왕의 군대'다." 당저는 단신으로 죽음의 위협에 직면하여 대답했다. "그렇다면 왕께서는 포의布衣의 분노에 대해서 알고 계십니까? 엎드린 시체가 둘뿐이고 흐르는 피는 5보에 그치지만, 천하가 상복을 입습니다. 이는 바로 '전제와 조귀의 용맹스러움' 때문입니다."

이것은 혈혈단신孑孑單身과 완전무장한 정예부대의 현격한 차이를 비교하자는 것이 아니라, 양쪽 다 사람과 사람 사이의 목숨을 건 싸움임을 나타낸 것이다.

전쟁은 속임수이지 무기나 기술이 아니다

전략의 원천은 속임수다. 중국에서 병법은 군법軍法에 도전하고, 군법에서 벗어난다. '전쟁은 속임수를 꺼리지 않는다'는 것이 그 표시다. 여기서부터 비로소 전략 연구가 생겨난다.

중국은 전략 문화가 가장 발달한 곳으로서 책략과 속임수를 높이 평가한다. 그것은 중국 군사학의 전통이며 이는 병법서 분류에 반영되어 있다.

앞서 설명한 병법서의 네 종류 가운데 권모와 형세는 전략이고, 음양과 기교는 기술이다. 여기서 책략을 기술 위에 배치했는데, 이것이 바로 책략을 높이 평가하는 증거다.

중국에서 책략을 말할 때, 권모는 큰 계략이고 형세는 작은 계략이다. 때문에 권모를 형세 앞에 둔다. 기술을 말할 때는, 음양은 천지와 관련되고 기교는 사람과 관련되므로 음양은 기교 앞에 배치된다. 그런데 책략이든 기술이든 관계없이 이 네 가지는 모두 사람을 강조한다. 그렇다면 무기는 어디에 위치할까? 무기는 기교 아래에, 혹은 사람과 함께 놓고 설명되며 독립된 지위는 없다.

군사학은 종합적인 학문으로, 쪼개서 한쪽만 강조할 수 없다. 마치 만담에서 눈과 코 중 어느 것이 더 중요하냐고 묻는 것과 같다. '병법兵法'의 '병'은 무엇이고 '병서兵書'의 '병'은 무엇인가? 그것은 무기일 뿐만 아니라 군대이기도 하다. 양자는 결합되어 있으니, 말하자면 모두 중요한 셈이다.

사람들은 무기가 사람보다 중요하다고 말한다. 표면적으로 보자면 아주 타당한 것 같다. 왜냐하면 무기의 발달이나 갑작스런 혁명이 분명히 엄청난 진보를 가져왔기 때문이다. 그런데 인간에게는 어떤 진보가 있었는가? 수천 년이 지나도록 사람의 신체는 여전히 코 하나, 눈 두 개일 뿐이다. 진보는커녕 오히려 퇴보했는지도 모른다. 무기가 발달할수록 인류는 점점 더 죽음을 두려워하게 되었고, 문명인은 모두 더할 나위 없이 교만해졌다.

무기는 분명 빠른 속도로 대단한 발전을 이루었다. 하지만 잊지 말아야 할 것은 무기를 만든 것은 사람이라는 사실이다. 무기가 사람을 만든 것이 아니다. 무기는 사람을 죽일 수 있지만, 인간도 무기를 소멸시킬 수 있다. 무기를 없애는 것, 그것이야말로 바로 인류의 이상이다.[21]

유감스럽게도 현재의 병학은 이미 병기학兵器學이 되었다. 많은 사람이 그렇게 믿고 있으며, 기술이 발달할수록 무기의 중요성은 높아지는 반면 사람의 중요성은 갈수록 낮아진다. 사람은 모두 하찮은 폐품거리가 되었다.

사람과 무기, 어느 것이 더 중요한가? 이는 오래된 질문으로, 결코 새로운 문제가 아니다. 중국 고대부터 내려오는 전설이 바로 이 문제를 말한다. 그 전설에 따르면, 황제黃帝의 수하에는 여섯 명의 대신이 있었다. 치우蚩尤라는 천관天官이 무기를 발명했는데, 그가 역대로 제사를 지내는 '병주兵主'라고 알려진 사악한 전쟁의 신이다. 치우가 배신을 해 황제가 그를 치려고 했는데, 아홉 번의 전쟁에서 아홉 번을 이기지 못해 매우 괴로워했다. 최후에 뜻밖에 두 사람의 도움을 받아서 비로소 치우를 물리치고 그를 죽였다. 그의 죽은 모습은 매우 흉했다.

황제에게 도움을 준 두 사람은 풍후風后와 현녀玄女라는 남녀였다. 그들에게는 기막힌 책략이 있었다. 치우에게는 좋은 무기가 있었고 그들은 구궁팔진九宮八陣이라는 좋은 진법陣法을 보유하고 있었다. 치우는 구름을 일으키고 안개를 만들 수도, 모래를 날리고 돌을 굴릴 수도 있었다. 하지만 풍후에게는 지남차指南車(수레 위에 신선 모양의 목상을 얹고 자침을 이용해 손가락이 남쪽을 가리키게 만든 수레)가 있어서 방향을 올바르게 잡을 수 있었다. 지남차란 고대의 GPS같은 것으로, 치우의 저급한 기술을 격파한 고급 과학기술인 셈이다. 과학기술은 무기의 성능을 높여주지만, 과학기술의 원천은 곧 사람이다.

오늘날 가장 무섭고도 끔찍한 무기로 핵무기를 넘어서는 것은 없다. 1945년 미국이 일본에 원자폭탄을 투하했다. 당시 모든 사람들이 이 한 걸음으로 무기의 발달은 정점에 도달했다고 여겼다. 그것은 최종 병기, 즉 '절대 무기'였다:[22] 미국은 이 장난감이 생기자 굉장히 득의양양해져, 그들의 '세계 회의'를 설계하기 시작했고 연합국을 자기 집안에서 경영하는 상점처럼 취급했다. 사람들은 이렇게 말했다. "원자폭탄이 나오니 누구든 전쟁할 필요가 없어졌다. 전쟁을 해봤자 좋을 게 없다. 원자폭탄은 평화의 신이다."[23]

하지만 거의 동시에 마오쩌둥은 옌안延安의 동굴 속에서 미국 기자 애너 루이즈 스트롱과 인터뷰를 하면서 '원자폭탄은 종이호랑이'라고 말했다.[24] 원자폭탄을 보유한 미국에게도 두려움은 있었다. 하나는 자신이 차마 사용할 수 없다는 것이고, 다른 하나는 다른 나라도 이것을 갖게될지 모른다는 두려움이었다. 그리고 곧 소련이 핵무기를 갖게 되었다. 무기는 전염병과 같다. 여태껏 그래왔는데 지금이라고 다르겠는가? 핵은 순식간에 세계에 전파되었고 대국은 모두 같은 '부귀병富貴病'에 걸렸다. 더 이상 허용되지 않을 것 같았던 군비경쟁이라는 줄서기는 여전히 계속되었다.[25]

디스커버리 채널에 최종 병기에 관한 프로그램이 있었다. 거기서 말하기를, 이런 무기는 조금도 새로운 것이 아니며, 인류는 지금까지 줄곧 그런 종류의 장난감을 추구해왔다. 이미 몇 차례나 그런 무기들을 발명해온 것이다. 그렇다면 과연 무엇이 '최종 병기'인가? 최종 병기는 사람이다. 무기는 당연히 사람들을 없앨 수 있으나 범지구적인 무기는 모든 인류를 없앤다. 이것은 인류의 자살이다.

최근 미국은 네 차례의 전쟁을 벌였다. 그들은 악취가 결국 자신들에게 넘어온다는 사실을 알고 있다. 사람들은 미국의 엄청난 무기에 굴복하지 않을 수 없다고 말한다. 지금과 같은 시대에 전략과 속임수는 어디에 쓸모가 있으며, 사람은 또 어떤 가치가 있는가? 이미 전쟁에서 중요한 것은 '속임수'가 아니라 '무기'이며 '기술'인 것은 아닐까? 이것은 아주 첨예하고, 이미 말했듯 아주 오래된 문제다.

어떤 사람은 전쟁이 마치 주먹 싸움과 같다고 한다. 싸움은 자기가 싫은 것을 남에게 강요하는 일이다. 싸우는 사람들은 누구의 주먹이 더 단단하고 큰지를 본다. 이는 전쟁에서도 마찬가지다. 하지만 전쟁에서는 주먹 말고도 무기를 들며, 무기는 확실히 중요하다. 전쟁에서 벌어지는 절대다수의 상황은 백병전보다는 무기 뒤편에서 이루어진다. 누구나 손에 들 만한 무기를 찾아 상대를 접근시키지 않은 채 멀리서 상대방을 쓰러뜨리고 싶어한다. 활과 화살은 이런 수요 때문에 설계된 것이다. 이 점은 옛날부터 지금까지 모든 무기 발명자가 공동으로 추구한 것이다. 역량이 크고, 속도가 빠르며, 사정거리가 긴 동시에 정확하게 타격을 가해야 한다. 현재의 미사일이나 유도탄은 그런 점들을 전제로 구성된 것이다.

하지만 주먹 싸움과 전쟁은 결국 다르다. 항우는 "검은 한 사람을 대적하니 배울 필요가 없으며, 배운다면 만인을 대적하는 법을 배우고 싶다"(『사기』「항우본기項羽本紀」)고 했다. 만인을 대적해야 전쟁이다. 전쟁이란 집단적인 싸움으로, 서로 얽히고설키어 변화무쌍한 것이다. 그런데 두뇌가 없어서 되겠는가? 사람은 사지가 퇴화하고 두뇌는 발달했다. 만약에 운동회를 연다면 어느 종목이든 동물들과 비교할 수 없다. 심지어 경쟁에 참가할 자격이 있을지조차 의심스럽다. 인간이 한참을 진화해 이 정도가 되었는데도 쓸모가 없다고 한다면 우스운 일이 아닌가?

　사람에 대해 말할 때, 대부분의 사람은 신체에 대해서만 말하고 두뇌에 대해서는 말하지 않는다. 하지만 하이테크놀로지는 과학기술 상품도 아니고 무기도 아니다. 사람들이 총명한 기지와 재능을 발휘해 발명한 것이다. 과학기술과 전략의 대립은 인간 자신의 대립이지, 무기와 인간의 대립이 아니다. 이 두 가지는 사실 '큰 도리가 작은 도리를 다스리는' 관계일 뿐이다. 전략이란 전쟁 전체 국면에 대한 전반적인 고려를 의미한다. '전체 국면'이라는 말은 군대뿐만 아니라 무기도 포함하는 것이며, 과학기술은 그중 일부분일 뿐이다.

　어떤 사람은 핵무기 앞에서 도덕과 용기는 전혀 쓸모없다고 한다. 무슨 '200미터 내의 숙달된 기술'이라든지 '인적 요소가 제일'이라는 말은 모두 우스운 이야기라는 것이다. 하지만 사람은 피와 살로 이뤄진 신체를 가지고 있고 무수한 사람을 죽이는 핵무기까지 갈 필요도 없이 가장 원시적인 무기도 막을 수 없다. 어찌 몽둥이 하나만 무섭겠는가? 돌멩이 하나에도 죽을 수 있다. 더 말할 필요가 있을까?

　무기는 본디 매개나 수단에 불과했으나 어느 순간 주체가 되었다. 그래서 사람들은 사람과 사람이 싸우는 것이 아니라 무기와 사람, 나아가 무기와 무기가 싸우는 것이라는 착각을 하고 있다. 사람들은 모두 보물을 품고 서로 서로 하늘로 올라가 보물을 내던지면서, 보물과 보물이 하늘에서 서로 싸우는 것을 본다. 이는 우스갯소리가 아니라 이미 신화에 나온 이야기다. 나는 이런 상황을 '현대의 봉신방封神榜'이라 부른다.

　무기가 발달하자 이제 사람들은 무인 전쟁에 대한 환상을 품기 시작했다. 하늘을 나는 것은 무인 비행기이며, 지상에서 뛰는 것은 아주 작은 나노미터의 전사들이다. 여기에 사람이 무슨 쓸모가 있을까? 이런 신화는 우리를 바보로 만들 뿐만 아니라 전쟁을 미화시킨다. 일신의 보호라는 측면에서 말하자면 그 것은 '사망률 제로'를 뜻하기에 국민들은 전쟁에 호감을 갖는다. 적을 살상하는 측면에서 말하자면 그것은 '외과 수술식의 정확한 타격'이다. 살상되는 것은 테 러범들뿐이며 한 사람의 민간인도 피해를 입지 않는 아주 인도적인 전쟁인 셈 이다.

이렇게 군대는 병원이 되고, 살인하는 사람은 모두 의사가 되었다. 이런 현 대의 전쟁이 우리에게 보여주는 것은 '무기 없는 세계'가 아니라 '사람 없는 세 계'다. 그렇지만 더 좋은 무기가 나오더라도 그걸 만든 것은 귀신이 아니라 사 람이다. 현존하는 가장 첨단의 무기도 사람의 조작 아래 있다. 설령 가장 발달 된 군사 강국이라고 하더라도, 예를 들어 미국이라도, 여전히 육해공 삼군을 양성해야 한다. 사람 없는 전쟁은 아직 발명되지 않은 것이다. 사람이 없다면 무기는 단지 쓸모없는 쇠붙이일 뿐이다.

병법은 인류 도덕에 대한 도전

병법은 살인 예술이고, 군인은 직업 킬러다. 미화할 필요가 없다.

동서고금에 군대를 쓰지 않은 국가와 민족이 없었지만 어느 누구도 그것을 미화할 수 없었다. 전쟁은 결국 도덕적 비난을 받았고, 모두가 간첩을 썼다. 그 것은 '속임수 중의 속임수詐中之詐'다. 기밀을 몰래 살피고, 암살을 행하는 일이 공명정대할 수는 없다. 정치가, 군사가, 외교가는 누구라도 간첩으로부터 자유 로울 수 없다. 사실 누구나 간첩을 욕하지만, 이는 사람이 남의 개를 욕하는 것 과 같다. 그들은 모두 다른 사람의 간첩을 욕할 뿐 자신의 간첩은 욕하지 않는다. 자신의 간첩은 동지애와 고통을 함께 나누는 대상이며, 전선을 은폐하고 지하공작을 행하는 일은 해둘수록 좋다는 것이 인지상정이다.

『손자』「용간」편에서는 이렇게 말한다. "삼군의 일 가운데 간첩보다 더 친밀한 것이 없고, 포상 가운데 간첩에게 주는 것보다 더 후한 상은 없으며, 모든 일 가운데 간첩의 일보다 더 은밀한 것은 없다. 성스러운 지혜를 가진 자가 아니면 간첩을 쓸 수 없으며, 어질고 의로운 자가 아니면 간첩을 부리지 못하고, 신묘한 자가 아니면 간첩으로써 성과를 얻지 못한다故三軍之事, 莫親於間, 賞莫厚於間, 事莫密於間, 非聖智不能用間, 非仁義不能使間, 非微妙不能得間之實."

손자는 성인이 아니면 간첩을 쓸 수 없다고 판단했다. 병법과 도덕이 충돌을 일으킨 역사는 이미 오래되었다. 전쟁은 '인자함'인가 아니면 '속임수'인가, 이런 논쟁은 줄곧 존재했다. 일찍이 전국 시대 초기에 순자와 임무군臨武君은 이 문제로 말다툼을 했는데 이때 시작된 이 논쟁은 이후 2000년이 훨씬 넘게 지속되었다. 송나라 이후에는 많은 사람이 『사마법』이 옳고 『손자』가 기이하다고 여겼다. 『손자』가 『사마법』보다 못한 평가를 받은 것이다.

순자의 학생이었던 한비자는 유가와 도가를 모두 배운 뒤에 이 두 분야를 구별해 절충하고자 했다. 다음은 한비자에 나오는 일화다.

진나라와 초나라가 성복城濮:26에서 싸울 때였다. 진나라 문공이 외삼촌 호언狐偃(호는 자범子犯):27에게 물었다. "우리 군대가 장차 초나라와 싸우는데, 그들 숫자가 우리보다 많습니다. 어떻게 해야 합니까?" 호언이 대답했다. "제가 듣기로는 '예의범절을 중시하는 군자는 충성과 신뢰를 좋아하지만, 전쟁터에서는 속임수와 거짓을 꺼리지 않는다'고 합니다. 오직 한 가지 선택만 있을 뿐입니다. 바로 '적을 속이는 것'입니다."

똑같은 문제를 문공이 아들 옹계雍季에게 물었다. 옹계는 "숲을 태워서 밭을 만들면 많은 짐승을 잡을 수 있으나 나중에는 짐승이 없어집니다. 속임수로 백성을 대하면 한때는 이익을 얻겠지만 나중에 다시 그렇게 할 수는 없을 것입니다"라고 했다. '속임수'로는 단지 일시적인 이익을 취할 뿐 오래 갈 수 있는 방책이 아니라는 뜻이다. 문공은 옹계에게 말을 잘했다고 칭찬했다. 그러나 그가 채택한 것은 호언이 말한 '책략'이었다.

진나라가 승리를 얻은 뒤에 문공은 공로를 따져 상을 주었는데, 이치대로 말하자면 호언의 공로가 가장 컸다. 하지만 문공은 오히려 옹계를 더 우대했다. 신하들이 이해하지 못하고 성복에서의 전쟁은 호언의 책략이 적중했는데 어째서 옹계를 더 우대하느냐고 묻자 문공이 말했다. "너희는 모르는구나. 호언의 방법은 단지 '한때의 변통'일 뿐이다. 옹계가 말한 것이야말로 '시간을 초월한 이익'이다." 공자가 이를 듣고 매우 감격해 말했다. "문공이 패자覇者가 된 것은 당연한 이치다. 그는 일시적인 변통도 알 뿐만 아니라 시간을 초월한 만대의 이익도 아는구나."(『한비자』「난일難一」):28

고대 중국에는 바른 것과 기이한 것, 혹은 도덕과 변통 가운데 어느 것을 취해야 하는가에 대한 논란이 있었다. 여기서 유가는 늘 속임수보다 인의仁義를 위에 두었고 병법보다 군법을 강조했다. 그러나 군대를 운용하는 문제에서 도덕을 기반으로 삼는 사람은 아무도 없었다.

홍강泓水의 전투에서 죽은 송나라 양공襄公의 이야기가 바로 이에 관한 교훈을 준다:29 이로부터 누구나 전쟁에서는 속임수를 꺼리지 않아야 함을 알게 되었다. 이것이 '병불염사兵不厭詐'의 출전이다.

병법은 도덕에 대한 최대의 도전이었다. 두 가지 예를 들 수 있는데, 하나는 항복한 병사들을 속여서 파묻는 것이고 다른 하나는 피비린내 나는 진압 작전이다.

제네바 협약이나 적십자회 같은 조직이 있는 현대의 전쟁에는 마치 운동 경기처럼 규칙이 있다. 전쟁은 군인과 군인이 싸우는 것으로, 민간인을 습격할 수 없으며 무기를 내려놓은 군인은 학대하거나 살육할 수 없다. 이것을 '인도주의'라고 부른다. 하지만 전쟁은 살인이다. 살인을 어떻게 또 인도주의라고 말할 수 있는가? 한쪽에서는 살인하면서 다른 한쪽에서는 구제한다는 것 자체가 아이러니다.[30]

게다가 이런 약간의 인도주의조차도 쉽게 지켜지지 않는다. 우리는 제2차 세계대전이 어떻게 끝났는지를 잊지 말아야 한다. 드레스덴의 대공습 그리고 히로시마와 나가사키의 원자폭탄으로 사망한 이는 군인만이 아니었다. 절대다수가 민간인이었다.

고대의 전쟁에서는 항복한 병사들을 속여서 땅에 묻어버리고 잔혹하게 성을 공격해 진압 작전을 전개하는 것이 전 세계에 매우 보편적이었다. 백기白起는 장평長平의 전투에서 포로들을 생매장했고, 영포英布는 신안新安에서 항복한 적군의 병사를 속여서 파묻었다. 칭기즈 칸은 성을 점령한 뒤 성안의 주민을 깡그리 학살했으며, 도요토미 히데요시는 조선 사람들을 죽여서 귀무덤耳塚을 세웠다. 이런 일들은 결코 머나먼 옛이야기가 아니다. 난징학살사건이 바로 그 현대판이다.

옛날 사람들에게서 보이는 야만성의 원인은 여러 가지가 있다. 오랫동안 공격하면서도 이기지 못하자 야수의 본성이 극도로 발달해 미친 듯이 보복하고 참수했다. 포로를 심문해 공적을 세우는 방법도 있겠지만, 옛날에 포로는 매우 부담스럽고 무척 위험한 존재였다. 수십만 명의 음식과 물을 관리하고 질병과

상처를 치료하는 일이 어찌 말처럼 쉽겠는가? 이뿐만이 아니다. 결코 회피할
수 없는 아주 명확한 문제가 있다. 가령 아무것도 가진 게 없다 해도 수십만 명
의 폭동을 어떻게 막아낼 것인가? 가장 간단한 방법은 바로 포로들을 모두 죽
이는 것이고, 죽일 수 없다면 생매장을 하는 것이다. 인간의 나약함과 잔인함
을 이해할 수 있다면, 손자가 "포로는 잘 대접해서 우리 편으로 만들어야 한다"
(「작전作戰」)고 말한 것이 사실상 쉽지 않은 일임을 알 수 있을 것이다.

『손자』는 이론 위주의 책으로, 옛날이야기가 주된 내용이 아니기 때문에 등
장인물이 적다. 나오는 인물은 단 네 명인데, 두 명은 테러리스트 전제專諸와 조
귀曹劌이고, 두 명은 비밀요원 이지伊摯와 여아呂牙다. 전제와 조귀가 용감함의
상징이라면 이지와 여아는 지혜의 화신으로, 모두 찬란하고 눈부신 이미지를
갖고 있었다. 이는 그 자체로 도덕에 대한 도전이었다.

전제와 조귀는 고대의 자객이었는데, 손자는 그들에 대해서 조금도 꺼려하
지 않았고 오히려 매우 추앙한다. 이것은 고대의 기풍이었다. 고대의 병서에서
이런 종류의 용감함에 대해 언급한 것은 손자뿐만이 아니다.

지금 만약 죽을 각오를 한 도적 한 사람이 벌판에 매복해 있다면 1000명
이 그를 뒤쫓으면서도 그들이 올빼미처럼 사방을 주시하며 이리처럼 끊임
없이 뒤돌아보면서 두려워하는 이유는 무엇이겠습니까? 그 도적이 갑자기
일어나 자기를 해칠까 두려워서입니다. 이 때문에 한 사람이 목숨을 던진
다면 1000명을 두렵게 할 수 있습니다. 지금 신臣이 5만의 군사를 죽을 각
오를 한 도적처럼 만들어 이끌고 가서 토벌한다면 진실로 대적하기 어려
울 것입니다.(『오자吳子』「여사勵士」)

도적 한 사람이 칼을 들고 시장에 난입해 함부로 공격하면 수천수만 사람 가운데 황급하게 그를 피하지 않을 사람이 없을 것입니다. 신이 생각하기에 한 사람이라도 용감한 사람이 없다면, 1만 명이 있더라도 모두 소용이 없습니다. 이유가 무엇이겠습니까? 목숨을 건 사람과 살려고 발버둥치는 사람을 같이 논할 수 없는 것입니다. 신의 방법대로 하신다면 삼군三軍이 목숨을 건 도적처럼 될 것입니다. 감히 그 앞을 가로막을 수 없고 그 뒤를 밟을 수 없을 것입니다. 가는 곳마다 대적할 자가 없을 것입니다. 대적할 적이 없는 군대는 천자와 패자의 군대입니다.(『울요자尉繚子』「제담制談」)

『오자』와 『울요자』에서 추앙한 '사적死賊(죽을 각오를 한 도적)'은 역시 테러리스트다. 두 책은 모두 이런 종류의 억척스러운 용기를 추앙한다. 심지어 5만의 무리(혹은 삼군의 무리)를 사적으로 만들면 그 자체가 바로 '천자와 패자의 군대'라고 말한다.

이지와 여아는 상商나라와 주周나라의 개국 공신이며, 옛사람들이 숭배한 대상이기도 했다. 손자는 그들을 예시로 삼아 무엇을 설명하려 한 것인가? 그것은 비밀요원, 즉 간첩이 매우 도덕적일 뿐만 아니라 심지어 도덕의 화신이었다는 점이다. 너그럽고 의리가 있으며 지혜롭고 용감하지 않으면 간첩으로 삼지 않는다. 단지 성인만이 간첩이 될 수 있는 것이다.

전쟁은 결국 사람을 죽이는 일이므로 간첩이라면 종국에는 수단과 방법을 가리지 않아야 한다. 이러한 폭력, 이러한 속임수는 누구든지 비판한다. 선진 시대의 제자백가들도 그랬고, 현대의 지식인들 역시 마찬가지다. 하지만 정치가, 군사가, 외교가라면 누구든 잠시도 그것을 멀리할 수 없다. 인류는 폭력을 원망하는 동시에 사랑하며, 뒤섞인 애증의 사이에는 두려움이 혼합되어 있다.

군인에게 전쟁이란 기필코 '속임수'여야만 한다. 이는 폭도를 제거하고 백성을 평안하게 하기 위해 불가피한 것이다.

병법은 인류의 지혜에 대한 도전

병법은 일종의 사유 방식이다. 거기에는 세 가지 큰 특징이 있다.

1) 먼저 병법은 두 집단이 고도로 대항對抗하는 사유다. 전쟁은 양쪽 군대가 서로 대항하는 것이지, 일방적으로 원한다고 되는 것이 아니다. 적군의 행동에 따라 우리 쪽의 행동을 결정하고, 적은 우리의 행동에 따라 그들의 행동을 결정한다. 격렬하게 대항하는 가운데 내 상황이 변하면 적의 상황도 변하고, 적이 변하면 나도 변한다. 아주 짧은 시간 동안 많은 변화가 일어나며, 모든 작은 변화는 전체 국면의 변화를 야기할 수 있다. 많은 것이 예측 불가능하다. 특히 "사람의 마음은 헤아릴 수 없는"데, 이것이 최대의 변수다.

2) 모든 군사 계획은 행동으로 실현되어야 한다. 행동하면서 바로잡아야 하고, 행동하는 중에 변화한다. 사전에 아무리 충분히 준비하고 아무리 전면적인 조사를 했어도, 그리고 아무리 꼼꼼하게 배치했어도 전체적인 형세와 함께 모든 것이 변화한다. 전투에서 필요한 것은 즉각적이고 신속한 반응이지 조용하며 느긋한 심사숙고가 아니다. 사색은 단지 행동의 일부여야 하며 심지어는 아주 작은 부분일 뿐이다. 판단력이 이해력보다 중요하다.

3) 전쟁터에서, 이미 알고 있는 것은 결국 미지未知의 가운데에 놓인 주머니일 뿐이다. 아직 모르는 것은 이미 알고 있는 것보다 언제나 더 크다. 비록 지휘자가 더 많은 정보를 원하고 적과 아군의 상황을 가능한 한 최대로 이해하려고 해도 모든 것을 완전하게 파악할 수는 없다. "상대방을 파악해 승리를 제어한다料敵制勝"라는 구절에서도 '파악料'이란 일종의 모호한 판단일 뿐이며 추측이나 도박의 성질을 피하기 어렵다. 과학적인 판단은 단지 인식의 일부분일 뿐이고, 모든 전체적인 인식과 행동은 모호함을 갖게 된다.

이런 종류의 사유 방식은 인류의 지혜에 대한 일종의 거대한 도전이다.

인간은 대항하면서 사유하고 행동하면서 사유한다. 실험실 환경에 있는 것과는 다르다. 마치 쥐 한 마리가 살아가면서 목숨을 걸고 생각하는 것과 같다.

공자는 "아는 것은 알고 모르는 것은 모른다고 하는 것, 그것이 아는 것이다"(『논어』 「위정」)라고 말했다. 이치는 정확하다. 인간의 사유는 결국 아는 것과 모르는 것, 이 두 부분으로 이루어져 있다. 그런데 이에 대해 왕예王倪는 의문을 던졌다. 당신은 당신이 어떤 것을 안다고 어떻게 알 수 있으며, 어떤 것을 모른다는 것은 또 어떻게 알 수 있느냐(『장자』 「제물론」)는 것이다. 특히 '모르는 것'에 대해, 우리는 이미 잘 알지 못하는데 어떻게 '안다'고 할 수 있을까?

전쟁에서는 충분히 정찰하고 조밀하게 대비책을 세우더라도 여전히 아주 많은 '빈틈'이 있다. 전쟁은 매우 잔혹하다. 판단이 한 번 틀린 경우 그것은 틀린 것이며, 번복하거나 후회해도 소용이 없다. 죽은 자는 다시 살아나지 않으며, 패망한 나라는 다시 존재할 수 없다. 이는 과학에 대한 도전이기도 하다.

우리의 이 시대는 소위 과학의 시대로, 과학 만능주의가 이미 모든 것을 뒤

덮었다. 하지만 오늘날도 우리는 과학이 단지 사고의 일부분에 지나지 않는다는 것을 인정해야 한다. 다른 부분을 이루고 있는 것은 바로 모두가 '미신'이라 부르는 그것이다.

병법은 과학인가 미신인가? 이것은 과학의 역사는 물론 사상사에 대해서도 도전이다. 우리 모두가 알고 있듯이 전쟁에서는 반드시 사람이 죽는다. 절대로 어떤 농담도 할 수 없는 상황이다. 그런데 여기서 과학을 말하지 않을 수 있을까? 과학이 과학이라 불리는 주된 이유는 단순하다. 여러 차례 실험해도 산출되는 결과가 똑같다는 점 때문인 것이다.

손자는 "전쟁에는 항상 지속되는 형세勢가 없고, 물도 항상 지속되는 형태形가 없다"(「허실虛實」)라고 했다. 두려운 것은 바로 반복이다. 앞서 한 차례 이용해 효과를 본 방법을 다음번에 답습하는 것은 병가가 매우 기피하는 일이다. 전장에서는 여러 번 실험해서 언제나 같은 결과가 나오는 경우는 없다.

군대란 규칙을 가장 자주 언급하는 곳으로, "군대의 명령은 산과 같다." 반드시 그리고 절대적으로 복종하는 곳이 군대다. 그러나 병법이란 규칙에 도전하는 것이다. '규칙이 없다'는 것이 바로 '유일한 규칙'이다. 클라우제비츠는 "전쟁은 도박과 아주 흡사하다"고 말했다.[31] 나도 일전에 점과 도박은 뿌리가 같다고 논한 적이 있다.[32] 길흉화복을 점치는 것은 당연히 미신에 가깝다.

병법은 불확정적인 것을 연구한다. 불확실한 것을 연구하는 일은 고대에 가장 높은 차원의 것이었고, 점을 치는 것도 여기에 해당했다. 옛날 사람들 생각 속에서 과학과 미신이란 결국 한곳에 뒤섞여 있는 것이다. 심지어 과학은 단지 미신의 일부분이라고까지 말할 수 있다. 이 말이 옛날 사람들의 사고에만 해당된다고 생각해서는 안 된다. 현대인들의 사고도 마찬가지다. 돈을 내고 복권을 사거나 축구 결과를 두고 내기를 할 때, 과학은 무색해지고 만다. 미지의 것이 있으면 그에 대한 추측이 생겨나게 마련이고, 추측이 생기면 미신도 생겨난다.

전쟁사를 연구하여 성공과 실패를 분석하고, 피 흘린 경험을 병서로 써내는 것, 이것은 '모래에서 금 찾기'와 같다. 모래에서 찾아낸 금은 물로 씻어내야만 비로소 금이라고 부를 수 있다. 씻어내는 과정이 없다면 그것은 단지 모래일 뿐이다. 또한 금은 분명히 모래 가운데의 '정화精華'이지만, 모래의 '총체'는 아니다. 총체는 모래다.

사상사는 모래의 역사이자 모래에서 금을 찾아내는 역사지 '금'의 역사가 아니다. 그리고 과학은 단지 사상의 일부분일 뿐이다.

서양인들은 병법을 'Art of War'라고 불렀다. Art란 예술이다. 그렇다면 군사학은 예술인가 과학인가? 이는 줄곧 있어온 논쟁이다. 사실 군사학은 종합적인 성격을 지닌 학문 분야로, 그 안에는 자연과학뿐만 아니라 사회과학도 포함되어 있다. 그것을 '예술적인 책략'이라고 일컬을 수 있을 것이다.

군대의 무기 장비와 병참 지원은 각종 군사기술과 관련되어 있고, 자연과학에 속해 있다.(제1단계) 한편 군대의 전쟁 기금과 군사 예산에는 관리와 훈련이 포함되어 있어, 이는 사회과학에 속한다.(제2단계) 지휘예술은 작은 전략이고 정치예술은 큰 전략으로 이는 전쟁예술에 속한다.(제3단계) 이렇게 가장 높은 단계의 바깥에 비로소 예술이 위치한다.

『손자』를 어떻게 읽을 것인가

병법서의 저자는 대다수가 '냉담한 방관자'이며 '사후의 제갈량'이다. 그들은 정치가일 수도 있고, 참모 요원이거나 종군 기자일 수도 있다.(체육교관이나 체육기

자와 비슷하다.) 실제 군인, 특히 최전선에서의 지휘관은 일반적으로 거의 병법서를 쓰지 않는다. 병법서를 읽는 사람은 방관자적 성격이 더 강하며, 나 역시 마찬가지다.

나는 병법서를 주로 두 가지 측면에서 읽는다. 하나는 군사 역사로서, 다른 하나는 사상사로서다. 상업적 경쟁이나 경영과 같은 분야로 확대하는 것은 내가 토론하려는 범주에 들지 않는다. 그런 학문은 일본인이 제기한 것으로 문화대혁명 시기의 '활학활용活學活用(실생활에 필요한 학문을 배워서 융통성 있게 활용함)'과 매우 비슷하다.(그들은 또 『병논어兵論語』와 같은 부류의 터무니없는 책도 가지고 있었다.) 대체로 이런 종류의 학문을 연구하는 사람들은 대부분이 스승의 지도나 가르침 없이 스스로 배워서 통달한 경우다. 『손자』로 포장할 필요가 없다.

그러면 『손자』를 어떻게 읽을 것인가? 일곱 가지를 제안한다.

1) 『손자』의 정수는 전략이다. 전략을 연구할 때는 전쟁사를 읽는 것이 가장 좋다. 서양의 병법서는 전쟁사를 가장 중요시하며, 고대에는 전쟁사를 병법서로 삼기도 했다. 현대의 병법서 역시 전쟁의 사례에 근거하여 설명하기를 좋아한다. 전략은 사지死地에서 살아남는 기술이고 병법은 피비린내나는 수많은 경험의 최종 결과다. 죽음을 알지 못한다면 어찌 삶을 알겠는가. 피 흘려 얻은 전쟁사의 교훈을 누가 감히 중시하지 않을 수 있겠는가? 중국은 이를 매우 중요시한다. 군인들은 병법서를 읽고, 전쟁의 사례를 모아야 한다.

2) 타산지석으로 옥을 갈 수 있다. 중국과 외국의 전쟁사, 중국과 외국의 병법서는 대조하면서 읽는 것이 가장 좋다. 예를 들어 서양 전통에서는 병기와 실력을 중시하며, 용기와 재력 그리고 기술적인 지원을 중시한다. 또 해

외로의 확장을 중요하게 여기는데, 이런 면에서 흉포하고 야만적인 기질을 보인다. 그들이 즐겨 강조하는 것들은 대개 우리가 소홀히 하기 쉬운 것들이다. 서양에서 말하는 그런 훌륭한 것들이 없다면 우리가 중시하는 전략과 속임수는 모래밭에 지은 집과 같다. 이 두 가지는 서로 보완될 수 있다.

3) 병법서는 주체와 객체의 구분이 있고, 공격과 수비의 차이가 있다. 『손자』는 공격을 중시하고 『묵자』는 수비를 중시한다는 점에서 서로 다르다. 손자와 클라우제비츠 역시 다르다. 클라우제비츠는 힘을 중시하며 전쟁이 먼저이고 예의는 나중이라는 점을 강조하는 반면, 손자는 전략을 중시하며 예의가 먼저이고 전쟁은 나중이라는 점을 강조한다. 한편 이상이 모두 정규전을 염두에 둔 병법이라면, 마오쩌둥의 병법은 비정규전을 강조한다. 유격전과 지구전은 모두 약한 자들의 병법으로, 상대를 속이는 것을 더욱 더 강조한다. 우리는 『손자』 외에 다른 형태의 병법도 있다는 것에 주의해야 한다.

4) 현대의 전쟁은 총력전이다. 군인과 민간의 경계가 무너지고(이는 나폴레옹 시대부터 나타난 현상이다), 군사 수단과 비군사 수단이 교대로 쓰인다. 『전쟁론』은 이 점에 주목하여 '전쟁은 정치의 연속'이라는 설을 제시한 것이다. 전략이 대大전략으로 변한 것인데, 『손자』도 병법을 논할 때 다루는 범위가 매우 넓었다. 군주와 장수의 관계를 논하고 군인과 민간의 관계를 논했으며, 군대 부역과 출병의 관계를 논했다. 또 책략을 정벌하고, 교류를 정벌하며, 군대를 정벌하는 일의 상호 관련성을 논했다. 우리가 주의해야 할 것은 손자의 전략 역시 대전략이라는 점이다.

5) 『손자』를 읽을 때 모두에게 가장 생소한 것은 아마 병음양설兵陰陽說일 것이다. 예를 들어 지형이나 화공火攻을 말하는 것은 모두 이 방면의 지식이

다. 여기서는 방술과 관련된 지식과 술어가 나오므로, 방술을 좀 배워두면 도움이 될 것이다. 방술은 옛사람들의 자연 지식이었다. 천문, 기상, 지형, 지모地貌 등이 모두 여기에 속한다. 나는 초기 방술에 관한 책을 두 권 썼는데;[33] 참고로 읽어보면 좋을 듯하다.

6) 『손자』에서 무기와 장비에 대한 설명은 주로 「작전」「모공」두 편에 집중되어 있다. 야전을 설명할 때, 중장비로는 마차馬車와 우차牛車가 있고, 치거馳車와 혁거革車 그리고 각종 전차가 있다. 경장비로는 갑옷과 투구, 미늘창, 창, 방패, 노弩, 쇠뇌弩 그리고 활과 화살이 있다. 성곽 공격에 대해 설명할 때는 망루樓櫓, 돌격용 수레轒輼, 성 밖의 흑산距堙 등을 언급했다. 「화공」편에서 설명한 '불' 역시 넓은 의미로는 무기에 속한다. 『손자』를 연구하려면 무기 역사에 대한 지식도 필요하다. 무기는 병기교兵技巧에 속한다.

7) 병기교에는 기격技擊(무술)과 체육이 포함된다. '기격'에는 수박手搏(권법), 각저角牴(씨름), 검도 및 궁술이 있다. 체육의 기원은 군사 훈련인데, 예를 들면 올림픽의 필드경기나 트랙경기, 5종 경기 등은 그 근원을 찾아보면 모두 군사 훈련이다. 마찬가지로 중국의 체육에서도 활쏘기, 투호, 족구, 박혁博弈(쌍륙과 바둑) 역시 군사와 관련이 있다. 체육도 전쟁과 마찬가지로 광적인 열기로 가득하기 때문에, 평화로운 시기에 전쟁을 대리 체험하기에 가장 좋은 것이 바로 체육 경기다.

하지만 실제 전쟁은 공정한 경쟁이나 시합이 아니라는 것을 잊지 말아야 한다.

上

이론편

제1부

권모權謀
전쟁의 삼부곡三部曲 — 묘산, 야전, 공성

손자가 말했다. 군사軍事는 나라의 큰일이다. 백성의 생사와 국가의 존망에 관계되니, 깊이 살펴지 않으면 안 된다. 전쟁이란 속임수의 도다. 그러므로 잘할 수 있는데도 못 하는 체하고, 병사를 사용해야 하는데도 사용하지 않을 것처럼 하며, 가까운 곳에서 싸워야 하는데도 먼 곳에서 싸우는 체하고, 먼 곳에서 싸워야 하는데도 가까운 곳에서 싸우는 체한다. 적이 이득을 탐내면 그것으로 유혹하고, 적이 혼란하면 그 틈을 타서 탈취하며, 적의 역량이 충실하면 대비하고, 강력하면 피해야 한다.

제1편

계計 ‥ 조정에서의 계획 ― 계책을 중시함 貴謀

『손자』는 원래 굉장히 논리적이고 조리가 있는 책이다. 이런 책을 읽을 때는 짜임새가 매우 중요하다. 그래서 우선 책 전체의 구성에 대해 이야기한 다음 제 1편을 설명하려 한다.

내가 이해하기로 『손자』 13편은 둘로 나눌 수 있다. 앞의 여섯 편은 상편이며, 뒤의 일곱 편은 하편이다. 이 두 부분은 분명하게 다르다. 서술의 방편으로 나는 상편을 '이론편', 하편을 '실전편'으로 칭하고 여기서는 먼저 상편을 다루겠다.

이 여섯 편은 또 상하 두 부분으로 나눌 수 있는데, 앞뒤 세 편씩을 한 그룹으로 한다. 앞의 세 편은 묘산廟算, 야전野戰, 공성攻城을 이야기하는데 이는 '전쟁의 삼부곡'이다. 이는 책 전체의 도입부로, 손자는 전경全景을 촬영하는 방식으로 설명을 시작한다. 처음부터 일단 독자들을 높은 곳으로 데리고 올라가 멀리까지 한꺼번에 보여주는데, 이로써 독자는 전쟁 과정에 대한 총체적인 인상을 갖게 된다. 이 세 편은 직관적으로 서술되어 읽기가 비교적 수월하다. 하지만 전체적으로 보면 크고 작은 구분도 없이 모든 것을 나열만 해놓은 것은 아님을 알 수 있다. 큰 가지 큰 잎을 골라 묘사하는 방식으로 편마다 각각 하나의 중점을 부각하고 있다. 예를 들어 「계」 편은 전략을 중시했고 「작전」 편은 속도, 「모공」 편은 온전함을 강조했다. '권모'란 무엇인가? 그것은 바로 '임기응변의 계략'으로, 매우 크고 넓고 심오한 차원을 구현한다.

뒤의 세 편은 형形, 세勢, 허실虛實을 설명한다. 나는 이를 '병력의 배치'라고 부른다. 이는 병력을 어느 곳에 많게 혹은 적게 투입할지를 결정하는 것으로, 지휘예술에 속한다. 이것은 운용의 묘妙인데, 정곡을 찌르는 성격이 강하며 대상과 문제가 매우 구체적이다. 이런 내용은 어떻게 설명해야 할까? 사람들은 보통 대책을 설명하려면 사례를 가지고 논할 수밖에 없다고 생각하지만 손자는 그렇게 생각하지 않았다.

선진 시대의 병법서는 대책을 설명할 때 대개 대화체를 썼다. 질문에 응답하는 방식으로 설명하면서 마치 병을 진단하듯이 증상에 대해 약을 처방했다. 하지만 『손자』에서는 이런 방법 대신 추상적인 설명을 이용한다. 묘사가 많지 않지만 오히려 표현 기교가 매우 능숙하고도 뛰어나다. 고대의 형세가形勢家의 글이 대부분 이미 없어진 가운데 이 책은 유일하게 '이치'로 '형세'를 설명한 최고의 경전이다. 내용은 깊이가 있으며, 사상과 학식이 넓고 심오하다.

전쟁은 아주 복잡하게 뒤엉켜 있으니, 어디서부터 설명을 시작해야 할까? 『손자』는 '계計'에서 시작한다. '계', 즉 전략을 시작으로 큰 것에 착안해 전쟁의 전체 국면에 대한 전반적인 고찰을 시도했다. 이는 '병권모兵權謀'의 본래 의미이자 전략학의 본래 의미이기도 하다.[1]

「계」 편은 무엇을 설명하는가? '묘산廟算'이다. 그렇다면 묘산이란 무엇인가?

묘산이란 묘당廟堂에서 계산計算을 한다는 뜻이다. 이 계산이 바로 편의 제목이 된 '계'다. 묘당이란 고대에 나라의 군주와 대신이 일을 논의하는 장소로, 조정이라고도 할 수 있다. 옛날에는 출병 전에 해야 할 큰일로 두 가지가 있었는데 첫째가 바로 묘산이고 둘째는 장군을 임명하여 계책을 전하는 것이었다. 묘산에는 두 종류가 있었는데 하나는 신비적인 계산이고 다른 하나는 실질적인 계산이다. 신비적 계산은 '점술이 신통하다能掐會算'고 할 때의 '산算' 즉 '점을 치다卜算'의 '산'이다. 점을 쳐서 운세를 예측하는 것이 고대에는 크게 성행했다.

그런데 『손자』에서 말하는 '산算'은 그런 종류의 계산이 아니다. 그것은 적과 나를 비교해 계책을 미리 마련하는 것으로, 실제로 계산하는 일을 뜻한다. 승산이 있으면 장수를 선택하고 출정 병력과 연계시켜 묘산의 결과를 공유하도록 한다. 장수를 임명하고 묘산을 수여하는 의식을 통해 전권을 장수에게 맡기는데, 병력이 일단 국경을 나가면 장수는 군주의 명령을 받지 못할 수도 있으며 모든 것은 장수에게 달려 있다.

묘산은 전쟁 삼부곡의 첫 장이다. 이는 아직 출병하지 않은 상태로서, 사전에 꼼꼼하게 준비하는 단계에 속한다. 이때 고려해야 할 사항은 전쟁의 전체 국면이다. 전쟁의 모든 요소를 전부 드러나게 하여 전체적인 계산과 예측을 해봐야 한다.

전쟁을 하는 것은 마치 장기나 바둑을 두는 것과 같아서, 가장 먼저 적과 나를 나누어야 한다. 바둑은 흑과 백으로 나뉘는데, 흑과 백이 대치해 각각 절반을 차지한다. 장기를 보면 초나라와 한나라의 경계를 나누고, 쌍방이 각각 일군의 인마人馬를 가지고 역시 서로 절반을 차지해 대치한다. 묘산은 확률을 말하는데 적과 나 쌍방이 50 대 50으로 역시 각각 절반을 차지한다. 쌍방의 승률은 서로 늘어나거나 줄어든다. 승률이 높아지는 쪽이 이긴다.

『손자』에서는 '적敵'을 '적'이라고 쓰기도 하고 '사람人' 혹은 '적인敵人'이라고도 쓴다. 그리고 하나의 호칭이 더 있는데, 그것은 '피彼'다. '나(우리)'는 '나我' 혹은 '기己'라고 부른다. '적'과 '나'가 서로 대응되며 '피'와 '기'가 서로 대응된다. 이것이 기본적인 구분이다.

당시에는 현대 서양이 그렇듯 적국에 가서 치르는 전쟁을 강조했다. 전쟁은 적군의 국토에서 해야 한다는 것이다.[2] 『손자』 역시 적과 나를 주객主客에 비유해 침입해 공격하는 쪽을 손님客이라 하고 얻어맞거나 방어를 하는 쪽을 주인 主人이라고 불렀다. 손님이 주인을 예방禮訪하거나 주인이 손님을 초대해 선물을 주고 답례하는 모든 것은 전쟁이었다.

전쟁은 전 국민을 동원하는 것으로, 전쟁에서 사람들은 역할에 따라 다섯 종류로 나뉜다.

첫째는 국왕이다. 『손자』에서는 '군君' '인군人君' 혹은 '주主'라고 칭한다.

둘째는 장수다. 『손자』에서는 '장將' 혹은 '장군將軍'이라고 칭한다.

셋째는 군관이다. 『손자』에서는 '이吏'라고 칭한다.

넷째는 사병이다. 『손자』에서는 '사士' '졸卒' 혹은 '사졸士卒'이라고 칭한다.[3]

다섯째는 국민이다. 『손자』에서는 '민民' 혹은 '백성百姓'이라고 칭한다.

전쟁은 빈주먹으로 싸우는 것이 아니라 각종 무기가 있어야 한다. 사람은 밥을 먹어야 하고 말은 풀을 뜯어야 하니 군량과 풀 역시 부족하면 안 된다. 이외에도 장막, 의복과 이부자리, 그리고 장비를 운송할 차량이 필요하다. 이 모든 것에는 아주 많은 돈이 필요하므로 물질적 고려 역시 절대 빠져선 안 된다. 그러므로 전쟁을 하려 할 때는 우선 경비를 계산할 필요가 있다.

「계」 편은 바로 회계 계산을 말한다. 『손자』는 책략을 귀하게 여기고, 계산에 밝았다. 「계」 편에 그치지 않고 그는 편마다 처음부터 끝까지 글자 사이, 행간 도처에 면밀한 계산을 잘 구현해놓았다.

장부에는 큰 장부와 작은 장부가 있다. 묘산은 큰 장부를 계산하는 것으로, 이를 바로 '권모權謀'라고 한다. '권權'은 권형權衡, 즉 사물의 경중을 비교하고 재는 것이며 '모謀'는 대책을 궁리하고 계획하는 것이다.

옛말의 '계計'는 계산을 의미하며, 계획과 계책이라는 뜻도 있다. '계획'은 옛 책에서는 계화計畫라고도 썼다. 계획과 계책은 모두 계산에서 나오므로, 계산이 없다면 계획도 계책도 없다. 그러면 '계'는 어디서 나올까? 결심과 방침? 이는 모두 '묘산'에서 나온다. 묘산이 바로 총체적인 대비책인 것이다.

고대에는 계산을 할 때 '산가지'라 불리는 공구를 이용했다. 산가지는 조그마한 막대기로 대나무, 나무, 상아, 뼈 등으로 제작했는데 지금은 대개 '산주算籌'라고 일컫는다. 본편 가장 마지막 장에 나오는 산가지는 바로 이 공구를 뜻하는데, '책策' 혹은 '주籌'라고도 불린다.

'계計'는 작은 막대기를 나열하고, 그것을 세는 것이다. 막대기를 나열해 무더기별로 조를 나눠서 조합에 따라 배열한다. 이것을 '화畫' 혹은 '획劃'이라고 한다. 현대 중국어에서 '벽화擘畫(계획하다, 배치하다)' '책획策劃(획책하다, 기획하다)' '주획籌劃(마련하다, 계획하다)' 등의 단어는 본래 그런 활동을 일컫는 말이었다.

유방劉邦은 전쟁을 벌일 때 주로 두 사람에게 의지했다. 장양張良은 꾀를 내어 전략을 세웠으며 한신韓信은 군대를 인솔해 전쟁을 수행했다. 전자는 참모 요원, 후자는 지휘 요원에 해당한다. 장양은 유방의 참모였고 "장막 안에서 책략을 세워 천 리 바깥의 승리를 결정지었다." 그래서 옛사람들은 그를 획책신劃策臣이라고 불렀다. 그는 유방에게 작은 막대기를 나열해주었는데, 그것이 바로 '책략을 세우는 것運籌'이었다.

막대기를 세는 것을 '헤아리다數'라고 말했는데, 노자는 '헤아리기를 잘하는 자는 산가지籌策를 사용할 필요가 없다'(제27장)라고 했다. 보통 사람들은 계산할 때 당연히 산가지를 사용하지만, 헤아리기를 잘하는 자는 그럴 필요가 없다는 것이다. 현대 중국어의 '운주運籌(책략을 세우다)' '결책決策(책략을 결정하다)'

이라는 말은 본래 산가지를 써서 계산하는 것을 가리켰다.

「계」 편은 바로 묘당에서 책략을 세우는 일을 강의한다. 나는 이 편을 다음의 네 장으로 나눌 것이다.

제1장은 군사가 바로 나라의 큰일이라는 것을 설명한다.

제2장은 묘산으로 계책을 정하는 일을 설명한다.

제3장은 실전에서 계책을 활용하는 것을 설명한다.

제4장은 계산(묘산)으로 승부를 예측할 수 있다는 것을 설명한다.

이 넷 중 처음과 끝 장은 길지는 않지만 시작하자마자 핵심을 찌른다. 글의 말미는 전체를 묶어 매듭을 짓고 있으며 앞뒤가 서로 호응한다. 중간 두 장은 내용이 긴 편으로, 계략을 정하는 것을 설명한 뒤 계략의 활용에 대해 이야기하며 마무리한다. 전체적인 글은 간단명료하며 뛰어난 규칙성을 갖는다.

이제 순서대로 논의해보자.

【1.1】

손자가 말했다. 군사軍事는 나라의 큰일이다. 백성의 생사와 국가의 존망에 관계되니, 깊이 살피지 않으면 안 된다.

孫子曰: 兵者, 國之大事, 死生之地, 存亡之道, 不可不察也.

이 장은 도입부로, 책 전체의 주제를 요약해놓았다. 제목을 붙이자면 '병兵'이 되겠다. 손자의 첫마디는 바로 '병'이다.

"손자 왈孫子曰", 이 세 글자는 매우 중요하다. 『손자』의 매 편은 모두 이 세 글자로 시작되는데, 이는 『손자』의 각 편 모두가 학생이 스승의 말을 기록한 것임을 뜻한다. 문장을 스승이 쓴 것이 아니라 학생이 스승의 강의를 듣고 쓴 것이다. 현장에서 기록한 내용에 기억을 더하고, 마음으로 체득한 내용을 덧붙여 정리한 것이다. '손孫'은 성씨이고 '자子'는 존칭이며 '왈曰'은 말한다는 것으로 이 세 글자는 한 번에 같이 묶여 쓰인다. 이는 '손 선생님이 말씀하시기를' 혹은 '손 선생님이 이렇게 설명했다'에 해당되는 표현이다. 옛사람들은 보통 이름을 직접 부르지 않았고 존경하는 이를 대할 때는 더욱 그랬다. 이러한 이유로 칭호는 그의 이름이 아닌 '손자'가 되었다.[4] 유사한 칭호를 『묵자』에서도 볼 수 있다. 『묵자』 십론十論(「상현尙賢」 등) 매 편은 상·중·하로 나뉘어 있는데 그들 문장의 앞머리는 모두 '자묵자왈子墨子曰'로 시작된다. 이 역시 모두 묵적墨翟, 즉 묵墨 선생님의 말을 쓴 책이라는 뜻이다.

"병兵"은 군대생활의 일로 병사를 다스리고 쓰는 것과 관련된다. 나는 이를 '군사軍事'로 번역했다. 『손자병법』이 『손자병법』으로 불리는 이유는 첫째로 앞에서 말한 '손자 왈' 때문이고, 둘째로는 그것이 '병사를 쓰는 법用兵之法'을 주로 설명했기 때문이다. 병사를 쓰는 법에 대해서는 아주 빈번하게 나오는데(「작전」 「모공」 「군쟁」 「구변」 「구지」 등) 이는 군대 혹은 병력을 사용하는 방법이다. 『손자』에서는 간단히 줄여 '병법'이라고도 한다.(「형形」)

우리가 주의해야 할 것은 이 편의 맨 첫 글자가 바로 '병'이라는 것이다. 이 글자의 함의를 결코 작게 봐서는 안 되며, 깊이 파고들어 논의할 가치가 있다. 현재 중국의 백화 번역본은 대부분 이 병兵자를 '전쟁'으로 번역하는데[5] 그것이 정확한 번역은 아니다. 내가 본 영어 번역본도 일반적으로 이를 war, warfare로 번역했는데[6] 이 역시 정확하지 않다. 고대 훈고학에서는 아무도 '병'을 전쟁이라고 해석하지 않았다.[7]

'병兵'이라는 글자는 옛 문자를 살펴보면 두 손으로 도끼를 붙잡고 있는 모양으로, 본래의 뜻은 분명 '무기'였다. 그러나 옛사람들도 갑옷을 입고 무기를 든 사병을 '병'이라고 불렀다. 거기서 사병士兵, 군대 혹은 병력兵力의 의미가 파생되어 나왔다. 서양 사람들에게서도 이와 유사한 사고방식이 나타난다. 그들의 weapons와 arms 역시 무기 혹은 무장이며, 그들의 soldiers(전사) 혹은 army(군대) 역시 무기로 무장한 사람을 가리킨다. 정확하게 말하자면 armed forces(무장 병력)라고 할 수 있다.

여기서의 '병兵'은, 그 아래 문장의 해석을 보면 '나라의 큰일'로서 '병사兵事'를 가리킴을 알 수 있다. '병사'는 고서에 있는 고유의 말로 『좌전左傳』과 『주례周禮』에 나온다. '병사'는 '융사戎事'(『좌전』 『예기』) 혹은 '군사軍事'(『좌전』 『주례』)라고도 불리는데, 이는 모두 군대의 일을 말한다. '군려軍旅' 또한 군대를 가리키는 말이지 무기가 아니다.

우리가 주의해야 할 점은 중국의 병법이 주로 논하는 것은 주로 병력의 사용이지 무기의 사용이 아니라는 점이다. 병가는 무기 전문가가 아니다. 병력의 핵심은 사람이다. 무장을 한 사람에 대해 논하면서 자연스럽게 무기를 말하게 된 것이다.[8]

고염무顧炎武는 말하기를, 선진 시대 고서古書에서 '병'이라는 글자는 모두 무기를 말하는 것으로, 진한秦漢대에 와서야 비로소 사병과 군대를 일컫게 되었다고 했는데(『일지록日知錄』 제7권) 이는 틀린 말이다. 다른 고서는 둘째 치고라도 우선 『손자』는 고염무의 말과 다르다. 통계를 내보니 『손자』에는 71개의 '병'자가 있는데 '무기'를 뜻하는 경우는 하나도 없다. 절대다수는 모두 '군대' 혹은 '병력'으로 번역된다. 단지 소수의 구절만이 예외다. 예를 들어 다음에 등장하는 "병이란 속임수다兵者, 詭道也"나 그 뒤의 '병문졸속兵聞拙速' '병이사립兵以詐立'과 같은 경우 '병'이라는 글자는 '군사' 혹은 '군사학'을 가리킨다.[9]

『손자』에서 '병'은 '전쟁'으로 번역될 수 없다. 하지만 모두가 이들 문장의

'병兵'을 '전쟁'으로 번역한다면 그래도 넘어갈 수는 있다. 하지만 '전쟁이란 속임수의 도다兵者, 詭道也'를 그렇게 번역해버린다면 그 뜻이 아주 심하게 달라지고 만다.

앞서 지적한 '병사' '융사' '군사'는 같은 종류의 단어다. 하지만 '병사'나 '융사'는 현재 쓰이지 않으며 대부분의 사람이 상용하는 말은 '군사軍事'다. 현재 쓰는 '군사'는 일본어를 빌린 말이고, 일본어는 서양의 military affairs를 중국 고어로 번역해 사용한 것이다.

"나라의 큰일國之大事"이란 군대의 일이 국가의 대사大事라는 뜻이다. 이는 오늘날에도 여전히 그렇다. 인류의 삶은 전쟁으로 점철되었고 흘린 피와 눈물이 강을 이루었다. 선조들이 이 문장에 주석을 달 때 항상 언급하던 구절이 있다. 바로 유 강공劉康公의 "나라의 큰일은 제사와 군대에 있다國之大事, 在祀與戎"(『좌전』 성공 13년)는 말이다. 여기서 '사祀'는 제사이고 '융戎'은 군사軍事다. 당시 이것은 한 국가에서 실시하는 가장 큰 두 가지 행사였다.

공자는 이렇게 말했다. "제기를 놓는 방법에 대해서는 일찍이 들은 바가 있지만, 군대의 일은 아직 배우지 않았습니다."(『논어』 「위영공」) 여기서 조두지사俎豆之事란 제사를 가리키고 '군대의 일'은 바로 '융戎'을 말한다. 옛날에 제사를 지내는 일은 길례吉禮에 속하고 군대의 일은 흉례凶禮에 속했다.

전쟁이 일어나면 조직적인 대규모 살인이 자행된다. 어떠한 이유를 내세우더라도 그 잔혹성은 덮을 수 없다. 『노자』에서는 "무릇 무기는 상서롭지 못한 도구夫兵者, 不祥之器也"라고 말했으며 "무릇 살인을 즐기는 사람은 세상에서 그 뜻을 펼 수 없다夫樂殺人, 不可以得志於天下矣"고도 했다. 병력의 이용은 상사喪事이므로 이는 상례喪禮로 대응해야 한다. "사람을 많이 죽였으면 슬피 울어야 하고 전쟁에 승리했으면 상례를 갖추어 임해야 한다殺人衆, 以哀悲泣之, 戰勝, 以喪禮處之."

(제31장, 이 구절은 마왕두이 백서본帛書本에 따름.)

　"백성의 생사와 국가의 존망死生之地, 存亡之道"은 그 앞의 두 구절에 대응한다. '사생의 땅死生之地'이란 「허실」편에 나온다. "적군의 형세를 보고 그들이 죽음의 땅에 있는지 삶의 땅에 있는지 알아야 한다形之而知死生之地"는 문장에서 '사생의 땅'은 '사지死地'와 '생지生地'를 결합한 말이다. 「구지」편에도 '사지'가 나온다. 해석하자면 "나아갈 곳이 없는 장소가 사지無所往者, 死地也"인데 사지에 빠진 후에야 살아남을 수 있다는 의미를 담고 있다. 사지는 생지에 대응하는 말이다. 『손자』는 지地에 대해 논하면서 사지와 생지를 구분했는데, 전쟁터는 사지가 아니라 생지다.

　'사생死生'은 땅에 고유하게 존재하는 것이 아니라 사람과 관련이 있는데, 이는 전세로 연결된다. 여기서 '사생의 땅死生之地'은 '병兵'에 대응하며 '존망의 도存亡之道'는 '국國'에 대응한다. 고대에는 병력이 국경으로 나가면 실전에 돌입하는 것이었는데 실전은 모두 지상에서 이루어지기 때문에 지형이 아주 중요하다.

　병兵을 말할 때는 반드시 땅을 함께 말해야 하고, 땅을 말할 때도 반드시 병을 말해야 한다. 전쟁에서 사병이 죽고 사는 것은 국가의 존망에 직결되는데, 국가의 존망은 '도道'에 해당한다. '도'는 곧 국가의 운명이다. 사람에 대해서는 사생이라 하고 국가에 대해서는 존망이라 하는데, 양자는 인과관계에 있는 것이다.

　하지만 구조적으로 보면 양자는 병렬관계로서, 모두 "깊이 살피지 않으면 안 된다不可不察也." 저자는 군사가 국가의 대사라고 말하고, 맨 먼저 '사생'과 '존망'이라는 네 글자로 주목을 끌었다. 전쟁은 사람의 목숨과 직결되는 중대사로서 수많은 사람의 목숨이 한 사람의 손에 달려 있다. 손자는 장군을 '사명司命'이라 부르는데 이는 장군을 하늘에서 사람의 생사를 정하는 신령에 비유한 것으로

(「작전」과 「허실」), 정말 하나 틀린 것이 없다.

"불가불찰야不可不察也"에서 '찰察'은 자세히 살핀다는 뜻이다. 여기서 말하는 것은 자세히 고찰하고 연구하지 않으면 안 된다는 의미다.

【1.2】

그러므로 다음의 다섯 가지 일을 기초로 삼아 서로 비교하고 상황을 잘 살펴야 한다. 첫째는 도道, 둘째는 천天, 셋째는 지地, 넷째는 장將, 다섯째는 법法이다. 도란 백성이 임금과 같은 마음이 되게 하여 더불어 죽을 수 있고 살 수도 있으며, 어떤 상황에도 배신을 하지 않는 것이다. 천이란 흐린 날과 갠 날, 추운 겨울이나 더운 여름 등 사계절의 변화를 가리킨다. 지란 먼 길이나 가까운 길, 험한 길이나 평탄한 길, 탁 트인 곳이나 좁은 곳, 막힌 곳이나 열린 곳 등의 지형 조건이다. 장이란 장수가 지략과 재능을 갖추었는지, 상벌 시행에 신뢰가 있는지, 사병을 아끼고 보호하는지, 용감함과 과단성이 있는지, 군대 기강을 엄정하게 지키는지 하는 조건을 말한다. 법이란 조직이나 제도가 완전하게 세워졌는지의 여부다. 이 다섯 가지 요인은 장수가 알아야 하는 것이다. 정확히 아는 자는 승리하고 알지 못하는 자는 패한다. 그러므로 적과 우열을 비교해 상황을 살펴야 한다. '어느 쪽 군주에게 도가 있는지' '어느 쪽 장수가 더 유능한지' '어느 쪽이 천과 지를 더 얻었는지' '어느 쪽이 법령을 더 잘 행하는지' '어느 쪽 병사가 더 강한지' '어느 쪽 사병이 더 잘 훈련되었는지' '상벌은 어느 쪽이 더 분명한지'와 같은 사항에 근거해 판단하면 누가 이기고 누가 패할지를 미리 알 수 있다. 만약 장수가 나의 계책을 듣고 그것을 이용하면 반드시 승리할 것이니, 그를 유임할 것이다. 하지만 장수가 나의 계책을 듣지 않는데 그를 등용한다면 반드시 패할 것이니, 나는 그를 제거할 것이다.

故經之以五事, 校之以計, 而索其情. 一曰道, 二曰天, 三曰地, 四曰將, 五曰法. 道
者, 令民與上同意. 可與之死, 可與之生, 而不(畏)危也. 天者, 陰陽·寒暑·時制也.
地者, 高下·遠近·險易·廣狹·死生也. 將者, 智信仁勇嚴也. 法者, 曲制·官道·主用
也. 凡此五者, 將莫不聞, 知之者勝, 不知者不勝. 故校之以計, 而索其情, 曰主孰有
道. 將孰有能. 天地孰得. 法令孰行. 兵衆孰強. 士卒孰練. 賞罰孰明. 吾以此知勝
負矣. 將聽吾計, 用之必勝, 留之. 將不聽吾計, 用之必敗, 去之.

이 장은 '묘산廟算'을 설명한다. 여기서 비로소 정식 문제를 다루기 시작한다.

묘산은 출병 전의 프로그램이다. 『손자』를 읽을 때 우리는 '내외內外' 개념을
알아야 하는데, '내'는 국내이고 '외'는 국외다. 출병 전의 일은 '내'이고 출병 후
의 일은 '외'가 된다.[10] 현대는 국내에 국방부나 대본영 혹은 참모본부가 있고
아주 좋은 통신 수단이 있어 파병된 군대를 원격으로 조정할 수 있다. 그러나
지금과는 달리 고대의 전쟁에서 '내'와 '외'는 서로 완전히 별개의 일이었다.

춘추 시대 초·중기에 나라 간의 전쟁은 변경의 중간 지대에서 많이 일어났
다. 전쟁 규모가 비교적 작고 전쟁 시간도 비교적 짧아, 당시에는 적지 않은 군
주가 직접 전쟁에 참가했다. 하지만 춘추 말기에서 전국 시대에 이르면 이런 일
이 극히 드물다. 전쟁은 몇 년이고 계속되었고 적지에 깊숙이 들어가게 되면서
군주의 친정親征이 차츰 불가능해졌다. 이로부터 내외의 구별이 생겨났는데, 군
주는 주로 후방에서 지원을 하고 친히 병사를 데리고 나가 전쟁을 수행하지는
않게 되었다. 그러면서 전쟁은 온전히 장수의 부담으로 지워졌고 따라서 '내'는
군주의 일이 되고 '외'는 장군의 일이 되었다.

인용문 중간에 두 개의 긴 설명이 있는데, 먼저 '내'를 설명하고 그다음 '외'

를 설명한 것이다. '내'를 말할 때는 두 단계로 나누었는데, 하나는 묘산이고 다른 하나는 '수산授算', 즉 계책을 전하는 것이다.

먼저 묘산을 설명한다. 묘산에서 관건이 되는 개념은 이른바 '오사칠계五事七計'다. '오사'는 적과 나를 비교한 다섯 가지 항목이고 '칠계'는 '오사'와 관련된 것으로, 일곱 종류의 비교와 계산 결과다. 여기서의 서술과 앞서 언급한 요소 사이에 어떤 관계가 있는지 특별히 주의할 필요가 있다.

그것은 다음과 같이 세 단계로 나뉜다.

(1) 첫 세 구절은 힌트

"다섯 가지 일을 기초로 삼아故經之以五事"라는 구절은 적과 나 모두에게 있는 다섯 가지 사항을 가지고 비교 항목을 만드는 것을 의미한다. 죽간본에는 '사事'자가 생략되어 있다. '사'를 더하면 비교적 그 뜻이 분명해지는데, 곧 '오사五事'다.

"서로를 비교하고校之以計"에서 '교校'는 검증하고 대조해 비교하는 것이다. 한 항목 한 항목을 서로 비교하고 계산하여 그 결과가 어떠한지를 보는 것인데, 아래의 일곱 항목을 비교하면 된다. 이것이 '칠계七計'다.

여기서 '경지이오사經之以五事'와 '교지이계校之以計'는 모두 작은 막대기를 배분하고 그것을 헤아리는 것이다. 막대기는 다섯 묶음으로 나뉘는데 한 묶음씩 헤아려야 한다.

(2) 계속해서 '오사'를 설명함

'오사五事' 서두의 첫 글자는 '도道'다. '도'는 정의正義인데 이는 전쟁의 합법성에 관한 것으로서 전쟁 이면에 있는 정치를 의미한다. 전쟁에서는 살인을 한다.

그런데 그 살인의 이유가 매우 중요하다. 탕왕湯王은 걸왕桀王을, 무왕武王은 주왕紂王을 살해했다. 그들은 상대방의 명을 바꾸었으나 천명天命이 변한 것이라고 변명을 했다. 이것이 천도를 말하고 종교를 말하는 이유다. '도'를 내세우는 것이다.

『사마법』「인본」에 "어떤 사람이 고의로 사람을 죽였다면, 그를 죽여도 된다人故殺人, 殺之可也"(조조曹操의『손자병법』서문)라고 했다. 살인을 했으면 마땅히 목숨으로 대가를 치러야 한다. 하나의 목숨으로 다른 목숨 하나를 상쇄하는 것, 이것이 인도人道를 말하고 사법에 준하는 일이다. 옛날에는 '병형합일兵刑合一(전쟁과 법률은 하나)'이라는 말이 있었는데, 이 말이 곧 사람을 죽일 수 있는 근거가 되었다.

이 둘보다 더 오래된 다른 사례는 상대방을 아예 사람으로 여기지 않는 경우다. 사람들은 전쟁을 사냥처럼 여겨 몇 명의 '짐승'을 죽이든 개의치 않는다. 사람을 살아 있는 채로 제물로 바칠 뿐만 아니라 그의 고기를 먹고 가죽을 벗겨 베고 자기도 한다. 그런 행동에도 이유는 많으며 기세가 등등하기까지 하다.

여기서 '도'란 무엇인가? 바로 군주와 백성의 관계다. 도가 있으면 백성의 마음을 얻을 수 있다. 그렇게 되면 백성과 통치자는 한마음 한뜻이 되고, 생사와 환난을 함께하며, 절대 서로를 배신하지 않는다. 공자가 이르기를 "사람은 모두 죽게 마련이지만, 백성은 믿음이 없으면 설 수 없다"(『논어』「안연顏淵」)고 했다. '백성의 믿음民信'은 '풍족히 먹는 것足食'이나 '병사가 많은 것足兵'보다 더 중요하다. 맹자도 "하늘의 때天時는 땅의 이득地利보다 못하며, 땅의 이득은 사람들의 화목人和보다 못하다"고 말했다.(『맹자』「공손추하公孫丑下」)『손자』에서 말하는 '도'란 바로 '백성의 신뢰民信'와 '사람들의 화목함人和'이다. 그는 이러한 '도'를 다른 네 개의 항목 위에 두었다.

여기서 '외畏'자는 쓸데없이 들어간 글자다. '불위不危'는 죽간본에 '불궤不詭'로 되어 있는데, 이는 '기만하지 않는다' '거스르지 않는다'는 뜻이다. 후대 사람들은 이 문구를 읽고도 이해하지 못했다. 그래서 '위危'를 의혹이라 생각하고 '외畏'라는 글자를 덧붙여 두려워하거나 의심하지 않는다는 뜻으로 변화시켰다. 뜻은 통하지만 이는 본래의 의미가 아니다.

그다음 두 문장은 '천(하늘)'과 '지(땅)'에 대한 것이다. 여기서의 '천'과 '지'는 물론 군사와 관련된 천지다. 병가에서 천지를 설명하는 것을 어떤 학파는 병음양이라고 부른다. 현대의 독자들에게는 매우 생소한 말이겠지만, 사실 현대의 군사기상학과 군사지리학이 바로 고대의 병음양 개념에 속한다.

『손자』 역시 병음양에 대해서 설명하지만, 하늘에 대해서는 적게 말하고 땅에 대해서는 많이 말한다. 하늘에 대한 설명은 「화공」 편에 나오고, 땅에 대해서는 「군쟁」 「구변」 「행군」 「지형」 「구지」 편에서 주로 설명한다. 고대에는 공군이 없었으며 해군水軍도 주요한 병과가 아니었다. 『손자』는 땅을 주로 설명했다.

본래 병음양에는 '천'에 대한 내용이 매우 많다. 예를 들어 별과 구름을 관찰하고 기후를 살피는 것, 바람의 각도와 오음五音을 관찰하고 새의 동태를 살피는 것 등이 있다. 하지만 손자가 강조하는 것은 단지 음양, 한서寒暑, 시제時制뿐이다.

고대 중국의 우주론은 음양오행설을 기초로 삼았는데, 여기서 '음양'은 굉장히 중요하다. 하늘에는 음과 양 두 개의 기가 있어서 서로 쇠하거나 자라나면서 '한서(춥고 더운 기운)'를 형성한다. 추위가 오고 더위가 가는 것을 넷으로 나누면 비로소 봄, 여름, 가을, 겨울春夏秋冬이 형성된다. 봄·여름·가을·겨울은 '사시四時'라 부르고 이 사시의 구분이 곧 '시제'인데, 시제는 '계절時令'이라고도 한다.

『손자』 죽간본에는 "따르거나 거슬러 전쟁에 승리한다順逆, 兵勝也"라는 말이 자주 나온다. '따르거나 거스르다順逆'는 음양에 순응하거나 거역하는 것을 말한다. '전쟁에 승리한다兵勝'란 오행의 상승相勝인데 모두 병음양에 속한다. 병음양은 산술의 학문과 음양오행설이 군사 분야로 확대된 것인데 그 자체로는 잡학이나 마찬가지다. 현대에는 과학과 미신이 공존할 수 없지만 병음양의 학문은 과학이면서 동시에 미신이기도 하다.

'지' 역시 병음양의 연구 대상으로 따르거나 거역할(순역順逆, 향배向背) 수 있다. 하지만 여기서 손자가 강조하는 것은 오로지 '멀고 가까움遠近' '험하고 평탄함險易' '넓고 좁음廣狹' '죽음과 삶死生'이다. 땅에는 사람이 없는 땅이 있고 사람이 있는 땅이 있는데, '사람이 없는 땅'이란 객관적으로 존재하는 지형과 지모地貌를 말한다. 예를 들면 여기서 멀고 가까움, 험하고 평탄함, 넓고 좁음이 바로 '사람이 없는 땅'을 말하는 것이다.

땅은 길이, 폭, 높이를 갖는 삼차원의 세계다. '멀고 가까움'은 길고 짧음을 말하고 '험하고 평탄함'은 기울기를 말한다. 지세가 90도에 가까울 때를 '험하다險'고 하고 0도에 가까울 때를 '평탄하다易'고 한다. '넓고 좁음'은 너비를 말하고, 현행본에는 없지만 죽간본에는 있는 '높고 낮음高下'은 고도를 말한다. 이것으로 3차원의 모든 항목을 언급하고 있음을 알 수 있다.

사람이 있는 땅이란 전쟁의 상황으로 구분한다. 행군에는 행군의 지형이 있고, 작전에는 작전의 지형이 있어서 여러 가지로 분류된다. '죽음과 삶'은 가장 기본적인 분류다. 사병이 전쟁터에 있을 때 그가 죽은 것이 아니라면 살아 있는 것이다. 이 죽었는지 살았는지가 가장 중요하다. 「구지」 편에 '사지死地'라는 단어가 나오는데, 이에 대한 해석은 '신속하게 싸우면 생존하고, 그렇지 않으면 죽는다'는 것이다. 거기에서는 '생지生地'를 언급하지 않지만 여기에서는 언급한다. '사지'는 싸우지 않으면 죽음에 이르는 절망적인 상태이며 '생지'는 반대로 비교적 안전한 지역을 뜻한다.

하늘과 땅 다음에는 '장將'과 '법法'이 등장한다. 이것들은 주로 사람에 대한 논의다. 고대의 우주론을 보면, 『노자』에서 판단하는 최고의 최고란 곧 '도道'다. 그리고 도 아래에 하늘과 땅과 사람이 있다.

'장수將'에게는 다섯 가지 덕이 있는데 '지혜知(지략), 믿음信, 어짊仁, 용기勇, 엄격함嚴'이 그것이다. 그런데 이들 덕목의 순서가 매우 흥미롭다. 첫 번째로 '지혜'가 오고 '용기'는 네 번째에 있다. 장수의 덕목에서 지략과 용기 중 무엇이 더욱 중요한가? 사람들은 양자 모두가 중요하며, 가장 좋은 것은 지략과 용기를 겸비한 것이라고 말할 것이다.

하지만 인간은 두뇌와 신체가 나뉘어 있고, 군대 역시 마찬가지다. 사람들은 소설에서 창과 몽둥이 휘두르는 것을 보고 용기와 무예라 여기고 깃털 부채를 흔드는 모습을 보면 서로 암투를 벌이는 중이라고 생각한다. 또한 클라우제비츠는 전쟁이란 위험으로 가득해 용기가 군인들의 가장 중요한 덕목이라고 했다.

하지만 같은 군인이라도 군관과 병사는 서로 다르다. 장수에게는 지략이 필요하고 병사에게는 용기가 필요하다. 지휘관은 직책이 높아질수록 소심해질 수밖에 없다. 심사숙고하게 되고, 사소한 것에도 신중하게 된다. 이 자체가 곧 담력이다.[11]

중국의 군사 전통은 계책과 지혜를 가장 중시한다. 손자는 장수를 논할 때 소위 '상장上將'(「지형」), '양장良將'(「화공」), '현장賢將'(「용간」)을 말했는데, 강조한 것은 모두 지혜였다. 『손자』에는 단지 '지혜로운 장수智將'(「작전」)만이 있을 뿐 '용맹한 장수勇將'에 대한 설명은 없다.

:계:

計

'믿음信'이란 무엇인가? 이는 장수의 위신이자 권위다. 믿음과 '명령令'은 매우 밀접한 관계가 있다. 장군에게 '믿음'이란 단지 부하가 갖는 신용을 말하는 것이 아니다. 말을 했으면 그대로 행동해 부하에게 믿음을 사야 한다. 중요한 것은 장수의 권위에 부하가 따르는 것이다. 명령과 금지를 엄히 집행하여 부하가 절대복종하도록 해야 한다.

예를 들어 손무는 궁녀들을 훈련시킬 때 수차례 명령과 훈계를 반복해도 듣지 않자 그 대장을 끌어내 죽여버렸다. 또한 사마양저司馬穰苴와 장가莊賈 사이에도 비슷한 일이 있었다. 그들은 정오에 군문에서 보기로 약속했는데, 장가가 시간이 되도록 오지 않자 그를 묶고 참수하여 모두에게 본보기로 삼았다. 손무와 사마양저는 모두 군주의 총애와 신임을 받는 자를 참수시켰다. 이는 무엇을 위한 징계인가? 바로 군대에서는 허튼소리가 없다는 것을 모두에게 알리기 위함이었다.

군대에는 실없는 농담이 없다는 것, 이것이 바로 '믿음'이다. 이것은 굉장히 중요하므로 '지혜智' 다음에 위치한다. 그 밑으로 내려가면 바로 '어짊仁'과 '용기勇'가 있다. '어짊'은 병사들을 아들처럼 사랑하여 사병들이 장수를 인정하고 우러러보도록 하는 것이다. '용기'는 용감히 맞서 싸워 적을 무찌르고 공훈을 세우는 일로, 이로써 적이 장수의 소문만 듣고도 몹시 두려워하게 된다.

병가에서 병사를 사랑하기로 가장 유명한 자는 오기吳起다. 그는 유가였지만 공포주의를 취했고 우물쭈물하지 않았는데 공포주의는 '용기'에 의지한다. 공자의 말 중에는 "어진 사람은 반드시 용감하지만, 용감한 자가 반드시 어진 것은 아니다"(『논어』 「헌문憲問」)라는 것이 있다. 여기서도 '어짊'이 '용기' 위에 있다.

'엄격함'은 법과 관련이 있는데, 중요한 것은 법을 엄격하게 집행하는 것이다. 다음은 법에 대한 설명이다. 여기서 '법'은 일반적인 법이 아니라 군법을 말

95

한다. 예를 들면 『사마법』이 바로 제나라의 군법이었다. 군법은 매우 넓은 범위를 포괄한다. '병사를 키우는 데는 1000일이 걸리지만 병사를 쓰는 것은 한순간'이라는 속담이 있는데, 무릇 조직 편성, 공급, 장비, 군대 훈련과 관련된 모든 일이 다 군법에 속한다. 여기서 말하는 군법은 주로 곡제曲制, 관도官道, 주용主用의 세 가지다. '곡제'는 군대의 편제로, 군대의 대오隊伍를 각 급별로 몇 명씩 둘 것인가 하는 제도를 말한다. 곡제와 짝을 이루는 '관도'는 각급의 편제를 말하는데, 급마다 어떤 군관(장교)을 배치할 것인가 하는 것을 다룬다. 예를 들면 군단에는 군장軍將이 있고 여단旅團에는 여수旅帥가 있고 졸卒에는 졸장卒長이 있으며 대오에는 오장伍長이 있는데, 이것이 바로 관도다. '주용'이란 군수 지원 업무와 관계가 있다. 손자가 예로 든 것은 이렇게 세 가지뿐이다.

이상의 다섯 가지 항목에 대해 설명한 다음 손자는 결론을 내린다. "무릇 이러한 다섯 가지는 장수라면 들어서 알아두어야 하는 것이다. 아는 자는 승리하고, 모르는 자는 패배한다.凡此五者, 將莫不聞, 知之者勝, 不知者不勝" 이를 요약하면 '지승知勝', 즉 아는 자가 이긴다는 것이다.

'범차오자凡此五者'에서 '범凡'자는 그 앞의 본문을 총괄한다는 의미다.

(3) 계속해서 '칠계七計'를 설명함

"그러므로 적과 우열을 비교하여 상황을 살펴야 한다故校之以計, 而索其情"는 구절은 오로지 '계計'를 설명하고 있다. 즉 '오사五事'로부터 나온 일곱 가지 항목을 계산하는 것이다. '칠계'는 바로 [표 1]의 우측 난에 보이는 일곱 구절의 말에 나와 있다. '칠계'와 '오사'는 어떤 관계가 있는지 [표 1]에서 볼 수 있다.

[표 1]

오사五事(비교 사항)	칠계七計, (비교 결과)
도道	어느 쪽 군주가 더 도의적인가?主熟有道
천天	어느 쪽이 하늘과 땅의 이득을 더 얻었는가?天地熟得
지地	
장將	어느 쪽 장수가 더 유능한가?將熟有能
법法	어느 쪽 법령이 더 잘 운용되는가?法令熟行 어느 쪽 병력이 더 강한가?兵衆熟強 어느 쪽 병졸이 더 훈련되어 있는가?士卒熟練 어느 쪽의 상벌이 더 공정한가?賞罰熟明

여기서 '어느 쪽 병력이 더 강한가' '어느 쪽 병졸이 더 훈련되어 있는가' '어느 쪽의 상벌이 더 공정한가'라는 세 조항은 잘못해서 추가된 것으로 보이지만 사실은 그렇지 않다. 이 세 조항 역시 모두 군법의 범주에 속하며 '오사'의 범위에 든다.

여기서 '오사칠계'에 포함된 각 항목은 클라우제비츠가 말한 전략의 요소와도 일치한다.[12] 앞서 살펴본 전략의 요소에는 인적 요소도 있고 물적 요소도 있었는데, 물적 요소에는 무기가 포함된다.

현대 전쟁은 기술의 기여도가 크기 때문에 무기가 아주 중요해졌다. 그래서 많은 이들이 인적 요소를 하찮게 여겨 언급조차 하지 않는다. 하지만 손자는 그렇지 않았다.

손자는 오히려 "인적 요소가 첫 번째"라고 말한다. '도道' '천天' '지地' '장將' '법法'의 다섯 항목에서 '천'과 '지'를 제외하고는 모두 사람을 말하는 것이다. '도'는 군주와 백성의 관계를 설명하고 '장'은 장수, '법'은 장수와 사병의 관계를 말한다. '병력兵衆'과 '사졸士卒'은 '졸卒'에 대해서 말한다. 사람의 요소를 모두 살펴봐도 오로지 무기만을 설명하는 항목은 하나도 없는데, 무기는 어디에 감추어져 있을까? 대개는 법령에 숨겨져 있으며 단독으로 한 항목을 차지하지는 않는다. 이것이 오사칠계다.

이러한 비교와 계산을 거친 뒤에는 이런 문구가 등장한다. "이러한 사항에 근거하여 판단하면 누가 이기고 누가 패할지를 미리 알 수 있다吾以此知勝負矣." 역시 '승리를 아는 것知勝'에 대한 설명이다.

그다음 문장에 두 개의 '청聽(듣다)'자가 있다. 이 문장에서 주어가 누구인지에 대해 지금까지 세 가지 해석이 있었다. 하나는 손자가 오吳나라 왕에게 말했다는 설이다. "만약 당신이 기꺼이 나의 계략을 받아준다면 여기에 남겠지만, 계략을 받지 않는다면 나는 떠나겠습니다"라고 말했다는 것이다. 이 문장에 보이는 '장將'자는 허사虛詞인데, '장차'라는 의미로서 발생할 가능성이 있는 일을 뜻한다.

또 다른 해석은 국왕의 신분에서 한 말이라는 설이다. 해석하면 이렇다. "만약 장수가 나의 계략을 기꺼이 실행하고자 한다면 나는 그를 임명할 것이다. 그러지 않는다면 나는 그를 제거할 것이다." 여기서 '장將'은 실사實詞로 장수를 가리킨다.

또 한 가지 해석이 가능하다. "적군이 우리 계략에 넘어갔을까? 우리 계략이 명중했다면 남아서 적군과 교전하고, 명중하지 못했다면 재빨리 철수해야 한다."

위와 같은 세 종류의 해석은 어느 것이나 다 계략의 수용과 실현을 의미한다. 내 생각에는 두 번째 해석이 비교적 타당한 듯하다.

앞에서 묘산廟算 후에는 장수에게 그 계략을 넘겨주어야 한다고 설명했다.

장수에게 계략을 주는 것은 곧 명령을 내리는 것이고 넘겨주는 것은 받는 것이다. 임무와 명령을 접수하는 것이 여기서는 '듣다聽'에 해당된다. 장군은 명령을 받은 뒤 비로소 군대를 소집하여 출병할 수 있다. 「군쟁」과 「구변」 편에서 말하기를 '장수는 군주의 명을 받아 군대를 모은다'고 했고 '군대를 모은' 후에 비로소 출병한다고 했다.

【1.3】

이득을 헤아려서 들어주어야 세를 만들어 적지에서의 작전을 도울 수 있다. 세라는 것은 이득에 따라 변화를 제어하는 것이다. 전쟁이란 속임수의 도다. 그러므로 잘할 수 있는데도 못 하는 체하고, 병사를 사용해야 하는데도 사용하지 않을 것처럼 하며, 가까운 곳에서 싸워야 하는데도 먼 곳에서 싸우는 체하고, 먼 곳에서 싸워야 하는데도 가까운 곳에서 싸우는 체한다. 적이 이득을 탐내면 그것으로 유혹하고, 적이 혼란하면 그 틈을 타서 탈취하며, 적의 역량이 충실하면 대비하고, 강력하면 피해야 한다. 적이 분노하면 혼란스럽게 하고, 소심하면 교만하게 만들며, 적이 편안하면 피곤하게 만들고, 적이 서로 친하면 이간질한다. 준비가 안 된 곳을 공격하며, 생각지도 못한 곳으로 나가야 한다. 이러한 병법가의 승리는 미리 전수될 수 없는 것이다.

計利以聽, 乃爲之勢, 以佐其外. 勢者, 因利而制權也. 兵者, 詭道也. 故能而示之不能, 用而示之不用, 近而示之遠, 遠而示之近. 利而誘之, 亂而取之, 實而備之, 強而避之, 怒而撓之, 卑而驕之, 佚而勞之, 親而離之. 攻其無備, 出其不意. 此兵家之勝, 不可先傳也.

위 글은 '묘산'과 전략 수립에 대해 설명했다. 전략을 수립한다는 것은 '지승 知勝(승리를 예견함)'인데, 단지 예측한 가운데의 승리는 예상일 뿐 아직 진정한 승리가 아니다. 진정한 승리는 '전략을 어떻게 사용하느냐用計'에 달려 있다. 전략을 잘 사용해야만 비로소 '승리를 제어制勝'할 수 있다. 승리는 묘당에 있는 것이 아니라 전장에 있는 것이다.

나폴레옹은 이러한 명언을 남겼다. "전투에 돌입하고 나서야 비로소 그 결과가 명백해진다." 간단히 말하면 '전쟁을 해봐야 결과를 알 수 있다'는 것이다.

그다음에는 전쟁터에서의 상황에 대해 설명한다. 전쟁터에서의 일은 이미 '묘산'을 벗어나, 더 이상 '계計'에 속하지 않는다. 하지만 전쟁이란 '계'의 연속이라 묘산이 종결되어도 '계'는 멈추지 않는데, '계'를 시행하기도 하고 수정하기도 한다. 그래서 여기서는 함께 묶어 설명한다.

설명은 다섯 부분으로 나뉜다.

(1) '이득을 헤아려 세를 만들고 작전을 돕는다'

"이득을 헤아려서 들어주다計利以聽"라는 말은 계산해보니 그것이 유리하고 쓸 만하여 받아들여졌다는 뜻이다. 이 구절은 앞부분의 내용을 이어받으면서 뒷부분의 내용을 여는 말로, 앞의 문장을 결론짓고 다음 문장을 끌어내는 역할을 한다. 다음 문장은 실전에 대한 것과 계책의 집행을 설명한다.

"세를 만든다乃爲之勢"는 구절은 '그리하여 비로소 세勢를 조성한다'는 뜻이다. '세'의 의미에 대해서는 그다음 문장에 해석이 있다.

"적지에서의 작전을 돕는다以佐其外"에서 '외外'는 '내內'에 반대되는 말이다. '외'는 나라 밖을, '내'는 나라 안을 말한다. 앞 문장에서 묘산을 말했다면 여기서 말하는 것은 실전이고, 묘산은 국내에서 하는 것이라면 실전은 국외에서 한다. 「작전」 편에 있는 '내외의 비內外之費', 「용간」 편에 있는 '내외의 소동內外騷動'에서 '내외'는 이 두 가지 측면을 가리킨다. 옛 사람들은 이렇게 말했다. "계략은 반드시 안에서 정해져야 하고, 그러한 뒤에 병사를 나라의 경계선으로 내보내야 한다."(『관자管子』「칠법七法」) '계략은 안에서 정한다計定於內'는 말은 묘당에서의 일을 말하는 것이고 '병사가 국경을 나간다兵出乎境'는 말은 나라 밖에서 작전을 한다는 말이다.

(2) '세勢'를 해석한다

'세勢'에 관하여는 뒤에서 다시 설명할 것이다. 여기서의 정의는 "세라는 것은 이득에 따라 변화를 제어하는 것勢者, 因利而制權也"이다. '이利'는 바로 위에서 논한 '계리計利'로, 즉 계산상의 우세를 말한다.

'권權'은 즉 '권형權衡'의 '권'이다. '권'은 고리 모양의 둥근 저울추 혹은 저울에 사용하는 무거운 물건을 가리킨다. '형衡'은 저울대 종류의 평형물이다. '권형'이란 바로 저울추權를 저울衡에 올려놓고 물체의 중량을 측정하는 것이다. '저울추를 더해서 균형을 맞춘다加權平衡'는 요즘 말이 바로 그러한 뜻을 반영한다. 동사로 쓰이는 '권'은 경중을 따진다는 의미다. 여기서 '권'은 '권변權變(임기응변)'을 가리킨다. 권변의 뜻은 바로 측정을 행하고 역량을 조절해 분배한다는 의미로부터 발전되어온 것이다.

'인리因利'는 우세를 발휘하는 것이고 '제권制權'이란 변화를 제어하는 것, 즉 그때그때 처한 상황에 따라 적절하게 일을 처리해나가는 것을 말한다.

『손자』에서 '형形'과 '세勢'는 서로 짝을 이루는 동시에 모순된 개념으로, 서로 반대되면서도 돕고 어울린다. 뒤에 나오는 「형」 편과 「세」 편에서 바로 이 개념을 구체적으로 다루니 참고로 대조해보기 바란다.

여기서는 '세'만 있을 뿐 '형'이 없는데, 정말 없는 것은 아니고 단지 글자로 표현되지 않았을 뿐이다. 사실 '이득으로 변화를 제어한다因利而制權'는 말에 이미 '형形'이 들어 있다. 인리因利의 '이利'가 바로 '형形'이며 제권制權의 '권權'이 바로 '세勢'다. '세'는 '형'이 발휘된 것이므로 '이득으로 변화를 제어한다'는 말은 바로 '형으로 세를 만든다因形而造勢'는 말이 된다.

'세'는 '형'이 발휘된 것이다. '형'이란 무엇인가? 뒤에서 다시 설명하므로 여기서는 간단히만 말해둔다. '형'이란 볼 수 있는 형태가 있으며, 사전에 계산 가능한 것이다. 그리고 그 자체가 평소에 이미 정해져 있어 일방적으로 준비가 끝난 상태라고 할 수 있다. 즉 '형'이란 바로 자신의 실력, 계산 가능한 자신의 우세다. '이득으로 변화를 제어한다'는 말은 곧 그러한 우세를 이용해 전장에서 적의 변화에 따라 수시로 자신의 대책을 조절하는 것이다. 이런 대책은 변화무쌍하여 말로 전해질 수 없는데, 이것이 바로 '세'다.

(3) '궤詭'를 강조한다

"전쟁이란 속임수의 도다兵者, 詭道也." 이 구절은 굉장히 중요하다. '병이사립兵以詐立(전쟁은 속임수로 성립된다)'(「군쟁」) 역시 이러한 뜻을 지닌다. '속임수詭'는 세勢의 특징일 뿐만 아니라 전쟁兵의 특징이기도 하다. 전쟁은 속임수를 꺼리지 않는데, 이것은 전형적인 중국의 지혜라고 할 수 있다.

'궤詭'와 '사詐' 이 둘은 매우 흥미로운 글자다. '궤'는 '어기다' '위배하다'라는 뜻을 갖고 있는데, 나는 그 의미를 약간 비틀어서 '고의로 적을 괴롭게 하는 것' '일부러 적을 편치 않게 하는 것'이라고 풀이한다. '사'는 고대 용법으로 '위僞'자와 관계가 있다. 대개 '위'자와 같이 쓰여 '위장' '기만'의 뜻을 지닌다. 좀더 설명해보겠다.

'전쟁은 속임수를 꺼리지 않는다兵不厭詐'는 말은 당唐대에 이미 등장한다. 그 기원은 한비자의 다음 명언이다. "번거로운 예절을 좋아하는 군자는 충忠과 신信을 싫어하지 않으나, 전쟁터에서 싸울 때에는 속임수를 꺼리지 않는다."(『한비자』「난일」)[13] 나는 이것이 병법이 성숙했다는 증거라고 생각한다. 중국 병법의 황금기는 바로 전국 시대였다. 순자는 "위세와 속임수가 많고, 공리를 숭상한다隆勢詐, 尙功利"(『순자』「의병」)고 하여 진秦나라 사람들을 꾸짖었다. 그런데 '위세勢'와 '속임詐'은 진나라 사람들의 특징일 뿐만 아니라 모든 전국 시대 병법가의 특징으로, 그 전통은 제나라에서부터 온 것이다. 상업과 학술이 발달한 제나라는 사람들이 다른 지방에 비해서 교활했다. 옛말에 "제나라 사람들은 많이 속인다齊人多詐"(『사기』「평진후주보열전平津侯主父列傳」)고 했는데, 그 말은 조금도 틀림이 없다. 진晉나라 사람도 진秦나라 사람도 모두 제나라 사람들을 스승으로 삼아 그들을 뛰어넘는 청출어람의 기세를 보여주었다.

'속임수'는 처음부터 '군자君子'의 개념과 부딪치며 귀족 도덕과 충돌했다. 중국에도 귀족 문화가 있었지만 예악禮樂이 무너지면서 그러한 전통은 특히 일찍 붕괴되었다. 중국인들은 비교적 교활하다. 미국은 커다란 도가니와 같아 모든 민족이 공존하기 때문에 민족들을 서로 비교해보기가 좋은데, 한 유학생이 말하기를 "중국인이 가장 교활하다"고 했다. 여기서 교활하다는 것은 폄하의 의미로서 반대어는 '성실함'일 것이다. 그러나 물론 '성실함'은 좋은 말이지만 '어리석다' '고지식하다'라는 의미도 있다. 마찬가지로 '교활하다猾'에는 '면밀하고 정교하다精'는 의미도 있는 것이다.

유구한 중국 문명 가운데 중국의 병법은 분명히 발달했다. 중국과 비교하면 서양의 군사 전통에는 귀족적인 풍모가 있으나, 전쟁은 귀족들 사이의 결투가 아니다. 병법학이라는 학문으로 들어가고자 한다면 귀족적 허세를 포기해야만

한다. 송나라 양공과 같은 귀족적인 정신을 버려야 하는 것이다.

중국은 병법이 특히 발달했지만, 병법이 중국의 특허는 아니다. 클라우제비츠는 전쟁에 대해 설명할 때 '전략'이라는 단어의 어원이 본래 속임수詭詐와 관련이 있다고 했다. "속임수는 자기 의도를 은폐하는 것을 전제로 삼는다."[14] 서양에도 속임수가 있다. 예를 들어 페르시아·그리스 전쟁사에서 페르시아는 강대국이었고 그리스는 약소국이었는데, 그리스는 언제나 속임수를 즐겼다.

병법이 출현한 것은 '전쟁은 속임수를 꺼리지 않는다'는 사실과 관계가 있다. '속임수詐'는 책략으로 부족한 힘을 보충하기 위한 것이다. 클라우제비츠는 병력이 적은 쪽일수록 더 속임수가 필요하다고 했다.[15] 강자는 세력에 기대어 악랄한 수단을 쓰거나 협박을 하면 되지, 속임수를 쓸 필요가 없다. 속임수를 애용하는 것은 약자 쪽이다.[16] 이 점은 매우 중요하다.

무서운 것은 육식동물과 초식동물, 어느 쪽일까? 당연히 육식동물이 더 무섭다. 사람도 마찬가지다. 하지만 조귀曹劌[17]의 다음 말은 매우 흥미롭다. "육식을 하는 자들은 매우 저속하여 원대한 계책을 세울 수 없다." 그들은 전략을 세울 수 없다는 것이다.

초식동물에게는 도처에 먹을 것이 있기 때문에 이들은 개체 수가 매우 많다. 새끼를 낳고 키우는 능력도 육식동물과는 비교가 안 될 만큼 좋다. 호랑이가 무서운가, 토끼가 무서운가? 당연히 호랑이가 무섭다. 하지만 토끼가 많은가, 호랑이가 많은가? 토끼가 더 많다. 토끼는 풀만 먹고도 뛰어다닐 수 있다. 그리고 토끼와 같은 동물들이 전부 도망가면 호랑이는 굶어 죽게 된다. 이는 호랑이에게 실제로 흔히 있는 일이다. 도망가는 것 역시 병법이다.

(4) '궤도詭道'란 무엇인가

"전쟁이란 속임수의 도다兵者, 詭道也" 다음에 나오는 네 구절을 읽어보자. "잘할 수 있는데도 못 하는 체하고, 병사를 사용해야 하는데도 사용하지 않을 것처럼 하며, 가까운 곳에서 싸워야 하는데도 먼 곳에서 싸우는 체하고, 먼 곳에서 싸워야 하는데도 가까운 곳에서 싸우는 체한다故能而示之不能, 用而示之不用, 近而示之遠, 遠而示之近."

마오쩌둥은 이러한 행위를 '시형示形'이라고 불렀다:18 여기에는 '시示'자가 네 번 나오는데 이는 바로 적에게 보여주는 것을 뜻한다. 적에게 보여주는 것에는 당연히 '형形'이 있다. '형'과 '세勢'의 가장 큰 차이는 바로 '형'은 볼 수 있는 반면 '세'는 볼 수 없다는 것이다.

하지만 여기서 우리가 주의해야 할 점이 있다. '형'과 '세'가 비록 다른 개념이지만 결코 서로 독립된 개념은 아니라는 점이다. 사실 '세'란 '형'이 발휘된 것으로, '세'가 있으면 '형'이 있다. '형'은 '세'의 근거일 뿐만 아니라 그것이 드러난 현상이기도 하다.

'형'은 전면에 '세'는 후면에 배치되어 있다는 점에서 양자는 다를 수 있다. 또한 우리가 보는 '형'이 반드시 그 후면에 있는 '세'를 반영한다고도 할 수 없다. 드러난 것은 위장일 수도, 가상일 수도 있는 것이다. 이 구절에 나오는 '시형示形'이 곧 만들어진 가상의 '형'이다. 이렇게 가상을 만들어낸다는 것이 바로 속임수의 본래 의미다.

그다음에 나오는 여덟 구절을 살펴보자. "적이 이득을 탐내면 그것으로 유혹하고, 적이 혼란하면 그 틈을 타서 탈취하며, 적의 역량이 충실하면 대비하고, 강력하면 피해야 한다. 적이 분노하면 혼란스럽게 하고, 소심하면 교만하게 만들며, 적이 편안하면 피곤하게 만들고, 적이 서로 친하면 이간질한다利而誘之, 亂

而取之, 實而備之, 强而避之, 怒而撓之, 卑而驕之, 佚而勞之, 親而離之."

여기서 제시하는 행위의 특징은 상대방의 상황을 뒤집어서 이용한다는 점이다. 고의로 적의 상황을 비틀어 적들이 편히 있지 못하게 하고 부자유스럽게 만든다. 오자서伍子胥는 "자주 혼란을 주어 지치게 하고, 여러 방법으로 실수하게 만든다亟肆以罷疲之, 多方以誤之"(『좌전左傳』 소공昭公 30년)고 했다. 마오쩌둥의 '16자 비결'에서는 "적이 공격해 들어오면 우리는 물러서고, 적이 주둔하면 소란스럽게 만들고, 적이 피로하면 공격하고, 적이 물러가면 추격한다敵進我退, 敵駐我擾, 敵疲我打, 敵退我追"고 했는데 이는 모두 병법을 말한 것이다.[19] 이런 병법에 가장 뛰어난 것은 파리나 모기일 것이다. 즉 '궤詭'자의 본래 의미는 반대로 하는 것이다.

마지막 구절은 "준비가 안 된 곳을 공격하며, 생각지도 못한 곳으로 나가야 한다攻其無備, 出其不意."인데, 이 역시 명구다. 여기서 강조하는 것은 전기戰機(전투하기에 적합한 기회)를 잘 포착하는 것이다. '전기'란 무엇인가? 적군이 소홀히 하여 빠뜨린 곳이다. '준비가 안 된 곳无備'이란 방어시설을 갖추지 않은 곳이며 '생각지 못함不意'이란 적군이 미처 예상하지 못한 것으로, 모두 적이 소홀히 여겨 누락한 것을 뜻한다.

전장에서의 일은 엄밀하게 100가지를 준비하더라도 여전히 한 가지라도 소홀한 부분이 있는 법이다. 승리하기 위해서는 자신이 잘못을 저지르지 않는 것뿐만 아니라 적이 잘못을 저지르는 것도 중요하다. 우리는 온갖 방법을 동원하여 적군의 실수를 유도해내 그들이 잘못을 저지르게 만들어야 한다. 「형形」 편에서 손자는 "고로 잘 싸우는 자는 불패不敗의 자리에 서서 적의 패배를 놓치지 않는다"고 했다. 적의 실수를 절대로 놓치지 말아야 한다.

(5) 또 다른 종류의 '승리'를 말하다

손자는 "이러한 병법가의 승리는 미리 전수될 수 없는 것이다此兵家之勝, 不可先傳也"라고 했다. 여기서 말하는 승리는 작은 막대기들을 배열해 드러나는 승리가 아니고 묘산廟算상의 승리도 아니다. 묘산의 승리가 '지승知勝(승리를 안다)'의 승리라면, 여기서의 승리는 '제승制勝(승리를 제압한다)'의 승리다.

전쟁터의 상황은 순식간에 수없이 변한다. 마치 축구 경기처럼, 예측하기가 매우 어렵다. 클라우제비츠는 전쟁이 도박과 아주 흡사하다고 말했고:20 마오 쩌둥은 전쟁터에 일단 서게 되면 병법은 완전히 잊어버렸다. 무릇 군사軍事는 전수할 수 있는 것이어서 종이 위에 써놓고 설명할 수 있다. 하지만 진정으로 쓸모 있는 것은 모두 전수할 방법이 없다. 종이 위에 쓰인 것은 단지 일부 원칙들일 뿐이다. 설령 우리가 '변화'에 대해 말하더라도 종이 위에 쓰인 그것은 변화 가운데 있는 '불변의 것常'에 불과하다. 우리는 이 점을 분명하게 알아야 한다.

【1.4】

무릇 싸우기 전에 묘산에서 이기는 것은 계산하여 얻는 것이 많기 때문이다. 싸우기 전에 묘산에서 지는 것은 계산하여 얻는 것이 적기 때문이다. 묘산에서 많은 쪽이 적은 쪽을 이긴다. 하물며 묘산에서 얻는 것이 아무것도 없다면 어떠하겠는가? 나는 이런 점을 보기 때문에 승부를 알 수 있다.

夫未戰而廟算勝者, 得算多也. 未戰而廟算不勝者, 得算少也. 多算勝少算(不勝), 而況於無算乎. 吾以此觀之, 勝負見矣.

이 장의 내용은 맺음말의 역할을 하고 있는데, 화두는 다시 묘산이다. 앞에서는 "이러한 병법가의 승리는 미리 전수될 수 없는 것이다"라고 했는데, 그것은 '제승'의 승리를 말한 것이다. 제승의 승리는 미리 이야기할 수 없으나 묘산에서 말하는 승리는 설명이 가능하다. 출병 전에 대략적인 평가를 해볼 수 있는 것이다.

"전쟁 개시 전未戰"이란 즉 묘산을 하는 때로, 실전에 앞서 있다.

"묘산廟筭"이란 출병 전에 군주와 장수가 묘당에 모여 행하는 계산을 말한다. '산筭'은 나중에 대부분의 고서에서 '산算'자로 대체되었다. 묘산廟筭과 묘산廟算은 같은 것이다.

허신許慎은 '산筭'과 '산算'을 각기 다른 두 글자로 보았다. '산筭'은 명사로서 '산주算籌(산가지)'라는 뜻이고 '산算'은 동사로 계산計算한다는 뜻이라는 것이다.[21] 그러나 이러한 구분이 믿을 만하지는 않다. 만약 이에 따른다면 묘산廟筭의 '산筭'은 '산算'이 되어야 한다. 그러나 이 문장에 쓰인 여섯 개의 '산筭'은 똑같은 글자이며 인췌산 한간과 송본宋本이 모두 그렇게 쓰여 있다.

사실 고문자 자료를 봐도 '산筭'과 '산算'의 관계는 허신의 말과 다르다. 진秦대와 전한의 간독簡牘 백서帛書를 보면 '복산卜算'이나 '계산計算'의 '산算'을 모두 筭(산가지)으로 표기하고 算이라 쓰지 않았다. '산算'은 아마도 원래 '찬纂' '찬篹' 등과 관련이 있는 다른 글자였을 것이다. '산算'이 '산筭'을 대체한 것은 전한 이후였을 것으로 추정된다. 송본의 서법은 굉장히 오래되었는데, 전한 시대의 글쓰기 습관이 남아 있는 것이다.[22]

"계산하여 얻는 것得筭"에서의 '산筭'은 바로 산가지算籌를 뜻한다. 그다음 문장에서 보이는 '다산多筭' '소산少筭' '무산无筭'의 '산筭'도 마찬가지다.

"묘산에서 많은 쪽이 적은 쪽을 이긴다. 하물며 묘산에서 얻는 것이 아무것도 없다면 어떠하겠는가多算勝少算, 而況於無算乎"라는 문장은, 묘산에서 많이 얻는 쪽이 적게 얻는 쪽을 이길 것인데 하물며 묘산에서 하나도 얻지 못하는 쪽은 어떻겠는가라는 뜻이다. 현행본에는 소산少算 뒤에 불승不勝이라는 두 글자가 더 있다. 이 두 글자는 후대 사람들이 끼워넣은 것으로, 이를 더하면 그 뜻이 이렇게 된다. "묘산에서 많으면 이기고 적으면 진다. 하물며 묘산에서 얻는 것이 아무것도 없다면 어떠하겠는가?多算勝, 少算不勝, 而況於無算乎" 앞의 문장과 다소 달라진 것을 볼 수 있다.

병가의 사유는 적군과 아군 쌍방의 격렬한 대립 가운데서 생겨난 것이지 정태적인 관찰에서 나온 것이 아니다. 피아가 서로 암투를 벌이는 상황에서 적이 변하면 아군도 변한다. 순식간에 모든 것이 변하고 또 변한다. 묘산상의 계획은 전쟁에 돌입하게 되면 상황에 따라 부단히 수정을 요한다. 묘산은 전장에 투입되면 끝나는 것이 아니다. 이미 알고 있는 것이 얼마나 되던 모든 계획은 미지의 것들이며 따라서 개연성과 모호성을 띠고 있다. '모든 것을 전부 계산에 포함시키는 일滿打滿算'은 가능하지 않다. 아무리 치밀하게 생각해도 '계획이 주도면밀해서 빈틈이 없는 상태算无遺策'에 이를 수는 없다.

『손자』에서 「계」를 맨 처음으로 설명했다는 사실이 귀모貴謀, 즉 책략을 중시하는 정신을 말해준다. 이 점을 꼭 기억하자.

제2편

작전作戰 :: 천 리 밖의 승리를 결정함 - 속도를 중시함 貴速

앞의 제1편에서 '묘산'에 대한 설명을 다 했으니 이제 실전을 이야기할 차례다. 실전은 제1단계가 야전野戰(들판에서의 싸움), 제2단계가 공성攻城(성곽 공격)이다. 여기서는 먼저 야전에 대해 설명한다.

병권모兵權謀는 '먼저 계책을 세우고 그 뒤에 전투를 한다先計而後戰'(『한서』「예문지·병서략兵書略」)는 것을 강조했다. '선계先計'는 묘산을 먼저 한다는 것이고 '후전後戰'은 그 후에 실전을 한다는 뜻이다. 이러한 정의는 짐작해보자면 『손자』를 근거로 한 것 같다.

「계」 편에서는 묘산을 설명했는데, 계책을 정하는 것이 한 부분이고, 계책을 활용하는 것이 또 한 부분이다. 계책을 세우는 것은 묘산이고, 계책을 활용하는 것은 첫 번째가 야전, 두 번째는 공성이다. 진정한 묘산은 계책을 정하는 일까지에 한정된다. 계책을 정한 다음에는 "장수를 추대하여 계책을 전수한다拜將授算." 이러한 의식에 대해서는 『손자』에서 언급한 바가 없다.

하지만 "장수는 군주의 명을 받고, 군사를 합하고 무리를 모은다將受命於君, 合軍聚衆"(「군쟁」「구변」)라고 언급한 것은 있다. '군사를 합하고 무리를 모은다合軍聚衆'는 말은 단순히 군대를 조직하는 것뿐 아니라 그들을 무장시키는 것까지를 말한다. 전차를 무기고에서 끌어내오고 무기와 갑옷, 방패 등을 배급하는 일을 옛사람들은 '수갑수병授甲授兵(갑옷과 무기를 수여함)'이라고 했다. 수갑수병은 『손자』에서는 언급된 바가 없으나 『좌전』에 묘사되어 있다. 이러한 일은 모두 '내內'에 속하는데, '내'는 바로 국내를 뜻한다.

사람을 조직하고 무기를 준비하는 두 가지를 합하여 비로소 '병兵'이라고 부른다. '병'이 있어야만 비로소 '용병用兵(군사를 부린다)'을 말할 수 있다. 군사를 부리는 일, 즉 군사작전은 나라 밖에서 한다. 옛날 사람들은 말하기를 "계획은 반드시 안에서 먼저 정한 다음에 나라의 경계로 출병한다"(『관자』, 「칠법七法」)고 했다. 안에서 계획을 정하고 난 뒤에야 비로소 바깥으로 출병을 하는 것이다.

병사들이 바깥으로 나간다는 것은 국경을 지나 적국으로 나아감開進을 뜻한다. 손자는 진군을 말하면서 '개진開進'의 개념을 썼는데 이 말의 의미는 매우 다양하다. 이 편에서는 그 점에 대해 말한 바가 없지만, 「구지」 편의 결론에서 언급하는 부분이 있으니 참고할 수 있을 것이다.

적을 향해 나아간 다음에 비로소 '형세를 드러내고示形' '세를 만들어造勢' '유리한 형세를 따라 책략을 쓴다因利制權.' 그리고 '이러한 일을 통해서 바깥의 일을 돕는다以佐其外.' 여기서 '바깥外'이란 바로 나라 밖, 즉 전쟁터인 적지를 말한다. 앞서 이미 설명했으나, 묘산 전과 묘산 후, 전쟁의 준비에는 여전히 많은 할 일이 있다. 이 책에서는 설명하지 않았지만 유념해둘 필요가 있다.[1]

'작전作戰'에서 '작作'은 '발동'의 뜻으로 전투가 시작됨을 표현한다. '전戰'은 넓은 뜻과 좁은 뜻 두 가지로 해석할 수 있다. 넓은 의미의 '전'은 모든 전쟁과 전역戰役 및 전투를 포괄한다. 한편 좁은 의미의 '전'은 오직 야전野戰만을 가리키는데, 특히 대열을 정렬하고 싸우는 야전을 뜻한다. 바로 이 단계에서 비로소 전쟁의 서막이 열리며 '내內'와 '외外'의 전환이 이루어지게 된다.

그러면 '야전'이란 무엇인가? 한 글자씩 나누어 살펴보자.

(1) '야野'란 무엇인가

고대 중국에서는 부지를 골라 성을 지을 때 안쪽으로 큰 산을 두고 바깥에는 강이 배치되도록 강구했다. 산은 마치 성벽과 같이 도시의 보호벽이 될 수 있었다. 다만 성을 산 위에 짓는 경우는 드물었고, 보통 높은 산 아래와 큰 강 위쪽을 부지로 택했다. 수원水源이 있으면서도 홍수의 피해는 없어야 하고, 비교적 평평하고 지세가 높은 지역을 골랐다. 큰 강은 산을 따라 산골짜기로 흐르면서 평원에 도달해 농업에 이롭게 하고, 큰 길은 강줄기 연변을 타고 달리도록 도로망을 구성함으로써 교통에 이롭도록 했다. 도시는 이를 바탕으로 유지되었다. 도시 주위의 '야野'는 대개 비슷한 유형을 띠었는데, 논밭이 아니면 황량한 들판이었다. 이는 전차가 손쉽게 진군할 수 있고 진형을 전개하기도 용이한 지형이었다.

중국에는 일찍이 국야제國野制가 있었는데, '국야'란 도시와 농촌을 대립시킨 표현이다. '국國'은 수도로서, 성안과 성 밖의 인근 지역을 포함한다. '야'는 그 바깥의 농촌이었다. 그다음 아래 등급의 2급 도시를 고대에는 도都나 현縣(모두 종묘宗廟의 큰 현임)으로 불렀다. 도와 현 바깥은 역시 농촌으로 둘러싸여 있었는데, 이러한 농촌을 비鄙라고 불렀다. 어떤 종류의 도시이건 도시는 모두 '농촌에 둘러싸여 있었다.' 도시는 핵심지역이고 농촌은 그 주위를 감싸는데, 마치 점点이 면面에 둘러싸인 모습이었다. 전쟁은 결국 바깥에서부터 안을 향해 공격하는 일로, 먼저 바깥을 치고 나서 그 안을 공격한다. 야전이 순조롭게 진행되어야 비로소 병사가 성 아래에 모여서 공격할 수 있는 것이다. 즉 야전이 첫 단계고 공성은 둘째 단계이며, 결국 야전은 광야에서 행하는 전투를 말한다.

(2) '전戰'이란 무엇인가

『좌전』에 '50가지 범례五十凡'가 있는데, 그중 하나로 "개진왈전皆陣曰戰(모두 진을 친 것을 전쟁이라고 한다)"(『좌전』 장공莊公 11년)이라는 말이 있다. 그 뜻은 적과 아군이 진을 친 뒤에 전투를 벌일 수 있으며, 이러한 '전투'를 비로소 '전戰'이라 부른다는 것이다. 이는 당초 '전'의 개념이 '진陳(陣의 본 글자)'과 관계가 있었다는 것을 시사한다. 이때 '전'은 전차병과 보병이 혼합 편성된 상태로 진법에 의존하여 벌였던 전투와 연결된 개념이다.

춘추 시대 초기의 야전은 대부분 양 국가가 국경을 맞댄 광활한 지역에서 이루어졌다. 그래서 선조들은 이곳을 '강장彊場(국경의 전쟁터)'이라 불렀다.(이때 장場의 중국 발음은 이yì임.) 예를 들어 제나라와 노나라 사이에 있었던 '장작長勺' 전투에서의 장작은 바로 임치臨淄와 곡부曲阜 사이의 변경이었다. 당시의 전쟁은 매우 간단하여 대부분 속전속결이었는데, 짧을 때는 한 식경 만에도 끝났고, 길어봤자 하루를 넘기지 않았다. 쌍방은 진형을 갖추고 한바탕 우르르 달려들어 싸웠다. 승부는 금방 가려졌다. 거리도 가까웠고, 시간도 짧았다.

이러한 전쟁 방식은 후대로 오면서 변했다. 춘추 말부터 전국 시대에 이르면서 적국에 깊숙이 침투해서 각자 주인이 되고 손님이 되는 전쟁이 점점 늘어났다.『손자』는 나라 바깥으로 가서 하는 전투를 '손님이 되다爲客'라고 표현했다. '손님이 될' 경우 성가신 점은 보급선이 무척 길다는 것과 들어가는 비용이 막대하다는 점, 아주 많은 시간이 소요된다는 점이었다. 시간과 금전. 「작전」 편은 곧 이 두 가지 문제에 초점을 맞추고 있다.

결국 '야전'은 보통 도시 밖에서 치르는 전투를 가리키며,[2] 공성전과는 차이가 있다. 나는 「작전」 편의 내용을 다음과 같이 다섯 장으로 나눈다.

제1장은 '비용費'을 설명하는데, 이는 전투에 사용되는 금전에 관한 내용이다.

제2장은 '소모耗'를 설명하는데, 전투에서 소모하는 시간에 대한 내용이다.[3]

제3장은 '빼앗음搶'을 설명하는데, 적에게 이를 취하여 보충하는 것을 말한다.

제4장은 '빠름快'을 설명하는데, 속전속결을 강조하는 내용이다.

제5장은 장수는 '전쟁을 알아야知兵' 함을 설명하는데, 이는 앞서 말한 것들의 이치를 알아야 한다는 것이다.

이 다섯 장에서 앞의 두 장은 '군사작전用兵의 해로움'을 설명하고, 뒤의 두 장은 '군사작전의 이로움'을 말한다. 군사작전의 이로움은 곧 해로움에 대응하는 설명이고, 가장 마지막 장은 결론이다.

【2.1】

손자가 말했다. 무릇 병사를 쓰는 데는 치거 천 량輛과 혁거 천 량, 갑옷 입은 병사 10만 명과 천 리 먼 곳으로 운반할 양식이 필요하다. 또 전후방의 비용, 즉 빈객의 접대비, 장비를 고치는 아교와 칠 등 재료, 전차와 갑옷의 공급, 그리고 매일 소요되는 천금을 준비한 뒤에야 10만의 군사를 움직일 수 있다.

孫子曰: 凡用兵之法, 馳車千駟, 革車千乘, 帶甲十萬, 千里饋糧.〔則〕內外之費, 賓客之用, 膠漆之材, 車甲之奉, 日費千金, 然後十萬之師擧矣.

전쟁에는 돈과 식량, 사람과 무기가 필요하다. 이 모든 것을 세밀하게 계산해야 하니, 군사전문가는 전쟁경제학에 통달해야 한다. 『손자』의 큰 특징 하나는 수를 셈하는 데 밝다는 점으로, 도처에서 계산을 한다. 묘산은 단지 예측일 뿐이어서 여기서 재차 계산을 해야 한다.

"무릇 병사를 쓰는 방법은凡用兵之法"이라는 말은 『손자』에서 항상 쓰는 화법이다. 「작전」 「모공」 「군쟁」 「구변」 「구지」의 맨 처음에 전부 같은 표현이 있으며 (「모공」 편 서두에서는 '부용병지법夫用兵之法'이 나오고, 「구지」의 서두에 '용병지법用兵之法'이, 그 외에도 '범용병지법凡用兵之法'이 등장한다.) 「군쟁」의 끝 부분에도 유사한 표현이 있다.(「군쟁」 편 마지막 한 구절에 '차용병지법야此用兵之法也'가 나오는 것을 제외하면 그 외 문장은 모두 '고용병지법故用兵之法'이라고 했다.) 옛 글에서는 어떤 규정이나 사례를 이야기할 때 '범凡(무릇)'자를 쓰기를 즐겨서, 습관적으로 '범례凡例' 혹은 '발범기례發凡起例(핵심 내용을 예로 들어 설명함)'라고 칭했다. 예를 들어 『좌전』에 나오는 '오십범五十凡'이라는 표현이 바로 이러한 종류의 말이다. '범'자는 결국 '법法'자와 관련이 있고 '규칙'을 말한다. '법'의 반대 의미는 '변變(변화)'으로, 이는 규칙과 상반되는 것이다.

'병사를 쓰는 방법用兵之法'이란 무기가 아니라 군대 혹은 병력을 사용하는 방법이다. 물론 군인은 갑옷을 입고 무기를 드니, 무기로 무장한 사람이 곧 군인이다. 전국 시대 이래 병서兵書는 대개 '병법兵法'이라고 불렀다. 병법이란 곧 '병사를 쓰는 방법用兵之法'을 줄인 말로서 병서는 다시 두 종류로 나뉘는데, 하나는 군법軍法이고 다른 하나는 병법이다. 군법은 조례와 규정으로, 군대를 꾸리거나 병사를 다스리는 법을 말한다. 병법은 지휘 기술을 말하는 것으로, 군대를 움직이거나 병사를 부리는 법을 설명했다.

병법은 군법에서 독립했으나 군법의 특징이 남아 있는 부분도 있다. 예를 들어 『사마법』에서 군법을 말할 때나 『울요자』에서 군령을 말할 때, 보통 '범凡'자를 서두에 넣는 문장 구조를 썼다. 이런 문장 형식을 조례체條例體라고 하는데, 『손자』에도 이러한 용법이 있다. 여기서 말하고자 하는 것은 당시의 용병 규모가 일반적으로 어땠는지, 얼마 정도의 비용이 필요한지 하는 것이다. 손자는 먼저 '병마兵馬'에 대해서 말하고 '양초糧草(군량과 사료)'를 말한 뒤 '돈을 쓰는 것花

錢'에 대해서 설명했다.

(1) 병마兵馬

손자는 전쟁에 동원된 규모를 단 세 구절로 설명한다. "치거(빨리 달리는 전차) 천 량과 혁거(가죽으로 덮은 전차) 천 량, 갑옷 입은 사병 10만 명馳車千駟, 革車千 乘, 帶甲十萬"이다. 앞의 두 구절은 전차의 수, 뒤의 한 구절이 병사의 수를 설명하고 있다.

「작전」 편과 「모공」 편을 읽으려면, 우리는 군제사軍制史와 무기사武器史를 어느 정도 숙지해야 한다. 옛사람들이 무엇으로 전쟁을 했는지를 알아야 하기 때문이다. 초기의 야전은 상나라와 주나라 때 일어난 것으로 주로 전차전이었다. 전차전에서는 말이 끄는 전차를 사용하는데, 빠른 말과 가벼운 전차와 예리한 무기는 청동기 시대의 발명품이었다.

말은 군사 문화의 상징이다. 예를 들어 서주·동주 시기의 '사마司馬'는 바로 고대의 군사 장관이었다. 이보다 이른 시기인 상商대의 군사 장관은 심지어 '마馬'라고 불렸다. 말은 유럽과 아시아 대륙의 군사적 '전염병'이었다. 길들인 말은 중앙아시아에서 가장 먼저 출현했는데, 지금으로부터 약 6000년 전의 일이다. 나중에 남쪽으로 전해져 서아시아 및 북아프리카에 이르고, 서쪽으로는 유럽에 전해지고, 동쪽으로는 동아시아에 전해졌다. 아메리카와 오세아니아 쪽으로는 비교적 늦게 전해졌는데, 이는 유럽의 식민 통치자들에 의해서였다.

마차 역시 중앙아시아의 발명품으로, 지금으로부터 4000년 전쯤 발명되었다. 마차는 말과 바퀴의 결합이다. 바퀴의 발명은 매우 위대한 것으로 지금으로부터 6000년 전쯤의 일이다.

말은 먼저 수레를 끄는 방식으로 이용되기 시작했고, 직접 타게 된 것은 나중이다. 이는 전 세계가 동일하다. 그러므로 전차병이 기병보다 먼저였다. 기병이 발달한 것은 다른 조건에 의해 가능했는데, 바로 말의 굴레, 안장, 말등자다. 이외에도 가벼운 옷차림인 호복胡服이 도움이 되었다.

중국 고서에 "해중이 마차를 만들었다奚仲作車"(『세본世本』「작편作篇」 일문佚文)고 한 것을 보면, 하나라 때에 마차가 있었던 것 같다. 하지만 고고학적 증거로 보면 중국에서 길들인 말과 전차가 최초로 발견된 것은 모두 상나라 말기로, 지금으로부터 약 3000년 전이다.

고대의 군별軍種(군대의 구별)에서 중요한 것은 육군이다.[4] 초기에 육군 병과兵種는 두 가지로, 전차병과 보병徒兵이 혼합 편성되었다. 말기에는 세 종류의 병과로 나누어 전차병과 기병, 보병이 혼합 편성되었는데, 『손자』는 기병을 언급하지 않았다.

고대 중국의 3대 병과는 전차병과 보병, 기병이었는데, 모두 북방 민족과 관련성이 크다. 전차병은 한족이 발명한 것이 아니라 북방 민족이 선사한 것이다. 보병의 역사는 오래되었지만 전차전 시대에는 전차에 부속되어 독립적인 병과는 아니었다. 기병은 초기에는 없었다가 춘추 시대 말기에 "전차병을 개편해 보병으로 만들었다毀車爲行"(『좌전』 소공 원년) 독립 편제된 보병이 진晉나라에서 일어났는데 이는 산악 지방의 작전에 능숙한 이민족(융·적)에 대항하기 위한 것이었다. 특히 보병으로 산서 지방 북부 산융국山戎國의 무종융無終戎을 대적하였다.

전국 시대 말기 기병은 조趙나라에서 일어났는데 이 역시 남쪽으로 밀고 내려온 흉노족 기병에 대응하기 위한 것이었다. 기병은 모두 북방 민족의 유동流動 작전에 대응하려는 전술과 관련이 있다. 이런 점에서 초원의 민족들은 세계 군사 역사에 공헌한 바가 매우 크다고 할 수 있다.

여기서는 야전의 주요 장비인 전차戰車에 대해 설명하겠다. 고대의 전차는 전차와 치중거輜重車, 두 종류로 나뉜다. 전차는 곧 마차인데, 선조들은 이를 '작은 차小車'라고 불렀다. 치중거란 우차牛車로, '큰 차大車'라고도 불렀다. 『손자』에도 이 두 종류의 전차에 대한 내용이 있다. 예를 들면 다음 문장에 나오는 '파거파마破車罷馬(파손된 전차와 피로한 말)'가 바로 마차이고 '구우대거丘牛大車(큰 소가 모는 큰 전차)'가 바로 우차다. 그러나 지금 말하는 두 종류의 전차는 모두 마차로, 우차는 포함되지는 않는다.

'치거馳車(빠른 전차)'는 비교적 가볍고 편해서 질주하기에 좋다. '혁거革車(가죽차)'도 역시 전차로 장갑차에 해당된다. 이는 가죽으로 둘러싸 비교적 견고하고 육중하다. 치거는 공격에, 혁거는 방어에 유리하다. 조조는 치거는 전차이고, 혁거는 치중거라고 했는데 이는 옳지 않은 해석이다. 혁거 역시 전차였다:[5]

이 문장에서 치거는 '사駟'를 단위로 세고 '혁거'는 '승乘'을 단위로 헤아린다. '사駟'는 말을 기준으로 헤아리는데, 네 필의 말로 한 대의 전차를 끄는 것을 일사一駟라고 부른다. '승乘'은 전차를 기준으로 한 셈법으로, 한 대의 전차를 일승一乘이라고 한다. '천사千駟'는 1000대의 전차이고 '천승千乘' 역시 1000대의 전차를 말한다. 합치면 모두 2000대의 전차가 된다.

'대갑帶甲'은 갑옷을 걸친 전사로, 이들의 숫자는 '10만'이다. 초기에 전차와 보병을 편제할 때 10인제가 성행해 한 대의 전차에 갑옷 입은 병사 10명을 배치했다. 세 사람은 전차 위에, 일곱 사람은 전차 아래에 있었으며 기타 보병에게는 갑옷과 투구가 없었다. 전국 시대에 갑옷과 투구가 널리 보급되어 갑옷 입은 병사의 숫자가 급격히 증가했다. 고서에는 이 대갑帶甲이라는 단어가 종종 나오는데, 이 말은 아마도 훨씬 일찍부터 있었을 것이다. 예를 들어 『국어國語』의 「오어吳語」와 「월어越語」에도 이 단어가 보인다.

여기서 '10만'은 전차 위와 전차 아래를 포함한 총 인원수를 말한다. 고대의 전차는 일반적으로 3인제였다. 왼편 자리에는 활과 화살을 가진 병사가 탔고 가운데에는 말고삐를 잡은 병사가 탔으며, 오른쪽에는 긴 창을 든 병사가 탔다. 장수가 전차에 타면 가운데에 자리를 잡고 북채와 북을 들었다. 2000대의 전차가 있으면 전차 위에 갑옷 입은 병사 6000명이 탔고 그 밖에 9만4000명은 전차 뒤에서 함께 뛰었다.

상나라, 주나라 시대에 전쟁의 규모는 얼마나 컸을까? 주로 두 가지 기준으로 살펴볼 수 있다. 하나는 전차의 보유량이고, 또 하나는 병사의 수가 얼마였는가이다.

목야牧野의 전쟁에서 상나라를 함락시킬 때 무왕에게는 "혁거 300대, 용감한 무사 3000명"(『맹자』「진심하盡心下」), 즉 전차 300대와 전사 3000명이 있었다고 한다. 춘추 시대 초기에도 이정도 규모였다. 춘추 시대의 대국들은 일반적으로 1000대의 전차를 보유했다 하여 당시 '천승지국千乘之國'이라고 불렸다.(『좌전』애공 14년) 하지만 실제 작전에서는 종종 단지 몇백 대의 전차만 동원되었다. 천승지국의 경우 갑옷 입은 병사만 1만 명 정도였고, 여기에 보병을 더한다면 대략 그 수가 3만이 조금 넘는 규모였다. 그러나 춘추 말기는 다르다. 일부 대국은 이미 이 규모를 넘어섰다. 예를 들어 진晉과 초 두 나라는 대략 5000대 정도의 전차와 15만 명이 넘는 병력이 있었다.

여기서 말한 규모는 춘추 시대 말기의 규모를 반영한 것이다. 이는 춘추 시대 초기나 중기의 전차 천승에 삼군의 병사(약 3만7500명) 규모에 비교한다면 물론 훨씬 큰 숫자다. 과거에 고증학자들이 춘추 시대에는 전차 2000대에 병사 10만을 보유하는 것이 불가능하다고 했는데, 그것은 당시의 수준을 저평가한 것일 터다. 손자의 말이 반드시 과장이라고 할 수는 없다.

(2) 군량과 마초糧草

"천 리나 멀리 군량을 운송한다千里饋糧"는 말은 군대가 출발한 후의 운송과 보급 문제를 말하는 것이다. 다음 문장에서는 이를 '원수遠輸(원거리 수송)'라고 했다.

앞에서 '병마'에 대해 설명했는데, 인간은 밥을 먹어야 하고, 말은 풀을 먹어야 한다. 10만 명이 밥을 먹는다는 것은 실로 큰 문제였다. 2000대의 전차에는 8000필의 말이 있는데, 여기에도 역시 엄청난 양의 먹이가 필요하다. 여기서는 아직 소의 먹이는 계산하지 않았다. 치중거를 끄는 소가 얼마나 되는지를 말한 『사마법』의 구부丘賦 제도에 따르면, 마차 한 대에 우차 세 대가 함께 나가야 했다. 이것으로 추산하면 2000대의 마차에 6000대의 우차를 배치해야 하므로, 8000필의 말과 6000마리의 소가 필요하니 실로 어마어마한 숫자다.

(3) 군비花錢

"전후방의 비용內外之費"에서 '내內'는 국내이며 '외外'는 국외, 즉 적지다. 여기에는 다음의 세 가지 지출이 포함된다.

"빈객의 접대비賓客之用"에서 '빈객'이란 외교 사절로서, 이는 외교에 사용되는 대규모의 지출을 가리킨다. 당시 외교관은 거의 모두가 유세객說客(로비스트)이나 간첩을 뜻한다. 이것이 첫 번째 지출이다.

"장비를 고치는 아교와 칠 등 재료膠漆之材"에서 아교와 칠은 전차, 창과 무기의 자루, 활과 화살 및 방패의 주요 재료를 수선하는 도구다. 이것이 두 번째 지출이다.

"전차와 갑옷의 공급車甲之奉"에서 전차와 갑옷은 끊임없이 보충해야만 하는 것이다. 이것이 세 번째 지출이다.

"매일 소요되는 천금日費千金"이라는 말은 「용간」 편에도 보인다. 이는 매일의 지출에 대해 이야기한 것인데, 계산해보면 당시 '천금'은 동 374킬로그램이었다. 옛사람들이 자주 쓴 천금이라는 표현은 '한 번 승낙한 말은 천금과 같다—諾千金'라는 말에서 보듯이 가치가 매우 높다는 말이다. 여기서는 극히 많은 수를 말하고자 한 것으로, 정확한 금액을 의미하지는 않는다.

"그런 뒤에야 10만의 군사를 움직일 수 있다然後十萬之師擧矣"는 말은 군대가 출발하여 병사들이 국경으로 나아간 상황을 일컫는다.

이 편에서 설명하는 것은 야전이다. 그러나 야전이 구체적으로 어떻게 진행되는지에 대해서는 언급하지 않고 전쟁의 동원에 중점을 두고 말했다. 여기에 전제된 것은 방금 말한 일련의 체계적인 제도다.

병사를 사용하는 해로움의 첫 번째는 돈을 쓴다는 것이다. 이는 매우 중요한 부분인데, 고대 중국의 전쟁은 그 동원 규모가 엄청났다. 일찍이 춘추 시대 말기의 전쟁도 정말 대규모로 벌어졌는데, 당시 면적이 오늘날 중국의 성省 하나에도 못 미치는 국가가 2000대의 전차와 10만 명의 병사를 양성할 수 있었다. 춘추 시대에는 모두 입버릇처럼 천승지국이라는 말을 즐겨 썼는데, 많은 경우 5000대 가량의 전차를 보유했다. 전국 시대에 이르러서는 '만승의 주인, 천승의 국가萬乘之主, 千乘之國'라는 말이 널리 회자되었다.

전국 시대 중기 이래로 7개의 큰 나라는 모두 수십만의 군대를 보유했다. 진秦은 심지어 100만이 넘는 군대를 보유하고 있었다. 당시 각국의 영토와 인구 모두 한계가 있었을 텐데 병사들을 이렇게 많이 양성했다는 것은 상상하기가 쉽지 않다. 예를 들어 진나라가 여섯 나라를 멸망시킬 때에는 잘 알려진 '4대 전역戰役'(이궐伊闕의 전투, 언鄢의 전투, 화양華陽의 전투, 장평長平의 전투)만으로도 사상자가 100만이 넘었다고 하니, 완전히 세계대전 수준이었다.

【2.2】

전쟁을 하면서 승리에 시간을 끌면 병기가 둔해지고 사기가 꺾여서, 성을 공격할 때 힘이 다한다. 오랫동안 전쟁을 하면 국가의 재정이 부족해진다. 병기가 둔해지고 사기가 꺾이며 힘이 다하고 재화가 바닥나면 제후들이 피폐를 틈타 일어나니, 비록 지혜가 있는 사람이라도 그 뒤를 수습하기 어렵다. 그러므로 전쟁에서 졸속은 들어봤지만, 교묘하게 오래 끄는 것은 보지 못했다. 무릇 전쟁을 오래하여 국가에 이로운 경우는 없었다.

其用戰也, 勝久則鈍兵挫銳, 攻城則力屈. 久暴師則國用不足. 夫鈍兵挫銳, 屈力殫貨, 則諸侯乘其弊而起, 雖有智者, 不能善其後矣. 故兵聞拙速, 未睹巧之久也. 夫兵久而國利者, 未之有也.

이 장에는 네 개의 '구久'자가 있는데 모두 시간을 소모하는 것을 말하고 있다. 시간을 소모한다는 것은 '병사를 사용하는 해로움' 중 두 번째 항목이다.

"전쟁을 하면서其用戰也"는 야전에 투입된 상황을 가리킨다. 우리가 주의해야 할 것은 여기서 '전戰'은 성곽 공격의 전 단계로서 '공성'과는 명확히 다르다는 점이다.

"승리에 시간을 끌면 병기가 둔해지고 사기가 꺾인다勝久則鈍兵挫銳"는 말은 이미 과거에 있었던 논쟁이다. 그다음에 나오는 문장에 "그러므로 전쟁은 승리를 귀하게 여기고, 오래 끄는 것을 귀하게 여기지 않는다故兵貴勝, 不貴久"고 했는데, 이것을 보면 마치 '승勝'과 '구久'는 분리해서 읽어야 하는 것 같다. 하지만 옛 주석을 보면 대부분 '승구勝久'를 하나의 단어로 여겼다. '승구'를 '쾌속速快'과 상반되는 개념으로 생각하고, 지구전으로 승리하는 것, 즉 소모전에 의존해 적군을 붙잡아 무너지게 하는 것으로 이해했다.[6]

손자는 지구전勝久은 거의 무가치하다고 생각했다. 사실상 지구전은 자기가 자기를 무너뜨리는 일이라고 보았는데, 야전을 불리하게 만들 뿐만 아니라 다음에 전개할 공성 작전에도 영향을 미치기 때문이다. '병기가 둔해지고 사기가 꺾인다鈍兵挫銳'는 것은 비교적 간단하게 표현한 말로 병력을 소모하고 군대의 예기銳氣를 꺾는다는 뜻이다.

여기서 주의해야 할 것은 '승구'가 하나의 단어라는 점이다. 그다음 문장에서 "그러므로 전쟁은 승리를 귀하게 여기고, 오래 끄는 것을 귀하게 여기지 않는다故兵貴勝, 不貴久"라고 표현한 것은 이 승구라는 단어를 풀어서 해석한 것이다. 그 뜻은 '승리'가 목적이고 '오래 끄는 것'은 목적이 아니라는 것이다. 중시해야 할 것은 이길 '승勝'이지 오랠 '구久'가 아니다.

또 '승'자를 앞의 구절에 붙여서 '기용전야승其用戰也勝'으로 읽을 필요는 없다.[7] 어떤 사람은 '승'과 '속速'은 맨 앞의 자음이 같으므로 '승'을 '속'으로 읽어야 한다고 하는데, 이 역시 믿을 만한 것은 아니다.[8] '승'자는 성모聲母가 'sh(書)', 운모韻母가 'eng(蒸)'으로 이루어진 글자이며 '속'자는 성모가 'x(心)', 운모가 'u(屋)'로 이루어진 글자다. 옛 발음으로 보면 서로 발음 차이가 무척 크다.

"성을 공격할 때 힘이 다한다攻城則力屈"는 말은 야전을 오래 끌면서 끝장을 보지 못하면, 이는 야전에 불리할 뿐만 아니라 그다음에 전개할 공성 작전에도 불리하다는 것이다. 나중에는 병력의 예리함이 줄어들어 공성 작전을 펼치더라도 마음대로 되지 않기 때문이다. 이는 지구전이 초래한 결과를 설명한 것이다. '굴屈'은 소진한다는 뜻이다.

"오랫동안 전쟁을 하면 국가의 재정은 부족해진다久暴師則國用不足." 여기서도 또 '구久'자가 나온다. '구폭사久暴師'는 군대를 나라 바깥에 오랜 시간 노출한다는 뜻이다. '폭暴'은 폭로하다, 드러내다라는 뜻이다. "국가의 재정이 부족해진다

:권모:
權謀

國用不足"는 것은 국가의 재정 수입이 지출을 감당하지 못한다는 뜻이다.

"힘은 다하고 재화가 바닥난다屈力殫貨"는 구절에서 '굴屈'은 앞서 말한 것과 같고 '탄殫'은 역시 거의 다 소진되었다는 뜻이다. '역力'은 인력 자원으로, 전방에서 싸우는 장수와 사병, 후방의 백성까지를 포함한다. '화貨'는 돈과 재물이다.

"제후들이 피폐를 틈타 일어난다則諸侯乘其弊而起"에서 '제후들諸侯'은 교전하는 쌍방 이외의 다른 국가들의 군주를 뜻한다. '폐弊'는 쇠락해진다는 뜻이다. 이 또한 야전이 오랫동안 계속될 경우 초래될 영향을 설명한 것이다.

"비록 지혜가 있는 사람이라도雖有智者"라는 문구는 줄이면 '비록 지혜로운 사람이라도雖智者'라는 뜻이다. '지혜로운 사람智者'은 '지혜가 있는 사람有智者'과 같은 말이다. 즉 이 구절은 '지혜로운 사람智者을 가지고 있다有 하더라도'라는 뜻이 아니라 '지혜를 가지고 있는 사람有智者이라도'라는 뜻이다.

마지막 두 구절은 손자의 결론으로 매우 간단하다. "그러므로 전쟁에서 졸속은 들어봤지만, 교묘하게 오래 끄는 것은 보지 못했다兵聞拙速, 未睹巧之久也." 즉 병법가가 중시하는 것은 신속함이라는 의미다. 차라리 '쾌快'의 앞뒤에 미련한 구석이 보이더라도 그것이 좋은 것이지, '만慢' 앞에 영리함은 결코 있을 수 없다.

춘추 시대 초기에는 장기전도 공성전도 많지 않았다. 『손자』에서 말한 전쟁은 도대체 그 기간이 얼마나 될까? 「작전」 편에서는 따로 언급이 없지만 「용간」 편에서는 이렇게 말한다. "서로 수년 동안 수비를 하다 하루 동안 싸워서 이긴다." 이것을 보면 통상 전쟁은 매우 길었음을 알 수 있다. 그러나 이렇게 긴 전쟁은 춘추 시대에는 거의 없었던 것 같다. 이는 비교적 뒤에 생긴, 전국 시대의 특징으로 보인다.

:작전:
作戰

【2.3】

그러므로 전쟁을 할 때의 해로움을 다 알지 못하는 사람은 전쟁을 할 때의 이로움을 다 알지 못한다. 전쟁을 잘하는 사람은 군역을 두 번 징집하지 않고, 군량미를 세 번 보내지 않으며, 먼저 국내에서 군수품을 모으고 다시 적에게서 식량을 빼앗아 보충하는 까닭으로 군량이 넉넉할 수 있다. 국가가 전쟁으로 빈곤해지는 것은 원거리 수송 때문이다. 원거리 수송은 백성을 빈곤하게 만든다. 군대가 주둔한 가까운 지역은 물가가 오르고, 물가가 오르면 백성은 재화가 고갈되며, 재화가 고갈되면 부역이 가중된다. 국력이 소모되고 재화가 고갈되면 중원은 텅 비게 된다. 백성의 비용은 열에서 여섯을 소모하고, 제후의 비용도 전차의 파손과 말의 질병, 투구·갑옷과 활·화살, 창과 방패, 소와 전차의 징발로 열 중 일곱을 잃는다. 그러므로 지혜로운 장수는 적에게서 식량을 구하니, 적군의 식량 1종을 먹는 것은 아군의 식량 20종에 해당하며, 적의 사료 1섬은 아군의 사료 20섬에 해당한다. 그러므로 적을 죽이는 것은 분노 때문이며, 적의 이득을 빼앗는 것은 재화로 상을 주기 때문이다. 전차전에서 적의 전차 열 대 이상을 빼앗으면 먼저 빼앗은 자에게 상을 주고 수레 위의 깃발을 바꾸어 꽂게 한다. 빼앗은 수레는 섞어서 함께 타며, 사로잡은 병사들은 잘 대우해서 먹이니 이것이 곧 적을 이기고 아군은 더욱 강해지는 것이다.

故不盡知用兵之害者, 則不能盡知用兵之利也. 善用兵者, 役不再籍, 糧不三載, 取用於國, 因糧於敵, 故軍食可足也. 國之貧於師者遠輸, 遠輸則百姓貧. 近師者貴賣, 貴賣則百姓財竭, 財竭則急於丘役.〔力屈〕〔屈力〕〔財殫〕中原, 內虛於家, 百姓之費, 十去其〔七〕〔六〕. 公家之費, 破車罷馬, 甲冑矢弓, 戟楯矛櫓, 丘牛大車, 十去其〔六〕〔七〕. 故智將務食於敵, 食敵一鍾, 當吾二十鍾. 萁秆一石, 當吾二十石. 故殺敵者,

怒也. 取敵之利者, 貨也. 車戰, 得車十乘以上, 賞其先得者而更其旌旗, 車雜而乘
之, 卒善而養之, 是謂勝敵而益強.

이 장과 다음 장은 "전쟁을 할 때의 이로움用兵之利", 즉 어떠한 것이 병사를
사용할 때, 곧 전쟁을 할 때 이로운 점인지를 설명한다.

서두의 두 구절 "그러므로 전쟁을 할 때의 해로움을 다 알지 못하는 사람은
전쟁을 할 때의 이로움을 다 알지 못한다故不盡知用兵之害者, 則不能盡知用兵之利也"
는 전쟁을 할 때의 이로움 해로움의 관계를 서로 대응하는 것으로 설명한다.

'전쟁을 할 때의 해로움'에는 두 가지가 있다. 첫째는 재화를 쓰는 것이고, 둘
째는 시간을 소모하는 것이다. 이에 따른 대책 또한 두 가지인데, 하나는 탈취
하는 것이고, 다른 하나는 속도를 내는 것이다. 여기서는 먼저 첫째 항목을 설
명한다.

이 장은 앞 장과 대응 관계에 있다. 첫째 장에서는 전쟁 규모가 큰 것과 보급
선이 길다는 것, 그리고 전방과 후방의 지출이 많다는 것 이렇게 3대 문제를 설
명했는데 관건은 '보급이 어렵다'는 점이다. 보급의 어려움은 두 측면으로 나눌
수 있는데 하나는 징발이고, 다른 하나는 운송이다.

(1) 징발徵發

징발은 군대의 세금과 부역제도에 속한다. 『손자』의 군대 세금과 부역제도의
특징은 그게 무엇이든 모두 징발한다는 것이다. 첫째로 병사를 징발하고, 둘째
로 마차와 우차(말과 소도 포함) 및 각종 무기를 징발한다. 셋째로는 식량과 마초
馬草(말먹이)를 징수한다. 이에 대해서는 앞서 설명했다.

이 편의 시작에서 나온 '갑옷 입은 병사 10만 명'이란 첫 번째 징발을 말한

것이다. '치거 천 대馳車千駟와 혁거 천 대革車千乘'는 두 번째 징발이며, '천 리 먼 곳으로 운반할 양식千里饋糧'은 세 번째 징발을 말한다. 그다음 문장에 나오는 "전차의 파손과 말의 질병, 투구·갑옷과 활·화살, 창과 방패, 소와 전차의 징발 破車罷馬, 甲冑矢弓, 戟楯矛櫓, 丘牛大車" 역시 두 번째 징발을 말한 것이다.

(2) 원거리 수송遠輸

손자는 이렇게 말한다. "국가가 전쟁으로 빈곤해지는 것은 원거리 수송 때문이다. 원거리 수송은 백성을 빈곤하게 만든다. 군대가 주둔한 가까운 지역은 물가가 오르고, 물가가 오르면 백성의 재화는 고갈되며, 재화가 고갈되면 부역이 가중된다國之貧於師者遠輸, 遠輸則百姓貧. 近師者貴賣, 貴賣則百姓財竭, 財竭則急於丘役."

'원거리 수송'은 먼 거리에 물자를 운송하는 것으로 보급선이 매우 길었음을 의미한다. 위에서 언급한 '천 리 먼 곳에 양식을 운송함'이라는 말은 바로 이 '원거리 수송'을 뜻한다. 원거리 수송의 해로움은 백성을 혹사시키고 물자를 낭비한다는 데 있다.

이 장을 읽을 때 우리는 참고로 뒤쪽을 좀 살펴볼 필요가 있다. 「용간」 편 서두에도 원거리 수송을 언급하고 있다. "무릇 병사 10만을 동원해 천 리를 출정하면 (…) 안팎으로 소동이 일어나고 도로가 망가지며, 일을 제대로 하지 못하는 자가 70만 가구에 이른다."

원거리 수송으로 인해 백성이 입는 피해는 다음과 같다. 10만이 전쟁을 한다고 하면 70만 가구가 후방에서 지원해야 한다. 수많은 사람이 징발되어 모두가 보급선 위에서 운송을 담당해야 하니 씨를 뿌리고 거두는 일을 할 수가 없다. 땅은 황폐해지고 백성은 만족할 만하게 먹지 못하며, 따뜻하게 입지 못한다. 이를 가리켜 "백성이 빈곤하다百姓貧"고 말한 것이다.

이외에도 또 다른 해로움이 있는데, 그것은 물가 상승이다. 고대에 전쟁을 할 때 군대가 지나는 길에는 항상 군시軍市를 열었다. 갑자기 한 무리의 군인들이 들이닥쳐서 아주 많은 것을 요구하니, 수요에 비해 공급이 부족해져서 물가 상승을 초래하게 되는 것이다. 백성이 먹으려고 해도 먹을 것이 없을 뿐만 아니라 그들 수중의 돈도 다 떨어지게 되는데 이를 가리켜 "백성의 재화가 고갈된다百姓財竭"고 한 것이다.

이처럼 백성을 혹사시키고 물자를 낭비하면서 다시 국내에서 징발이 이뤄지면, 그야말로 설상가상일 것이다. 여기서 '구역丘役'을 언급했다. 구역이란 바로 '구부丘賦(마을 단위의 부세)'(『좌전』 소공 4년)를 말한다. 구부제도는 언제 출현했는가? 이에 대해서는 아직 분명하게 밝혀지지 않았다. 다만 늦어도 춘추 시대 중기 말엽에는 이미 존재했다. 예를 들어 기원전 590년 노魯나라는 "구갑을 만들었다作丘甲"(『춘추春秋』 성공 원년)고 했는데, 이것이 바로 비교적 빠른 기록이다. 기원전 538년에 "정鄭나라 자산子産이 구부丘賦를 만들었다"(『좌전』 소공 4년)고 했는데, 이 역시 같은 제도다. 병법서인 『사마법』과 『손자』에서도 이런 종류의 제도를 언급한 바 있다.

『사마법』에서는 군부軍賦를 두 종류로 나누어 말했는데, 모두 "땅을 계산하여 병졸을 내는算地出卒" 방식이다. 하나는 10진법이고 다른 하나는 4진법이었는데 10진법은 정井·통通·성成·종終·동同·봉封·기畿에 따라 세금을 걷고 4진법은 정井·읍邑·구丘·전甸·현縣에 따라 세금을 걷었다. 여기서 말하는 '구역丘役'은 4진법의 종류에 속한다. 구丘에서는 소와 말을 징발하고 전甸으로부터는 전차와 치중거 및 전사를 징발했다. 갑옷·방패·창 등의 병기도 여기에 포함했다. 구丘로부터 걷은 소와 말을 『사마법』 일문에서는 '필마구우匹馬丘牛'라고 했는데, 여기서도 역시 '구우대차丘牛大車(징발한 소와 큰 전차)'라 하여 '구우'를 언급하고 있다.

다음으로, 전쟁을 하면 세 가지 큰 소모가 발생한다. 하나는 양식을 소모하는 것이고, 둘째는 무기를 소모하는 것이며, 셋째는 사람을 소모하는 것이다. 역시 하나씩 살펴보자.

(1) 군량과 마초糧草

이런 속담이 있다. "병사와 말이 도달하기 전에 양식과 사료가 먼저 간다兵馬未到, 糧草先行." 이 말은 아주 중요하다. 사람은 밥을 먹어야 하고 말은 풀을 먹어야 하는데, 식량과 사료가 없으면 어떻게 전쟁을 하겠는가?

고대의 군부軍賦(군용 세금과 부역)에서 병사와 군마는 중요한 징집 대상이었다. 예를 들어 『사마법』 일문에서 언급한 두 종류의 징발제도도 이를 말한 것이다. 다만 거기에는 군량과 사료에 대해서는 언급하지 않았다. 하지만 춘추 시대 말기 이래로 전쟁 규모가 확대되고 기간이 길어지자 군량과 말먹이의 문제가 갈수록 중요해졌다.

군량과 말먹이의 징수에 관한 유명한 일화가 있다. 기원전 484년 계강자季康子는 '전田(밭)'을 징발 단위로 삼아 노나라에서 군량을 징수하려고 했다. '전'이란 곧 '정井'이고, 한 정의 땅은 합해서 900묘畝다. 앞서 언급했듯이 『사마법』에 나오는 두 종류의 군부는 모두 '정井'을 기초로 삼았다.

계강자는 미리 자신의 집사인 공자의 학생 염구冉求를 보내 공자에게 자신의 정책에 대한 의견을 물었다. 공자는 새로운 제도에 불만이 컸기 때문에 아주 날카로운 비판을 했다. 그가 비판한 것은 어떤 점이었을까? 공자는 징발하는 군량이 지나치게 많으며 옛날 제도와 맞지 않다고 말했다. 공자의 대답에 대해서는『좌전』애공 11년과『국어』「제어齊語」에 각각 기록이 있는데, 서로 다르다.『국어』의 언급이 직접적이라는 점에서『좌전』보다 중요하다. 원문은 다음과 같다.

선왕은 토지제도를 정함에 있어, 노동력에 따라 토지를 분배할 때에 멀고 가까움도 고려했다. 마을에서 세금을 거둘 때는 재산이 있고 없음을 고려했고, 장정에게 노역을 맡길 때는 늙은이·어린이를 고려했다. 홀아비·과부·고아·병자가 있을 경우, 군대의 출동이 있을 때는 동원했으나 그렇지 않으면 면제했다. 전쟁하는 해는 토지 1정井에서 볏짚 40단, 땔나무 1단, 쌀 16되를 내게 하고 이를 넘지 않았다. 선왕은 이것으로 만족해했다. 만약 계손씨가 그 법대로 하려고 한다면 주공의 법을 따르면 될 것이다. 만약 법을 어기려 한다면 마음대로 거둘 일이지, 이렇게 와서 묻는 것은 무엇 때문인가?

先王制土, 籍田以力, 而砥其遠邇. 賦里以入, 而量其有無. 任力以夫, 而議其老幼. 於是乎有鰥寡孤疾, 有軍旅之出則征之, 無則已. 其歲, 收田一井, 出稯禾·秉芻·缶米, 不是過也. 先王以爲足. 若子季孫欲其法也, 則有周公之籍矣. 若欲犯法, 則苟而賦, 又何訪焉."(『國語』「齊語」)

공자가 말한 '선왕先王의 법'이란 분명히 당시 아직 존재하고 있던 '주공의 전典'(『좌전』애공 11년 참조)에서 나왔을 것이다. 그가 말하기를, 주공의 군량 징수는 역량에 따라 이루어졌다. 멀고 가까움, 있고 없음, 노인과 어린이, 홀아비와 과부, 고아와 독거노인, 병들고 연약함 등을 모두 참작했다. 또 전쟁을 할 때에 징발하고 전쟁을 하지 않을 때는 징발하지 않았으며 징발하더라도 그 양이 아

주 적었다. 많은 경우 1정에 볏짚 40단, 땔나무 1단, 그리고 쌀 16되 정도였다.[9]

1정에서 16되의 쌀을 걷는다는 것은 어떤 개념일까? 다음과 같이 계산을 해볼 수 있다.

1) 고대에는 '땅을 계산하여 병졸을 내는算地出卒'법이 있어 이에 따르면 열 가구에서 병사 한 명을 내든 7.68 가구당 병사 한 명을 내든(『사마법』일문) 1정井에서 많아야 1명의 병사를 징발하게 된다. 그리고 앞서 말한 16되의 쌀은 곧 병사 한 명이 먹을 식량이다.

2) 고대 병사들은 매끼 먹는 밥을 5등급으로 나누어 기준을 정했다. '반식半食'은 끼니마다 2분의 1되를 먹는 것이고 '삼식參食'은 끼니마다 3분의 1되를, '사식四食'은 4분의 1되, '오식五食'은 5분의 1되, '육식六食'은 끼니마다 6분의 1되를 먹는 것이다.(『묵자』「잡수雜守」)

3) 당시 사람들은 일반적으로 매일 두 끼를 먹었고 병사 한 명이 하루에 먹는 양은 많아야 쌀 1되, 제일 적게는 3분의 1되 정도였다.

4) 이렇게 계산한다면 16되의 쌀은 최대 48일, 최소 16일 동안 먹을 수 있는 양이다. 평균을 내보면 대략 한 달 정도 먹을 수 있는 식량인 셈이다.

서주 시기와 춘추 시대 초기 및 중기에는 전쟁의 규모가 작고 기간도 짧았기 때문에 위에서 말한 정도의 양식이면 충분했다. 하지만 『손자』의 "병사를 부리는 방법凡用兵之法"을 볼 때 10만 명이 밥을 먹고 8000필의 말을 먹이기에는 (물론 소가 먹는 여물은 계산하지 않았다) 아마도 불충분할 것이다. 그래서 위에서 소개한 계강자의 이야기가 등장한 것이다. 이야기의 뒷부분은, 이듬해 봄이 되자마자 계강자가 단호하게 생각한 바대로 정책을 시행했다는 내용이다. 공자가

어떻게 생각하든, 그는 '전田'에 따라서 세금賦을 징수했다.(『춘추』 애공 11년, 『좌전』 애공 12년)

(2) 장비裝備

식량과 말먹이를 준비했다면 이제 무기가 있어야 한다.

첫 번째 무기는 수레로, 그 종류로는 전차와 치중거가 있다.

1) '파거파마破車罷馬'는 마차를 가리키며, 앞서 말한 치거와 혁거가 포함된다.

2) '구우대거丘牛大車'는 구丘에서 징발한 것으로, 소를 이용해 끄는 치중거를 말한다.

이 두 종류의 차는 앞서 이미 언급했다.

두 번째 종류의 무기는 병사 개인이 사용하는 무기와 보호 장구다.

1) 투구와 갑옷, 활과 화살甲冑矢弩.

2) 창과 방패戟楯矛櫓. 여기서 순楯의 중국어 발음은 둔dùn으로 순盾(방패)과 같다. 노櫓의 중국어 발음은 루lǔ이고 이는 몸을 가릴 수 있는 큰 방패를 뜻한다. '모로矛櫓'는 『십일가주손자』에서는 '폐로蔽櫓'라고 칭했는데 노櫓 혹은 폐로蔽櫓 모두 몸을 전부 가릴 수 있는 큰 방패다.

'갑甲(갑옷)'은 신체를 보호하기 위한 것이고 '주冑(투구)'는 머리를 보호하기 위해, '순盾과 로櫓'는 화살과 돌을 막아내기 위해 쓴다. 이것들은 방어구로서 동물의 갑각甲殼과 유사하다.

공격성을 띤 무기로는 창(극戟, 모矛), 활, 화살 등이 있는데, 모두 끝에 달린 날카로운 날로 사람을 죽인다. 이는 동물의 발톱·이빨·뿔 등과 유사하다. 극戟 (갈라진 창)은 과戈(갈고리 창)와 유사한 종류로 창의 변형이다. 모矛(찌르는 창)는 끝 부분에 꽂혀 있는 양날의 칼을 주로 활용하여 병사를 공격한다. 활과 화살 은 활로 화살을 쏘아 화살로 사람을 죽이는데, 먼 거리에서도 사용할 수 있다.

『십일가주손자』에는 '궁시弓矢(활과 화살)'가 '시노矢弩(화살과 쇠뇌)'로 되어 있 다. '노弩'는 쇠뇌를 이용해 활시위를 조정해 활을 쏘는 기구로, 살상력이 일반 활에 비해 훨씬 크다.

여기서 언급하지 않은 무기는 '과戈(갈고리 창)'와 검劍이다. '과戈'는 적병을 갈 고리로 끌어당기는 무기다. 청동으로 제조한 창의 머리를 '과戈'라고 부르며 대 나무로 제조한 손잡이는 비秘(자루)라 부른다. 낫 모양을 한 창끝을 손잡이가 되는 긴 장대 위에 가로로 붙이는데, 손잡이와 수직을 이룬다. 창 앞에는 '원援' 이라 부르는 날카로운 칼날이 있고 그 뒤에는 칼의 짧은 손잡이 부분이 있는 데, 이는 '내內'라고 부른다. 원과 내 사이에는 횡목이 있는데, 이곳을 이용해 줄 로 자루와 묶는다. 이것을 '난闌'이라고 한다. '과戈'의 특징은 옆으로 사용하여 측면을 가격한다는 점이다. 갈고리와 창끝의 칼날을 이용해 끌어당기고 찍어서 사람을 죽인다. 이 때문에 손잡이 부분은 납작하다.

상나라 시대의 '과'는 '앞쪽 창끝援'도 있고 '뒤쪽 창끝內'도 있는 일자형 위주 였다. 그리고 당시에는 '손잡이를 끼우는 구멍이 있는 창銎內戈' '손잡이 쪽이 굽 어진 창曲內戈' 그리고 '삼각형의 날이 있는 창三角援戈'이 함께 유행했으며 '정丁 자형의 창丁字形戈' 또한 이미 출현했다.

양주兩周 시기의 '과'도 정丁자형 위주였다. 이런 종류의 창戈은 창의 칼날이 아래로 뻗어 있었고 '호胡'라고 불렸다. '난闌'의 측면에 구멍을 뚫어서 무기를

줄로 묶기 편하게 만든 것은 '천穿'이라 불렸다.('천'의 개수는 하나가 있는 것부터
네 개까지 다양했다.) 정丁자형의 '과'는 통상 원援(앞쪽 창끝)·호胡(안쪽 둥근 날)·
내內(뒤쪽 창끝)의 세 부분으로 이루어져 있다.

전국 시대와 진한 대에 과戈는 모矛와 자刺를 더해서 십자 형태로 발전했다.
그리고 거기서 많은 가지가 있는 '극戟(미늘 창)'으로 발전했다. '극'은 본래 가지
가 많은 것을 뜻한다. 이러한 창이 발달하면서 '원援'이 점차 위쪽으로 올라가고
원의 호胡와 연결되는 부분이 45도에 가까워졌으며 내內 역시 점점 위로 올라
갔다. '원'과 '내' 안쪽에는 모두 날카로운 칼날이 있었다. 앞으로 내지르고 측면
을 가격하며 좌우로 휘둘러 찍는데, 어느 방향이나 모두 살상력이 있었다. 삼지
창三叉戟이나 가지가 많은 미늘창多戈戟 역시 이러한 발전 추세에 적응한 것이다.

검劍 또한 양날을 가진 것이 있지만 여러 창(과戈, 모矛, 극戟)과는 다르다. 검은
짧은 병기에 속하고, 긴 자루가 없어 주로 몸 가까이서 싸우는 데에 사용했다.

고대의 전쟁에서 무기는 어디에서 왔을까? 두 종류의 제도가 있었다. 하나
는 춘추 시대 초기의 제도로 무기는 국가의 소유이며 안에 숨겨져 있었다. 일
반 백성은 무기를 별로 갖고 있지 않았고, 출병 전에 비로소 갑옷이나 무기를
받았다. 다른 하나는 춘추 시대 말기의 제도로서, 국가가 무기를 제공했을 뿐
만 아니라 민간에서도 징발했다. 예를 들면 『사마법』에 나오는 군부에 대한 소
개에는 '구전丘甸'에서 창戈과 방패盾를 내야 한다고 되어 있다.(일문) 『춘추』에는
노나라에서 "징발하는 갑옷을 만들다作丘甲"(성공 원년)라는 기록이 나오는데, 이
는 '구전'에서 갑옷을 징수하던 사실로부터 나온 것이다.

전국 시대 이래로 무기의 수요가 급격히 증가해 민간의 징발만으로는 부족
하게 되었다. 그래서 죄를 범한 자들을 이용해서 무기를 제조했다. 당시에는 돈
이나 물건 혹은 노동으로 죄를 대신하는 제도가 있었는데 대개 무기 제작으로

죄를 대신했다. 예를 들면 수호지睡虎地 진나라 죽간의 율령을 보면 형벌을 대신해 갑옷과 방패를 충당하는 사례가 있다. 출토된 유물을 보면 상당히 많은 병기를 범죄자들이 제작했음을 알 수 있다.

무기 가운데는 수레(전차)가 아주 중요하다. 수레를 탈취한다는 것은 요즘으로 치면 탱크를 탈취하는 것과 같았다. 손자가 "전차전에서 적의 전차 열 대 이상을 빼앗으면 먼저 빼앗은 자에게 상을 주고 수레 위의 깃발을 바꾸어 꽂게 한다"고 한 것은 병기 중 전차를 가장 중시했음을 말해준다.

(3) 병사兵員

전투를 하다보면 병사는 줄어든다. 물론 전투를 하지 않더라도 줄어든다. 손자는 구체적으로 어떠한 상황인지는 말하지 않았지만, 병사가 줄어들면 보충을 해야 한다. 어디서 보충할 수 있을까. 멀리 떠나온 후방? 그곳은 지나치게 멀다. 적의 병력을 이용할 수 있다면 좋지 않을까? 다음 문장에 보이는 "포로는 잘 대해서 보살펴야 한다卒善而養之"는 말은 바로 이러한 문제를 다룬 것이다.

전쟁 시 발생하는 세 가지 커다란 소모에 대한 손자의 대책은 다음과 같다.

군역을 두 번 징집하지 않고, 군량미를 세 번 보내지 않으며, 먼저 국내에서 군수품을 모으고 다시 적에게서 식량을 빼앗아 보충하는 까닭으로 군량이 넉넉할 수 있다.

役不再籍, 糧不三載, 取用於國, 因糧於敵, 故軍食可足也.

그러므로 지혜로운 장수는 적에게서 식량을 구하니, 적군의 식량 1종을 먹는 것은 아군의 식량 20종에 해당하며, 적의 사료 1섬은 아군의 사료 20섬에 해당한다.

故智將務食於敵, 食敵一鍾, 當吾二十鍾. 芑秆一石, 當吾二十石.

먼저 손자는 적의 식량을 이용하는 것에 대해 설명한다. "두 번 징집하지 않고 군량미를 세 번 보내지 않는다"는 말은 여러 차례 징발하지 말라는 것이다. 여기서 '역役'이란 징발된 인력을 뜻하며, '적籍'은 장부에 기록하고 등록하는 것을 말한다. 옛날에 백성이 병사가 되어 밥을 먹으려면 장부에 등록을 해야 했다. 성명과 관적貫籍을 기재하고 무슨 군郡 무슨 현縣 무슨 리里에서 왔는지를 등록했다. 이것을 '오적伍籍'이라고 불렀다. "두 번 징집하지 않는다"는 말은 국내에서의 징병을 말하는 것이다. 얼마를 징집했든 간에 출병 후에는 국내에서 다시 장정을 징발하지 않는다. "군량미를 세 번 보내지 않는다"는 말은 군량미 역시 국내에서 다시 운송해오지 않는다는 것을 뜻한다. '다시再'나 '세 번三'이라는 말은 실제 횟수를 말하는 것이 아니라 많은 횟수를 표현한 것이다.

"국내에서 군수품을 모으고 다시 적에게서 식량을 빼앗아 보충하는 까닭으로 군량이 넉넉할 수 있다." 손자는 두 번 징집하지 않고 군량미를 세 번 보내지 않는다고 했는데, 그렇다면 일체의 식량 및 물자는 어디에서 오는가? 답은 이렇다. 우선은 국내에서 한 차례 징수한다. 그 뒤에는 징발하지 않고, 모든 것을 적에게 의지하여 해결해야 한다.

"그러므로 지혜로운 장수는 적에게서 식량을 구한다." 이는 적군의 식량을 먹는 것을 말한 것이다.

"적군의 식량 1종을 먹는 것은 아군의 식량 20종에 해당하며, 적의 사료 1섬은 아군의 사료 20섬에 해당한다." 적지에서 징수한 식량은 국내로부터 징발하는 양식과 비교하면 소모 비용이 20분의 1 정도로, 훨씬 싸다.

고대의 식량 계산은 대개 분량을 측정하는 도구를 이용했고 사료는 대개 무게를 다는 기구로 측정했다. '적의 식량 1종食敵—鐘'은 양식을 말하는데, '종'은 제나라의 용량 단위다. 제나라의 계량법은 두 종류로 나뉜다. 첫째, 강제량제姜齊量制의 계량법은 4되升가 1말豆이고 4말이 1구區이며, 4구가 1부釜를, 4부가 1종鐘을 이루는 사진법의 계산 방식이다. 둘째, 진제량제陳齊量制의 계량법은 4되가 1말, 5두가 1부, 5부가 1구가 되고, 10구가 1종을 이룬다. 이는 십진법에 속한다.

두 종류의 계량법 모두 가장 높은 단위는 '종'이다. 강제량제의 계량법에서 1종은 256되며, 진제량제의 계량법에서 1종은 1000되였다. 손무 시대의 '종'은 당연히 전자를 의미하는데, 지금의 단위로 바꾸어 말하면 약 205킬로리터에 해당된다.

"적의 사료 1섬萁秆—石"은 말먹이를 말한 것이다. '기萁'는 기其(중국어 발음은 치qí, 뜻은 콩깍지·콩대)와 같아 콩대를 뜻하고 '간秆(중국어 발음은 간gān)'은 볏짚이다. 이 두 가지 모두 건초, 즉 사료에 속한다. '석石(중국어 발음은 스shí, 여기서는 단dàn으로 읽음)'은 중량의 단위다. 제나라에서의 1석은 지금의 단위로 바꾸어 말하면 약 30킬로그램에 해당된다.

> 그러므로 적을 죽이는 것은 분노 때문이며, 적의 이득을 빼앗는 것은 재화로 상을 주기 때문이다. 전차전에서 적의 전차 열 대 이상을 빼앗으면 먼저 빼앗은 자에게 상을 주고 수레 위의 깃발을 바꾸어 꽂게 한다.
> 故殺敵者, 怒也. 取敵之利者, 貨也. 車戰, 得車十乘以上, 賞其先得者而更其旌旗.

여기서는 적의 전차를 탈취하는 것을 말하고 있다. 손자는 적을 죽이는 것이 분노 때문이라면, 적을 약탈하는 것은 상을 위해서라고 했다. 만약 어떤 사병이 적의 전차 10대를 강탈해올 수 있다면 반드시 그에게 상을 주어야 한다.

'깃발을 바꿔 꽂는' 것은 적의 전차를 자신의 전차로 만드는 것을 말한다.

> 빼앗은 수레는 함께 섞여 타며, 사로잡은 병사들은 잘 대우해서 먹여야
> 한다.
> 車雜而乘之, 卒善而養之.

이로써 병사와 무기를 보충할 수 있다. 병사와 무기는 후방에서 전방으로 보내는 것이 아니라, 적에게 빼앗아 현지에서 보충하는 것이다. "빼앗은 수레는 함께 섞여 탄다"는 말은 획득한 전차와 아군의 전차를 혼합해서 편성하는 것을 말한다. 이것이 무기를 보충하는 방식이다. 또한 "포로는 잘 대우해서 먹여야 한다." 잡아온 포로를 우대하고, 그 포로를 잘 먹이고 재워 아군의 작전에 투입될 수 있도록 하는 것이다. 이로써 병사를 보충할 수 있다. 그러나 이 두 가지 중에서 앞의 것은 쉽지만 뒤의 것은 어렵다.

고대의 전쟁은 매우 잔혹했다. 한 종족을 멸하는 것은 아주 흔한 일이었다. 하지만 이는 굉장히 바보 같은 짓이다. 만약 그들을 죽이지 않고 잡아와서 노예로 삼는다면 죽이는 것보다는 총명하다고 할 수 있을 것이다. 하지만 노예를 먹이고 재운다는 것이 말처럼 쉬운 일은 아니다. 그러기 위해서는 크게 두 가지 전제 조건이 있다. 먼저 자신이 먹을 양을 제하고도 양식이 남아야 하며, 포로들의 폭동에 대응할 수 있는 수단이 있어야 한다. 이는 생각해보면 인간이 동물을 다룰 때의 원칙과 완전히 같다.[10]

당시 포로를 다루는 사람들은 지금보다 잔인했고, 포로들은 더 두려움이 많았으며 아주 예민했다. 고대의 전쟁에서 포로를 처리하는 방법은 대개 생매장이었다. 예를 들어 조나라 군대의 경우 장평長平의 전쟁터에서 사망한 것이 단

5만 명이고 나머지 40만 명은 모두 포로가 되었다. 이렇게 많은 사람이 어떻게 먹고, 자고, 상처를 치료할 수 있겠는가. 또 폭동이 일어난다면 어떻게 할 것인가? 백기白起는 이 일로 골치를 앓았고 또 매우 두려워했다. 선조들은 이런 상황에 부딪히면 아주 간단하게 결론을 내렸다. 모두 죽여버리는 것이다.

어떻게 죽일 것인가? 칼이나 검을 사용하는 것은 무척 번거로운 일이다. 가장 간단한 방법은 생매장이라고 그들은 생각했다. 그래서 "거짓말로 속여서 항복한 적들을 죽이는詐殺降卒" 방법이 매우 보편적이었다. 백기는 이렇게 말했다. "조나라 병사들은 마음을 잘 바꾸기 때문에 모두 다 죽이지 않으면 후에 반란을 일으킬지 모른다." 그래서 어린아이 240명만 돌아가게 풀어주고 모두 생매장시켰다.(『사기』「백기왕전열전白起王剪列傳」)[11]

진나라가 여섯 나라를 멸망시킨 것이 이와 같았으며, 여섯 나라가 반란을 일으켰을 때도 이와 같았다. 인과응보라고 할 수 있다. 예를 들면 초나라의 항우는 도처에서 구덩이를 파 생매장을 했다. 사마천에 따르면 초나라 군인들은 길을 따라 "구덩이를 파고 생매장하여 죽인 사람이 1000만을 헤아리는데, 경포는 항상 가장 잔혹했다"고 한다. 신안新安 전쟁에서는 "초나라 군대가 밤에 신안성 남쪽에서 진나라 군사 20만 명을 공격해 구덩이에 파묻어 죽였다." 그 이유는 "진나라 군관과 병사들이 오히려 더 많고 그들이 마음속으로 복종하지 않으니, 관중에 이르러 명령을 듣지 않으면 일은 위태로워질 것이므로 이는 죽이는 편이 더 나았기 때문"(『사기』「항우본기項羽本紀」)이었다. 이는 포로의 폭동을 무서워하는 것과 같은 양상이다.[12]

우리는 옛날의 야만인들만이 이렇게 행동했다고 오해해서는 안 된다. 현대의 전쟁에서도 포로를 학살하고 생매장하는 일은 여전히 자주 일어난다. 난징대학살이 분명한 사례다. 『손자』가 쓰인 시대에는 제네바 협약도 없었고, "무기를 버리면 죽이지 않고 포로로 대우하겠다'라는 말도 없었다. 이런 배경과 연결지어 『손자』를 읽는다면 손자의 '포로는 잘 대해서 보살펴야 한다'는 말이 실제로는 쉽지 않은 것이었음을 실감할 수 있다.

양식은 현지에서 보충하고, 무기도 현지에서 보충하며, 병사도 현지에서 보충한다. 이 세 가지를 합하여 "적을 이겨 자기를 더 강하게 하는 것勝敵而益强"이라 한다.

【2.4】

그러므로 전쟁은 승리를 귀하게 여기고, 오래 끄는 것을 귀하게 여기지 않는다.

故兵貴勝, 不貴久.

이 구절은 단 일곱 글자로, '전쟁을 할 때의 이로움用兵之利'은 '신속함速'에 있음을 지적한다. 이것은 두 번째 장에 대응한다. 두 번째 장에서는 '전쟁을 할 때의 해로움用兵之害'은 '오래 끎久'에 있다는 것을 설명했다. 여기서는 '오래 끎'에 대응하여, 반대 의미로서 신속함을 언급했다.

옛사람들은 이 장에 대해 주석을 달 때 모두 '전쟁은 승리를 귀하게 여긴다兵貴勝'는 말은 신속함을 강조한 것이라고 했다. 예를 들면 맹씨孟氏는 "신속함을 귀하게 여기면 승리도 빠르게 돌아온다貴速勝疾還也"고 했고, 매요신梅堯臣도 "위에서 말한 것은 모두 신속함을 중요하게 여긴다"고 했다. 그러다 보니 누군가는 아예 '승勝'자 앞에 '속速'자를 붙여버렸다. 그러나 명나라 조본학趙本學은 『손자교해인류孫子敎解引類』에서 이렇게 함부로 문장을 수정한 것을 언급하며 "'승' 앞에 '속'이 있는 것은 틀리다"고 했다.

이미 언급했듯이, 어떤 학자는 여기서의 '승'자는 반드시 '속'으로 읽어야 한다고 보는데 이 역시 틀렸다.[13] 우리는 어떤 글자를 첨가하거나 글자를 고쳐가며 경전을 해석할 필요는 없다. 손자가 "전쟁은 승리를 귀하게 여기고, 오래 끄는 것을 귀하게 여기지 않는다"라고 한 것을 글자 그대로 해석해보자면, 저자가 강조하는 것은 '승리勝'이지 '속도速'가 아니다. 단 우리는 마땅히 그가 말하는 승리의 의미를 분석해볼 필요가 있다.

전쟁의 목적은 언제나 승리를 쟁취하는 것이다. 승리란 무엇인가? 적을 물리쳐서 굴복시키는 것일 따름이다. 상대방을 우리의 의지에 굴복시키는 일일 뿐 있는 힘을 다 소모시키거나 필사적으로 오랫동안 지속하는 일이 아니다.

승리는 '신속速'하게 하여 얻을 수도 있고 '오래久' 끌면서도 얻을 수 있다. 오래 시간을 끌면서 승리하는 것은 두 번째 장에서 말한 '승구勝久'다. '승구'는 지구전이다. 즉 여기서 말한 '오래 끄는 것을 귀하게 여기지 않는다不貴久'는 바로 '지구전勝久'을 귀하게 여기지 않는다는 말이다. 그렇다면 무엇을 귀하게 여기는가? 당연히 '속도전勝速'이다. 이러한 승리가 바로 '신속하게 이루어지는 승리速勝'다. 전쟁은 귀신같이 빠른 것을 귀하게 여긴다. 기회는 놓쳐선 안 되고, 때는 다시 오지 않는다. 군사작전에 있어 '빠름快'은 아주 중요하다.

고대의 전쟁에서 기마민족의 특징은 속도가 빠른 점이었다. 마치 홍수가 밀려오고 폭풍이 지나가듯 했다. 손자가 전쟁에 대해 논할 때 '손님의 도리爲客之道'에서도 강조한 것은 신속함이었다. 동서고금을 통틀어 다른 나라에 들어가 펼치는 작전은 예외 없이 모두 신속함快을 강조했다.

신속함의 이치는 무엇인가? 보급이 쫓아가지 못하는 것을 두려워하는 것이다. 그렇다면 그것을 거꾸로 제압할 수 있는 조치는 무엇일까? 그것은 오래 끌어 소모시키는 것이다. 이것은 느림慢으로 빠름快을 제압하는 것이다. 그러면 상대방이 시간을 오래 끌며 소모 작전으로 나오면 어떻게 할 것인가? 그러한 전술을 제압하는 조치가 또 있다. 그것은 빼앗는 것이다. 이쪽에서 빼앗는 작전으로 나가면 상대방은 들판의 모든 것을 없애버리는 청야淸野 작전으로 대응한다. 이렇게 해서 투쟁은 반복되고 반복된다.

기마민족이 빠른 것은 그들이 소와 양을 데리고 다니면서 군량을 운송할 필요가 없는 특수한 보급 방식을 갖고 있었기 때문이다. 그들은 약탈하는 데 뛰어나 현지에서 필요한 양식과 물자를 잘 보충했다. 약탈은 시간을 끄는 소모전에 대응한 것이기도 했다. 그들은 약탈에 의지하여 '후방이 필요 없는 작전'을 펼쳤다. 역사상의 침략전쟁은 모두 약탈에 의지했고, 『손자』가 제시한 방법 역시 약탈이었다.

제2차 세계대전에서 소련은 독일에 맞서서, 그리고 중국은 일본에 맞서서 지구전을 펼쳤다. 마오쩌둥이 쓴 『지구전을 논함論持久戰』이 바로 그러한 대응 조치를 논한 것이었다. 그는 말하기를, 전략은 지구전이 가능하지만 전술은 역시 신속하고 빠른 것에 의지한다고 했다.[14] 신속함은 여전히 매우 중요한 것이다.

【2.5】

그러므로 군사를 잘 아는 장수는 백성의 생사를 관장하는 신이며, 국가의 안위를 결정짓는 주인이다.

故知兵之將, 民之司命, 國家安危之主也.

이 장은 이 편 전체의 결론으로, 「계」 편의 서두와 연계시켜서 볼 필요가 있다.

"군사를 잘 아는 장수知兵之將"에서 '병兵'은 군대 혹은 군사로, '무기'나 '전쟁'

으로 번역해서는 안 된다. 군대의 일은 사람의 목숨이 달린 대사이므로 장수가
된 자는 그것을 세심하게 연구하지 않을 수 없다.

「계」편 서두에서 말하기를 "군사는 나라의 큰일이다. 백성의 생사와 국가의
존망에 관계되니, 깊이 살피지 않으면 안 된다兵者, 國之大事, 死生之地, 存亡之道, 不
可不察也"라고 했다. 여기서 '군사를 잘 아는 장수'는 바로 이러한 이치를 깊이 있
게 알고 있는 장수를 일컫는다.

'사명司命'이란 하늘 위에 있는 '성관星官(별)'으로, 사람의 생명을 관장하는 별
이다. 『사기』 「천관서天官書」에서 말하기를 문창궁文昌宮에는 여섯 개의 별이 있는
데, 그중 네 번째 별을 사명司命이라고 부른다고 했다. 사명은 사람의 생生·사死·
장수·요절을 결정하는 신이다. 문창의 여섯 별 중에는 '사중司中'이라고 불리는
다섯 번째 별이 있다. 사중은 '사과司過' 혹은 '사화司禍'라고도 불리는데, 이는 인
간의 죄와 과오를 계산해 인간의 장수를 결정하는 신이다. 전자를 대사명大司命,
후자를 소사명少司命이라 한다. 『손자』에서는 장수를 이러한 신에 비유했는데 백
성의 생사와 국가의 안위가 모두 장수 한 사람의 손에 달려 있기 때문이다.

제3편

모공謀攻 ·· 강공보다는 지략으로 승리 — 온전함을 중시함貴全

이 부분은 제1부의 마지막 편이다. 「모공謀攻」 편은 '공성攻城', 즉 성곽 공격을 설명한 것으로, 야전을 끝내고 성곽 공격에 진입한 단계를 다룬다. 전쟁 삼부곡에서 공성은 가장 마지막 단계다:[1]

공성은 장거리 경주에 비유하자면 바로 가장 마지막에 스퍼트를 내는 단계에 해당된다. 끝판에 내는 스퍼트는 체력 소모가 매우 크고 이때 머릿속 한편이 하얗게 되면서 숨을 헐떡이게 된다. 마지막까지 버틸 수 있을지, 아주 커다란 시련이라고 할 수 있다. 전쟁의 초기 단계는 야전으로 시체가 온 들판에 널린다. 이런 극한의 고난을 거치고 나서야 병사들은 성 밑에 도달할 수 있는데, 공격이 강경해지면서 사상자는 더욱 많아진다.

승리가 눈앞에 와 있는 듯하지만 공격을 해도 무너지지 않으니 울화가 치미는 것은 말할 필요도 없고, 수많은 사람이 초조해져서 고함을 지르며 "여자아이들까지도 필사적이 되어 목숨을 건다." 사실 이런 결정적인 시기에는 냉정해질 필요가 있다. 가장 필요한 것은 지혜인데, 군사적 지혜뿐만 아니라 정치적인 지혜도 있어야 한다. 말하자면 '꾀', 즉 '계책謀'이 필요한 것이다.

'모공'이란 바로 계책을 써서 슬기로운 방법으로 성을 공격하는 것이다. 성곽 공격에 있어서 손자는 특히 계책을 강조하고 "지혜롭게 얻는 것이 강력한 공격보다 더 낫다強攻不如知取"고 생각했다. 어째서 지혜가 강한 공격보다 나은지에 대해서는 한 가지로 설명하는데, 정치와 군사는 상호 보완적이라 하나의 역할이 줄어들면 다른 하나가 커진다는 것이다.

계책은 정치다. 그것은 시작이기도 하고 끝이기도 하다. 손자는 계책에서 시작해 계책에서 끝내고 있다. 마치 태극권을 하듯 좌로 우로 돌고 돌아서 다시 원위치로 돌아온다. 전쟁의 시작부터 끝까지 모든 과정을 꿰뚫는 것이 곧 계책이다.

전쟁의 시작을 어떻게 할 것인지, 또 끝맺음을 어떻게 할 것인지 하는 문제는 매우 복잡하다. 『손자』는 계책을 중시한 책이다. 손자는 가장 좋은 것이 "전쟁을 하지 않고 적병을 굴복시키는 것"이라고 했다. 이 말은 오늘날에도 굉장히 유명하지만, 많은 사람이 이 구절을 곡해하여 남용하고 있다. 손자가 평화주의라거나 보살의 심성을 가졌다는 것은 오해다. 또 그가 전쟁을 지적인 유희로 여겼으며 그저 종이 위에서 계산하여 수적으로 우세하면 적이 투항할 것이라 믿었다는 것은 모두 틀린 생각이다.

우리가 알아야 할 것은 '전쟁을 하지 않는 것不戰'은 단지 이상적인 상태일 뿐이라는 사실이다. 한 명의 병사도 보내지 않고 총알 한 발도 낭비하지 않으며 아군도 적군도 전혀 다치거나 죽지 않는다면 이는 당연히 좋은 일이다. 하지만 이런 이상적인 상태는 오로지 전쟁의 처음과 마지막에만 존재할 뿐이다. 시작은 아직 공격하지 않아서 평화와 전쟁 사이에 있는 것이고, 마지막은 전쟁이 막 끝났으므로 전쟁과 평화 사이에 있는 것이다.

전쟁 전, 묘산의 단계에서 문제가 아직 정치와 외교의 범위 안에 있다면 당연히 전쟁을 하지 않는다. 예를 들어 막대기를 늘어놓고 계산을 하는데, 모든 것이 적군보다 강할 경우, 심지어 조금이 아니라 확실하게, 아주 명백히 강할 경우를 상상해보자. 우리는 적군에게 그 결과를 통지할 것이다. 여기서 "너희는 근본적으로 상대가 되지 않으니, 패배를 인정하라"고 말했는데 적이 이를 인정한다면, 바로 '전쟁을 치르지 않고 적군을 굴복시킨' 셈이다.

또 다른 경우는 바로 성곽을 공격할 때다. 이 전쟁의 막바지에도 그러한 기회가 온다. 쌍방이 싸워서 이 단계에 이르렀다면, 야전에서 상대방이 패했다는 뜻이다. 그리하여 성을 수비한다 해도 금방 무너질 것 같은 상태가 되었다고 하자. 이때 다시 공격하는 것은 시간만 오래 끌 뿐이다. 더 이상 인명을 희생할 가치가 없다. 이때 우리는 다시 편지를 전해 대의를 밝히고, 이로움과 해로움을 알려주며, 좋은 조건을 말해 적군이 성에서 내려오도록 한다. 무조건 투항이 아니라 조건부 투항이다.[2] 상대방은 아마도 곧 투항하거나, 그렇지 않더라도 잠시 휴전하고 협상하는 것에 동의할 것이다. 이 역시 '전쟁을 치르지 않고 적군을 굴복시키는 것'이다.

다만, 전쟁 과정에서 전투의 열기가 하늘을 찌를 만큼 뜨거웠다면 이렇게 되기는 어려울 것이다. 전쟁 삼부곡은 점차 상승한다. 전쟁이 시작되었다는 것은 아마도 쌍방의 의견이 끝내 대립했기 때문일 것이다. 모든 정치·외교적 노력이 무효가 된 것이다. 한쪽이 아무리 험악하게 나가더라도 다른 쪽이 굴복하지 않으면 무슨 방법이 있겠는가. 일전一戰을 피할 수 없다. 만약 쌍방이 이미 싸움을 시작했다면, 게다가 교섭할 수 없을 정도로 싸우고 있다면 '싸우지 않고 적을 굴복시킨다'는 말이 어찌 우습지 않겠는가?

『손자』에서 제시된 전쟁의 수단은 이상적인 것부터 배열한 것이다. 평화적인 수단일수록 앞쪽에, 폭력적인 수단일수록 뒤쪽에 배치했다. 도리가 통하지 않으면 비로소 완력을 쓴다. 모든 순서는 "먼저 예를 갖추고 나중에 군대를 쓴다

先禮後兵"는 원칙에 따른다. 손자는 만약 묘산이 문제를 해결할 수 있다면 가장 좋다고 하며 이를 '계책을 공격한다伐謀'고 표현했다.

물러서서 차선을 택해야 한다면, 외교에 기대는 방법이 있다. 이를 '외교를 공격한다伐交'고 했다. 외교가 여의치 않으면 비로소 야전에 들어가니, 이를 '병사를 공격한다伐兵'라고 했다. 야전으로 되지 않으면 비로소 '공성攻城', 즉 성을 공격한다. 공성은 다른 도리가 없어 부득이하게 실행하는 것으로, 가장 하수의 대책에 속한다. 손자는 계책을 첫째 자리에 두고 "가장 좋은 전쟁은 계책을 공격하는 것上兵伐謀"이라고 했다.

이 말과 관련된 선조들의 다른 좋은 표현이 있다. "마음을 공격하는 것이 상책이다攻心爲上"라는 말이다.(『삼국지』「촉지蜀志」「마량전馬良傳」에 인용된 「양양기襄陽記」의 문장.) 성에는 성벽이 있고, 마음에는 마음의 벽이 있다. 적군의 최후 방어선은 심리적 방어선임을 알아야 한다. 공자도 "삼군의 장수는 빼앗아올 수 있지만, 필부의 뜻은 빼앗을 수 없다三軍可奪帥也, 匹夫不可奪其志也"고 했다. 이 '뜻志'이야말로 절대 작게 볼 수 없는 것이다.

공상임孔尙任(1648~1718)의 『도화선桃花扇』(제35)에 나오는 말인데, 사가법史可法(1601~1645)이 양주揚州를 지키고 있을 때, 전군의 장수와 사병들에게 명령으로 다음 네 마디를 전했다. "출전이 불리하면 성을 지켜라" "성을 지키는 것이 불리하면 시가전을 해라" "시가전이 불리하면 백병전을 해라" "백병전이 불리하면 자살해라."(『서사誓師』) '자살自盡'은 최후의 방어선이었다.

'모공'은 '마음을 공격하는 것'에 속한다. 적군의 계책을 공격하고 그 뜻을 빼앗아, 결국에는 적군의 의지를 굴복시켜야 한다. "전쟁의 특징은 힘으로 사람을 복종시키는 것이다. 육체를 때려야 비로소 마음이 아픔을 느낄 수 있을 것이다. 오직 싸우려는 마음만으로도 안 되고, 힘만으로도 안 된다. 전쟁은 역량과 지혜와 의지의 종합적 경쟁이다. 그 역량을 제거하는 것만으로도, 계책을 공격하는 것만으로도 부족하다. 관건은 뜻을 굽히게 하는 것이다. 적군의 저항 의지를 꺾어야 하는 것이다."[3]

적의 계책을 잘 공격하는 자들은 강공책과 유화책을 함께 쓴다. 수비를 하는 적들에게는 심리적 압박을 계속 가하여 그들을 궁지에 몰아넣어야 한다. 그와 동시에 때로 그 압박을 경감시켜서 그들이 스스로 짧은 생각(자살)을 하지 못하도록 방지해야 한다. 이러한 일은 정신과 의사들에게도 어려운 일이다.

손자는 총명하고도 총명하다. 그는 '점차적으로 상승逐步升級'하다가도 또 '점차로 하강逐步降級'하는 측면을 잘 알고 있었다. 사물이 극極에 달하면 반드시 하강한다. 에스컬레이터가 꼭대기에 닿으면 더 이상 오르지 못한다. 나아갈 수 없으면 어찌되겠는가? 당연히 '점차 하강'하게 된다. '점차 하강'한다면, 상대방은 바로 빠져나갈 계단을 찾게 된다. 그때 그에게 내려갈 길을 제시해야지, 높은 곳에서 갑자기 떨어지게 해서는 안 된다.

여기서 「모공」 편을 다섯 장으로 나눈다.

제1장은 '온전함全'이 '파괴破'보다 좋다는 것을 설명한다.

제2장은 '모공謀攻'이 '강공强攻'보다 좋다는 것을 설명한다.

제3장은 '능력을 헤아림量力'의 원칙을 말한다.

제4장은 '중어지환中御之患(조정의 통제가 초래하는 재앙)'을 말한다.

제5장은 '지승知勝(승리를 앎)'에 대해서 설명한다.

【3.1】

손자가 말했다. 무릇 전쟁의 방법은 적국을 온전하게 두고 이기는 것이 가장 좋고, 적국을 파괴하는 것은 그다음이다. 적의 군단을 온전하게 두고

이기는 것이 가장 좋고, 그들을 파괴하는 것은 그다음이다. 적의 여단을
온전하게 두고 이기는 것이 가장 좋고, 그들을 파괴하는 것은 그다음이다.
적의 중대를 온전하게 두고 이기는 것이 가장 좋고, 그들을 파괴하는 것
은 그다음이다. 적의 대오를 온전하게 두고 이기는 것이 가장 좋고, 그들
을 파괴하는 것은 그다음이다.

孫子曰: 凡用兵之法, 全國爲上, 破國次之. 全軍爲上, 破軍次之. 全旅爲上, 破旅
次之. 全卒爲上, 破卒次之. 全伍爲上, 破伍次之.

이 장에서 "전쟁의 방법用兵之法"이라 칭한 것 역시 일종의 규정으로, 여기서
는 이익을 온전하게 한다는 원칙을 말하고 있다.

'온전全'이란 '파괴破'에 대치되는 말이다. 여기서 말하는 '다섯 가지 온전함과
다섯 가지 파괴五全五破'에는 총 다섯 등급이 있다. 첫째 등급은 '나라國'이고, 그
다음 네 개 등급은 '군軍'이다.

『손자』에서 군사兵에 대한 논의의 결론은 '군사'와 '국가'가 연결되어 있고 '군
대軍'와 '국가'가 연결되어 있다는 것이다. 예를 들면 「계」 편에서는 "군사兵란 국
가의 대사다"라고 했고, 「화공」 편에서는 "이것이 국가를 안전하게 하고 군대를
온전하게 하는 길이다"라고 했다. 안전安全이라는 말을 『손자』 식으로 표현하자
면 '국가의 안전과 군대의 온전함安國全軍'을 뜻한다.

국가와 군대軍의 관계는 안과 밖의 관계이고, 이는 곧 정치와 군사의 관계다.
여기서는 먼저 국가에 대해서 설명하고 다음에 군대에 대해서 설명할 것이다.
모든 순서는 큰 것에서 시작하여 작은 것으로 향한다.

(1) 국가國

여기서 '국가'는 무엇을 뜻할까? 두 가지로 볼 수 있을 텐데, 하나는 국토로 서의 국가, 다른 하나는 수도로서의 국가다.

국토로서의 국가는 본래 '방邦(나라)'이라 하였는데, 이는 봉토封土의 범위를 나타낸 말이었다. 이 글자는 늘 '가家'와 함께 사용해서 일반적으로는 '방가邦家' 라고 썼다. 하지만 한漢대에 고조 유방의 이름자와 겹치는 것을 피하기 위해서 '국國'이라고 고쳤다.

수도로서의 '국國'은 본래부터 '국'이라 했다. 옛날 사람들은 항상 국가를 수 도로 대신 일컬었다. 국은 중심적인 도시로 도都, 현縣과는 다르다. 도와 현은 그 아래 등급의 도시다. 일반적인 상황에서 한 나라의 수도를 공격해 무너뜨리 면 그 국가는 망한 것이다:[4]

여기서 '국'이 어떤 종류의 '국'을 말하는지 확실하게 지정하기는 쉽지 않다. 다만 이 편에서 공성에 대해 말할 때 모두 그랬으므로 '수도'라 보는 것이 적합 할 것이다.

(2) 군단軍

'군단'은 고대 중국의 군사제도에서 가장 상위 단위다. 이 글자의 본래 의미 는 '주둔하다'인데, 한 개 군단이 대략 1만 명에서 1만2500명 정도로 이루어져 있다.

(3) 여단旅

'여단'은 '군단'보다 작다. 여단은 귀족 자제들로 편성된 일종의 조직 단위로, 마치 청나라 팔기八旗 자제의 '기旗'와 같다. 글자 자체를 보면 사람이 깃발 아래에 있는 것과 비슷하다. 여단에는 대여大旅와 소여小旅가 있는데 소여는 500명, 대여는 2000명이다. 동주 시기에 군단과 여단 사이에는 또 한 등급이 있었는데, 바로 '사단師'이었다. '사' 역시 주둔한다는 뜻이 있다. 서주에는 단지 사단만 있었을 뿐 군단은 없어, 사단이 가장 상위 단위였다. 후에 군단이 생겨났고, 사단은 군단과 여단 사이에 있는 단위로 변했다. 하나의 사단에는 2500명이 소속되었다.

(4) 중대卒

'중대'는 전차병으로 편성된 기본 단위다. '졸卒'은 '졸倅(중국어 발음은 추이cui)' 혹은 '졸崒'이라고도 읽을 수 있다. '졸倅'은 부속된다는 뜻이 있고 '졸崒'은 모은다는 뜻을 갖고 있다. 전차에 부속된 병사들을 가리키는데, '졸卒'에는 대졸大卒과 소졸小卒이 있다. 소졸은 100명, 대졸은 200명으로 모두 한 대의 전차가 거느릴 수 있는 사병을 말한다.

(5) 대오伍

'대오'는 중국 고대 군대 편제에서 가장 작은 단위다. 한 개의 대오에는 딱 5명이 있는데, 이는 사병 전술을 편성하는 가장 작은 단위다. 그것은 전·후·좌·우·가운데를 포함한다. 종縱으로는 줄行을 이루고, 횡橫으로는 열列을 이룬다. 또한 이 단위로 작은 '사각형의 진方陣'을 만들 수도 있으니 진법의 모범 형태가 이미 그 안에 있다. 심지어 모든 전술의 편성은 모두 '오伍'에서 기원한다고도 말할 수 있다. 중대와 대오 사이에는 때로 '십什' '양兩' '대隊'가 있다. 십은 10명, 양은 25명, 대는 50명이 소속된다. 졸卒 이하는 십이 있으면 양이 없고, 양이 있으면 십이 없다.

이 장을 읽으려면 고대 군사제도의 몇 가지 상식을 알아둘 필요가 있다. 이를 [표 2]에 정리했다.

[표 2]

졸오卒伍 제도	군려軍旅 제도
오伍(5명): 한대와 동일	여旅(500명): 대략 한대의 부部(400명)에 해당
십什(10명): 한대와 동일	대려大旅(2000명): 대략 한대의 교校·영營(800명 혹은 2000명)에 해당
양兩(25명): 한대와 동일	사師(2500명): 한대에는 없었음
대隊·소융小戎(50명): 한대에는 대隊 혹은 둔屯이라 칭함	—
졸卒(100명): 한대에는 졸卒 혹은 관官이라 칭함	군軍(10000명): 한 대의 규모가 조금 작음(3200명 혹은 4000명)
대졸大卒(200명): 한대에는 곡曲이라 칭함	대군大軍(12500명): 한대에는 이렇게 큰 군대가 없었음

[표 2]에서 왼쪽 열은 중대卒·대오伍 제도이고, 오른쪽 열은 군단軍·여단旅 제도다. 고대의 징병제도는 두 개의 층으로 나뉜다. '졸오卒伍'제도가 한 층이고, 군려軍旅제도가 다른 한 층이다. 졸오의 각 등급은 '리里(마을)'에서부터 징발해 조직을 편성한다. 군려의 각 등급은 '리' 이상의 단위에서 징발해 '성 바깥郊'에서 각 등급을 편성한다.(『관자管子』와 『국어』「제어齊語」에 따름)

졸오제도는 100명을 단위로 삼는다. 이것은 보병을 편성하는 제도로, 1명이 기본 단위다. 오는 5명, 십은 10명, 양은 25명, 대는 50명, 그리고 졸은 100명이다. 100명이 1조를 이루어 전차 한 대에 소속된다.

군려제도는 1만 명을 단위로 삼는다. 이것은 전차를 편성하는 제도로, 전차 한 대가 기본 단위다. 여旅는 5개 전차 조직으로 이루어지는데 '오伍'에 해당된다. 사師는 25개 전차 조직으로 이루어지는데 '양兩'에 해당된다. 군軍은 100개 전차 조직으로 이루어지는데 '졸卒'에 해당된다.

이러한 종류의 편제는 모두 10진법이다. 5명 혹은 10명으로 시작해 한 층 한 층 점차 위로 올라가면서 확대된다. '십오什伍의 제도'가 그 기초다. 군대가 10진법을 써서 100명, 1000명, 1만 명을 단위로 삼는 것은 세계적으로 매우 보편적이었다.

고대에 군부軍賦, 예를 들면 병사를 징집하거나, 식량을 징수하거나, 무기를 징발할 때는 세 종류의 제도가 있었다.

1) 국제國制(국인의 징집제도): 십진제, 호적제도에 따라서 징병함

   비比(5家): 5명의 오伍를 징집

   여閭(25家): 25명의 양兩을 징집

   족族(100家): 100명의 졸卒을 징집

   당黨(500家): 500명의 여旅를 징집

   주州(2500家): 2500명의 사師를 징집

   향鄉(1만2500家): 1만2500명의 군軍을 징집

2) 야제野制의 갑종甲種: 십진제, 리里제도에 따라서 징병

   정井(9가구, 1평방리): 3가구에서 말 10분의 1필, 사병士兵 10분의 1명, 보병 5분의 1명을 징집

   통通(90명, 10평방리): 30가구에서 말 1필, 사병 1명, 보병 2명을 징집

성成(900명, 100평방리): 300가구에서 전차 1대, 사병 10명, 보병 20명을
징집

종終(9000명, 1000평방리): 3000가구에서 전차 10대, 사병 100명, 보병
200명을 징집

동同(9만 명, 1만 평방리): 3만 가구에서 전차 100대, 사병 1000명, 보병
2000명을 징집

봉封(90만 명, 10만 평방리): 30만 가구에서 전차 1000대, 사병 1만 명, 보병
2만 명 징집

기畿(900만 명, 100만 평방리): 300만 가구에서 전차 1만 대, 사병 10만 명,
보병 20만 명을 징집

3) 야제野制의 을종乙種: 사진제, 리里제도에 따라서 징병

정井(9가구, 1평방리): 말 16분의 1필, 소 16분의 3마리

읍邑(36가구, 4평방리): 말 4분의 1필, 소 4분의 3마리

구丘(144가구, 16평방리): 말 1필, 소 3마리

전甸(576가구, 64평방리): 전차 1대, 말 4필, 소 12마리, 갑옷 병사 3명, 보졸
72명

현縣(2304가구, 256평방리): 전차 4대, 말 16필, 소 48마리, 갑옷 병사 12명,
보졸 288명

도都(9216가구, 1024평방리): 전차 16대, 말 64필, 소 192마리, 갑옷 병사
48명, 보졸 1152명

『좌전』에서 말한 '구갑丘甲' '구부丘賦'는 세 번째 종류에 해당하고, 『손자』에서

말한 군부제도 역시 세 번째 종류에 속한다. 이것들은 모두 도와 현 이하의 구丘, 전甸에서부터 징발을 시작했기 때문에 이를 '구부' '구역丘役'이라고 불렀다. 이러한 제도는 춘추 시대 중기 이래로 있어왔다.

여기서 주의해야 할 것은 원문에서 말한 '다섯 가지 온전함과 다섯 가지 파괴五全五破'는 아군이 아니라 적에 대해서 말한 것이라는 사실이다. 비록 손자는 아군에 대해서도 소모전을 반대하고 실력의 보존을 상당히 중시했지만, 여기서 말하는 '온전함全'과 '파괴破'는 적군의 '온전함'과 '파괴'다.[5]

전쟁에서 자신을 보존해야 한다는 사실은 누구나 잘 안다. 자기편에 사상자가 없고, 비용은 적게 들이며, 일은 많이 해 시간을 허비하지 않아야 한다는 사실에는 누구라도 동의할 것이다. 그러나 적군에 대해서는 다르다. 박살을 내는 것이 당연하며 거기에 대해서 아무도 슬퍼하지 않는다.

'최대 승리'란 무엇일까? 많은 사람이 생각하기에 가장 큰 승리란 적들을 모조리 죽이고, 성을 모조리 박살내고, 마음껏 분노를 발산하는 것이었다. 하지만 손자는 근본적으로 그것은 최대 승리라고 할 수 없다고 했다.[6]

손자가 생각하기에 적이 투항하지 않는다면 공격해서 멸절시키는 것은 당연하다. 하지만 적을 완전히 섬멸하는 것은 결코 전쟁의 목적이 아니다. 전쟁의 목적은 '적군을 굴복시키는 것'이다. 어떻게 굴복시킬 것인지에 대해서는 생각해볼 점이 많다. 적을 모조리 죽이고 남김없이 불태우고 모든 것을 약탈한 뒤, 결국 아무것도 없게 된 폐허를 점령하는 것이 좋은가? 아니면 온전한 국가나 도시를 그대로 남기고 적국의 사람들을 살려두는 것이 좋은가? 이 두 상황은 완전히 다르다.

역사적으로 기마민족은 야전에 뛰어났고 기동성과 속도에서 농경민족은 비할 바가 못 되었다. 하지만 기마민족에게는 그들만의 치명적인 약점이 있었는데, 그것은 바로 공성전을 상대적으로 두려워했다는 점이다. 농업민족은 성곽 안에 정착해 거주한다. 그리고 담을 길게 높이 쌓는 데 뛰어나고 식량을 방대하게 축적해놓는다. 기마민족은 빠른 말을 타고 불처럼 재빠르게 공격해오기에 매우 위협적이고 두려운 존재이지만, 그들의 파죽지세는 종종 성 밑에서 멈췄다.

기마민족은 오랫동안 공격하지는 못하지만, 공격에 성공하면 성안의 모든 사람을 죽여버린다. 이는 늘 있어왔던 일이다. 수비하는 쪽은 성이 파괴될 경우 오직 죽음만이 있을 뿐임을 잘 알기에 목숨 걸고 성을 지킨다. 지키는 쪽이 죽을힘을 다할수록 공격하는 쪽은 공세를 더욱 강화하고, 그럴수록 다시 지키는 쪽은 죽을힘을 다해 성을 사수한다. 이 때문에 쌍방의 극렬함은 점점 더 강해진다.

전쟁은 시작할 때도 정치이고 끝날 때도 정치다. 이를 알지 못한다면 군사軍事적으로 대승을 거두더라도 정치적으로는 대패할 수 있다.

폭력의 사용은 본래 사람을 굴복시키기 위한 것이다. 적이 굴복하지 않으면 전쟁을 하여 그들을 굴복시킨다. 이것이 많은 군인의 생각이다. 그러나 그들은 단순히 전쟁터에서의 승패를 고려하는 데 그칠 때가 많다. 전쟁이 일어나게 된 원인이 무엇인지, 또 전쟁의 결과가 어떠할지도 생각하지 않는다. 전쟁이 끝나면 그저 끝날 뿐, 근본적으로 전쟁 후의 상황을 고려하지 않는다.(예를 들면 질서 회복이나 전쟁 후의 재건활동 혹은 심리적 상처의 치유 등.) 그래서 항상 전장에서는 이기지만 사람들의 마음에서는 패배한다. 결국 최후에 얻는 것은 수습하기 어려운 상황뿐이다. 수습하려 할수록 더욱 엉망이 되고 심지어는 또 한 차례의 전쟁이라는 재앙으로 이어지기도 한다.

고대 중국의 철학자는 명언을 남겼다.

"무릇 사람 죽이기를 즐기는 자는 세상에서 그 뜻을 얻을 수 없다夫樂殺人, 不可以得志於天下矣."(『노자』 제31장)

오늘날에도 여전히 깊이 음미해볼 만한 말이다.

【3.2】

이 때문에 백전백승은 잘한 것 중의 잘한 것이 아니다. 싸우지 않고 적군을 굴복시키는 것이 잘한 것 중의 잘한 것이다. 그러므로 최상의 전쟁은 계책을 공격하는 것이며, 그다음은 외교를 공격하는 것이고, 그다음은 병력을 공격하는 것이다. 최하의 전쟁은 성을 공격하는 것이다. 성을 공격하는 방법은 어쩔 수 없이 쓰는 것이다. 누로樓櫓와 분온轒轀을 만들고 기계를 준비하는 데 3개월은 걸려야 완성할 수 있다. 성을 공략하기 위해 토산을 쌓는 것도 3개월은 걸려야 완성할 수 있다. 장수가 분노를 이기지 못해 병졸을 개미 떼처럼 성곽에 오르게 해, 병졸의 3분의 1을 죽이고도 성을 빼앗지 못한 것은 바로 공격의 재앙이다. 그러므로 전쟁을 잘하는 사람은 적군을 굴복시키면서 교전하지 않고 적의 성을 빼앗으면서도 공격하지 않는다. 적국을 멸망시키면서도 전쟁을 오래 끌지 않으며, 반드시 온전하게 천하를 쟁취한다. 그러므로 군대는 병력을 소모하지 않으면서도 승리는 온전할 수 있는데, 이것이 바로 계책으로 공격하는 방법이다.

是故百戰百勝, 非善之善者也. 不戰而屈人之兵, 善之善者也. 故上兵伐謀, 其次伐交, 其次伐兵, 其下攻城. 攻城之法, 爲不得已. 修櫓轒轀, 具器械, 三月而後成. 距堙, 又三月而後已. 將不勝其忿而蟻附之, 殺士卒三分之一, 而城不拔者, 此攻之災也. 故善用兵者, 屈人之兵而非戰也, 拔人之城而非攻也, 毁人之國而非久也. 必以全爭於天下. 故兵不頓而利可全, 此謀攻之法也.

　이 장은 세 단계의 의미를 포함하고 있다. 첫째 단계는 말하자면 '이익을 온전하게 함全利'의 중요성에 대해 설명하면서 이 원칙에 의거해 각종 군사 수단을 정리한 것이다. 둘째 단계에서는 '성을 공격하는 방법', 즉 오로지 무력만을 써서 성을 공격하는 방법에 대해 말했다. 마지막 단계에서는 '계책으로 공격하는 방법', 즉 무력을 쓰지 않고 성을 공격하는 방법에 대해 설명했다. '성을 공격하는 방법'은 이익을 온전히 하는 것에 반하는, 가장 최악의 방법이다. '계책으로 공격하는 방법'은 이익을 온전히 함에 부합되며 가장 슬기로운 방법이다.

(1) 군사 수단을 정리함

　'백전백승'은 본래 좋은 단어로, 최고의 상황이다. 지휘자로서는 승리가 많고 패배가 적으면 그것만으로 훌륭한 일이며, 100번 싸워서 100번 승리하기는 항상 승리한다는 상승常勝 장군조차 할 수 없는 일이다. 하지만 손자는 그것이 "잘한 것 중의 잘한 것善之善者"이라 할 수 없다고 한다. 그렇다면 '잘한 것 중의 잘한 것'은 무엇일까? 바로 '싸우지 않고 적군을 굴복시키는 것'이다. 여기서 관건은 '싸우지 않는不戰'것이다. 몇 번 이겼는가에 상관없이 '싸워서 이기는 것'은 어떤 경우에도 '싸우지 않고 승리하는 것'과는 동등하게 논할 수 없다.

　손자는 이러한 원칙에 따라서 전쟁 수단을 정리하고 소개한다. 그 순서는 '계책을 공격하는 것伐謀'이 첫 번째, '외교를 공격하는 것伐交'이 두 번째, '병력을 공격하는 것伐兵'이 세 번째, '성곽을 공격하는 것攻城'이 네 번째다. 『손자』에서 '전쟁 삼부곡'의 순서가 바로 이러하며 역사와 논리가 모두 이런 순서다.

(2) 성을 공격하는 법攻城之法

　여기서 말하는 '성곽 공격攻城'은 무력을 사용한 직접적인 강한 공격을 가리킨다. 적과 쓸데없는 말을 나누지 않고 치는 것이다.

묵자는 성곽의 수비에 대해 이르기를 "땔감과 식량은 3개월 이상 버틸 수 있으면 충분하다"(『묵자』「비성문備城門」)고 했다. 3개월을 수비한다는 것은 이미 매우 긴 시간이다. 하지만 여기서 말하는 공성은 오로지 준비 작업만으로도 6개월이 걸린다. 성을 공격할 기계를 준비하는 데 3개월, 토산 등을 만드는 공사를 하는 데 또 3개월인데, 여기에 성을 공격하는 시간은 계산하지도 않았다.

반년이 지나 성 공격을 시작한다. 억척스러운 장수, 능력은 없는데 성미가 강한 장수가 가장 나쁜 경우다. "장수가 분노를 이기지 못해 병졸을 개미 떼처럼 성곽에 오르게將不勝其忿而蟻附之" 하면 죽는 것은 다 사병이다. 강경하게 공격한 결과 "병졸의 3분의 1을 죽이게殺士卒三分之一" 된다. 병졸의 3분의 1을 잃고도 결국 "성을 빼앗지 못한다而城不拔者"면, 이것은 당연히 재난이다.

고대에는 성을 공격하는 것이 가장 어려운 일이었다. 춘추전국 시대에 초나라가 송나라 성곽을 포위한 것이 가장 유명하다. 초나라가 송나라 성곽을 에워싼 것은 세 차례였다고 전해진다. "장왕莊王이 9개월 동안 송나라를 에워싸고, 강왕康王이 5개월 동안 송나라를 에워싸고, 성왕聲王이 10개월 동안 송나라를 에워쌌다."(『여씨춘추』「진세愼勢」) 묵자와 공수반公輸般의 에피소드는 제3차 포위 때 나온 이야기라고 한다. 송나라 성은 지금의 허난 성 상추商丘에 있었다. 1990년 중국과 미국의 연합 고고학 발굴단이 그 성의 범위를 밝혀냈는데 당시의 표준에 따르면 굉장히 큰 성이었다.(사방이 7리里를 초과해 거의 8리에 가까웠다고 한다.)

'분온轒轀(중국어 발음은 펀원fénwēn)'은 가죽 갑옷으로 둘러싼 것으로 병사를 운반하는 수레다. 이 수레를 이용해 병사들을 성 아래까지 운반했다.

'거인距堙(중국어 발음은 쥐인jùyīn)'은 공성 작전을 위한 흙무덤으로, 먼저 성곽

주변의 해자壕를 메우고 성곽에 붙여서 흙을 쌓아 올린다. 그리고 성벽에 붙여서 계단을 만들었다.

'의부蟻附'는 개미들이 벽을 오르는 모양을 비유한 것이다. 인해전술을 사용해 억지로 성곽을 오르게 하는 것을 말한다.

"병졸의 3분의 1을 죽임殺士卒三分之一"이란 죽간본에는 "병사의 3분의 1을 죽임殺士三分之一"이라고 되어 있다. '사병을 죽임殺士'이라는 말은 일반적으로 쓰였던 관용어로『손빈병법』「살사殺士」편과『울요자』「병령하兵令下」편에 보인다. '살사'라는 말은 사병들로 결사대를 편성해 날아오는 화살이나 돌멩이를 무릅쓰고 적진으로 돌격하는 것을 뜻한다. 스스로 죽는 것이 아니라 적군에 의해 살해당하는 것이다.

(3) 계책으로 공격하는 방법

'계책을 공격함伐謀'의 특징은 세 개의 '비非'자에 있다.

1) "적군을 굴복시키면서 교전하지 않는다屈人之兵而非戰也"는 것은 야전을 말한다.
2) "적의 성을 빼앗으면서도 공격하지 않는다拔人之城而非攻也"는 것은 공성전을 말한다.
3) "적국을 멸망시키면서도 전쟁을 오래 끌지 않는다毁人之國而非久也"는 것은 그 국가를 멸망시켜서 전쟁을 끝내는 것을 말한다.

'싸우지 않는 것非戰' '공격하지 않는 것非攻' '오래 끌지 않는 것非久', 이 세 항목은 모두 '이익을 온전히 함全利'을 원칙으로 삼는다. 즉 "반드시 온전하게 천하를 쟁취한다. 그러므로 군대는 병력을 소모하지 않으면서도 승리는 온전할 수 있다必以全爭於天下 故兵不頓而利可全." 저자는 이것이 바로 '계책으로 공격하는 방법謀攻之法'이라고 한다. '온전함을 귀히 여김貴全'은 이 편의 기본 취지다.

성을 공격하는 것에 대해서 말하자면, 먼저 관련 지식을 조금 알아야 한다. 도시는 농업을 위해 정착해 거주하면서 발명된 것이다. 중국의 군사 문화는 바로 담장 문화다. 흙담도 담장이고, 벽돌담도 담장이며, 싸우기 위해 진을 칠 때 만들어지는 인의 장막도 담장이다. 담장牆과 포진陳은 농업민족의 특징이고 만리장성은 이런 문화의 상징이다.

중국 성곽은 사방이 네모반듯한 바둑판식 구조로, 궁궐·종묘宗廟·사직社稷·능묘陵墓가 전부 한곳에 집중되어 있는 것이 특징이었다. 고대의 성곽 방어는 주로 세 가지에 의지했는데, 첫째는 성벽이고 둘째는 해자, 셋째는 망루다. 고대의 성곽은 성문에 문루門樓가 있고 네 모퉁이에는 각루角樓가 있으며 성벽의 돌출부인 마면馬面에 적루敵樓가 있었다. 이들은 모두 수비하고 망을 보는 용도였다. 성안의 높은 누각과 탑도 적을 살피는 데 사용되었다. 딩저우定州의 개원사탑開元寺塔은 바로 '요적탑料敵塔(적군을 살피는 탑)'이라고 불린다.

공성과 수성守成은 고대의 병기교兵技巧에 속한다. 유흠劉歆의『칠략七略』중「병서략兵書略」에는 본래『묵자』의「성수城守」각 편이 있었다. 고대의 병기교가兵技巧家들의 말은 오직 이 책에만 남아 있다.

묵자는 고대의 유명한 반전론자로서 비공非攻을 주장했다. 그리고 그가 제시한 비공의 방법이란 바로 작은 나라를 지키고 자신을 보호하며, 대국으로부터 속임과 괴롭힘을 당하지 않도록 사람들을 가르치는 것이다.

옛날 사람들이 성을 지키는 일에 대해서 말할 때, 그 시조가 묵자였다.『묵자』를 읽지 않은 자는 수성하는 방법을 전혀 모르는 것이나 마찬가지였다.『묵자』에서 말하는 방어는 공격에 대응한 것으로, 공격과 방어에 관한 지식이 모두 이 책에 있다. 당시에 성을 공격하는 데는 열두 가지 수단이 있었는데, 이를 '십이공十二攻(열두 가지 공격)'이라고 불렀다.(『묵자』「비성문備城門」)

1) 임臨

'임'은 내려다본다는 뜻이다. 관련 장비로 임거臨車(전망 수레)가 있는데, 이는 이동할 수 있는 탑루塔樓로서 융隆이라고도 한다. 임거의 기능은 높은 곳에서 아래를 내려다보는 것으로, 수비하고 있는 적의 활동을 엿볼 수 있다. 임거에 대응하는 주요 수단은 연노連弩였다.

2) 구鉤

'구'는 갈고리라는 뜻이다. 관련 장비로 구거鉤車(갈고리 수레)가 있는데 이는 긴 팔을 가진 갈고리로 그것을 휘둘러 성벽을 찍거나 치는 것이다. 구거는 아래에서 설명하는 충거衝車와 비슷한 종류로, 이 역시 성벽의 담을 부수는 데 사용한다.

3) 충衝

'충'은 부딪치다라는 뜻이다. 관련 장비로는 충거衝車가 있는데 이는 성벽을 파괴하는 당성거撞城車의 일종이다. 성문을 부술 때도 쓰인다.

4) 제梯

'제'는 사다리를 뜻한다. 관련 장비로 운제雲梯가 있는데 이는 성을 공격하는 데 사용했던 긴 사다리로 접고 펼 수 있으며 앞부분에 쌍으로 갈고리가 있어서 성벽 윗부분에 걸 수 있다.

5) 인堙

'인'은 흙으로 만든 계단을 뜻한다. 관련 시설로 '거인距堙'이 있는데 이것은 성벽에 붙여서 경사진 흙 비탈을 쌓아 올리는 시설이다. 이것을 통해 사병들이 성에 올라간다.

6) 물水

성안에 물을 끌어들이는 것을 말한다. 물을 이용한 공격에는 두 가지 대응 방법이 있다. 하나는 성 가운데에 우물을 파고 도랑을 내서 그 안으로 배수를 하는 것이다. 다른 하나는 배 여러 척을 같이 묶어서 물 위에 뜬 임거나 분온으로 이용하는 것이다. 그것으로 병사들을 운송해 포위망을 뚫고, 성 밖의 제방을 터뜨려 물을 바깥으로 빼낸다.

7) 혈穴

'혈'은 구멍 또는 동굴이라는 뜻이 있으나, 여기서는 땅에 지하도를 파는 것이 아니다. 『묵자』의 열두 가지 공격에는 반드시 나와야 할 화공火攻이 나오지 않았다. 그래서 추측하건대, 여기서의 '혈穴'이 아무래도 '화火'를 잘못 표기한 것이 아닌지 의심스럽다. 이다음에 나오는 '공동空洞'이 지하도를 파는 것이다.

8) 돌突

'돌'은 돌파를 뜻한다. 『육도六韜』「표도豹韜」「충전衝戰」에 따르면, 이는 공격과 방어의 돌파를 가리키는 것으로 성을 공격하는 땅굴을 말하는 것이 아니다. 이 방법은 주로 성벽 주위 사방에 비밀 출구로서 '돌파하는 문突門'을 100보마다 한 개씩 파놓는 것이다. '돌파하는 문'은 고서에서 자주 볼 수 있으며, 안쪽에서 입구를 파내는데 결코 그 길이 통하도록 뚫지는 않는다. 필요할 때에 비로소 파내서 문을 뚫는다. 수성을 할 때는 일반적으로 성안에 숨는데, 수동적으로 공격을 당하다가 문이 만들어지면 비로소 능동적으로 출격한다.

9) 공동空洞

'공동'은 동굴 또는 땅굴을 의미한다. 이는 성 담장에 구멍을 파는 방법과 성 담장 아래에 지하도를 파는 방법을 가리킨다. 고대에 성벽에 구멍을 뚫는 것은 지하도를 파는 방법과 같았다. 한편으로는 구멍을 파면서 다른 한편으로는 지지대를 세우는데, 그 모습이 마치 갱도 같다. 땅굴을 파는 공격에 대한 대응에는 주로 두 가지 방법이 있다. 하나는 눈으로 높은 곳에서 아래를 보면서 지면에 이상한 흔적이 있는지를 살펴보는 것이다. 다른 하나는 '항아리甕 소리'를 듣고 적군이 어느 곳에서 흙을 파고 있는지를 알아내는 것이다. 그에 대한 대처 방법은 대응하는 지하도를 파서 불길이나 연기 혹은 물을 집어넣는 것이다.

10) 아부蛾傅

'아부'란 개미 떼가 달라붙는 것을 뜻한다. 이는 보병이 밀집해 강력하게 공격하는 모습을 비유한 것인데, 아부는 바로 이 편에서 말하는 '의부蟻附'다. 아蛾와 의蟻가 같고, 부傅와 부附가 같다. 이것은 개미들이 연달아 담을 오르는 것을 말하는데, 이러한 모습의 인해전술을 비유한 것이다. 의부에 대한 대응 수단은 주로 행임行臨(성 위에서 좌우로 이동이 가능한 임거)과 화살, 돌, 뜨거운 물과 불이다.

11) 분온濆轀

'분온'은 병사를 운송하는 일종의 장갑차다. 가죽으로 만든 덮개가 있는 누각 모양의 수레인데, 앞부분은 완전히 막아놓기 때문에 병사들은 뒤에서 들어간다. 이 수레의 기능은 주로 병사를 운송하고 해자를 메우는 것이다.

12) 헌거軒車

'헌거'는 고서에서 말하는 누거樓車(누각 수레)와 소거巢車(새둥지 수레)다. 수레 위에 견고한 기둥을 세우고 그 위에 조그만 집을 매단 뒤 자동으로 오르내리는 탑루塔樓인데, 마치 허공에 매단 누각이나 혹은 나무 위의 새집과 같다. 고대의 성곽 방어에서는 높은 곳을 점하는 일이 매우 중요했다. 지키는 쪽은 성의 누각에 의지해 높은 곳에서 아래를 내려다볼 수 있었는데, 누거와 소거는 그것을 제압할 수 있는 도구다. 이러한 종류의 수레는 '노櫓' 혹은 '누로樓櫓'라고도 불린다. 「모공」 편의 '노櫓'가 이러한 종류의 망루다.

『묵자』의 열두 가지 공격은 다음과 같이 세 종류로 나눌 수 있다.

첫째 종류는 성을 공격하는 기계다. 예를 들면 임거와 헌거는 높은 곳을 오를 수 있고 분온은 병력을 실어 나르거나 해자를 메울 수 있다. 충거와 구거는 성벽을 허물 수 있으며, 운제를 이용하면 성을 오를 수 있다. 「모공」 편에서 "누로와 분온을 만들고 기계를 준비하는 데 3개월은 걸려야 완성할 수 있다"고 한 것은 바로 이 첫째 종류를 말하는 것이다.

그다음 종류는 공성 작전과 관련된 토목 공정이다. 예를 들면 공동은 구덩이를 파서 땅굴을 내는 것이며, 거인은 흙무더기로 비탈을 만드는 것이다.(사실 해자를 넘어가는 교량 건설과 해자를 메울 흙을 운반하는 과정도 포함해야 한다.) 「모공」 편에서 "성을 공략하기 위해 토산을 쌓는 것도 3개월은 걸려야 완성할 수 있다"라고 한 것이 바로 이런 종류를 설명한 것이다.

마지막 종류는 성을 공격하는 방법이다. 그 예로 물 공격, 불 공격과 돌파 공격 그리고 의부(성벽 공략)를 들었다. 「모공」 편에서 "장수가 분노를 이기지 못해 병졸을 개미 떼처럼 성곽에 오르게 한다"는 구절이 바로 이것을 말한다.

【3.3】

그러므로 병사를 쓰는 방법은 적보다 열 배가 많으면 포위하고, 다섯 배가 많으면 공격하고, 두 배가 많으면 흩어지게 한다. 적과 비슷하면 싸울 수 있으나 적보다 적으면 도망갈 수 있어야 하며, 적보다 못하다면 피할 수 있어야 한다. 그러므로 작더라도 굳세면 강한 상대도 사로잡힌다.

故用兵之法, 十則圍之, 五則攻之, 倍則分之. 敵則能戰之, 少則能逃之, 不若則能避之. 故小敵之堅, 大敵之擒也.

여기서의 '병사를 쓰는 방법用兵之法' 역시 일종의 규칙인데, 주로 '자신의 능력을 헤아려서 행하는 것量力而行'에 대해 설명했다.

여섯 종류의 수단은 '포위圍' '공격攻' '나눔分' '전투戰' '도망逃' '회피避'다. 어떤 수단을 쓸 것인지는 수중의 병력이 얼마인지를 봐서 헤아려야 한다. [표 3]을 살펴보자.

〔표 3〕

비교적 크게 우세할 경우	조금 우세하거나 대등할 경우	열세일 경우
10배: 포위圍(포위하고 공격하지 않는다)	2배: 분산分 (흩어지게 한 뒤 섬멸한다)	열세가 큼: 도망逃(달아난다)
5배: 공격攻 (무력을 이용해 강하게 공격한다)	대등: 전투戰 (대열을 정렬하여 전투한다)	열세가 작음: 회피避 (회피하고 물러선다)

[표 3]은 세 항목으로 나뉜다.

'포위圍'와 '공격攻'은 공성에 관한 것이고, '분산分'과 '전투戰'는 야전에 관한 것이며, '도망逃'과 '회피避'는 싸움도 공격도 아니다.

'포위'는 성을 에워싸는 것으로, 포위만 할 뿐 공격은 하지 않는다. 수비하는 적군을 성안에서 가두어두고 먹을 것과 마실 것을 고갈시켜, 앉아서 죽음만을 기다리게 한다. 포위하고 공격하지 않는 것의 좋은 점은 싸움을 피할 수 있다는 것이다. 그러나 포위만 하고 공격하지 않기 위해서는 반드시 적군의 열 배가량의 병력이 필요하다. 둘러싸기에도, 적의 지원군을 공격하기에도 충분해야 한다. 밖에서 들어갈 수도 안에서 나올 수도 없어야 하며, 비교적 긴 시간을 견뎌야 한다.

'공격'은 성을 공격하는 것, 즉 무력을 써서 성곽을 직접 쳐부수는 것이다. 성을 공격하는 것과 성을 지키는 것 두 가지는 대등하지 않다. 공격하는 쪽의 투입은 언제나 방어하는 쪽보다 훨씬 많아야 한다. 여기서 손자는 적의 다섯 배만큼 많아야 한다고 말한다.

'분산'은 흩어지게 하는 것이다. 커다란 케이크를 한입에 다 먹을 수 없다면 잘라서 먹으면 된다. 이처럼 적을 분할하여 각개격파하는 것인데, 최소한 적보다 두 배가 많은 병력을 필요로 한다.

'전투'에 대해 옛날 사람들은 두 가지 정의를 내렸다. 하나는 "힘이 비슷하면 싸우고, 지키면 공격한다鈞則戰, 守則攻"(『관자』 「치미侈靡」)이고, 다른 하나는 "모두 진을 치고 싸우면 전쟁이라고 한다皆陳曰戰"(『좌전』 장공 11년)이다. '전투'는 실력이 비슷한 두 세력이 서로 대항하는 것으로 '공격攻'과는 다르다. '공격'은 '수비守'에 대해서 말한 것으로, 서로 대칭관계는 아니다. 역량이 비슷하면 서로 배치를 끝내고 비로소 공격을 하는데, 여기서는 계책을 사용할 방법이 없다. "성공과 실패는 오직 의지와 역량에 의해 결정된다成敗決於志力"(『좌전』 장공 11년)의 주소注疏에서 '지志'는 의지이고 '역力'은 역량이다. "강한 자들이 만나면 용감한 쪽이 승리한다兩强相遇勇者勝." 칠 수만 있다면 용감하게 쳐야 한다.

'도망'은 병력이 적에 비해 적을 경우, 세를 보아 좋지 않은 듯하면 바로 달아나는 것이다.

'회피'는 병력이 적에 미치지 못하기 때문에 적으로부터 숨는 것이다.

"그러므로 작더라도 굳세면 강한 상대도 사로잡힌다故小敵之堅, 大敵之擒也." 이 구절의 전통적인 해석은 '힘이 약한 쪽이 자신의 능력을 정확하게 헤아리지 못하고 맞서서는 안 될 강적과 겨룬다면 틀림없이 생포당한다'는 것이었다. 그러나 나의 해석은 좀 다르다. 『순자』 「의병議兵」 편을 참고해보자. 여기서 순자는 "이는 작고 약한 상대라면 구차하게나마 사용할 수 있으나, 크고 강한 상대라면 뿔뿔이 흩어져버린다是事小敵毳, 則偸可用也, 事大敵堅, 則渙然離耳"라고 했다. 만약에 상대가 매우 약하면 어느 정도 요행을 바랄 수 있으나, 만약 상대가 매우 강하면 한번 싸우자마자 완전히 무너져버릴 것이라는 뜻이다. 원문의 '소적小敵'은 약소한 상대를 가리키고 '대적大敵'은 강한 상대를 가리킨다. 여기서의 용례와 분명히 같다. '견고함'은 나쁜 말이 아니라 상대방이 매우 강함을 표현한 것이다. 두 문장을 비교해보면 내 생각에 『손자』의 문장은 원래 '만약 약소한 쪽이라도 우세한 병력을 집중시킬 수 있다면 비록 작지만 견고해져, 설령 강대한 쪽이라도 생포당할 수 있다'는 뜻인 것 같다.

고대에 성을 포위하는 데는 적보다 열 배나 많은 병력이 필요했고, 성을 공격하기 위해서는 다섯 배 많은 병력이 필요했다. 그 이유는 어디에 있을까? 이를 파악하기 위해서는 당시의 성읍 도시 규모와 인구를 고려해볼 필요가 있다. 여기서 축성사築城史에 관한 지식을 약간 소개한다.

먼저 규모에 대해서 알아보자.

(1) 성곽의 크기

중국 고대의 성곽이 얼마나 큰지를 살펴볼 때는 일반적으로 사방이 몇 리인지 계산했다. 이는 현재 말하는 평방리를 말하는 것이 아니라, 성벽 각 변의 길이가 몇 리인지를 뜻한다. 예를 들면 '사방 100리'는 100리×100리를 의미한다. 고대의 1리는 300보였고, 1보는 6척, 1척은 23.1센티미터였다. 아래는 이것을 근거로 추산해본 것이다.

사방 9리: 길이와 너비가 각각 3742.2미터

사방 8리: 길이와 너비가 각각 3326.4미터

사방 7리: 길이와 너비가 각각 2910.6미터

사방 6리: 길이와 너비가 각각 2494.8미터

사방 5리: 길이와 너비가 각각 2079미터

사방 4리: 길이와 너비가 각각 1663.2미터

사방 3리: 길이와 너비가 각각 1247.4미터

사방 2리: 길이와 너비가 각각 831.6미터

사방 1리: 길이와 너비가 각각 415.8미터

중국 고성古城은 기원전 3000년에서 기원전 2000년 사이에 이미 상당히 커졌고, 대부분 사방 1리 혹은 사방 2리에 달했다. 상·주商周 시대의 성곽은 대부분 사방 4리에 달했다.(예를 들면 옌스상성偃師商城과 정저우상성鄭州商城이 있다.)

동주의 옛 성은 더욱 컸다. 당시 각국의 수도는 종종 사방 9리를 초과했다.(예를 들면 조趙나라 한단성邯鄲城, 중산中山의 영수성靈壽城, 연燕나라의 하도下都, 정鄭과 한韓의 고성, 제나라 임치성臨淄城, 초나라의 기남성紀南城.)[7]

(2) 성벽의 높이

중국 고대의 성벽 높이는 일반적으로 '치雉'를 사용해 계산했다. '치'는 담이나 벽을 세는 판축版築의 단위로 각 판版은 길이가 1장丈, 너비는 2척尺이었다. 판 다섯 개를 위에서부터 아래까지 배열한 것을 1도堵라고 했는데 1도는 길이와 너비가 각각 한 장丈이었다. 3도를 옆으로 나열하면 길이가 3장, 높이가 1장으로 이것이 1치다. 아래는 이에 의거하여 추산해본 높이다.

높이 9치: 높이 20.79미터

높이 8치: 높이 18.48미터

높이 7치: 높이 16.17미터

높이 6치: 높이 13.86미터

높이 5치: 높이 11.55미터

높이 4치: 높이 9.24미터

높이 3치: 높이 6.93미터

동주 시대 고성의 경우 아직도 굉장히 높고 커다란 성곽이 남아 있기도 하다. 예를 들면 신정新鄭의 고성은 현재 남아 있는 것의 높이가 18m에 달한다.

(3) 성벽의 폭

고서에는 크게 언급되지 않았지만 동주 시대의 고성은 아직까지 매우 많이 남아 있는데 일반적으로 그 두께가 모두 높이만큼이나 커서 종종 20~30미터 혹은 30~40미터 정도 된다. 성의 해자壕 폭 역시 대개가 그 정도다.[8]

중국의 고성은 초기부터 비교적 컸다. 동주 시대의 여러 고성에 가봤는데 모두가 후세의 현성縣城보다 대단히 컸다.

중국의 도시城市 네트워크는 주로 동주 시대에 그 기반이 다져졌고 그 이후에는 별로 크게 발달하지 않았다.[9] 도시 규모도 그리 많이 변하지 않았으며 성의 건축 체계는 줄곧 계승되었다. 변화된 것이라고는 송나라 이래로 화포가 출현해서 성곽의 흙담 바깥쪽에 벽돌을 쌓은 것 정도다.(유럽에서 모서리에 보루를 만들고, 가슴께 오도록 담 높이를 낮춘 것과는 다르다.)[10]

고대의 성에는 인구가 얼마나 있었을까? 추정을 해보자. 동주 시대와 진·한 시대의 많은 성이 모두 '만 호萬戶의 읍'이었다. 만 호 이상의 현은 '대현大縣'이라고 했고 만 호 이하의 현은 '소현小縣'이라고 했다. '만 호의 읍'의 인구는 대략 4~5만이었고, 당시에는 만 호 이상의 성도 적지 않았다.[11]

성을 공격하려면 사람이 아주 많이 필요하다. 고대에 성을 지키는 데는 대부분 남녀노소 모두를 동원했다. 『묵자』 「비성문」에서 말하기를, 적군 10만 명이 사면에서 공격해오면 성을 공격하는 대형은 가장 넓은 것이 500보로, 4000명이면 충분하다. 다른 세 방면은 이 정도 인원도 필요 없을 것이다. 아마도 모두 합해서 1만 명이면 충분하다. 이때 적과 아군의 비는 대략 10 대 1이다.

위에서 말했듯이 성을 포위하려면 적보다 열 배가량 병력이 더 있어야 하고, 성을 공격하려면 적보다 다섯 배가량의 병력이 더 있어야 한다. 이는 묵자의 말과 거의 일치한다. 성을 공격할 때는 10명으로 1명을 대적하고, 성을 방어할 때는 1명으로 10명을 대적한다.

【3.4】

장수는 나라를 보좌하는 자다. 보좌가 주도면밀하면 나라는 반드시 강해지고, 보좌에 허점이 있으면 나라는 약해진다. 그러므로 군주가 군대에 해를 끼치는 세 가지가 있다. 군대가 전진할 수 없는 상황을 모르고 전진을 명하는 것, 군대가 후퇴할 수 없는 상황을 모르고 후퇴를 명하는 것이다. 이런 경우는 군대를 속박한다고 말한다. 군대의 일을 모르면서 군대 행정에 간섭하면 병사들이 당황한다. 군대의 임기응변을 모르면서 군대 지휘에 간섭하면 병사들은 의심한다. 군대가 당황하고 의심하면 이웃 제후들이 침략할 것이니, 이것이 자기 군대를 흔들어 적의 승리를 이끈다고 하는 것이다.

夫將者, 國之輔也. 輔周則國必強, 輔隙則國必弱. 故君之所以患於軍者三. 不知軍之不可以進而謂之進, 不知軍之不可以退而謂之退, 是謂縻軍. 不知三軍之事而同三軍之政, 則軍士惑矣. 不知三軍之權而同三軍之任, 則軍士疑矣. 三軍既惑且疑, 則諸侯之難至矣. 是謂亂軍引勝.

이 장은 '조정의 통제가 초래하는 재앙中御之患'을 설명한다. 다음의 이야기를 통해 이것이 어떤 것인지 알 수 있다.

무왕이 태공에게 물었다. "장군을 세우는 방식은 무엇인가?"

태공이 말했다. "대개 나라에 어려운 일이 있으면 군주는 정전正殿을 피합니다. 그리고 장군을 불러 다음과 같이 조서를 내립니다. '국가의 안위가 모두 장군에게 달려 있소. 지금 모某 나라가 신하의 도리를 지키지 않으니 장군이 군대를 이끌고 가 저들을 정벌하기를 바라오.' 장수가 조서를 받은 뒤 군주는 태사에게 점을 치도록 명합니다. 군주는 3일간 재계한 뒤 태묘에 나아가 귀갑龜甲(점칠 때 사용하는 거북 등껍질)을 뚫고 불살라 길일을 점치고 부월斧鉞:12을 장수에게 줍니다. 길일이 되면 군주는 묘문에 들어가 서향하여 서고 장수는 묘문에 들어가 북향하여 섭니다. 군주가 직접 '월'의 머리 부분을 잡고 장수에게 '월'의 손잡이 부분을 주며 말합니다. '이제부터 위로 하늘에 이르기까지 모두 장군이 통솔하시오.' 또 '부'의 자루 부분을 잡고 장수에게 '부'의 날 부분을 주며 말합니다. '이제부터 아래로 깊은 못에 이르기까지 장군이 통솔하시오. 적의 약한 점을 보면 전진하고 적의 강한 점을 보면 정지하시오. 전군의 수가 많다 하여 적을 가벼이 여기지 말고 맡은 사명이 중대하다 하여 다만 죽음만을 구하지 말고 자신의 신분이 고귀하다 하여 병사들을 천하게 여기지 말고 자기의 독단적인 견해로 무리의 뜻을 거스르지 말고 변설을 무조건 옳다 하지 마시오. 병사들이 앉기 전에는 앉지 말고 병사들이 먹기 전에는 먹지 말고 추위와 더위는 반드시 함께 견디시오. 이렇게 한다면 병사들은 반드시 죽음을 무릅쓰고 힘을 다할 것이오.' 장군은 명을 받고 절하며 군주에게 다음과 같이 말합니다. '신은 듣건대 국가는 외부에서 다스려서는 안 되고 군대는 조정에서 통제해서는 안 된다고 합니다. 두 마음이 있으면 군주를 섬길 수 없으며 의심하는 뜻이 있으면 적과 싸울 수 없습니다. 신이 이미 군대 통솔의 명을 받았고 부월의 권위는 제게 있으니 감히 살아 돌아올 생각은 품지 않습니다. 바라건대 군주께서는 신에게 독자적으로 결단할 권위를 부여하시고 군주께서 신을 허락지 않으시면 신은 장군 직을 감당할 수 없습니다.' 군주는 그를 허락하고 장수는 이에 작별하고 출발합니다. 군사에 관계된 일은 군주의 명을 듣지 않고 모든 명령은 장군에게서 하달되니 적과 맞닥뜨려 결전할 때에는 두 마음이 없습니다. 이렇게 한다면 위로는 하늘의 제약이 없고 아래로는 땅의 제약을 받지 않으며 앞으로는 저지할 수 있는 적이 없고 뒤로는 견제하는 군주가 없습니다. 이 때문에 지혜로운 자는 계책을 세우고 용감한 자는 전투를 합니다. 사기는 높은 하늘에 치솟고 행동은 달리는 말처럼 빠르니 병기가 서로 부딪히지 않고도 적은 항복합니다. 전쟁은 외부에서 승리하고 공명은 내부에서 세웁니다. 관리는 승진하고 사졸은 포상을 받으며 백성은 기뻐하고 장수에게는 아무런 재앙이 없습니다. 이 때문에 바람과 비가 알맞아서 오곡이 풍성히 여물고 사직이 평안한 것입니다."

무왕이 대답했다. "그 말이 매우 훌륭하구나."

武王問太公曰, 立將之道奈何. 太公曰, 凡國有難, 君避正殿. 召將而詔之曰, 社稷安危, 一在將軍. 今某國不臣, 願將軍帥師應之. 將旣受命, 乃命太史卜. 齋三日, 之太廟, 鑽靈龜, 卜吉日, 以授斧鉞. 君入廟門, 西面而立, 將入廟門, 北面而立. 君親操鉞持首, 授將其柄曰, 從此上至天者, 將軍制之. 復操斧持柄, 授將其刃曰, 從此下至淵者, 將軍制之. 見其虛則進, 見其實則止. 勿以三軍爲衆而輕敵, 勿以受命爲重而必死, 勿以身貴而賤人, 勿以獨見而違衆, 勿以辯說衆必然. 士未坐勿坐, 士未

食勿食, 寒暑必同. 如此, 士卒必盡死力. 將已受命, 拜而報君曰, 臣聞國不可從外
治, 軍不可從中御. 二心不可以事君, 疑志不可以應敵. 臣旣受命, 專斧鉞之威, 臣
不敢生還. 願君亦垂一言之命於臣, 君不許臣, 臣不敢將. 君許之, 乃辭而行. 軍中之
事, 不聞君命, 皆由將出, 臨敵決戰, 無有二心. 若此, 則無天於上, 無地於下, 無敵於
前, 無君於後. 是故智者爲之謀, 勇者爲之鬪. 氣属青雲, 疾若馳騖, 兵不接刃, 而
敵降服. 戰勝於外, 功立於內. 吏遷上賞, 百姓歡悅, 將無咎殃. 是故風雨時節, 五穀
豊熟, 社稷安寧. 武王曰, 善哉.(『육도』 「용도龍韜」 입장立將. 『회남자』 「병략兵略」에도
유사한 이야기가 있다.):13

"국가는 외부에서 다스려서는 안 되고 군대는 조정에서 통제해서는 안 된다
國不可從外治, 軍不可從中御"는 말은 국가의 내부와 국가의 외부가 다름을 말한다.
국가에는 국가의 도리가 있고 군대에는 군대의 도리가 있어, 무질서하게 서로
개입할 수 없다. 장수가 국왕으로부터 명을 하달받은 후에 국내의 일은 국왕이
주관해 나라 밖에서 그것을 처리할 수 없으며, 나라 밖의 일은 장군이 주관해
국내에서 원격으로 그를 조정할 수 없다. 국왕이 멀리서 장군을 움직이려 한다
면 그것은 군대의 커다란 재앙이다.

'조정의 통제가 초래하는 재앙'에는 세 종류가 있다.

첫째는 전쟁을 모르면서도 터무니없이 지휘를 하는 경우다. 분명히 진격을
하지 말아야 할 상황에서 오히려 병사들에게 진격을 명령하고, 분명히 퇴각하
면 안 되는 상황인데도 병사들에게 퇴각을 명령한다. 이는 군대의 손발을 묶어
놓는 것과 같다.

둘째로 군대 안에서의 사무를 잘 알지 못하면서도 군대의 관리에 참여하려
는 경우다. 이때 병사들은 매우 곤혹스러워진다.

셋째는 각급 군관들의 권한을 잘 이해하지 못하면서도 그들의 임명에 관여하려는 경우다. 이러면 병사들이 의심을 품게 된다.

손자는 이러한 행위들이 스스로 자기 군대를 망치고 다른 나라의 편의를 봐주는 일로서 굉장히 우스운 상황이라고 판단했다.

【3.5】

그러므로 승리를 알 수 있는 다섯 가지가 있다. 싸울 수 있는지 없는지 알면 승리한다. 많고 적은 병력의 사용을 잘 알면 승리한다. 위아래가 같은 것을 희망하면 승리한다. 미리 준비를 하여 준비하지 못한 적을 상대하면 승리한다. 장수는 능력 있고 군주는 개입하지 않으면 승리한다. 이 다섯 가지는 승리를 아는 방법이다. 그러므로 적을 알고 나를 알면 백 번 싸워도 위태하지 않고, 적을 알지 못하고 나만 안다면 한 번 이기고 한 번 지며, 적을 모르고 나도 모른다면 전쟁할 때마다 반드시 패배할 것이다.

故知勝有五. 知可以(與戰)[戰與]不可以(與)戰者勝. 識衆寡之用者勝. 上下同欲者勝. 以虞待不虞者勝. 將能而君不御者勝. 此五者, 知勝之道也. 故曰, 知彼知己, 百戰不殆. 不知彼而知己, 一勝一負. 不知彼, 不知己, 每戰必敗.

「계」편과 마찬가지로 이 편 역시 마지막으로 '승리를 아는 것知勝'에 대해서 말한다. 비교해보면, 이 편의 설명이 더 상세하다.

이 부분은 전체 글의 총 결론으로, 내용은 두 개의 층으로 나눌 수 있다. 하나는 '지승지도知勝之道(승리를 아는 방법)'로, 여기에는 총 다섯 항목이 있다. 다른 하나는 '지피지기知彼知己(남을 알고 자기를 앎)'로, 여기에는 총 세 항목이 있다. 이 두 층은 서로 보완하는 관계다.

저자가 말하는 '승리를 아는 방법'은 첫째, 싸움이 가능한지를 아는 것이다. 이것은 기본적인 판단으로서, 싸울 수 있는데 싸우지 않는 것은 잘못이며 싸울 수 없는데 싸우는 것도 잘못이다. 싸울 수 있을 때 기회를 포착해 싸우고, 싸울 수 없다면 단호하게 싸우지 않는 것이 옳다. 전면전이 벌어지기 전에 출병을 해야 하는지 말아야 하는지 판단해야 하며, 야전이든 공성전이든 전투마다 사전에 싸워야 할지 말아야 할지 또 판단해야 한다. '묘산廟算'의 '묘廟'는 결단을 내리는 곳이다. 전방의 야전 막사 역시 결단을 내리는 곳이다. 앞의 세 편은 편마다 이러한 문제를 다뤘다. 이 항목에 대해서 결정이 내려지고 나서야 비로소 그다음 네 가지 항목에 대해서 이야기할 수 있다.

둘째 항목은 싸울 수 있을지 없을지 혹은 싸워야 하는지 아닌지를 해결한 뒤에 이어지는 문제로, 어떻게 싸울지에 대한 내용이다. "많고 적은 병력의 사용衆寡之用"은 바로 어떻게 싸울지를 설명한 것으로, 이것은 「형」「세」「허실」 등 세 편이 말하고자 한 것이다. 형, 세, 허실의 세 가지는 모두 많고 적은 병력을 사용하는 문제에 속한다. 이것은 병력을 전장에 투입한 후에 장수되는 자는 반드시 고려해야 할 사항이다.

셋째 항목은 어떻게 싸워야 할지에 대한 문제가 해결된 뒤 어떻게 계획을 집행하고 의도를 관철시킬지 하는 문제를 설명한다. 관건은 "위아래가 같은 것을 희망한다上下同欲"는 것이다. 위아래가 같은 것을 희망한다는 것은 곧 위아래가 기운을 통하고, 서로 교류하며, 잘 협동하는 것이다. 장군과 군관과 사병의 마음이 한곳을 향해 생각하고, 힘이 한곳에 모여 사용되며, 모두가 한마음 한뜻이 되는 것이다. 이러한 문제는 「군쟁」 편 이하 다섯 편에 가장 많이 설명되어 있다.

넷째 항목은 "미리 준비를 하여 준비하지 못한 적을 상대한다以虞待不虞"는 것이다. 이는 적과 나 쌍방이 서로 지혜와 정보를 다투는 일이다. 피차가 꿰뚫어보거나 혹은 그렇지 못하고, 아니면 예측을 하거나 하지 못하거나의 문제다. 전장에서는 모든 것이 아주 빨리 변화하고 변수도 무척 많지만, 그중에서도 가장 커다란 변수는 사람의 마음이다. 생각이 변하면 그와 함께 모든 것이 변해 버린다. 앞의 세 항목과 관련하여 우리가 준비를 얼마나 충분히 했는지 혹은 계획을 얼마나 치밀하고 꼼꼼하게 했는지 상관없이, 우리가 적들이 무엇을 생각하는지를 알지 못하는데 적들이 우리의 생각을 잘 안다면 결국 모든 것은 헛수고가 되어버린다. 「계」 편에서는 운용의 묘妙를 설명하면서 "이러한 병법가의 승리는 미리 전수될 수 없는 것이다此兵家之勝, 不可先傳也"라고 했다. 무엇이 이렇게 신비로운가? 그 핵심은 다음 구절에 있다. "준비가 안 된 곳을 공격하며, 생각지도 못한 곳으로 나가야 한다攻其无備, 出其不意." 이러한 내용은 『손자』의 여러 곳에서 언급된다. 예를 들면 「허실」 편은 허虛와 실實의 사용을 설명하는데, 그 비결은 바로 "적이 반드시 가려고 하는 곳으로 나아가며, 적이 생각하지 못한 곳으로 가는 것出其所必趨, 趨其所不意"이다. 「구지」 편에서는 '손님의 도리爲客之道'를 말했는데, 거기서도 역시 "전쟁의 상황은 신속함이 가장 중요하다. 적이 아직 이르지 못한 때를 틈타고, 생각하지 못한 길을 경유하며, 대비하지 못한 곳을 공격하는兵之情主速, 乘人之不及, 由不虞之道, 攻其所不戒也" 것이 관건이다. 그리고 "작전의 계책을 적이 예측하지 못하도록運兵計謀, 爲不可測" 해야 한다. 여기서 세 개의 '불不', 즉 '불우不虞(헤아리지 못함)' '불의不意(생각하지 못함)' '불측不測(예측하지 못함)'은 모두 꿰뚫어볼 수 없고 예측할 수 없음을 말한다.

다섯째 항목은 넷째 장과 호응하는 내용이다. 여기서도 국왕이 장수의 뒷다리를 잡고 늘어져서는 안 됨을 말하고 있다. 고대의 전쟁에서는 장수가 전쟁을 관리하고 국왕은 후방을 관리하도록, 각자 해야 할 일이 나뉘어 있었다. 앞의 항목들은 장수가 장악할 수 있는 일이다. 하지만 장군의 기량이 지나치게 커져서 자율성이 없어지는 것 역시 도움이 안 된다.

이상이 '승리를 아는 방법'의 다섯 가지 항목이다. 이 다섯 항목과 그전의 세 항목인 '싸울 수 있는지 없는지 알면 승리한다知可以戰與不可以戰者勝' '많고 적은 병력의 운용을 잘 알면 승리한다衆寡之用者勝' '위아래가 같은 것을 희망하면 승리한다上下同欲者勝'는 모두 아군 쪽에서 스스로 결정할 수 있는 일을 말한 것으로, '지기知己(나를 아는 것)'에 속한다.

하지만 '미리 준비를 하여 준비하지 못한 적을 상대하면 승리한다以虞待不虞者勝'는 말은 다르다. 이는 상대와 대항하는 상황을 말한 것으로 '지피지기'에 속한다. "장수는 능력 있고 군주는 개입하지 않으면 승리한다將能而君不御者勝"는 말은 앞의 한 구절과 대응하는데, 이는 다섯 조항을 마무리하는 말로 역시 '지기'에 해당한다고 할 수 있다. 어쨌든 관건은 역시 '상대를 알고 자신을 아는 것'으로, 문제는 두 가지 측면에 있다. 하나는 적군이고, 다른 하나는 나 자신이다.

그 아래에서는 바로 '지피지기'를 설명하면서 「계」 편의 오래된 문제로 다시 돌아간다. 「계」 편의 '오사칠계'가 바로 적과 나를 비교하여 계획을 세우는 것인데, 계획의 토대는 실력을 계산하는 것이다.

어떻게 계산하는가? 아주 간단하다.

"적을 알고 나를 알면 백 번 싸워도 위태하지 않다知彼知己, 百戰不殆." 여기서 승률은 100퍼센트다.

"적을 알지 못하고 나만 안다면 한 번 이기고 한 번 진다不知彼而知己, 一勝一敗." 여기서 승률은 50퍼센트다.

"적을 모르고 나도 모른다면 전쟁할 때마다 반드시 패배할 것이다不知彼, 不知己, 每戰必敗." 여기서의 승률은 0퍼센트다.

'모공謀攻'의 '모謀(꾀)'는 바로 계책이다. 한 바퀴를 돌아서 우리는 원점으로 되돌아왔다. 아주 원만한 마무리라고 할 수 있다.

제2부

형세 形勢
병력의 배치-형, 세, 허실

손자가 말했다. 옛날에 전쟁을 잘하는 사람은 먼저 적이 이길 수 없도록 만들고 난 뒤에 적을
이길 만한 시기를 기다렸다. 적이 이길 수 없도록 하는 것은 자신에게 달려 있고 적을 이길 수
있는 것은 적에게 달려 있다. 그러므로 전쟁을 잘하는 사람은 적이 이기지 못하게 할 수 있지
만 적을 반드시 이기게 만들 수는 없다. 그러므로 승리는 미리 알 수 있지만 승리할 수 있는
것은 아니라고 한 것이다.

제4편

형形 ‥ 많고 적음의 운용 1 ─ 전투 준비

제1부 '권모'에 대한 설명은 끝났다. 제1부의 세 편은 과정과 전경의 묘사였다. 제1부에는 편마다 각각 한 개의 중점 사항이 있는데, 나는 그것을 '삼귀三貴', 즉 세 개의 귀중한 것이라고 부른다. 삼귀의 공통점은 무엇일까?

바로 '계책'을 강조한다는 것이다. 전반적인 고려, 인력 소모와 물자의 소모, 금전의 소모, 시간의 소모를 강조한다. 계산을 함에 있어 총결산을 내리려면 경제 관념을 가지고 착실하게 현실에 근거해서 따지며, 어떠한 허위나 눈속임도 없어야 한다. 이러한 계책은 대국적이고 총체적인 관점에서의 계책으로, 현대적 개념으로 말하자면 바로 '전략'이다. 계책을 귀하게 여기고貴謀, 속도를 귀하게 여기고貴速, 온전함을 귀하게 여기는 것貴全. 이 모두가 전략적 원칙에 속한다.

이제부터 설명할 제2부는 '형과 세形勢'를 말한다. 형세 역시 일종의 계책이다. 형세가形勢家의 특징은 훈수를 둘 수 있다는 것이다. 이들은 마치 고명한 의사와 같이, 때에 따라, 지형에 따라, 혹은 적에 따라 거기에 상응하는 대책을 내놓을 수 있다. 병의 상태가 깊은지 얕은지, 음양은 어떠하며 몸은 찬지 더운지를 잘 따져, 아픈 사람에게 처방을 내려 음식의 양을 헤아리고 그 맛을 조절할 수 있는 자가 의사다. 나는 이와 같은 책략을 '병력의 처방'이라 부르는데, 이는 곧 '전술'과 같은 것이다.

선진 시대의 병법서에서 전술을 설명할 때는 보통 문답체를 썼다. 뭔가 문제가 있다면 그 문제를 설명하고, 어떤 것이 생각나면 그것에 대해 설명했다. 또 어떤 무기에 어떤 무기로 대처하고, 어떤 전법에 어떤 전법으로 대처해야 하는지 설명했다. 적군이 쳐들어오면 어떻게 막는다거나 물이 밀려오면 흙으로 막는다든지 하는 등, 모두가 전술에 관해 문답식으로 서술했다.

이렇게 전술을 설명할 때에, 제시된 문제는 포괄적이고 그에 대한 답변은 임의적이었다. 비교적 효과는 있었지만, 머리가 아프면 머리를 치료하고 다리가 아프면 다리를 치료할 뿐 문제의 본질에 깊숙이 파고들어 이론을 구축하는 단계까지 오르지는 못했다.

반면『손자』에서는 전술을 이렇게 설명하지 않는다. 손자는 이론적으로, 본질적인 측면에서, 추상적인 개념을 사용해 설명한다.

'추상'이란 무엇인가? 그것은 바로 형체를 버리고 그 정신만을 취하는 것이다. 형이하形而下는 버리고, 형이상形而上을 추구한다. 미녀는 아름답지만, 아름다움美이 미녀와 같지는 않다(소크라테스의 변론). 백마는 하얗지만, 하얀 말白馬이 말과 같은 것은 아니다(공손룡의 변론). 추상적인 개념이 없다면 아름다움과 희다는 것을 설명하기란 불가능하다.

'형세'란 바로 일종의 추상적인 개념이다. 둘을 나누어 말해보자면 '형'은 '형'이고 '세'는 '세'다. 합해서 보더라도 그것은 또 하나의 단어가 된다. 마치 동전이 양면을 갖는 것과 같다. 이 제2부는 철학적 색채가 매우 짙다. 서양의 한학자들은 이 단어의 정확한 의미를 그들의 언어로 번역하는 데 굉장히 어려워했다. 내가 보았던 영문판은 번역이 별로 좋지 않았다.

'형세'를 서술한 선진 시대의 병법서 중에서 가장 훌륭한 것은 바로 이 세 편이다. 이 세 편을 읽지 않았다면 '형세'를 알았다고 할 수 없다.

무엇을 '형세'라고 할까? 병서략兵書略에서 내린 정의는 이렇다. "천둥처럼 움직이고 바람처럼 일어나며, 나중에 출발하지만 먼저 도달하고, 헤어지고 합하고 나아가고 돌아서고 변화무상하며, 가볍고 빠르게 적을 제압하는 것이다雷動風擧, 後發而先至, 離合背鄉, 變化無常, 以輕疾制敵者也." 뜻을 풀어보자면 이동이 은밀하고, 갑작스레 공격하며, 기동이 민첩하고, 신속하게 자주 변화하며, 전술이 굉장히 교묘함을 뜻한다. 그러나 '형세'가 무슨 뜻인지는 설명하지 않았다:[1]

제2부의 세 편과 다음 제3부의 다섯 편은 모두 형세를 말하지만 그 각도가 다르다. 여기서는 이론적인 측면에서 설명하고, 다음의 다섯 편은 실전의 측면에서 설명한다. 우리가 '형세'의 의미를 이해하고자 한다면 역시 제2부의 내용을 읽어야 한다.

'형세'란 무엇인가? 인췌산 한간漢簡 「기정」 편에서 이렇게 말했다. "남은 곳이 있고, 부족한 곳이 있다. 형세가 그렇다有所有餘, 有所不足, 形勢是也." 이 구절이 말하는 것은 아주 간단하다. 바로 병력의 배치다. 이 지역에는 좀 더 많이, 저 지역에는 좀 더 적게 하는 것이 마치 바둑을 두는 것과 같다. 『손자』는 이를 '많고 적음의 운용衆寡之用'이라고 설명했다(「모공」 편의 마지막 장). 이는 '형'과 '세' 두 글자를 합쳐서 두루뭉술하게 설명한 것이다.

'형'과 '세'를 나눠서 설명하자면, 두 글자를 대조해서 봐야 한다. 이들은 하나의 같은 물건에 있는 두 개의 다른 측면이다.

'형'이란 무엇이고 '세'란 무엇인가? 먼저 단어의 의미로부터 개괄해보자.

1) '형形'은 '형型'과 관련이 있다. 본래는 거푸집, 즉 금속을 주조할 때 사용하는 틀(모형)을 가리키는 말로 모형 그 자체를 말하거나(명사로 사용) 그

러한 모형을 이용해서 어떤 다른 사물의 형태를 만드는 일을 뜻하기도
하고(동사로 사용) 모형으로 만들어낸 별개의 물건을 가리키기도 했다.(명
사로 사용)

2) '세勢'는 '설設'과 관련이 있다. 본래는 어떠한 물건을 만들고, 어떤 구조(골
격)를 만들며, 어떤 형세를 만드는 것을 뜻했다. 이러한 구조와 형세를 바
로 '세'라고 부른다.

3) '형'은 형상形狀·형태·형식 등과 관련이 있다. '형'은 정지 상태의 사물(고
체와 같은)이고, 고정되어 있는 형상이다. '세'는 동태적인 것으로(액체나 기
체와 같은), 고정된 형태가 없다.[2]

4) '형'은 형상과 관련이 있다. '형'은 형태가 있어서 볼 수 있는 것을 말하고
'세'는 보이지 않는 것이다.[3]

'형세'를 연구함에 있어 우리가 주의해야 할 점은 '형'과 '세'가 별개의 것이
아니라 전적으로 동일한 것이라는 점이다. 형과 세는 이론상으로 분리할 수 있
을 뿐 실제로는 분리할 수 없다. 우리가 '형'을 말할 때 '형' 이면에는 반드시
'세'가 있고, '세'를 말할 때 그 바깥에는 반드시 '형'이 있다. 형과 세는 서로 안
과 밖의 관계로서, 바깥 면은 '형'이고 그 안쪽은 '세'다.

'세'를 축적하여 '발發'하기를 기다릴 때, '세'는 '형形'의 배후에 숨어 있다. 이
는 마치 총의 탄창 안에 숨어 있는 총알과 같다. 그것이 발사된 뒤에 우리는 비
로소 그것의 위력을 알 수 있다. 사격을 할 때 맨 처음에 총알을 장전하고, 그
다음에 조준을 하고, 방아쇠를 당긴다. 총알을 장전하는 것은 '형'이고 조준하
는 것은 '세'이며 방아쇠를 당기는 것은 '절節'이다. 「세」 편에서 "세는 마치 시위
를 당긴 쇠뇌와 같고, 절은 마치 그것을 쏘는 것과 같다勢如彍弩, 節如發機"고 했다.

 '형'과 '세' 두 가지는 서로 일치할 수도 있고 일치하지 않을 수도 있는데, 일치하지 않는 것은 '거짓된 현상假象'이다. '시형示形(보이는 형상)'의 '형'에는 참과 거짓이 뒤섞여 있고, 대부분의 경우 거짓된 현상이다.

 가장 뛰어난 해석은 후한 말기의 사학자인 순열荀悅이 남겼다. 그는 '형'이란 "대체적인 득得과 실失의 수"이며 '세'란 "때에 이르러 나아가고 물러서는 것"이라고 했다.(『전한기前漢紀』「고조황제기高祖皇帝紀」) 예를 들면 묘산할 때 따져본 '대체적인 득과 실의 수'가 바로 '형'에 속하고, 전쟁터에서 '때에 이르러 나아가고 물러서는 것'은 바로 '세'에 속한다.

 '형세'에 대하여 『손자』는 세 편으로 나누어 설명한다. 이 세 편의 관계를 먼저 살펴보자.

 「형形」편은 '형'을 설명한다. '형'이란 자신이 본래 갖추고 있는 것으로서 자기와의 관련성이 매우 크다. 여기서는 '전투 준비準戰'를 주로 이야기한다.

 「세勢」편은 '세'를 설명한다. '세'란 적의 상황에 따라 세워지는 것으로서 적과의 관련성이 더 크다. 여기서는 '적에 대응하는 것應敵'을 주로 이야기한다.

 「허실虛實」편도 역시 '세'를 설명한다. 하지만 여기서 '세'란 '점 위의 세'가 아닌 '면 위의 세'를 말한다. '점 위의 세'란 '기정奇正'이고, '면 위의 세'란 '허실'이다. 점 위의 세는 점 위에서 패하지 않는 것만을 보증하는 것으로 단지 적에게 대응만 할 수 있는데, 이것만으로 전체적인 전쟁의 국면에서 승리를 얻기는 부족하다. 이 편은 주로 '제승制勝(승리를 제어함)'을 이야기한다.

 세 편은 순차적으로 나아가는 관계에 있다. 「형」편은 '형'을 설명하지만 오히려 '형'자를 거의 언급하지 않는다. 시작부터 결미에 이르기까지 기본적으로 '형'이라는 글자를 찾기조차 어렵다. 문장의 마지막 부분에 이르러서야 마침내 한 번 나오는데, 여기에도 역시 정의는 없다. 단지 "높은 산에 물이 흐르는 것高

山決水"에 비유할 뿐이다.

손자가 '형'에 대해 도대체 어떤 견해를 갖고 있는지, 오히려 그다음 편에서 해석 하나를 발견할 수 있다. "강하고 약한 것이 형이다強弱, 形也"라는 구절이다.

'강약強弱'의 개념은 본래는 실력에서 나왔다. 실력은 첫 번째로는 국력, 두 번째로는 군력軍力이다. 군력은 군부軍賦에 좌우되는 것이고, 군부는 국력에 의존한다. 결국 모든 것이 국력에 의지하는데, 본편 세 번째 장은 군부에 대해 설명한다.

'병사를 쓰는 일用兵'은 수중에 병력이 있어야 한다는 것이 전제다. 병력이 있어야만 병력을 사용할 수 있는 것이다. 또 전쟁을 준비하는 데 관건은 군부다. 논이 있어야 식량이 있고, 백성이 있어야 병력도 존재하고, 그래야만 전쟁을 할 수 있다. 이 편은 군부를 중점적으로 설명한다. '형'은 추상적인 개념일 뿐만 아니라 실제로 존재하는 것이기도 하다.

손자는 전쟁을 논할 때 '승리勝'에 대해 말하기를 가장 좋아했다. 서두부터 결미까지 어느 편에서든 승리를 이야기하는데, 특히 이 「형」 편에서 가장 많이 언급한다. 독자들이 눈치 챌지 모르겠는데, 어떤 편과 비교해보더라도 여기에 '승'이 특별히 많이 나온다. 「형」 편에 '승'이라는 글자는 총 26번이 나온다.

여기서 말하는 '승'에는 중요한 의미가 하나 있다. 바로 "먼저 자신의 승리를 구하고 그다음에 적으로부터의 승리를 구하라先求己勝, 再求勝敵"는 것이다. 먼저 자신의 승리를 구하라는 것은 바로 '형승形勝(형으로 승리함)'이다.

'형승'이란 무엇인가? 아래의 인용문을 읽어보자.

그러므로 '형'이 있는 무리는 이름을 붙일 수 없는 것이 없고, 이름이 있는 무리는 이기지 못할 것이 없다. 그러므로 성인聖人은 만물의 장점으로 만

물을 이기기 때문에 끊임없이 이길 수 있다.

싸움은 형으로 이기는 것이다. 형은 이기지 못할 것이 없지만 이길 수 있는 형을 아는 사람은 없다. 형으로 이기는 것의 변화는 하늘과 땅이 서로 가리는 것과 같아서 끝이 없다. 형으로 이기는 것은 초나라와 월나라의 수많은 대나무도 그것을 쓰기에 부족하다. 형은 모두 그 장점으로 이기는 것이다. 한 가지 형의 장점으로 모든 형을 이기는 것은 불가능하다. 형을 제어하는 것은 하나이지만 이기는 이유는 하나일 수가 없다. 그러므로 싸움을 잘하는 사람은 적의 장점을 보면 적의 단점을 알 수 있고, 적의 부족한 점을 보면 적의 넉넉한 바를 알 수 있다. 승리를 보는 것이 해나 달을 보는 것처럼 분명하다. 승리를 위해 조치하는 것이 물로 불을 끄듯 분명하다. 형을 가지고 형에 대응하는 것은 정正이며, 형 없이 형을 제어하는 것은 기奇다. 기와 정이 다함이 없는 것은 분分이다. 기수奇數로 나누고 오행으로 제어하며 형刑명名으로 싸운다. 나누어짐이 정해지면 형이 드러나며 형이 정해지면 이름이 있다.

故有形之徒, 莫不可名. 有名之徒, 莫不可勝. 故聖人以萬物之勝勝萬物, 故其勝不屈. 戰者, 以形相勝者也. 形莫不可以勝, 而莫知其所以勝之形. 形勝之變, 與天地相敵而不窮. 形勝, 以楚越之竹書之而不足. 形者, 皆以其勝勝者也. 以一形之勝勝萬形, 不可. 所以制形壹也, 所以勝不可壹也. 故善戰者, 見敵之所長, 則知其所短. 見敵之所不足, 則知其所有餘. 見勝如見日月. 其錯勝也, 如以水勝火. 形以應形, 正也. 無形而制形, 奇也. 奇正無窮, 分也. 分之以 刑 名 奇數, 制之以五行, 鬪之以. 分定則有形矣, 形定則有名[矣].(인췌산 한간 「奇正」)

손자가 '형승形勝(형으로 승리함)'이라는 단어를 직접 언급하지는 않았지만 이미 그가 승리에 대해서 논할 때 그 말 안에 이 개념이 포함되어 있다. 형승이란 바로 '형으로 승리함以形相勝'을 말한다. 이는 실력을 이용해 승리한다는 뜻이다. 그런데 이 편에서 말하는 승리는 아직 '견승見勝(승리를 예측함)'일 뿐, '이기는 이유所以勝'나 '승리를 조치함錯勝' 또는 '적에 따라 승리를 제어함因敵制勝'을 말하는 것이 아니다. 적에 따라 승리를 제어하는 것은 다음 「세」 편의 내용이다.

「형」 편은 굉장히 짧은데, 여기서는 4개의 장으로 나눈다.

제1장은 형形으로 승리하는 것이 적에게 있지 않고 나에게 있다는 것을 설명한다.

제2장은 형으로 승리하는 것이 쉽게 보이고 쉽게 알 수 있다는 것을 설명한다.

제3장은 승리를 아는 열쇠가 군부에 있음을 설명한다.

제4장은 형으로 승리하는 일이 깊은 골짜기의 세찬 물과 같다는 것을 설명한다.

【4.1】

손자가 말했다. 옛날에 전쟁을 잘하는 사람은 먼저 적이 이길 수 없도록 만들고 난 뒤에 적을 이길 만한 시기를 기다렸다. 적이 이길 수 없도록 하는 것은 자신에게 달려 있고 적을 이길 수 있는 것은 적에게 달려 있다. 그러므로 전쟁을 잘하는 사람은 적이 이기지 못하게 할 수 있지만 적을 반드시 이기게 만들 수는 없다. 그러므로 승리는 미리 알 수 있지만 승리할 수 있는 것은 아니라고 한 것이다. 이길 수 없는 경우는 지켜야 하고, 이길 수 있는 경우는 공격해야 한다. 지키는 것은 부족하기 때문이고 공격하는 것은 여유가 있기 때문이다. 수비를 잘하는 사람은 깊은 땅 속에 숨듯이 하고, 공격을 잘하는 사람은 높은 하늘 위에서 움직이듯이 한다. 그러므로 자기를 잘 지킬 수도 있고 완전한 승리를 얻을 수도 있다.

孫子曰: 昔之善戰者, 先爲不可勝, 以待敵之可勝. 不可勝在己, 可勝在敵. 故善戰者, 能爲不可勝, 不能使敵之必可勝. 故曰, 勝可知, 而不可爲. 不可勝者, 守也. 可勝者, 攻也. 守則不足, 攻則有餘. 善守者, 藏於九地之下. 善攻者, 動於九天之上, 故能自保而全勝也.

이 장에는 '승勝'이라는 글자가 모두 10번 나오는데, 특히 '형승'을 설명한 부분이 중요하다. 형승이란 자신의 실력 그리고 자신의 우세함에 의거해서 승리를 얻는 것이다.

"옛날에 전쟁을 잘하는 사람은 먼저 적이 이길 수 없도록 만들고 난 뒤에 적을 이길 만한 시기를 기다렸다. 적이 이길 수 없도록 하는 것은 자신에게 달려 있고 적을 이길 수 있는 것은 적에게 달려 있다昔之善戰者, 先爲不可勝, 以待敵之可勝. 不可勝在己, 可勝在敵." 여기에 나오는 '선전자善戰者(전쟁을 잘하는 사람)'는 죽간본에는 '전戰'자가 없이 모두 '선자善者(잘하는 사람)'라고만 되어 있다. 여기서 말하는 승리는 '먼저先'와 '나중後'의 구분이 있고, 적과 나의 구분이 있다. "먼저 적이 이길 수 없도록 만들고 난 뒤에 적을 이길 만한 시기를 기다렸다"는 말에서 강조하는 것은 '나중後'이 아니라 '먼저先'이다. "적이 이길 수 없도록 하는 것은 자신에게 달려 있고 적을 이길 수 있는 것은 적에게 달려 있다"에서도 강조점은 '적敵'이 아닌 '나己'에게 있다.[4] '먼저 이길 수 없도록 만드는 것先爲不可勝'은 아직 시작하지 않은 것이고, '적을 이길 만한 시기를 기다리는 것待敵之可勝'은 이미 착수한 것이다. 전자는 자신에게 실력이 있어서 결과에 승산이 있고 먼저 불패不敗의 장소에 서 있음을 말한 것이다. 후자는 우리가 만약 적을 격파하려고 한다면, 온전히 자신에게만 기대서는 안 되고 적의 도움에도 기대야 한다고 이야기한다. 적이 실수를 저지르지 않으면 별로 좋지 않다. 하지만 일단 실수를 저지르면 결코 그것을 모르고 지나쳐서는 안 된다. 이러한 기회는 적에게 달린 것이지 우리가 만들 수 있는 것이 아니다.

'형승'은 형으로써 승리를 이루는 것으로, 자신의 실력에 의지해 승리를 일 궈낸다. 그런데 이는 단지 승리의 절반일 뿐이다. 나머지 절반은 「세」 편의 중점 주제다. 전자는 다만 승리의 전제일 뿐 결과는 아니며, 그 뒤의 일도 똑같이 중 요하다.

"그러므로 전쟁을 잘하는 사람은 적이 이기지 못하게 할 수 있지만 적을 반 드시 이길 수 있도록 만들 수는 없다善戰者, 能爲不可勝, 不能使敵之必可勝." 앞에서 말한 '먼저 적이 이길 수 없도록 만든다先爲不可勝'라는 구절과 여기서 말한 '적 이 이기지 못하게 할 수 있다能爲不可勝'는 구절은 모두 '위爲'자를 쓴다. 그런데 이 두 개의 '위'는 단지 '형'일 뿐, '세'가 아니다. 여기서 말하는 '이길 수 없도록 한다不可勝'는 것은 '형승'으로, 승리의 절반에 불과하다. 나머지 절반은 "적을 반 드시 이길 수 있도록 만드는 것使敵之必可勝"이다. '반드시 승리하게 만드는 것必 可勝'이 바로 결정적인, 최후의 승리다. 이 최후의 승리는 '세'에 의지해야 한다. '세' 없이는 최후의 승리도 없다. '형승'의 '승'은 전쟁 준비 단계에서의 승리일 뿐 적에 대응하면서 얻은 승리가 아니다. 준비 단계의 단계에서 승리는 단지 예측으로서 실제 이긴 것은 아니며 실제적인 '승리'는 반드시 적이 초래한 상황 에 의거하여 한 동작 한 동작이 승리에 가까워지도록 해야 한다.

"그러므로 승리는 미리 알 수 있지만 승리할 수 있는 것은 아니라고 한 것이 다故曰, 勝可知, 而不可爲." 앞에 있던 두 개의 '위'는 모두 자신이 패하지 않는 위치 에 먼저 서야 한다는 측면을 말한 것이다. 먼저 불패의 위치에 서는 것은 곧 승리의 기초를 세우는 것이다. 이 기초가 이길 수 있도록 해주지만, 실제로 적을 이길 수 있는지 없는지는 전장에 나가봐야만 비로소 분명해진다.

전쟁 준비는 전제이지 결과가 아니며, 뒤에 올 결과가 어떻게 될지는 아군의 상황만을 봐서는 모른다. 적군의 상황도 봐야 한다. 적군이 전쟁터에 도달했을 때 볼 수 있는 것이다. 이 장과 「허실」편의 한 구절이 아주 정확히 상반되는데, 「허실」편에는 "그러므로 승리는 만들 수 있다고 한 것故曰, 勝可爲也"이라는 말이 있다. 그런데 표면적으로 모순되는 이 두 구절은 사실은 모순이라고 할 수 없다. 각각 강조한 문제의 측면이 다르기 때문이다. "승리는 미리 알 수 있지만 승리할 수 있는 것은 아니다勝可知, 而不可爲"라는 말은 실력의 강약은 정해진 수치가 있어서 사전에 예측과 계산이 가능하지만, 때가 되었을 때 그것이 그대로 승리로 이어지는 것은 아니라는 말로, 실력은 만들어진 그대로 나올 수는 없다는 뜻이다. 반면에 "승리는 만들 수 있다"는 말은 진정한 승리, 최후의 승리가 사전에 미리 결정될 수 있는 것이 아니고 실제의 전투를 통해서만 얻어지며, 적의 상황에 따라 결정된다는 것이다. 실력의 발휘는 적군의 주관적인 능동성에 따른다. '세勢'의 측면에서 본다면, 여전히 그럴 가능성이 크다는 뜻이다.

"이길 수 없는 경우는 지켜야 하고, 이길 수 있는 경우는 공격을 해야 한다. 지키는 것은 부족하기 때문이고 공격하는 것은 여유가 있기 때문이다不可勝者, 守也. 可勝者, 攻也. 守則不足, 攻則有餘." 여기서 주의할 점은 현행본의 '지키는 것은 부족하기 때문이고 공격하는 것은 여유가 있기 때문이다'라는 부분이다. 죽간본에는 '지키는 것은 여유가 있기 때문이고, 공격하는 것은 부족하기 때문이다守則有餘, 攻則不足'라고 되어 있다. 두 문장이 완전히 상반되는 것이다.

죽간본은 전한 시대의 문장으로 쓰여서 물론 아주 오래되고 낡았지만, 현행본 역시 송대 이전부터 있던 것으로서 낡고 오래되기는 마찬가지다. 예를 들면

『한서』「조충국전趙充國傳」, 『후한서』「풍이전馮異傳」, 『잠부론潛夫論』「구변球邊」의 인용문은 현행본과 같다. 그런데 어째서 뚜렷하게 반대되는 두 종류의 글이 있을 수 있을까? 그 이면에는 그럴 만한 사정이 있을 것이므로 소홀히 지나칠 수 없다.

이러한 차이는 아마도 문장에 대한 이해 차이에서 기인하는 듯하다. 즉 "이 길 수 없는 경우는 지켜야 하고, 이길 수 있는 경우는 공격을 해야 한다不可勝者, 守也. 可勝者, 攻也"는 구절에 대한 이해가 다른 것이다. 현행본의 경우 '이길 수 없는 자不可勝者'는 적이고 '이길 수 있는 자可勝者'는 나를 의미한다. 내가 공세를 취하는 쪽이고, 적은 수비하는 쪽이다. 공세를 취하는 쪽은 여유가 있기 때문에 실력이 상대방보다 우세하지만, 수세를 취하는 쪽은 여유가 부족하며 실력이 상대방보다 못하다.

죽간본의 이해는 이와 다르다. 죽간본은 여기의 '이길 수 없다不可勝' '이길 수 있다可勝'를 인용문 맨 앞 문장의 '이길 수 없다' '이길 수 있다'와 같이 보았다. 앞 문장의 "먼저 적이 이길 수 없도록 만들고 난 뒤에 적을 이길 만한 시기를 기다린다. 적이 이길 수 없도록 하는 것은 자신에게 달려 있고 적을 이길 수 있는 것은 적에게 달려 있다"에서는 '이길 수 없음'은 자신을 가리키고 '이길 수 있음'은 적을 가리킨다. 만약 양자가 일치한다면 여기서도 '이길 수 없음'이 나를 가리키고 '이길 수 있음'은 적을 가리켜야 한다. 즉 '이길 수 없으면 지키고, 이 길 수 있으면 공격한다'는 것은 내가 수비하고 적이 공격하는 경우를 말하는 것이다.

죽간본이 "수비하는 것은 부족하기 때문이고 공격하는 것은 여유가 있기 때문守則不足, 攻則有餘"이라는 문장을 "수비하는 것은 여유가 있기 때문이고 공격하는 것은 부족하기 때문守則有餘, 攻則不足"이라고 한 것은 아마도 다음과 같은 이해의 차이 때문일 것이다. 즉, 아군이 수비하는 것은 아군이 충분한 실력을 지니고 있기 때문이다. 적이 공격하는 것은 실력이 아군보다 못하기 때문이다. 사실 공격은 수비만 못해서 수비하는 쪽이 강세이고 공격하는 쪽은 약세다. 이러한 이해는 듣기에 약간 부자연스러운 점이 있지만 전혀 엉뚱한 말은 아니다. 예를 들어 클라우제비츠는 일반적으로 공격하는 자가 강하고 수비하는 자가 약하다고 생각하지만 사실은 그 반대라고 했다.[5] 왜냐하면 대부분의 상황에서 공격하는 쪽이 수비하는 쪽보다 소모가 더 심하다. 수비하는 쪽은 그래서 여유가 있는 것처럼 보이고 공격하는 쪽은 부족한 듯 보인다. 대다수의 군사전문가들은 모두 이러한 사례를 이야기한 바 있다.

"수비를 잘하는 사람은 깊은 땅 속에 숨듯이 하고, 공격을 잘하는 사람은 높은 하늘 위에서 움직이듯이 한다. 그러므로 자기를 잘 지킬 수도 있고 완전한 승리를 얻을 수도 있다善守者, 藏於九地之下. 善攻者, 動於九天之上, 故能自保而全勝也." 이 구절도 죽간본과 현행본이 같지 않다. 죽간본은 수비를 강조하며 거기에는 '공격을 잘하는 사람善攻者'이라는 문구가 없다. 죽간본의 내용은 이렇다. 수비를 잘하는 사람은 먼저 불패의 위치에 서서 자신을 아주 깊은 곳에 숨기는데, 마치 구지九地 아래에 묻어 자기를 잘 보호하는 것 같다. 그런 뒤에 또 시기를 놓치지 않는다. 일단 적의 약점이 발견되면 돌연 공격을 시작하는 것이, 마치 천둥과 벼락이 사방에 흩어져 구천九天 위에서 움직이는 것처럼 갑작스럽고 예상을 깬다. 여기서 말하는 '구천'과 '구지'는 고서에 자주 등장하는 '구천'이나 '구야九野'를 뜻한다. '구천'은 아주 높음을 말하고 '구지'는 아주 낮음을 말한다.[6]

가장 마지막 구절의 '자보自保(스스로를 보호)'는 바로 다음 장에 나오는 "패배하지 않을 곳에 서는 것立於不敗之地"을 뜻하고 '전승全勝(완전한 승리)'은 다음 장의 "적의 패배를 놓치지 않음不失敵之敗"을 뜻한다. 이 두 항목이 더해져야만 비로소 '완전한 승리全勝'가 된다.

【4.2】

승리의 예측이 보통 사람들이 알고 있는 것을 뛰어넘지 못하면 뛰어난 중에서 뛰어난 자가 아니다. 싸움에서 승리를 얻어 천하가 훌륭하다고 말해도 뛰어난 중에서 뛰어난 자가 아니다. 그러므로 가벼운 털을 들 수 있다고 힘이 세다고 하지 않고, 해나 달을 볼 수 있다고 시력이 좋다고 하지 않고, 천둥소리를 들을 수 있다고 청각이 뛰어나다고 하지 않는 것과 같다. 옛날에 이른바 전쟁을 잘하는 사람은 쉽게 이길 수 있는 적에게 이겼다. 그러므로 전쟁을 잘하는 사람은 승리를 거두어도 지략이 있다는 명성이나 용감하다는 공적이 없었다. 그가 전쟁에서 승리를 거둔 것은 틀림이 없었기 때문인데, 틀림이 없었던 것은 그가 승리를 준비해 이미 패배한 적을 이겼기 때문이다. 그러므로 전쟁을 잘하는 사람은 패배하지 않을 곳에 서서 적의 패배를 놓치지 않는다. 이 때문에 전쟁에서 이기는 군대는 먼저 승리를 준비한 뒤에 전쟁을 하고, 전쟁에서 지는 군대는 먼저 싸운 뒤에 승리를 구한다. 용병을 잘한 사람은 길을 닦고 법을 보전한다. 그러므로 패자를 이기는 정치를 할 수 있다.

見勝不過衆人之所知, 非善之善者也. 戰勝而天下曰善, 非善之善者也. 故擧秋毫不爲多力, 見日月不爲明目, 聞雷霆不爲聰耳. 古之所謂善戰者, 勝於易勝者也. 故善戰者之勝也, 無智名, 無勇功. 故其戰勝不忒, 不忒者, 其所措勝, 勝已敗者也. 故善戰者, 立於不敗之地, 而不失敵之敗也. 是故勝兵先勝, 而後求戰, 敗兵先戰而後求勝. 善用兵者, 修道而保法, 故能爲勝敗之政.

'형形'은 뚜렷하고도 쉽게, 명백히 들여다보이는 것이다.

"승리의 예측이 보통 사람들이 알고 있는 것을 뛰어넘지 못하면 뛰어난 중에서 뛰어난 자가 아니다. 싸움에서 승리를 얻어 천하가 훌륭하다고 말해도 뛰어난 중에서 뛰어난 자가 아니다見勝不過衆人之所知, 非善之善者也. 戰勝而天下曰善, 非善之善者也." 이 구절은 실력 차이가 아주 분명해서, 승부의 구분이 매우 명확한 경우를 말하고 있다. 이러한 전쟁에서는 승리를 했더라도 본래 대단한 일이라고 느끼기 어렵다. 여기에는 '뛰어난 중에서 뛰어난 자善之善者'라는 표현이 두 번 나오는데, 죽간본에는 '뛰어난 자善者'라고만 되어 있다. "뛰어난 중에서 뛰어난 자다善之善者也"라는 말은 아마 나중에 등장한 표현일 것이다. 예를 들어 『태평어람太平御覽』(제322권)에는 "뛰어난 중에서 뛰어난 것이 아니다非善之善者也"라고 썼고 송나라 판본도 모두 "뛰어난 중에서 뛰어난 자다善之善者也"라고 되어 있다. '뛰어난 중에서 뛰어난 자'란 '전쟁을 잘하는 자善戰者'보다도 뛰어나게 전쟁을 잘하는 자다.

"그러므로 가벼운 털을 들 수 있다고 힘이 세다고 하지 않고, 해나 달을 볼 수 있다고 시력이 좋다고 하지 않고, 천둥 소리를 들을 수 있다고 청각이 뛰어나다고 하지 않는 것과 같다故擧秋毫不爲多力, 見日月不爲明目, 聞雷霆不爲聰耳." 이 구절은 모두 승리를 얻는 것이 아주 쉬움을 묘사했다. 여기서 '추호秋毫'란 가을에 새와 짐승의 털이 매우 얇아지는 것으로, 매우 가벼움을 형용한 것이다.

"옛날에 이른바 전쟁을 잘하는 사람은 쉽게 이길 수 있는 적에게 이겼다古之所謂善戰者, 勝於易勝者也." 이 구절의 앞부분 일곱 자는 죽간본에는 '이른바 뛰어난 자所謂善者'라고만 되어 있다. 여기서는 통상 말하는 '전쟁을 잘하는 자善戰者'를 가리킨다. 뒷부분 여섯 자는 '형승形勝(형으로 승리함)'에 속하는데, 즉 우세를 계산하여 승리를 취한 것을 말한다. 「계」 편의 가장 마지막 장에서 바로 이러한 종류의 승리를 이야기했다.

"그러므로 전쟁을 잘하는 사람은 승리를 거두었지만 지략이 있다는 명성도 없었고 용감하다는 공적도 없었다. 그가 전쟁에서 승리를 거둔 것은 틀림이 없었기 때문이다故善戰者之勝也, 無智名, 無勇功, 故其戰勝不忒." 이 구절 역시 '형승'을 설명한 것이다. '형승'은 불패의 위치에 스스로 선 뒤 적으로부터 승리를 구하는 것이다. 이러한 승리는 전쟁을 준비하는 단계의 승리로서, 실력이 확실하고 믿을 만하여 아무런 걱정도 없는 상태다. '그러므로 전쟁을 잘하는 사람의 승리는故善戰者之勝也'이라는 표현은 죽간본에는 '그러므로 뛰어난 자의 전쟁은故善者之戰'이라고 되어 있다. '忒'의 중국어 발음은 '터tè'인데, 이는 '착오, 틀림, 어긋남差錯'이라는 의미로서 여기서는 비정상, 이상함 혹은 의외롭다는 뜻이다. 즉 '틀림이 없다不忒'는 것은 득실의 수치가 예상했던 것과 얼추 같아서 어떠한 의외의 상황도 있을 수 없음을 말한다. 예상치의 80~90퍼센트는 된다는 뜻이다.

"틀림이 없었던 것은 그가 승리를 준비해 이미 패배한 적을 이겼기 때문이다不忒者, 其所措必勝, 勝已敗者也." 이 문장은 어째서 의외성이 없는지를 설명한다. 아군의 조치가 모두 승산이 있음을 파악한 상태로, 아직 행동으로 나타나지는 않았지만 이미 계산상 적군을 패배시켰기 때문이다. '그가 승리를 준비해 이미 패배한 적을 이겼기 때문'이라는 표현은 죽간본에는 "그가 승리를 준비한 것이다其所錯(措)勝敗者也"라고 되어 있다. 비교하여 읽어보면 두 번째의 '승勝'이 빠지고 없다. '승리를 준비하다措勝'라는 말은 「허실」 편에서도 볼 수 있는데, 거기에는 "형에 따라 많은 사람에게 승리를 준비하게 한 것인데, 사람들은 그것을 알지 못한다因形而措勝於衆, 衆不能知"라고 나와 있다. '인형因形'은 우세함을 이용하는 것이고 '많은 사람에게 승리를 준비하게 함'이란 그러한 우세를 군인들의 행동으로 실현하도록 하는 것이다.

"그러므로 전쟁을 잘하는 사람은 패배하지 않을 곳에 서서 적의 패배를 놓치지 않는다故善戰者, 立於不敗之地, 而不失敵之敗也." 이 문장에서 '패배하지 않을 곳에 선다'는 말은 '형'에 속하고 '적의 패배를 놓치지 않는다'는 말은 '세'에 속한다. 전쟁이 아직 시작되지 않았을 때 아군은 우세함을 가지고 패배하지 않을 위치에 스스로 선다. 그러나 이것은 다만 승산의 절반일 뿐이다. 나머지 절반은 적군에게 달려 있다. 적이 실수를 저지를지 저지르지 않을지가 굉장히 중요한 변수다. 실전에 돌입해 적과 나 쌍방이 서로 싸워봐야 비로소 판단내릴 수 있는 것이다.

여기서 '형승'에 관해 주의해야 할 점이 있다. 손자가 말한 전쟁은 모두 큰 나라 사이의 전쟁으로, 말하자면 제2차 세계대전과 유사한 그런 종류의 전쟁이다. 이러한 전쟁은 모두 국가의 지지를 받는 정규전이라서 강약의 형形이 정해져 있고 승패의 구분이 분명하게 보인다. 속임수보다 실력이 훨씬 더 중요한 전쟁인 것이다.

대국은 실력에 의거해서 전쟁을 한다. 실력이란 종합적인 개념으로, 과학기술·경제·정치·외교·군사의 다섯 가지 실력을 합쳐서 일컫는다. 따라서 전쟁은 정치성과 총체성이 매우 강하다. 때문에 모든 것이 정공법에 따라 이루어질 것 같다. 하지만 그럼에도 불구하고 대국 역시 속임수를 쓰는데, 그 방법은 주로 위협이다. 전략적으로 혹은 허세로도 위협을 하는데, 그 뒤에는 강경함이 있다. 대국의 우세함은 여기에 있다.

이외에 다른 종류의 전쟁도 있다. 역사 속에서 약자가 강자를 이기고, 오랑캐가 중원을 이기고, 떠돌이 도적들이 관군을 이기는 것은 이러한 전쟁이 다가 아니기 때문이다. 실력에서 우세함이 없는 이들은, 무엇으로 이기는 것일까? 그들에게는 그들만의 전술이 있다.(예를 들면 지구전이나 유격전.) 오늘날의 테러리스트들이나 불법 무장 세력에게도 그들만의 전법이 있다. 결코 정식적인 전쟁 방법만 있는 것이 아니다. 병법은 강자에게 귀속된 것이 아니다.

『사마법』「인본仁本」에 이런 말이 있다. "옛날에는 인仁으로 근본을 삼고 의義로 다스렸는데, 이를 정正(정도正道)이라고 한다. 정正으로 뜻을 얻지 못하면 권權(권도權道)을 했는데, 권은 전쟁에서 나오며 충忠과 인仁에서 나오지 않았다古者以仁爲本, 以義治之之爲正, 正不獲意則權, 權出於戰, 不出於中忠人仁." 이 말은 매우 유명하다. '정(정도)'이란 정치이고 '권(권도)'은 전쟁이다. 옛날 사람들은 '권'은 '정'이 통하지 않은 경우에만 부득이하게 쓰는 것이라고 생각했다. 사실 '형'과 '세'의 관계도 이와 유사한 점이 있다. 전자가 일종의 '정도正'라면 후자는 일종의 '권도權'다.

대국의 경우는 '형과 '세'의 구별이 아주 명확하지만, 세력이 약한 상대방의 경우 '형'과 '세'는 거의 한몸이다. 다만 후자는 전자에 비해 속임수詐를 조금 더 중요하게 여긴다. 이러한 속임수는 실력의 우세 없이 속이는 것이다. 당연한 것이지만, 세가 강한 자들에 비해 이들의 병법은 실력보다 계책을 훨씬 더 중요하게 여기며 '형'보다 '세'를 중시한다.

【4.3】

병법에서 첫째는 '도度(토지의 면적)'이고, 둘째는 '양量(양식의 분량)'이고, 셋째는 '수數(인구 수)'이고, 넷째는 '칭稱(저울질)'이고, 다섯째는 '승勝(승리)'이다. 토지는 '도'를 낳고 '도'는 '양'을 낳고 '양'은 '수'를 낳고 '수'는 '칭'을 낳고 '칭'은 '승'을 낳는다. 그러므로 승리하는 군대는 무거운 것으로 가벼운 것을 저울질하는 것과 같고, 실패한 군대는 가벼운 것으로 무거운 것을 저울질하는 것과 같다.

兵法, 一曰度, 二曰量, 三曰數, 四曰稱, 五曰勝. 地生度, 度生量, 量生數, 數生稱,
稱生勝. 故勝兵若以鎰稱銖, 敗兵若以銖稱鎰.

『손자』에서 소위 말하는 '형' 개념의 핵심은 실력이다. 실력은 어느 정도 숫자로 측정이 가능하기 때문에, 수학적 방법으로 한 항목 한 항목 계산해낼 수 있다.

여기서 '병법'은 제도, 특히 군부제도를 말한다. 군부제도는 고대의 '출군법出軍法'으로 '군법'에 속하는데, 이는 넓은 의미로 병법이다. 이는 징병뿐만 아니라 무기 징발과 양식 징발도 포함한다. 일체의 인력 자원과 군용물자는 모두 징집과 징발의 목록에 오른다.

'병력 사용用兵'의 전제는 병력을 양성하고, 훈련하고, 관리하는 것이다. 병력의 양성은 후방의 지원 업무에 의존하고, 사병의 훈련은 훈련 장비에 의존하며, 사병의 관리는 지휘 관리에 의존한다. 이 세 항목은 또 전체적으로 전제하는 바가 있는데, 바로 사병의 징집이다. 사병을 징집해야 수중에 병력이 생기고, 그래야 비로소 양병養兵과 연병練兵, 치병治兵과 용병用兵을 이야기할 수 있다. 이것은 기초 중의 기초다.

「계」편은 실력에 5대 지표가 있음을 설명했는데, 그것은 도道, 천天, 지地, 장將, 법法이며 중요한 것은 정치 지표, 군사 지표, 그리고 천시天時와 지리地利였다. 이 장에도 5대 지표가 있는데, 전부 경제 지표다. 군부제도는 모든 제도의 기초이고, 경제는 정치와 군사의 기초다.

옛사람들은 군부제도를 토지를 헤아리고 추산하여 출병할 사병 수를 계산하는 방법이라 해서 '요지출졸지법料地出卒之法' 혹은 '산지출졸지법算地出卒之法'이라고 불렀다. 그러면 어떻게 계산하고 어떻게 예측할까? 이는 커다란 장부에 연말결산을 하는 것과 같다. 장부는 5단계로 나누어서 차례대로 정리하면서 계산을 진행한다.

첫 번째는 '도度'다. '도'란 길이의 단위로, 주로 땅을 측량할 때 사용한다. 고대의 길이 단위는 대부분 십진법을 썼고(1인引은 10장丈, 1장은 10척尺, 1척은 10촌寸, 1촌은 10분分) 토지를 측량할 때는 언제나 보법步法을 사용해 길이와 너비를 측량했다. 6척尺을 1보步로 하여 100보를 1묘畝(100보×1보)로 삼고, 100묘는 1경頃(100보×100보), 9경은 1정井이나 혹은 1리里(300보×300보)로 삼았다. 토지를 조사해 산출량을 정하는 것은 군부제도의 기초다.

두 번째는 '양量'이다. '양'은 용량인데, 주로 양식을 계산할 때 사용했다. 고대의 용량 단위는 초기에는 4진법(예를 들어 강제량제)을 썼고 10진법(예를 들어 진제량제)도 있었다. 4진법은 기하학적으로 나눌 때 편리하지만 10진법으로 환산하기에는 불편했는데, 4에 1을 더해 5진법으로 변했다가 10진법으로 발전했다. 한나라 제도인 '5량五量'은 1곡斛이 10두斗, 1두가 10승升, 1승이 10홉合, 1홉이 2약龠이다.

고대에 식량 배급이나 녹봉 지급은 모두 식량을 기준으로 삼았다. 사병에게 배급하는 식량은 가장 높은 등급이 매일 1두斗였고, 관리의 녹봉은 가장 낮은 등급이 매일 1두를 받았다(이러한 관리를 두량리斗量吏라고 불렀다). 배급 식량의 수량이 적으면 양기量器(용량을 재는 그릇)를 사용하는 것이 편리했고, 배급 식량의 수량이 많아지면 비로소 형기衡器(저울추와 저울대 등 중량을 다는 기구)를 사용했다. 예를 들어 고급 관리는 녹봉이 100석, 1000석, 1만 석에 달했다. 1석은 120근으로 이는 중량 단위다. 건초여물 역시 대개 '형기'를 사용해 중량을 쟀다.

세 번째는 '수數'다. '수'는 토지를 근거로 계산해낸 병사들의 숫자다. 다음 편에 나오는 '분수分數'의 '수'는 바로 각 급에 편제된 수량을 가리킨다. 『관자』「칠법七法」에 이런 말이 있다. "군대의 운용은 시기의 선택이 중요하다曲制時舉. (…) 병력과 군수 물자의 많고 적음은 반드시 계획에 맞춰 산출해야 한다其數多少, 其要皆出於計數." 『상군서商君書』「산지算地」에도 이런 말이 있다. "사방 100리의 토지에서 출전하는 병졸이 만 명이면 그 수가 적은 편이다方土百里, 出戰卒萬人者, 數小也." 이러한 문장에 보이는 '수數'는 바로 병력의 숫자를 가리킨다.

네 번째는 '칭稱'이다. '칭'은 '형제衡制'에 사용하는 술어다. '형제'에서 '권權'은 저울추나 분동分銅을 뜻하고, 형衡은 저울대나 천칭天平을 가리킨다. '칭稱'은 바로 이러한 종류의 저울을 사용해 가볍고 무거움을 측정하는 것이다. 여기서는 적군과 아군의 병력 중 어느 쪽이 많은지 그 우열을 비교하는 것을 가리킨다.

다섯 번째는 '승勝'이다. '승(승리)'은 쌍방의 병력을 비교한 결과다. 「계」 편은 '승'을 설명할 때 적군과 아군의 병력을 비교해 기초로 삼았다. 여기서 말하는 '승' 역시 적군과 아군의 병력을 비교해 기초로 삼는다. 「계」 편과 여기서 말하는 두 가지 '승'은 비교하는 귀결점이 서로 같지만 보는 각도는 다르다. 여기서 강조하는 것은 전쟁 동원의 물질적 기초와 경제적 토대다. 결국 병력의 배경은 국력이다.

여기서 말하는 5대 지표는 첫째가 토지의 수량(면적)이며, 둘째는 양식의 수량, 셋째는 병사의 숫자, 넷째는 비교, 다섯째는 승리다. 이것들의 관계는 다음과 같다. 토지 규모에서 양식의 수량이 나오며, 양식의 수량에서 병사의 숫자가 나오며, 병사의 숫자에서 비교가 나오고, 비교로 승부가 정해진다. 간단히 말하면 얼마만큼의 식량이 있는지에 따라 그만큼의 사병을 양성할 수 있고, 사병이 많은 쪽에 승산이 있다. 결국 병사와 농사가 전쟁의 기본이다.

"그러므로 승리하는 군대는 무거운 것으로 가벼운 것을 저울질하는 것과 같고, 실패한 군대는 가벼운 것으로 무거운 것을 저울질하는 것과 같다故勝兵若以鎰稱銖, 敗兵若以銖稱鎰." '일鎰(중국어 발음은 이yi)'과 '수銖(중국어 발음은 주zhū)'는 모두 중량 단위인데, '일'과 '수'의 비율은 576 대 1로 큰 차이가 있다. 여기서 말하는 것은 적군과 아군의 역량이 만약 현저히 차이가 난다면 승부의 구분 역시 분명하여 쉽게 알 수 있다는 것이다.

【4.4】

승자의 전쟁은 백성이 마치 천 길 높은 계곡에 모아둔 물을 터뜨리는 것
과 같은데, 이것이 바로 '형形'이다.

勝者之戰〔民也〕, 若決積水於千仞之谿者, 形也.

여기서는 전쟁을 깊은 계곡의 물에 비유한다. 지금까지의 내용을 고려하면 '승자勝者'란, 땅이 넓고 양식과 사람이 매우 많아서 국력과 병력이 우세를 점한 쪽을 말한다.

'전민戰民'은 자기 편의 민중을 동원해 전쟁에 투입시키는 것을 뜻한다. 현행 본인 『위무제주魏武帝注』본과 『무경칠서武經七書』본에는 '민야民也' 두 글자가 없고 『십일가주十一家注』본에는 있는데, 죽간본에 근거하자면 마땅히 이 두 글자가 있어야 한다. 여기서는 죽간본과 『십일가주』본에 근거하여 두 글자를 보충했다.

"마치 모아둔 물을 터뜨리는 것과 같다若決積水." 이 구절을 상세히 살펴보자. 먼저 모아둔 물이 있어야 그것을 터트릴 수 있다. 즉 여기서 저자가 강조한 것은 '모아둔積'상태이지 '터트린決' 상태가 아니다. "세를 축적해놓고 폭발을 기다린다蓄勢待發"고 했을 때 모아둔 물이 '축적蓄'이라면 터트려진 물은 '폭발發'이다.

'세를 축적해놓고 폭발을 기다린다'에서 '세勢'는 잠재되어 있는 '세'이고, 잠재된 '세'란 곧 '형形'이다. '세'는 폭발해서 표출되어야만 비로소 진정한 '세'다. 그러므로 여기서 강조한 것은 '형'이다.

"천 길 높은 계곡千仞之谿"은 산이 높고 계곡이 깊은 것을 형용한 말이다. '인仞(중국어 발음은 런rèn)'은 옛날에는 8척 혹은 7척이라는 두 가지 설이 있었는데(그 외에도 5척尺6촌寸과 4척 등의 설이 있었다.) 대략 사람의 키 정도를 말한다. 옛날 단위인 척尺은 8척이 약 185센티미터, 7척이 약 162센티미터 정도로 그 중간을 계산해보면 대략 170센티미터가 된다. '계곡谿(중국어 발음은 시xi)'은 산의 계곡이다. 『설문해자』 「인부人部」를 보면 '팔을 펴면 1심尋이 8척으로, 인人에서 뜻을 따오고, 인仞에서 소리로 따왔다'고 했다. 그래서 옛날 사람들은 항상 '심尋'을 '인仞'으로 해석했고, 대부분의 사람이 '인仞'을 '심尋'이라고 알고 있다. 그런데 사실은 그렇지 않다. '인仞'은 한 사람의 키다. 사람의 키가 얼마나 되는가? 이는 사람마다 다르지만 대략 양팔을 수평으로 편 길이와 같아서 옛사람들이 이렇게 말한 것이다.

하지만 '인'과 '심'이 완전히 같지는 않다. '심'자의 고대 문자 서법書法은 한 사람이 양팔을 벌린 것과 닮았다. 이는 길이의 단위다. 고대의 길이 단위는 대개 사람의 손발과 관련이 많다. 예를 들어 장丈, 척尺, 촌寸, 심尋은 손과 관련이 있고 보步는 발과 관련이 있다. 수많은 사서辭書(자전·사전·색인 등)에 '인'은 길이의 단위라고 되어 있지만 이는 맞지 않다. 고서에서 이 글자를 쓴 것은 일반적으로 산의 높이 혹은 성의 높이를 말할 때다. 이런 용례를 보면 '인'은 높이의 단위이지 길이의 단위가 아니다.

고서를 읽을 때 주의해야 할 점은, 선조들은 말을 할 때 마치 고향 사람을 만난 것처럼 비유하기를 좋아했다는 사실이다. 옛날 사람들은 심오한 도리일수록 비유로 말하기를 좋아했다. 종종 비유로 정의를 대신하고, 비유를 써서 논리적 추리를 했던 것이다. 『손자』에도 이런 예가 아주 많다.

'형形'은 이 편의 주제다. 하지만 처음부터 끝까지 줄곧 언급되지 않다가, 마지막에 이르러서야 나타난다. 최후의 한 문장에 바로 '형'이 나오는데, 중요한 주제를 뒤에 두는 것 역시 옛사람들의 특징 중 하나다. 마치 고대의 수수께끼인 은어隱語처럼, 그 답은 가장 마지막에 놓여 있다.

'형'을 모아둔 물에 비유한 마지막의 구절들은 음미해볼 만한 가치가 있다. 높은 산에 모아둔 물은 물리학적으로 설명하면 곧 무거운 것을 높은 곳에 올리는 방법으로, 세勢의 힘을 축적한다. 여기서 세의 힘이란 '잠재력潛在的能量(potential energy)'으로, 서양의 한학자들은 '세勢'를 energy(能量) 혹은 potential energy(勢能)로 번역했다. 하지만 잠재된 에너지는 단지 '축적되어 있는 세'일 뿐 '세' 자체가 아니며 방출된 에너지가 진정한 의미의 '세'다. "모아둔 물"은 사실은 '형'이지 '세'가 아닌 것이다.7

제5편

세勢 ::
많고 적음의 운용 2 — 적군에 대응함

'세'와 '형' 두 개념은 서로 상반되면서도 보완적이다. 이 둘의 차이점은 이미 간단히 소개했지만, 사실 이는 예고편이나 마찬가지였다. 사실 「형」 편에는 둘에 대한 비교가 전혀 없고, '형' 자체에 대해서 설명할 뿐이다. 진정한 비교는 이 「세」 편에 있다.

여기서는 '세勢'를 설명하는데, '세'뿐만 아니라 '세'를 '형세形勢'라고 하는 총체적인 개념 안에 집어넣어 설명한다. 특히 '형세'를 네 개의 학술 용어로 나눈다. '분수分數' '형명形名' '기정奇正' '허실虛失'이 그것이다. 이 네 용어는 단계별로 서술되어 서로 연결된다. 내가 이해한 바로 이들은 '형'과 '세' 두 종류에 각각 나뉘어 속한다. '분수'와 '형명'은 '형'에 속하고 '기정'과 '허실'은 '세'에 속한다. 「세」 편을 읽을 때 이 네 개념이 모두 '세'만을 설명한다고 생각해서는 안 된다. 이것들은 '형세'를 나눠서 대비하면서 설명하는데, 절반은 '형'이고 세는 다른 절반에 불과하다.

'분수'는 그냥 '수數'라고 줄여서 말할 수 있다. 이 '수'가 '형'의 기초다. '형명'에 대해 말하자면 형명의 '형'과 형세의 '형'은 동일한 것이다. 이 두 종류는 모두 '형'에 속한다.

'기정'은 '세'의 핵심 개념이다. 이 편에서 '세'를 설명한 것은 주로 기정을 설명한 것이다. '허실'은 '기정'의 확대로, 역시 '세'에 속한다. 기정이 점 위의 허실이라면 허실은 면 위의 기정이다. 이 두 종류는 모두 '세'에 속한다.

총괄하여 말하면 이 네 개의 용어는 두 쌍의 개념이다. '형'의 개념은 주로 '전투 준비備戰'에 있다. 비유하자면 마치 총알을 탄창에 밀어넣는 것과 같다. '세'의 개념은 주로 '대적應敵'에 있다. 비유하자면 마치 목표를 찾아서 정조준을 하고 사격하는 것과 같다.

'형'과 '세'는 모두 모종의 국면이다. 이들의 주요한 차이점은, '형'이 아군 쪽에서 일방적으로 준비를 마친 국면이라면 '세'는 적의 상황에 따라 수시로 조정이 가능한 국면, 즉 적에 대응해서 세워진 국면이라는 것이다.

적군이 없으면 '세'를 논할 수 없다. '대적'이란 적의 상황에 따라 병력을 배치하는 것인데, '세'는 바로 병력의 배치다. 이것은 병력을 '기奇(기발함 혹은 변칙)'와 '정正(바름 혹은 정공법)'의 두 종류로 나누는데, 둘을 합쳐 '기정奇正'이라고 한다.

또한 '세'는 '절節'과 관련이 있는데, '형'이 '세'가 되는 관건이 바로 '절'에 있다. '세'의 방출을 『손자』에서는 '발절發節'이라고 한다. 비유하자면 마치 조준사격을 할 때와 같다. 손가락을 방아쇠에 걸고, 숨을 내쉬지 않은 상태에서 조준하여 때를 기다린다. 총알은 방아쇠를 당겨야만 비로소 발사될 수 있다.

'세'는 매우 신비하다. 언제나 '형'의 이면에 숨어 있어서 볼 수도 없고 만질수도 없다. '세'는 '형'과 떨어질 수 없으며 언제나 '형'과 함께 있다.

1) '시형示形'은 아군의 진실한 형形은 숨기고 적에게 거짓 형상을 보여주는 것으로, '세'에 속한다.

2) '형인形人'은 적이 원래 가지고 있는 형을 모두 드러내게 하고 자신은 오히려 깊이 숨어서 드러내지 않는 것으로, '세'에 속한다.

3) '응형應形'은 '형'으로써 형에 대응하는 것으로, '세'에 속한다.

4) '제형制形'은 무형無形으로 형을 제어하는 것으로, 이 역시 '세'에 속한다.

5) '형병形兵'은 적을 조정하고 움직여서 '형'을 치고 '세'를 막는 것이다. '형'을 동사로 해석하면 '세'를 형성한다는 뜻이 된다.

손자는 '세'를 말할 때 언제나 '형'을 사용했는데 그 이유는 바로 여기에 있다. 예를 들면 「허실」 편의 수많은 '형'자는 사실 모두 '세'를 말하는 것이다.

나는 「세」 편을 여섯 장으로 나눈다.

제1장은 '분수' '형명' '기정' '허실' 등의 구별을 설명한다.

제2장은 '기정'과 '세'를 설명한다.

제3장은 '세'와 '절'의 관계를 설명한다.

제4장은 '수數(즉 분수)'와 '형'과 '세'의 구별을 설명한다.

제5장은 '사람을 버리고 세에 맡긴다釋人任勢'는 것을 설명한다.

제6장은 '임세任勢(세에 맡김)'가 마치 높은 산에서 바위를 굴리는 것과 같음을 설명한다.

【5.1】

손자가 말했다. 대개 많은 병사를 다스리는 것이 적은 병사를 다스리는 것과 같은 것은 '분수' 때문이다. 많은 병사를 싸우게 하는 것이 적은 병사를 싸우게 하는 것과 같은 것은 '형명' 때문이다. 삼군의 병사가 갑자기 적의 공격을 받아도 패하지 않는 것은 '기정' 때문이다. 군대의 공격이 마치 숫돌로 계란을 치는 것과 같은 것은 '허실' 때문이다.

孫子曰: 凡治衆如治寡, 分數是也. 鬪衆如鬪寡, 形名是也. 三軍之衆, 可使(必)〔畢〕
受敵而無敗者, 奇正是也. 兵之所加, 如以(碬)〔碫〕投卵者, 虛實是也.

이 장은 '형세形勢'를 총체적으로 논하는데, '범凡'자 뒤의 네 항목을 가지고
네 종류의 '많고 적음의 운용衆寡之用'을 설명한다.

앞의 「모공」편 제5장은 '지승知勝'의 도道를 설명했는데, 그중 둘째 항목에서
"많고 적음을 잘 운용할 줄 아는 사람은 승리한다識衆寡之用者勝"고 했다. '많고
적음의 운용'이 바로 '형세'다.

여기서 설명하는 네 개의 용어, 즉 '분수' '형명' '기정' '허실'은 하나씩 단계
적으로 진행되어 전체가 한 벌을 이루는 개념으로, 모두가 '많고 적음의 운용'
에 속한다. '분수'와 '형명'은 '형'을 이야기하고 '기정'과 '허실'은 '세'를 이야기한
다. 이들은 '형세'의 개념을 세분화하여 네 측면으로 나누어 설명하는데, 두 종
류는 '형'이고 두 종류는 '세'다. 이 네 용어는 어떤 의미를 지니고 있을까?

(1) 분수分數

'분수'란 간단히 말하면 군대의 편제, 즉 군대 조직의 제도 관리다. 원문은
"많은 병사를 다스리는 것이 적은 병사를 다스리는 것과 같은 것은 분수 때문
治衆如治寡, 分數是也"이라고 했다. 수많은 사람을 관리하는 것도 아주 적은 수의
사람을 관리하는 것과 같다는 의미인데, 이것을 '분수'라고 부른다. 여기서 '치
治'는 동사로, 관리한다는 뜻이다. '중衆'은 어떠한 개념인가? 「작전」편과 「용간」
편 서두의 내용에 따르면 당시의 전쟁은 동원 규모가 매우 컸는데, 통상 10만
명 정도가 필요했다고 한다.("갑옷을 입은 자가 10만帶甲十萬" "10만 명의 병사를 일으

킨다興師十萬.")

　이렇게 많은 사람을 관리하는 일은 굉장히 어려울 것 같지만, 「구지」 편에서 말하기를 "삼군의 군사를 단속하면, 마치 한 사람을 부리는 것과 같다"고 했다. 한 사람을 관리하는 일과 마찬가지라는 것이다. 관리가 이토록 효과적일 수 있는 이치는 실로 간단하다. 그것은 '분수'에 의거해 관리하기 때문이다.

　'분수'에 대한 조조의 해석은 이러하다. "부곡은 분이라고 하고, 십오는 수라고 한다部曲曰分, 什伍曰數." 여기서 그가 '분수'를 군대 편제라고 이해한 것은 맞지만, 한대의 제도를 사용해 선진 시대의 제도를 설명하는 것은 적절하지 않다. 그는 네 가지 등급을 들었는데 '십什'은 10명, '오伍'는 5명이라고 했다. 이 두 단위는 선진 시대와 양한 시대 모두 존재했으니 문제가 없다. 그러나 '부部'(400명)와 '곡曲'(200명)은 한나라의 군제로, 선진 시대 군사제도에는 이 두 등급이 없었다. 또한 조조는 '분수'를 따로따로 읽었다. 즉 부와 곡은 '분分'으로 읽고 십과 오는 '수數'로 읽었는데, 이 역시 적절하지 않다.

　사실 '분수'가 무엇인지는 그렇게 복잡한 문제가 아니다. 예나 지금이나 군대의 관리는 모두 단계와 등급을 나누는 것에 달려 있다. 또 조직과 인원을 정해 조직 관리를 진행하는데, 필자가 이해한 바로 '분'은 곧 단계와 등급을 나누는 일이고 '수'는 조직과 그 인원을 정하는 일이다. 보통은 군대를 군軍, 사師, 여旅, 졸卒, 십什, 오伍 등의 단위로 나눠서 등급마다 각각 군관(이른바 '군리軍吏')을 배치했다. 이러한 군관에게 관리를 맡겨 진행하는 것이다. 장수가 대관大官을, 대관은 소관小官을, 소관은 병사들을 관리한다. 이렇게 한 단계씩 내려가면서 관리하도록 한다. 황런위黃仁宇(Ray Huang, 1918~2000)는 입버릇처럼 이렇게 말했다. "천군만마도 숫자로 관리한다." '분수'는 바로 이러한 관리를 뜻한다.

　이것이 첫 번째 종류의 '많고 적음의 운용'이다.

(2) 형명形名

'형명'이란 간단하게 말하면 지휘 시스템이며 연락 시스템이다. 고대의 지휘나 연락은 모두 징·북金鼓이나 깃발로 호령을 전달하는 방식으로 이루어졌다. 원문을 보면 "많은 병사를 싸우게 하는 것이 적은 병사를 싸우게 하는 것과 같은 것은 형명 때문이다鬪衆如鬪寡, 形名是也"라고 했다. 이는 수많은 사람의 전투를 지휘하는 것과 아주 적은 사람의 전투를 지휘하는 것이 같다는 뜻이다. 이것을 '형명'이라고 부른다.

'투중鬪衆(많은 병사를 싸우게 함)'이라는 단어는 『묵자』「호령號令」편에 나온다. 이는 아군의 전투를 지휘한다는 말이지 적과 싸운다는 뜻은 아니다. 『묵자』에서 말하는 '호령'은 무엇인가? 바로 여기의 '형명'이다.

'형명'에 대한 조조의 해석은 이러하다. '깃발을 형形이라고 하고, 징·북을 명名이라고 한다.' 이 설명은 대략적으로는 맞지만 정확하다고 보기에는 부족하다. 조조의 말 뜻은 이렇다. 깃발은 시각에 의지하는 것으로 눈에 보이는 형태가 있기 때문에 '형'이다. 징·북은 청각에 의지하는 것으로 형태가 없기 때문에 '명名'이라고밖에 할 수 없다. 그런데 이는 그다지 적절한 설명이 아니다. 사실 '형명'은 듣는 것이나 보는 것이나 모두 신호를 뜻한다. 징과 북의 소리는 들을 수 있는 신호이고 깃발의 형태는 볼 수 있는 신호로, 양자 모두 장수의 호령을 전달하기 위해 사용하는 것이다. 하나는 '형'이고 다른 하나는 '명'이라 할 수는 없다.

고대 중국에는 이른바 '형명법술刑名法術의 학문'이 있었다. '형명刑名'은 곧 '형명形名'으로 명가名家의 전문 분야이고 '법술'은 법가의 전문 분야였다. 명가의 궤변은 본래 법률 소송으로부터 유래된 것으로, 재판을 하는 학문과 관계가 있었다. 소송을 하는 것이 원래 목적이며 철학은 부산물일 뿐이었다.

'형形'은 형체이고 '명名'은 개념이다. 이 둘과 '실實'은 일치하기도 하고 일치하지 않기도 한다. 명가의 '견백동이堅白同異(단단하고 흰 돌은 하나의 물건이 아니라는 궤변)'는 바로 형形과 명名 사이에서 혹은 명名과 실實 사이에서 잔꾀를 부리는 것이다. 이러한 개념은 병가에서 말하는 '형명形名'과도 관련이 있다. 주로 기호학적 의미로, 군사상의 신호에 이용한다.

병가에서 '형명'은 무슨 뜻인가? 여기 나오는 "많은 병사를 싸우게 하는 것이 적은 병사를 싸우게 하는 것과 같다"라는 구절을 제외해도 「군쟁」 편에 '징·북과 깃발'이라는 말이 나오며 조조도 '형명'을 말했다. 그런데 『손자』에는 자세한 설명이 없다. 때문에 인췌산 한간의 「기정奇正」 편을 살펴볼 것을 제안한다.

「기정」 편은 '분수'에서 시작해서 '형명'을 설명하고 '형명'에서 시작해 '형세形勢'를 설명한다. 분수는 형명의 기초이고 형명은 분수의 응용인데, 여기서 말한 설명 방식과 대체로 일치한다. 「기정」 편에서 형명은 만물의 생화生化를 통제할 뿐만 아니라 전쟁의 국면 변화를 통제하는 학문이기도 하다.

이것이 두 번째 종류의 '많고 적음의 운용'이다.

(3) 기정奇正

'기정'이란 무엇인가? 간단히 말하면 이는 바로 전투시의 병력 배치에 관한 것이다. '정正(바름, 정공법)'은 적과 접전을 하는 데 사용하고 '기奇(기발함, 변칙 공격)'는 적을 격파하는 데 사용하는 것으로, 양자를 배합해서 쓴다. 이는 모두 적을 다루는 일과 관련이 있다.

원문에서 말하기를 "삼군의 병사가 갑자기 적의 공격을 받아도 패하지 않는 것은 기정 때문이다三軍之衆, 可使(必)[畢]受敵而無敗者, 奇正是也"라고 했다. 이는 우리 삼군의 무리가 전투 대형을 잘 갖추고 응전한다면 적이 어떤 곳에서 공격해오든 모두 병력으로 대처해 실패가 있을 수 없는데, 이것을 바로 '기정'이라고 한다는 뜻이다. '정正'은 정상이다. 이는 충분히 상황을 장악하고 대처 가능한 병력을 뜻한다. '기奇(중국어 발음은 지jī)'는 정상이 아니다. 이는 교착 상태를 타파하고 '적이 예상하지 못한 곳으로 나가고出其不意' '적이 준비하지 못한 곳을 공격攻其无備'하는 효과를 조성할 수 있는 병력을 뜻한다.

권투 시합에서 상대와 서로 때리며 접전을 벌이고 있다고 하자. 이런 접전 상황은 모두 '정'이다. 그러면 무엇이 '기'인가? '기'란 빈틈을 보다가 불시에 공격을 날리는 것으로, 가장 좋은 것이 K.O.Knock Out, 즉 한주먹에 상대방을 쓰러뜨리는 것이다. 이런 종류의 아주 짧은 공격은 종종 히든카드로 남겨두는데, 병법으로 치면 예비부대를 갖추는 것에 해당한다. 이때 이 예비부대에 필요한 기동력이 바로 '기'다.

옛날 사람들은 '기정'을 말할 때 모두 기정과 진법陣法을 관련지었는데, 이는 타당하다. 진법은 전후좌우와 가운데에 병력이 어떻게 배치되는지, 어느 방향에 더 많이 배치하고 더 적게 배치할지를 굉장히 중요하게 여긴다. 옛날 사람들이 말하는 진陣이란 전투 대형이었다. 종대, 횡대, 방진方陣(사각형 포진), 원진圓陣(원형 포진) 등 전투에 돌입하자면 이러한 것들이 반드시 필요했다. 고대의 진법은 변화를 거듭했으나 결국 기정과 떨어질 수 없다.[1]

이것이 바로 세 번째 종류의 '많고 적음의 운용'이다.

(4) 허실虛實

'허실'이란 무엇인가? 간단히 설명하면 바로 대규모 움직임을 통해서, 즉 병력의 분산과 집결을 통해서 전쟁터에서 어떤 국면을 조성하는 것이다. 그리고 중요한 것은 적군의 '실實'을 피하고 '허虛'를 치는 것이다.

원문에서는 "군대의 공격이 마치 숫돌로 계란을 치는 것과 같은 것은 허실 때문이다兵之所加, 如以(碫)[碫]投卵者, 虛實是也"라고 했다. 뜻을 풀어보면 이러하다. 내가 일으킨 병력이 적에게 공격을 가할 때 마치 돌멩이로 계란을 치는 것과 같은 것, 그것이 '허실'이라는 것이다. 여기서 '단碫(중국어 발음은 돤duàn)'은 숫돌을 뜻하니, '숫돌로 계란을 친다以(碫)[碫]]投卵', 즉 돌로 알을 깨트리는 것같이 쉽다는 것이다.

'허실'과 '기정'은 다르다. '기정'은 단일 전투에서의 병력 배치를 말하는 것으로 점 위의 병력 배치라고 할 수 있다. 반면에 '허실'은 전체적인 작전 혹은 전체적인 전쟁 국면의 병력 배치로서 면 위의 병력 배치라고 할 수 있다.

이것이 네 번째 종류의 '많고 적음의 운용'이다.

앞에서 이미 '형세'란 병력의 배치임을 지적했다. 이는 병력의 처방이라고도 할 수 있는데, 결국 병력을 분배하고 조합한다는 의미다. 이 장은 바로 어떠한 종류들의 분배와 결합이 있는지를 설명한다.

'분수'는 병력의 조직이고 '형명'은 병력의 지휘다. 이 둘은 모두 자기 자신의 일로서, 스스로를 관리하고 지휘하는 것이다. 이 두 항목은 '형形'에 속한다. '기정'은 점 위에서 적에 대응하는 방법을 말하고 '허실'은 면 위에서의 대응법을 말한다. 이 둘은 모두 적에게 대응하는 일이다. 즉 일방적인 행동보다는 어떻게 적에게 대처할지를 설명한 것으로, 이 두 항목은 '세勢'에 속한다. '형'은 병사의 수數를 관리하는 것이고 '세'는 병사의 수를 활용하는 것이다.

『손자』에는 '분수'를 전문적으로 다루는 편이 없고 군대의 편제에 대해서는 주로 「모공」 편 제1장에서 볼 수 있다. 「계」 편에서 "군법이란 곡제曲制, 관도官道, 주용主用이다"라고 한 것 역시 이 문제를 언급한 말이다. 마찬가지로 '형명'에 대해서도 전문적으로 다룬 편이 없고, 징·북과 깃발에 대해서는 「군쟁」 편 제4장에서 볼 수 있다.

이 편의 주제는 넷 가운데 셋째 항목, 즉 '기정'이고 '허실'은 다음 편의 주제다.

【5.2】

대개 전쟁이란 '정'으로 대적하고 '기'로 승리한다. 그러므로 기를 잘 쓰는 자는 천지처럼 무궁하며, 강물처럼 마르지 않는다. 끝났다가 다시 시작하는 것은 해·달과 같고, 죽었다가 다시 살아나는 것은 사계절과 같다. 소리는 다섯 가지에 불과하지만 그 변화는 모두 들어볼 수 없다. 색은 다섯 가지에 불과하지만 그 변화는 모두 볼 수 없다. 맛은 다섯 가지에 불과하지만 그 변화는 모두 맛볼 수 없다. 전장에서 '세'는 기와 정에 불과하지만 그 변화는 다 알 수가 없다. 기와 정의 상생은 순환의 끝이 없는 것과 같으니 누가 다 알 수 있겠는가?

凡戰者, 以正合, 以奇勝. 故善出奇者, 無窮如天地, 不竭如江海. 終而復始, 日月是也. 死而復生, 四時是也. 聲不過五, 五聲之變, 不可勝聽也. 色不過五, 五色之變, 不可勝觀也. 味不過五, 五味之變, 不可勝嘗也. 戰勢不過奇正, 奇正之變, 不可勝窮也. 奇正相生, 如循環之無端, 孰能窮之哉.

앞서 소개한 네 개념 중 세 번째인 '기정'이 이 장의 주된 내용이다. 「세」 편은 '세'를 논하면서 주로 기정을 이야기하는데, 기정이란 무엇인가? 여기서 논의해보자.

(1) '기정奇正'은 일종의 수리 개념

서양 수학에 있는 '홀수奇數(odd number)' '짝수偶數(even number)'와 중국의

홀수 짝수는 말의 사용법이 유사하다. 영어의 even은 평평함, 균등, 가지런함, 단조로움 등을 뜻하는데 이는 중국어의 '정正'과 비슷하다. odd는 그 반대말로, 기본적으로는 일종의 비정상적인 현상을 뜻한다.

서양인들이 말하는 even number는 또 하나의 의미를 갖고 있는데, 그것은 정수整數다. 또 odd number 역시 다른 뜻이 있는데 그것은 여수餘數, 즉 나머지 수다. 이 역시 중국의 용법과 흡사하다. 중국에서 '정正'은 정수를, '기奇'는 나머지, 즉 일정한 단위가 되지 못하는 자투리 수를 말한다.

중국의 수학 전통은 특히 여기餘奇를 중요하게 여겼다. 『주역周易』은 점치는 막대기를 늘어놓을 때 '대연의 수 50大衍之數五十'에서 먼저 하나를 집어서 한쪽에 놓았는데, 이 한쪽에 놓은 막대기가 바로 '여기'로서, 나머지 1을 의미한다. 여기의 중요성은 이것이 모든 변화를 만들어내는 관건이라는 점에 있다. 모든 짝수에 1을 더하면 홀수가 되고, 모든 홀수에서 1을 빼면 짝수가 된다. 중국에서 '기奇'는 '영零'이라고도 하는데, 중국어에서 '영零'은 없다는 뜻이 아니다. '나머지零頭' 혹은 '외롭고 고독하다孤零零'는 뜻이다. 즉 중국의 '영'은 0이 아니라 나머지가 되는 1을 뜻하는 것이다. 없음을 나타내며 다른 숫자 뒤에 붙어서 자릿수를 표시하는 서양의 0과 중국의 영은 다르다.

중국의 '영'은 '여기'다. 예를 들면 진법을 전문적으로 다룬 책인 『악기경握奇經』에서 '악기握奇(기奇를 쥐다)'의 '기奇'가 바로 여기를 뜻한다. 당 태종이 이정李靖에게 "악기의 '기'는 무슨 뜻이냐" 라고 묻자 이정은 "여기餘奇는 악기握奇이고 기奇란 여영餘零(나머지 수)입니다"라고 대답했다. 그러자 당 태종이 다시 이렇게 말했다.

"(제갈량의 팔진도八陣圖를 보면―옮긴이) 진陣의 수는 아홉 개가 있다. 중심의

:세:
勢

남는 곳은 대장이 차지하여 지휘하는데, 사면의 여덟 방향은 모두 그의 명령을 따른다陣數有九, 中心零者, 大將握之, 四面八向, 皆取准焉."(『당태종이위공문대唐太宗李衛公問對』권상)

이를 보면 팔진의 중심이 되는 진陣에 대장의 거처를 두고 그것을 '영零'이라 불렀음을 알 수 있다. 즉 '영진'이란 비어 있는 진을 말하는 것이 아니라, 왕패王牌가 되는 진을 뜻했다.

'여기'는 모든 숫자의 중심으로, 마치 태일太一이 우주의 중심에 있고, 황제가 천하의 중심에 있는 것과 같다. 이는 모든 숫자의 귀결점이기도 하다. 1천一千은 1이고, 1만一萬도 1이다. 끝없이 자릿수를 올려가는 1은 모두 그러한 개념으로 귀착된다. 그것은 시작이기도 하고 마지막이기도 하며, 중심이기도 하고 전체이기도 하다.[2]

(2) 알려진 문헌의 해석

1) 조조의 해석

조조가 '기정'을 논한 것은 주로 그의 『손자』 주석과 『조공신서曹公新書』에서 볼 수 있다. 그는 이렇게 말했다.[3]

"먼저 나아가 적과 싸우는 것은 정正이고, 나중에 나가는 것은 기奇다."

"정병正兵은 적과 당당히 맞서 싸우지만, 기병奇兵은 옆에서 적이 미처 방비하지 못한 곳을 공격한다."

"나에게 둘이 있고 적이 하나 있으면, 한쪽의 전술은 정正으로 하고 다른 한쪽의 전술은 기奇로 한다. 나에게 다섯이 있고 적이 하나 있으면 셋의 전술은 정으로 하고, 둘의 전술은 기로 한다."

그런데 이러한 해석은 사람들에게 먼저 나가는 것이 반드시 '정'이고 나중에 나가는 것은 반드시 '기'일 것이라는 오해를 불러일으키기 쉽다. 또 누군가는 정면에서 적과 접전을 벌이는 것은 반드시 정이고 측면에서 갑자기 습격하는 것은 반드시 기일 것이라고 잘못 생각할 수도 있고, 심지어 기와 정은 고정된 비율을 가지고 있다고 생각하기도 한다. 이렇게 이해해서는 결코 기정의 본질을 이해할 수 없다.

2) 이정의 해석

이정은 『당태종이위공문대』 권상에서 기정에 대해 논하고 있다.

첫 번째로 그는 병가는 모두 "기발함으로 승리한다出奇制勝"고 말한다. 하지만 이정은 기를 중요하게 여긴 나머지 정을 경시하는 것에 반대했다. 그는 정병正兵이 없다면 기병奇兵 역시 전혀 사용할 수 없기 때문에 양자 가운데 어느 한쪽을 폐지할 수 없다고 여겼다. 전쟁은 기발함奇을 중시한다. 하지만 상대를 보지 않고 무턱대고 기발함만을 사용할 수는 없다. 자신이 강하고 적수가 약할 경우, 강약을 서로 비교할 수 없을 정도라면 정병에 의지한다. 반대로 적이 강하고 아군이 약할 경우, 실력 차가 뚜렷하면 기병에 의지한다. 그는 예로부터 병법은 모두 "정을 앞세우고 기는 나중에 쓴다. 인의를 앞세우고 나중에 권모와 속임수를 사용한다先正而後奇, 先仁義而後權譎"고 했다. 정병을 중시하는 것이 그의 특징 중 하나다.

두 번째로 그는 '기'와 '정'을 단적으로 나누는 것에 반대했다. 기와 정은 본질적으로 구분되는 것이 아니라 임시로 그렇게 제어하는 것이라 고정된 표준이 없다. 이정에 따르면 '기'가 '정'일 수 있고 '정'도 '기'일 수 있으며 '기'가 '정'으로 변할 수 있고 '정'도 '기'로 변할 수 있다. 무엇이 기이고 정인지 그 기준은 단지 하나뿐이다. 바로 상대방을 속일 수 있는지 없는지, 또 그것을 예측할 수 있는지 없는지가 기준이 된다. 예측할 수 있다면 '정'이고 예측할 수 없다면 '기'다. 이정의 기준으로 보면 조조가 말한 세 항목, 즉 먼저 나가는지 나중에 나가는지, 정면에서 공격하는지 측면에서 공격하는지 그리고 전술이 몇 개일 때 정이고 또 기인지 하는 문제는 모두 중요하지 않다. 관건은 그들이 꿈에도 상상하지 못한 일로써 상대방에게 '놀라움과 기쁨'을 주어야 한다는 것이다. 만약 구별하지 않고 대강을 말한다면 이정의 정의는 다음과 같아질 것이다. "많은 병사가 함께 대적하는 것은 정이요, 장수 혼자 나가 대적하는 것은 기다."

이정의 해석은 매우 융통성이 있다.

(3) 인췌산 한간 「기정」 편의 해석

기정을 연구하는 데에는 출토 문헌이 매우 중요한데, 특히 인췌산銀雀山 한간의 「기정」 편이 기정을 정식으로 다루고 있다. 여기서 논의한 기정의 주요 내용은 다음의 항목들이다.

형으로 형에 대응하는 것은 정正이다. 형이 없으면서 형을 제어하는 것은 기奇다.

形以應形, 正也. 無形而制形, 奇也.

뜻은 이렇다. 자신이 이미 갖추고 있는 것을 이용해 적이 이미 갖추고 있는 것을 대적하는 것은 '정'이라고 한다. 만약 본래는 없었던 것을 구성해냈는데, 이것을 적이 생각하지 못했을 때 '기'라고 부른다.

> 같으면 이길 수 없기 때문에 다른 것을 가지고 기로 삼는다.
> 同不足以相勝也, 故以異爲奇.

이는 나도 가지고 있고 적도 가지고 있어서 양측의 수단이 같으면 승리를 거두기가 여의치 않다는 의미다. 오직 적이 가지고 있는 것과 다른 것을 내놓아야만 승리할 수 있다. 전자는 '정正'이고, 후자는 '기奇'다.

> 고요함으로 움직임을 대응하는 것은 기奇이고, 편안함으로 수고로움을 대응하는 것은 기이며, 배부름으로 배고픔을 대응하는 것은 기이고, 질서로 혼란을 대응하는 것은 기이며, 많음으로 적음을 대응하는 것은 기다.
> 是以靜爲動奇, 佚衆勞奇, 飽衆饑奇, 治衆亂奇, 衆爲寡奇.

여기서 말하는 '기'는 적과 다른 것, 곳곳에서 적과 틀어지는 것이다. 고요함으로써 움직임을 제압하고, 편안함으로써 수고로움을 기다리고, 배부름으로써 굶주림을 대응하고, 질서로써 혼란을 기다리고 많음으로써 적음을 무찌른다.

> 드러내면 정正이 된다. 기가 드러났으나 응수를 하지 못하면 이길 수 있다. 여기餘奇가 있는 자는 남들보다 뛰어나게 이길 수 있다.
> 發而爲正, 奇發而不報, 則勝矣. 有餘奇者, 過勝者也.

　　기와 정의 구별은 '발發'에 있는 것이 아니라 '발'한 이후, 즉 적의 반응에 있다. 우리가 부르면 호응하고, 오는 것이 있으면 가는 것이 있을 때 이것을 '정'이라 한다. 그러나 상대방이 막아내지 못하면 우리가 먼저 불러도 상대는 대답할 방도가 없다. 이것이 바로 '기'다. 이렇게 '약간 우세한 것略勝一籌'을 여기餘奇라고 한다. 이것은 승리를 제어하는 일격으로 아주 중요하다.

　　「세」편이 말한 기정에는 주로 두 가지 내용이 있다. 하나는 "삼군의 병사가 갑자기 적의 공격을 받아도 패하지 않는 것은 기정 때문三軍之衆, 可使(必)[畢]受敵而無敗者, 奇正是也"이라는 내용이고 다른 하나는 "대개 전쟁이란 정으로 대적하고 기로 승리한다凡戰者, 以正合, 以奇勝"라는 내용이다. 전자는 적에 대응하기 위해서 기정을 사용한다고 했고, 후자는 정병은 단지 적과 접전을 벌일 수 있으며, 기병이 비로소 승리를 제어할 수 있다고 본다.

　　아래의 이야기는 주로 기정이 상생하면 그 변화가 무궁함을 말하고 있다.

　　손자는 승리의 제어는 기발함奇에 달려 있으며, 기발함은 기와 정의 상생에서 나오고, 기와 정은 결합하여 서로를 보완, 완성시킨다고 생각했다. 기와 정이 상생하는 것은 마치 천지가 영원히 존재하고 강과 바다가 먼 길을 흐르고 해와 달이 차고 기울며 사계절이 윤회하는 것과 같이, 그 변화가 무궁무진하다.

　　이것은 일종의 반복 진행적인 배열 조합으로, 마치 오성五聲·오색五色·오미五味의 배열 조합과 닮았다. 음계에는 궁宮, 상商, 각角, 치徵, 우羽가 있고 색에는 파랑, 빨강, 노랑, 하양, 검정이 있으며 맛에는 신맛, 쓴맛, 단맛, 매운맛, 짠맛이 있다. 하지만 다섯 종류의 사물이 서로 배합된다면, 그들이 만들어낸 음악 선율이나 형상 그리고 맛있는 식사와 좋은 요리는 오히려 변화무쌍하다.

　　전쟁터에서 '세'의 요소는 단지 기와 정 두 개뿐이지만, 기를 얼마나 사용하고 정을 얼마나 사용하는지, 어떤 방향으로 더 많이 혹은 더 적게 쓰는지, 이러한 처방 역시 변화무쌍하다. 그것은 마치 동그라미와 같다. 우리가 동그라미를 따라 돈다면 돌고 돌아서 결국 시작도 마지막도 없게 될 것이다.⁴

【5.3】

세찬 강물이 바위를 떠내려가게 하는 것은 '세'다. 사나운 새가 빠르게 날아 먹잇감을 죽이는 것은 '절'이다. 그러므로 전쟁을 잘하는 자는 세가 험하며 절이 짧으니, 그 세는 마치 시위를 당긴 쇠뇌와 같고 그 절은 마치 그것을 쏘는 것과 같다.

激水之疾, 至於漂石者, 勢也. 鷙鳥之疾, 至於毀折者, 節也. 是故善戰者, 其勢險, 其節短. 勢如彍弩, 節如發機.

이 장은 '세勢'와 '절節'의 관계를 설명한다.

세와 절의 관계에 대한 저자의 견해는 이러하다. "그 세가 험하며 그 절이 짧다其勢險, 其節短." 이는 무슨 뜻인가? 이 절에는 두 차례 비유가 나오는데, 첫 번째는 세찬 강물激水과 사나운 새鷙鳥의 비유다.

1) "세찬 강물이 바위를 떠내려가게 하는 것은 '세'다激水之疾, 至於漂石者, 勢也." 먼저 세에 대한 비유다. 물은 아주 가볍고 부드럽다. 돌은 아주 무겁고 단단하다. 하지만 물살이 세고 급하다면 충분히 바윗돌을 떠내려가게 할 수 있다. 이것이 바로 '세' 때문이다.

2) "사나운 새가 빠르게 날아 먹잇감을 죽이는 것은 '절'이다鷙鳥之疾, 至於毀折者, 節也." 이것은 절에 대한 비유다. '지조鷙鳥(사나운 새)'의 '지鷙(중국어 발음은 즈zhi)'는 주로 독수리나 매 종류의 맹금을 가리킨다. 이러한 새들은 시

력이 무척 좋아서 하늘을 선회하며 땅 위의 작은 동물들(예를 들면 토끼)의 자취를 쫓는다. 일단 목표를 정하면 매우 빠른 속도로 급강하여 그 힘으로 바로 먹잇감을 죽일 수 있다. 이렇게 맹금이 사납게 달려들 때 이용하는 것이 바로 '절'이다.

이 두 비유는 모두 '질疾'자를 포함한다. 이는 속도가 매우 빠름을 뜻하는데, 그 가운데서도 한 구절은 '세'를 말하고 다른 한 구절은 '절'을 말한다. 그러면 세와 절의 차이점은 무엇일까.

물은 자연적인 힘이라서 스스로를 통제할 수는 없다. 물의 파괴력은 '세'의 힘을 빌린 것이다. 여기서 세란 지세地勢가 높은 곳에서 아래로 떨어지는 낙차를 말한다. 하나는 산세의 경사도를 빌려 산꼭대기에서 아래로 떨어지는 것이고 또 하나는 강바닥의 낙차를 빌려 상류에서 하류로 빠르게 흐르는 것이다. 이것이 바로 손자가 '세'를 '빠르게 흐르는 물이 바위를 떠내려가게 하는 것'에 비유해 설명한 이치다.

한편 독수리와 매는 살아 있는 동물이다. 스스로 고도와 속도를 통제할 수 있으며 목표를 정하고 자신의 리듬을 통제할 수 있다. 여기서 '절'이란 바로 격발하는 시기와 그 장단을 말한다. 이것이 손자가 '절'을 '맹금이 토끼를 공격하는 것'에 비유해 설명한 이치다.

물론 물은 스스로를 통제할 수 없지만 사람은 그 물을 통제할 수 있다. 사람은 댐을 만들어 물을 모으고, 수문을 열어 물을 내보낼 수 있다. 존재를 통제할 수만 있다면 나머지는 '절'에 달려 있다.

두 번째는 '쇠뇌의 시위를 당김牆弩'과 '격발發機'로 비유를 했다.[5]

1) "그 세는 마치 시위를 당긴 쇠뇌와 같다勢如彉弩." 쇠뇌 위에 화살을 올려놓고 활시위를 제어하는데, '확궁彉弩'의 '확彉(중국어 발음은 궈guō)'은 쇠뇌를 잡아당겨 시위를 통제한다는 의미다. 이것 역시 '세'를 비유한 것이다.

2) "절은 마치 그것을 쏘는 것과 같다節如發機." 쇠뇌에는 먼 곳을 조준하는 부분과 화살을 발사하는 방아쇠가 있다. '격발'은 바로 목표를 조준하고 방아쇠를 당겨 화살을 내보내는 것이다. 손자는 '절'을 이것에 비유했다.

쇠뇌弩는 총의 조상 격으로, 총의 구조에서 우리는 앞의 비유를 확인할 수 있다. 저격수는 풀숲 안에 숨어 있다가 탄을 장전하고 조준기를 사용해서 조준한다. '그 세가 험준하다其勢險'는 것은 이를 뜻한다. 그리고 나서 그는 검지를 방아쇠에 걸고 목표를 향하여 총알을 발사한다. 이것이 바로 '그 절이 짧다其節短'의 의미다.

'그 세가 험준하다'는 구절에서 '험준하다險'는 말의 본래 의미는 산세가 험하고 가파르다는 뜻이지만 여기서는 세를 축적하여 격발을 기다리는 것을 의미하는데, 예를 들면 높은 산에 물을 모아둔 것과 같다.

'그 절이 짧다'에서 '짧다短'는 말은 촉박함, 급박함을 뜻하는데 여기서는 나아가 치는 속도와 리듬이 아주 빠른 것을 의미한다.[6]

【5.4】

어지럽게 헝클어져 전투가 혼란해도 흐트러지지 않고, 뒤섞이고 흐릿해도 진형이 갖추어져 패하지 않는다. 혼란은 질서에서 생기고, 비겁은 용기에서 생기고, 약함은 강함에서 생긴다. 질서와 혼란은 '수'이며 용맹과 비겁은 '세'이고, 강함과 약함은 '형'이다.

紛紛紜紜, 鬪亂而不可亂. 渾渾沌沌, 形圓而不可敗. 亂生於治, 怯生於勇, 弱生於
強. 治亂, 數也. 勇怯, 勢也. 強弱, 形也.

"어지럽게 헝클어져 전투가 혼란해도 흐트러지지 않고, 뒤섞이고 흐릿해도
진형이 갖추어져 패하지 않는다紛紛紜紜, 鬪亂而不可亂. 渾渾沌沌, 形圓而不可敗."옛사
람들은 이것이 진형을 뜻한다고 여겼는데 이는 조금도 틀림이 없다. 축구를 보
면서 우리도 같은 경험을 할 수 있는데, 무슨 4·3·3포메이션이니 4·4·2포메
이션이니 3·5·2, 5·3·2포메이션 등은 모두 무질서한 가운데 자연스럽게 그러
한 대형을 유지한다.

그런데 '전투가 혼란해도 흐트러지지 않는다' 혹은 '진형이 갖추어져 패하지
않는다'와 같은 상황은 전문가가 아니라면 알아보기 어렵다. 우리가 볼 수 있는
것은 '어지럽게 헝클어짐'과 '뒤섞이고 흐릿함'뿐이다.

이러한 진법의 특징은 다섯 가지로 정리할 수 있다.

1) 앞에서 말한 진형은 대부분 규칙적인 기하 도형의 모양이다. 예를 들면
   횡선, 종선, 삼각형, 정사각형, 육각형과 원형 등이 있는데 그것은 원면에
   따라 나누거나 사면에서 힘을 받기 편하기 때문에 역학적으로 좋은 구조
   다. 위에서 말한 '형원形圓(진형이 갖추어짐)'은 이러한 구조를 가리킨다.
2) 앞에서 말한 진형과 고대의 식도式圖는 서로 대응하여, 삼재三才·사상四
   象·오행五行·오음五音·팔괘八卦·팔풍八風·태을구궁太乙九宮·둔갑팔문遁甲八門
   그리고 십이진十二辰으로 배치할 수 있다. 고대의 식법式法은 태을과 둔갑
   을 구궁에 배치하고 육임은 십이진辰에 배치한다. 이러한 진형 종류에 대
   한 해석은 종종 병음양의 천문, 지리의 설과 모두 관련이 있다.

3) 앞에서 말한 진형은 이른바 땅에 경계를 긋는 방법이다. 나누는 방법은 흔히 구정제丘井制 전법田法과 부합한다 하여 정전법井田法이라고도 불렸다.

4) 앞에서 서술한 진형은 오법伍法을 기초로 삼았는데, 이는 고대의 군제도와 관련이 있다. 예를 들면 5명을 오伍라고 했으며, 두 오伍는 십什이라고 했고, 다섯 오伍는 양兩, 네 양兩은 졸卒이라고 했다. 5명이 오가 되고, 다섯 오가 양이 되는 것은 모두 전·후·좌·우·중의 배열에 따른다.

5) 앞에서 서술한 진형에서 삼재진三才陣, 오행진五行陣 그리고 팔진八陣은 한 계통이다. 팔진은 동서남북의 각 변을 셋으로 나눈다. 왼쪽, 가운데, 오른쪽과 앞열, 중간열, 뒷열을 포함하는데 이는 두 층의 오행진이라고 이해하면 된다. 한편 육화진六花陣은 십이진과 함께 배치하는 다른 종류의 계통에 해당한다.

6) 앞서 서술한 모든 진형이 공통적으로 강조하는 것은 '중진中陣'이다. 위에서 말했듯 이 '중진'이란 곧 모든 변화를 제어하는 여기餘奇다.

"질서와 혼란은 '수'이며, 용맹과 비겁은 '세'이고, 강함과 약함은 '형'이다治亂, 數也. 勇怯, 勢也. 強弱, 形也." 이 구절 역시 서두의 '많고 적음의 수衆寡之數'를 언급한다. 여기서 '수'란 '분수分數'를 의미하고 '세'와 '형'은 '형세形勢'를 뜻한다. '형명形名'과 '허실虛實'은 언급하지 않았다. 질서와 혼란이 분수에 달려 있다는 것은 즉 군대의 조직 관리를 의미하고, 용맹과 비겁이 전세戰勢에 달려 있다는 것은 즉 인위적인 태세와 작전 환경을 말한다. 강함과 약함은 병형兵形에 달려 있다고 했는데 이는 즉 쌍방의 실력을 뜻한다.

한비자의 논의를 보면 '세'에는 권세權勢의 세(즉 세위勢位의 세와 위세威勢의 세)와 형세形勢의 세가 있다. 전자가 권력과 권위, 합법성이라면 후자는 질서와 구조와 균형(권權에는 균형의 뜻이 있다)을 나타낸다. 『여씨춘추』「불이不二」에 이런 말이 있다. "노자는 부드러움을 귀하게 여겼고, 공자는 인을 귀하게 여겼고, 묵자는 청렴을 귀하게 여겼고, 관윤은 맑음을 귀하게 여겼고, 열자는 허무를 귀하게 여겼고, 진병은 가지런함을 귀하게 여겼고, 양생은 자신을 귀하게 여겼고, 손빈은 세勢를 귀하게 여겼고, 왕료는 앞에 함을 귀하게 여기고, 아량은 뒤에 함을 귀하게 여겼다老耽貴柔, 孔子貴仁, 墨子貴廉, 關尹貴清, 子列子貴虛, 陳騈貴齊, 陽生貴己, 孫臏貴勢, 王廖貴先, 兒良貴後." 법가는 세를 귀하게 여기고, 손빈 역시 세를 귀하게 여겼다. '앞에 함先'과 '뒤에 함後'이라는 개념도 세와 연관이 있는 것으로 보인다.

법가가 인정을 버리고 법에 맡긴다면, 병가는 사람을 버리고 세에 맡기는 것이 특징이다. 이러한 발상은 도가와 가깝다. 유가는 덕으로 나라를 다스릴 것을 주창했지만, 법가와 병가는 그렇지 않았다. 그러나 덕으로 나라를 다스리자고 말하지 않았다는 것과 도덕을 말하지 않았다는 것은 다르다. 그럼에도 대부분의 사람은 이들이 도덕을 말하지 않았다는 인상을 갖고 있어 마키아벨리를 연상하곤 한다.

법가는 솔직한 사람들이다. 그들의 특징은 바로 모든 것을 진실하게 다 말한다는 점이다. 사람들이 펄쩍 뛸 만한 사실도 그대로 이야기하는 것이 법가다. 그렇다면 진실한 말이란 어떤 것인가? 바로 작은 도리가 큰 도리를 다스리는 것이 아니라, 큰 도리가 작은 도리를 다스린다는 것이다. 국가는 커다란 사회 조직이기에 개인과 집안의 도리를 모두 관리할 수는 없다. 덕은 나라를 다스리기에 부족하고, 예 역시 나라를 다스리기에는 효과가 신통치 않다. 나라는 오직 나라로 다스릴 때에 비로소 순리에 맞고 조리가 선다. 법法·술術·세勢는 곧 국가의 도리를 이용해 국가를 다스리는 것에 해당한다. 이것은 현대 국가의 이

넘에도 아주 잘 들어맞는다.

법가의 '세'에 대한 과거의 이해는 비교적 단순하여 빈약한 점이 있었는데, 병가의 견해는 중요한 보충이 될 수 있다. 예를 들면 여기서 말하는 '기정'은 통치술의 연구에 큰 의미가 있다.

【5.5】

그러므로 적을 잘 움직이는 자가 형形을 보이면 적이 반드시 따르며, 무언가를 주면 적이 반드시 취한다. 이익으로 적을 움직이고, 병사를 데리고 적을 기다린다. 그러므로 전쟁을 잘하는 자는 세에서 승리를 구하고 사람을 탓하지 않으므로, 사람을 버리고 세에 의지한다. 세에 의지하는 자가 적과 싸우는 것은 나무와 바위를 굴리는 것 같다. 나무와 바위의 성질은 안정되면 조용하나 위태로우면 움직이고, 모난 것은 멈추어 있지만 둥근 것은 움직인다.

故善動敵者, 形之, 敵必從之, 予之, 敵必取之. 以利動之, 以(本)〔卒〕待之. 故善戰者, 求之於勢, 不責於人, 故能擇(釋)人而任勢. 任勢者, 其戰人也, 如轉木石. 木石之性, 安則靜, 危則動. 方則止, 圓則行.

「형」 편에서 말하기를 "전쟁을 잘하는 사람은 패배하지 않을 곳에 서서 적의 패배를 놓치지 않는다善戰者, 先立於不敗之地, 而不失敵之敗也"고 했다. 적이 실수를 저질렀다면 곧바로 그 기회를 움켜쥐고 절대로 놓아주지 말아야 한다. 이것은 아주 당연한 일이다. 하지만 적이 실수를 하지 않는다면 어떨까. 할 수 있는 것이 없지 않을까? 결코 그렇지 않다. 여기서 '세'를 논하면서 손자는 지휘자의 주관적인 능동성을 더욱 강조한다. 즉 적이 실수를 저지르도록 유도할 수 있다는 것이다.

'적을 잘 움직이는 자故善動敵者'란 적군을 움직이게 하는 데 뛰어난 사람을 말한다. "형形을 보이면 적이 반드시 따른다形之, 敵必從之"에서 '형지形之'는 적에게 보여주는 것으로, 속임수를 써서 적을 미혹한다는 뜻이며 '적이 반드시 따른다'는 적이 반드시 속아서 넘어올 것을 뜻한다.

"무언가를 주면 적이 반드시 취한다予之, 敵必取之"에서 '여지予之'는 어떤 물건을 사용해 적을 유인하는 것이고, '적이 반드시 취한다' 함은 적이 반드시 걸려든다는 뜻이다.

"이익으로 적을 움직이고, 병사를 데리고 적을 기다린다以利動之, 以(本)[卒]待之"는 말은 작은 이익으로 적을 유인한 다음 병력을 투입해 그것을 수습한다는 뜻이다.

"세勢에서 승리를 구하고, 사람을 탓하지 않는다求之於勢, 不責於人"는 말은 단지 세를 유념할 뿐 병사에게 승리를 요구하지 않는다는 뜻이다. '구求(요구)'와 '책責(책임)'은 같은 의미로, 모두 요구한다는 뜻을 가지고 있다.

"사람을 버리고 세에 의지한다故能擇(釋)人而任勢"는 구절은 오랫동안 잘못 해석되어왔다. 사람을 선택해 '세'에 활용한다는 의미로 여겨졌는데, 늦어도 당 이후부터 잘못된 듯하다. 여기서 '택擇'은 사실 '석釋', 즉 버림, 포기함의 의미로 읽어야 한다. 즉 이 문장이 말하는 것은 사람에 의지할 것이 아니라 세에 의지하라는 것이다. 『육가요지六家要旨』에서 말하기를 "대도大道의 요지는 건강을 버리고 총명을 물리치는 것이니, 이것을 버리고 도술에 맡긴다至大道之要, 去健羨, 絀聰明, 釋此而任術"라고 했다. 이는 도가의 정신을 대표적으로 드러낸 매우 중요한 구절로, 형명법술의 근본에 해당한다. 『손자』에서 사람을 버리고 세에 맡긴다는 말은 바로 이러한 사상과 일맥상통한다:7

"적과 싸우는 것其戰人也"에서 '전인戰人'은 하나의 단어다. 그 뜻은 적과 싸움, 적과 전쟁하는 것을 의미한다. 과거에 나는 '적인敵人'이 「형」 편에 나오는 '전민戰民'과 같은 것이라 생각했다. '인人'자는 당 태종 이세민李世民의 이름자를 피하기 위해 고쳐 쓴 것으로 원래는 '민民'자였으리라는 추측이었다. 하지만 지금 생각해보니 이런 생각은 틀렸다.[8] 앞서 이미 설명했듯이, 『손자』는 '사람人'과 '나我' 혹은 '피彼'와 '차此'로 적군과 아군을 칭했다. '전민'은 전쟁을 준비하는 것으로, 자기 백성을 전쟁으로 내모는 일을 의미한다. 한편 '전인'은 적에 대응하는 것으로, 적국과 전쟁하는 것을 의미한다. 즉 여기서 전인은 전민과는 다른 뜻일 것이다.

"나무와 바위를 굴리는 것 같다如轉木石"에서 '목석木石'은 '사람人'을 뜻한다.

"나무와 바위의 성질은 안정되면 조용하나 위태로우면 움직이고, 모난 것은 멈추어 있지만 둥근 것은 움직인다木石之性, 安則靜, 危則動, 方則止, 圓則行." 이 말은 사람에게 용감함과 비겁함, 현명함과 우둔함이 있음을 비유한 것이다. 중국의 도가와 법가, 병가는 모두 사람의 용감함과 비겁함, 현명함과 우둔함보다 중요한 것은 사실 '세에 맡기는 것任勢'이라고 생각했다.[9]

그러면 '사람을 버리고 세에 맡긴다釋人任勢'는 것은 무엇일까? 이에 대한 가장 좋은 답은 「구지」 편에 나온다.

【5.6】

그러므로 적과 잘 싸우는 세는 마치 둥근 바위를 천 길이나 높은 산 위에서 굴리는 것과 같은데, 이것이 세다.

故善戰人之勢, 如轉圓石於千仞之山者, 勢也.

이 장과 「형」편은 결말이 비슷하다. 둘 다 비유를 사용하고, 앞 편의 마지막 두 글자가 '형야形也'였던 것처럼 이 편의 마지막 두 글자는 '세야勢也'다. 모두 주제로 돌아가면서 편을 마치고 있다.

"그러므로 적과 잘 싸우는 세故善戰人之勢"는 적에게 잘 대응하는 자의 '세'를 말한다. '전인戰人'은 적과 싸우는 것으로 앞서 설명한 바와 같다.

"마치 둥근 바위를 천 길이나 높은 산 위에서 굴리는 것과 같다如轉圓石於千仞之山者"는 비유에는 두 가지 측면이 있는데, 하나는 바위의 형상이고, 다른 하나는 산세의 높이다. 바위가 둥글다는 것은 구르기 쉬움을 비유한 것이다. 산세는 높을수록 위험하고, 그 세도 점점 더 커지며, 파괴력도 더 강해진다. 이 비유는 곧 '사람人'과 '세勢'를 빗댄 것으로, 사람은 바위이고 세는 산이다. 손자는 사람에게는 용감함과 비겁함이 함께 있다고 생각했는데, 이것은 바위의 네모나거나 둥근 모습과도 같다. 그런데 바위의 형상은 물론 중요하지만, 그것이 어떻게 구르는가의 관건은 바로 산세山勢에 달려 있다. 바위는 둥근 것이 당연히 좋지만, 그보다 더 중요한 것은 산세임을 손자는 강조한다.

「형」편의 마지막이었던 깊은 계곡에서 물을 터뜨리는 비유와 「세」편의 이 비유는 형식상 서로 어느 정도 닮았다. 그런데 이 둘의 차이점 또한 매우 음미해볼 만하다.

'깊은 계곡의 물을 터트린다'는 말에서 중점은 계곡이 아니라 물에 있다. '터트린 물決水'은 '축적된 물積水'을 전제로 하는데 축적된 물이란 축적된 세를 뜻하고, 축적된 물이 깊을수록 그 압력도 높아진다. 일단 방류하면 그 세는 분명히 아주 맹렬하지만, 축적된 세는 '형形'에 속하는 것이지 아직 '세'가 아니다. 물을 방류해야 비로소 '세'가 된다. 즉 이 비유는 '형'과 '세'를 모두 이야기하지만, 그 중점은 '축적積'에 있었다.

높은 산에서 구르는 바위 역시 위치에너지를 이용하는 것이다. 사람이 바위를 높은 산 위에 쌓아놓고, 아주 높은 곳에서 그것을 무너뜨리는 것은 깊은 계곡의 물을 터뜨리는 것과 확실히 비슷하다. 하지만 이 비유에서 중점은 바위가 아니라 산에 있다. 여기서 구르는 바위를 말할 때 착안점은 바위가 산세를 따라서 구른다는 점이다. 둥글거나 혹은 네모난 바위의 모양이 비록 구르는 움직임에 어느 정도 영향이 있을지라도, '세'는 바위가 아니라 바로 산인 것이다.

인췌산 한간銀雀山漢簡 「기정奇正」 편

기정奇正

하늘과 땅의 이치는 극에 달하면 돌아온다. 가득 차면 이지러지니, 해와 달이 이와 같다. 번갈아서 일어나고 쇠하니, 사계절이 이와 같다. 이기는 것도 있고 지는 것도 있으니, 오행이 이와 같다. 태어남이 있고 죽음도 있으니, 만물이 이와 같다. 할 수 있는 것도 있고 할 수 없는 것도 있으니, 모든 사람이 이와 같다. 여유가 있는 것도 있고 부족한 것도 있으니, 형세가 이와 같다.

天地之理, 至則反. 盈則敗, 是也. 代興代廢, 四時是也. 有勝有不勝, 五行是也. 有生有死, 萬物是也. 有能有不能, 萬生是也. 有所有余, 有所不足, 形勢是也.

그러므로 형形이 있는 무리는 이름을 붙일 수 없는 것이 없고, 이름이 있는 무리는 이길 수 없는 것이 없다. 그러므로 성인은 만물의 장점으로 만물을 이기기 때문에 끊임없이 이길 수 있다.

故有形之徒, 莫不可名. 有名之徒, 莫不可勝. 故聖人以萬物之勝勝萬物, 故其勝不屈.

전쟁이란 형으로 이기는 것이다. 형으로 이기지 못할 것이 없지만, 이기는 형을 아는 사람은 없다. 형으로 이기는 것의 변화는 하늘과 땅이 서로 가린 것과 같아 끝이 없다. 형으로 이기는 것에 대해서는 초나라와 월나라의 대나무에 다 쓰더라도 부족하다. 형은 모두 그 장점으로 이기는 것이다. 한 가지 형의 장점으로 만 가지 형을 이기는 것은 불가능하다. 형을 제어하는 것은 하나이지만 이기는 것은 한 가지일 수 없다. 그러므로 전쟁을 잘하는 사람은 적의 장점을 보면 단점을 알 수 있고, 적의 부족한 점을 보면 적의 남는 점을 알 수 있다. 승리를 보는 것이 해와 달을 보는 것처럼 분명하다. 승리를 준비하는 것이 마치 물로 불을 끄는 것 같다.

戰者, 以形相勝者也. 形莫不可以勝, 而莫知其所以勝之形. 形勝之變, 與天地相敝而不窮. 形勝, 以楚越之竹書之而不足. 形者, 皆以其勝勝者也. 以一形之勝勝萬形, 不可. 所以制形壹也, 所以勝不可壹也. 故善戰者, 見敵之所長, 則知其所短. 見敵之所不足, 則知其所有余. 見勝如見日月. 其錯勝也, 如以水勝火.

형으로 형에 대응하는 것은 정正이고 형이 없으면서 형을 제어하는 것은 기奇다. 기와 정은 무궁한데, 그것은 '나눔分' 때문이다. 기의 수數로 나누고 오행으로 제어하며, 형명으로 싸운다. 나누어짐이 정해지면 형이 드러나며, 형이 정해지면 이름이 있다.

形以應形, 正也. 無形而制形, 奇也. 奇正無窮, 分也. 分之以奇數, 制之以五行, 鬪之以. 分定則有形矣, 形定則有名[矣].

같으면 이길 수 없기 때문에 다른 것을 가지고 기로 삼는다.

同不足以相勝也, 故以異爲奇.

고요함으로 움직임을 대응하는 것이 기奇이고, 편안함으로 수고로움을 대응하는 것이 기이며, 배부름으로 배고픔을 대응하는 것이 기이고, 질서로 혼란을 대응하는 것이 기이며, 많음으로 적음을 대응하는 것이 기다.

足以靜爲動奇, 佚爲勞奇, 飽爲饑奇, 治爲亂奇, 衆爲寡奇.

드러내면 '정正'이 된다. 기가 드러났으나 응수하지 못하면 이길 수 있다. 기가 남는 자는 남들보다 뛰어나게 이길 수 있다.

發而爲正, 奇發而不報, 則勝矣. 有餘奇者, 過勝者也.

그러므로 관절 하나가 아프면 모든 관절을 쓰지 못하는 것은 한 몸이기 때문이다. 먼저 패하고 나면 다시 쓰지 못하는 것은 형이 같기 때문이다. 그러므로 전장에서 세는 큰 진형이 끊어지지 않아야 하고 작은 진은 흩어지지 않아야 한다. 뒤쪽 병사들이 앞쪽 병사들을 타고 넘어서는 안 되며, 앞쪽 병사들이 뒤쪽 병사들을 막아서는 안 된다. 전진하는 자는 나아갈 길이 있어야 하며, 물러나는 자는 들어갈 길이 있어야 한다.

故一節痛, 百節不用, 同體也. 前敗而後不用, 同形也. 故戰勢, 大陣不, 小陣乃. 後不得乘前, 前不得然後. 進者有道出, 退者有道入.

상을 주지 않고 벌을 내리지 않아도 백성이 명령을 듣는 것은 그 명령을 백성이 행할 수 있기 때문이다. 상은 후하고 벌은 약한데도 백성이 그 명령을 듣지 않은 것은 그 명령을 백성이 행할 수 없기 때문이다. 백성이 이롭지 못한데도 죽을 곳으로 나아가며 발길을 돌리지 않는 것은 맹분과 같은 용감한 사람도 하기 어려운 일이다. 백성에게 그렇게 하라고 꾸짖는다면 그것은 물을 거꾸로 흐르게 하는 것과 같다. 그러므로 전쟁터에서 세는 이긴 자에게는 이익을 더해주고 진 자에게는 장수가 죄를 대신 받아주며, 수고한 자는 쉬게 하고 굶주린 자는 먹게 하는 것이다. 그러면 백성이 적을 볼 때 죽음을 보지 않고, 날카로운 칼날을 밟고도 발길을 돌리지 않는다. 그러므로 물이 흘러가는 이치를 알면 돌을 띄워 배를 부술 수도 있으며 백성을 부릴 때 그 마음을 얻으면 명령이 흐르는 물처럼 행해지게 할 수 있다. 이상 총 487자다.

賞未行, 罰未用, 而民聽令者, 其令, 民之所能行也. 賞高罰下, 而民不聽其令者, 其令, 民之所不能行也. 使民雖不利, 進死而下旋踵, 孟賁之所難也, 而責之民, 是使水逆流也. 故戰勢, 勝者益之, 敗者代之, 勞者息之, 饑者食之. 故民見人而未見死, 蹈白刃而不旋踵. 故行水得其理, 漂石折舟. 用民得其性, 則令行如流. 四百八十七.

제6편

허실 虛實 : 많고 적음의 운용 3 ─ 승리를 제어함

군대 지휘의 예술은 '형形'에서 시작해 '세勢'에 이르고 '기정奇正'에서 시작해 '허실虛實'에 이르는, 층층이 올라가는 과정이다. '허실'은 가장 마지막 항목으로, 가장 높은 층을 대표한다. 이 편을 죽간본에서는 '신요神要'라고 했는데 이는 가장 신기하고 오묘하며, 가장 관건이 되고 또 중요하다는 뜻이다.

　허실이란 무엇일까? 간단히 말하자면 이것은 견실한 부분을 피하고 허점을 공격한다는 뜻으로, 아군이 적의 실實을 피하고 허虛를 찌르는 것을 말한다.

　앞서 이미 말했듯이 「형」 편은 형形을 설명하고 「세」 편은 세勢를 설명하며, 분수와 형명은 '형'에 속하고 기정과 허실은 '세'에 속한다. 하지만 「세」 편은 단지 기정만 설명할 뿐 허실은 설명하지 않는다. 허실을 설명하는 것은 바로 이번 편이다.

　「허실」 편은 굉장히 중요하다. 선조들은 일찍부터 그것을 알고 있었는데, 예를 들면 당 태종은 일찍이 『손자』 전체에서 이 「허실」 편이 가장 중요하다고 말했다. 「허실」 편을 읽기 전에 먼저 당 태종이 허실에 대해 어떻게 논했는지 살펴보자:[1]

태종이 말했다. "짐은 병법서를 많이 보았는데 손무孫武의 책보다 뛰어난 것이 없고, 손무 13편 가운데 「허실」편보다 뛰어난 글은 없었소. 대개 용병用兵에서 허실의 세勢를 알면 이기지 못할 것이 없소. 지금 여러 장수가 견실한 곳을 피해서 허술한 곳을 쳐야 한다고 말은 하지만, 실제로 적과 마주치면 허실을 아는 사람이 거의 없소. 대개 적을 다루지 못하고 오히려 적에게 휘둘리기 때문이오. 어떻게 생각하시오? 경이 여러 장수를 위해 요점을 말해주시오."

이정이 말했다. "먼저 기정奇正이 서로 변하는 방법을 가르쳐준 다음에, 허실의 형形을 말하는 것이 옳습니다. 여러 장수가 대부분 변칙奇을 정공법正으로 삼고 정공법을 변칙으로 삼는 것을 모르는데, 어떻게 허虛가 실實이 되고, 실이 허가 되는 것을 알겠습니까?"

태종이 말했다. "계책을 세워 득실의 계산을 알고, 작전을 세워 동정의 이치를 알며, 형세를 드러내게 하여 생사의 지형을 알고, 비교하여 남거나 부족한 곳을 알아야 한다고 했소. 이것은 기정이 나에게 있고 허실은 적에게 있다는 말이오?"

이정이 말했다. "기정이란, 적의 허와 실에 이르는 것입니다. 적이 견실하면 우리는 반드시 정공법正을 사용하고, 적이 허술하면 우리는 반드시 변칙奇을 사용합니다. 만약 장수가 기정을 알지 못한다면, 비록 적의 허실을 알더라도 어떻게 활용할 수 있겠습니까? 신이 조칙을 받들어 여러 장수에게 기정을 가르치면 허실은 자연히 알게 될 것입니다."

태종이 말했다. "변칙을 정공법으로 삼는다는 것은 적이 변칙에 뜻이 있으면 나는 정공법으로 친다는 것이고, 정공법을 변칙으로 삼는다는 것은 적이 정공법에 뜻이 있으면 나는 변칙으로 친다는 것이지요. 결국 적의 기세는 항상 허술하게 만들지만, 나의 기세는 항상 견실하다는 이야기군. 이 방법을 여러 장수에게 가르쳐 쉽게 이해하도록 하시오."

이정이 말했다. "아무리 많은 글귀도 '적을 불러야지 내가 적에게 불려가지 않는다'는 내용을 벗어나지 않습니다. 신은 마땅히 여러 장수에게 이것을 가르치겠습니다."

太宗曰, 朕觀諸兵書, 無出孫武. 孫武十三篇, 無出虛實. 夫用兵, 識虛實之勢, 則無不勝焉. 今諸將中, 但能言背實擊虛, 及其臨敵, 則鮮識虛實者. 蓋不能致人, 而反爲敵所致故也. 如何. 卿悉爲諸將言其要.

靖曰, 先敎之以奇正相變之術, 然後語之以虛實之形可也. 諸將多不知以奇爲正, 以正爲奇, 且安識虛是實, 實是虛哉.

太宗曰, 策之而知得失之計, 作之而知動靜之理, 形之而知死生之地, 角之而知有餘不足之處. 此則奇正在我, 虛實在敵歟.

靖曰, 奇正者, 所以致敵之虛實也. 敵實, 則我必以正. 敵虛, 則我必以奇. 苟將不知奇正, 則雖知敵虛實, 安能致之哉. 臣奉詔, 但敎諸將以奇正, 然後虛實自知焉.

太宗曰, 以奇爲正者, 敵意其奇, 則吾正擊之. 以正爲奇者, 敵意其正, 則吾奇擊之. 使敵勢常虛, 我勢常實. 當以此法授諸將, 使易曉耳.

靖曰, 千章萬句, 不出乎致人而不致於人而已. 臣當以此敎諸將.

당 태종은 병법서 중에서 『손자』 13편이 가장 훌륭하고 13편 가운데서도 「허실」 편이 가장 중요하다고 생각했다. 그리고 이정은 '기정'이 '허실'의 기초이며, 기정을 습득해야만 비로소 허실을 이해할 수 있다고 여겼다. 그는 이렇게 말했다. "아무리 많은 글귀도 '적을 불러야지 내가 적에게 불려가지 않는다'는 내용을 벗어나지 않습니다."

"적을 부르지 적에게 불려가지 않는다致人而不致於人"는 말은 바로 주도권이 나에게 있지 적에게 있는 것이 아니라는 뜻이다. 나는 적을 이동시킬 수 있지만, 적이 나를 이동시킬 수는 없다. 이 문제가 가장 중요하다.

앞의 「세」 편에서 저자는 '군대의 공격이 마치 숫돌로 계란을 치는 것과 같은 것은 허실 때문이다'라고 말했다. 견실한 곳을 피하고 허술한 곳을 공격하는 것은 마치 돌맹이로 계란을 치는 것과 같다고 했는데, 이 비유는 매우 간단하면서도 한마디로 문제의 핵심을 지적하고 있다.

하지만 장수 입장에서 이것은 간단한 일이 아니다. 어떻게 전체 국면을 조망하고 어떻게 병력 배치를 할 것인지 그리고 어떻게 진군하고 우회할지, 어떻게 분산하고 집결할지, 어떻게 허술해야 할 곳은 허술하게 견실해야 할 곳은 견실하게 할지, 이 모든 것은 말하기는 쉽지만, 시행하기는 어렵다. 자기의 견실함을 가지고 적군의 허술함을 친다는 것도 말이 쉽지, 그 안에 담긴 내용이 만만치 않다.

"견실한 곳을 피하고 허술한 곳을 친다避實擊虛"라는 문구를 절대 가볍게 봐서는 안 된다. '허'와 '실'은 일종의 분병술分兵術이다. 바둑을 두는 것은 고대에 병기교兵技巧에 속했는데 이것은 바로 '허실' 두 글자를 논하는 일이다. "넓어야 하지만, 그렇다고 지나치게 분산되어서는 안 되고, 조밀해야 하지만 그렇다고 지나치게 가까우면 안 된다闊不可太疎, 密不可太促."(장의張擬, 『기경십삼편棋經十三篇』) 마오쩌둥은 바둑에서의 엿보기와 따먹기를 이용해 내선과 외선, 포위와 역포위를 설명했다:2

「허실」 편에서는 제승制勝(승리 제어)에 대해서 설명한다. 승리에는 큰 승리가 있고 작은 승리가 있다. 전투에서 이기는 것은 작은 승리고, 전역戰役 혹은 전쟁 국면에서 이기는 것이 큰 승리다. 전투에서 이기는 것은 점點 위의 승리로 바둑에 비유하자면 상대편 바둑알을 잡아먹는 것이다. 전역 혹은 전쟁 국면의 승리는 면 위의 승리로서 바둑판 전체의 승리에 해당한다. 즉 싸움 횟수를 다 합쳐서 최종적으로 획득한 승리를 말한다. '제승'은 작은 승리들을 쌓아서 큰 승리를 만드는 것으로, 최종적으로는 대승을 추구한다. 점 위의 승리는 작은 승리로 '기정'에 의지하며, 면 위의 승리는 큰 승리로 '허실'에 의지한다.

여기서 허실은 장수의 일로, 장수가 된 사람들이 전반적으로 고려해야 할 큰 문제에 해당한다.

구기 종목 경기를 보면 이런 경우가 있다. 실력 차이가 아주 현저한 경우를 제외하고 결승과 준결승에 참가한 팀들은 최후에 필사적으로 싸운다. 만약에 결과만 본다면 5판 3승의 경기에서 3대 0일 경우 보통 사람들은 이긴 팀이 아주 쉽게 승리를 하고, 진 팀은 아주 지독하게 참패했을 것이라고 생각한다. 하지만 현장에 직접 가보면 그 느낌은 다를 텐데, 아마 매 경기 득점 경쟁이 치열하고 관중은 마음을 졸였을 것이다. 원래 큰 승리는 마음을 놀라게 하고 영혼을 감동시키는 작은 승리 하나하나가 모여서 만들어지는 것이다. 전쟁터에서의 상황 역시 이와 유사한 느낌이다. 수많은 승리가 모두 험난한 승리였다. 설사 그것이 아주 통쾌한 섬멸전이었다고 하더라도 그렇다.

『손자』에서 '형'을 설명한 것은 단 한 편뿐이고 오히려 '세'를 설명한 것이 두 편이다. 세를 두 개의 다른 측면으로 나누어 설명했기 때문인데 바로 기정과 허실이다. 「세」 편의 주제가 기정이고 허실은 따로 「허실」 편에서 나누어 다룬다고 해서 기정만이 세에 해당하고 허실은 세 이외의 것이라고 생각해서는 안 된다. 사실 허실은 기정의 연장선에 있으며, 그 본체는 역시 '세'다.

허실이란 무엇인가? 허실은 기정과 서로 통하는데, 역시 '많고 적음의 운용衆寡之用'에 속하기도 하고 '병력의 처방'에 속하기도 한다. 다만 양자의 범위는 다르다. 허실의 '허' 혹은 '실'은 진을 치면서 어느 방향은 병력을 상대적으로 많게 하고, 어느 방향은 또 적게 하는 종류의 것이 아니다. 또 어떤 작전 지점 자체가 '허'인지 '실'인지를 말하는 것도 아니다. 여기서 고려하는 것은 점이 아니라 면이다.

자기 쪽 어떤 지점에서의 '허'나 '실'이 아니라 적과 아군 쌍방의 허실 관계를 보아야 한다. 적의 '허'는 곧 아군의 '실'이고 적의 '실'은 곧 아군의 '허'를 의미한다. 나의 판세에 유리한 것은 적의 판세에는 불리한 것이다. 적군이 형세의 제약을 받는다고 느끼게 하려면 가지 말아야 할 곳에 오히려 가야 하고 구하지 말아야 할 것을 오히려 구해야만 한다.

허실은 확대된 기정이다. 우회해서 이동하고 분산·집결함으로써, 예정 전투 지역에 아군이 많고 적군은 적으며, 아군은 견실하고 적군은 허술하도록 상황을 조성하는 것이다. 그럼으로써 많은 병력으로 적은 병력을 치고, 견실한 곳을 피하고 허술한 곳을 치는 것이다. 이러한 점 위의 허실 관계를 제어하는 것은 전체 국면의 허실 관계다.

심지어 뒤에 소개될 제3부의 실전편(즉 「군쟁」 편 등 다섯 편)은 바로 이 허실의 응용과 전개라고까지 말할 수 있다. 그런 의미에서 이 편은 제2부(형세形勢)에서 다음 단계인 제3부(전투戰鬪)로 넘어가는 과도기적인 내용이다. 앞 쪽의 내용을 좀 더 돌이켜보고 허실에 대한 이야기를 다시 시작하는 것이 명확한 이해에 도움이 될 것 같다.

기정과 허실은 모두 형세인데, 형세 중에서도 '세'에 해당한다. 이것들은 병력 배치에 관한 내용이라는 공통점이 있다. 병력을 구석구석 빈틈없이 배치하는 것은 불가능하므로 결국 이 곳에는 좀 더 많이, 저 곳에는 좀 적게 배치하게 된다. '실'이 있으면 '허'도 있고 '허'가 있으면 '실'도 있는 것이다.

인췌산 한간 「기정」 편에서 말하기를 "여유가 있는 것도 있고 부족한 것도 있으니, 형세가 이와 같다"고 했다. 하지만 기정과 허실이 같은 것은 아니다. 기정은 점 위의 배치이고 허실은 면 위의 배치라는 차이는 중요하다. 범위의 대소가 다른 셈인데, 면 위의 허실은 움직이는 것으로서 운동성과 관련이 크다.

'허실'에서 비로소 '세'는 최고도로 발휘되는데, 재미있는 것은 여기서 손자가 오히려 '형'으로 되돌아간다는 것이다. 그는 이러한 운용의 기묘함을 '형병形兵'이라고 불렀다.

'형병'은 무엇인가? 인췌산 한간 「기정」 편에는 이런 내용이 있다. "전쟁이란 형形으로 승리하는 것이다. 형은 승리할 수 없는 것이 없다. 하지만 승리할 수 있는 형을 아는 사람은 없다." 그리고 『손자』의 이 편에서도 유사한 말이 나온다. "사람들은 모두 내가 승리한 형세는 알지만 내가 승리를 제어한 형세는 알 수 없다人皆知我所以勝之形, 而莫知吾所以制勝之形."

'내가 승리한 형세'란 분명하게 배치되어 있는 형을 말하고 '승리를 제어한 형세'는 보이지 않는 형을 말한다. 보이는 형이란 「형」 편에서 말하는 '형形'이고, 보이지 않는 형은 사실 '세'를 의미한다. 이 두 종류의 형이 하나로 결합되어 서로 표리를 이룰 때 비로소 '형세'라는 단어의 완전한 의미가 된다. 그러므로 '형병'이란 형세의 학문이 집중적으로 구현된 것으로, 모든 운용의 묘妙가 이 두 글자 안에 포함되어 있다.

「허실」 편은 다음과 같이 다섯 장으로 나누어 설명할 것이다.

제1장은 '적을 부르지 내가 불려나가지 않는다'는 것에 대해 설명한다.

제2장은 '많은 것으로 적은 것을 치고, 견실한 곳을 피하고 허술한 곳을 친다'는 것에 대해 설명한다.

제3장은 한 구절이 삽입된 것으로, 월나라 사람들의 병력이 비록 많지만 승

리에 도움이 되지 않는다는 것을 설명한다.

제4장은 허실을 알면 승리를 만들 수 있다는 내용에 대해 설명한다.

제5장은 '병력에는 일정한 기세가 없고, 물에는 일정한 형태가 없다'는 것에 대해 설명한다.

【6.1】

손자가 말했다. 대개 먼저 전쟁터에 나가서 적을 기다리는 쪽은 여유롭고, 나중에 전쟁터에 도착해 전투에 나가는 쪽은 피곤하다. 그러므로 전쟁을 잘하는 자는 적을 부르지, 자기가 적에게 불려나가지 않는다. 적을 자신에게 오게 할 수 있는 것은 그들이 이롭다고 생각하기 때문이며, 적이 오지 못하게 할 수 있는 것은 그들이 해롭다고 생각하기 때문이다. 그러므로 적이 느긋하면 피곤하게 할 수 있고, 배부르면 굶주리게 할 수 있고, 편안하면 움직이게 할 수 있다. 적이 반드시 갈 곳으로 나아가며, 적이 생각하지 못한 곳으로 나아간다.

孫子曰: 凡先處戰地而待敵者佚, 後處戰地而趨戰者勞. 故善戰者, 致人而不致於人. 能使敵人自至者, 利之也. 能使敵人不得至者, 害之也. 故敵佚能勞之, 飽能饑之, 安能動之. 出其所(不)〔必〕趨, 趨其所不意.

'허실'은 능동·피동과 관련이 있다. "적을 부르지, 자기가 적에게 불려나가지 않는다致人而不致於人"라는 문장이 바로 이를 설명하는 것이다.

"대개 먼저 전쟁터에 나가서 적을 기다리는 쪽은 여유롭고, 나중에 전쟁터에 도착해 전투에 나가는 쪽은 피곤하다凡先處戰地而待敵者佚, 後處戰地而趨戰者勞." 먼저 도착한 쪽이 유리한 지형을 차지할 수 있다. 높은 곳에 자리를 잡고 아래를 내려다보며, 편안하게 피로한 상태의 적군을 기다리는 것이다. 바둑에서는 이러한 상황을 가리키는 별칭으로 '쟁선술爭先術'이라는 말이 있다. 바둑판에서와 마찬가지로 전쟁터에서도 '앞을 다투는 일爭先'이 있다. 승리를 쟁취하기 위해서는 누구나 '앞을 다투고 뒤를 두려워한다爭先恐後.'

고대 병법에서는 앞先을 중요하게 여기는 파와 뒤後를 중요하게 여기는 파가 있었다. 예를 들면 "왕료王廖는 앞에 함을 귀하게 여기고 아량兒良은 뒤에 함을 귀하게 여겼다"(『여씨춘추』「불이」)고 한다.

전술의 전개는 '기동走'과 '공격打'으로 나뉜다. 기동에는 선발先發과 후발後發이 있고 선지先至(먼저 도착)와 후지後至(뒤에 도착)가 있다. 공격에도 역시 누가 먼저 움직였는가의 문제가 있다. 구기 종목 경기에서는 먼저 시작한 쪽이 반드시 우위를 점하는 것은 아니다. 먼저 시작한 팀이 잘할 수도 있고 잘 못할 수도 있다. 거북이와 토끼의 달리기 경주에서, 토끼는 앞서서 뛰었지만 잠을 푹 자는 바람에 오히려 거북이에게 뒤쳐졌다. 관건은 '선발'과 '후발'이 아니라 누가 가장 먼저 결승점에 도착할 것인지 하는 문제다.[3]

「군쟁」 편에서 선후의 문제는 중요한 화제다. '군쟁軍爭'이란 바로 누가 먼저 도착하고 누가 나중에 도착하는지를 다투는 것이다. 다음의 「군쟁」 편에서 이 문제를 전문적으로 다룰 텐데, 「허실」 편과 「군쟁」 편, 이 두 편 역시 서로 밀접하게 연결되어 있다.

"적을 부르지, 자기가 적에게 불려나가지 않는다致人而不致於人." 이 말은 결국 누가 주도하고 누가 주도당하는지, 즉 누가 누구를 조종할 수 있는지 설명한다. '적을 부르는致人'는 쪽이 주도하는 쪽이라면 '적에게 불려나가는致於人'쪽은 주도당하는 쪽이다. '치致(부름)'와 '지至(도착)'는 같은 글자에서 분화되었는데, 사람을 오게 하는 것은 '치'이고 스스로 오는 것은 '지'다. 이 두 글자 자체에 능동과 피동의 구분이 있다.

"적을 자신에게 오게 할 수 있는 것은 그들이 이롭다고 생각하기 때문이며, 적이 오지 못하게 할 수 있는 것은 그들이 해롭다고 생각하기 때문이다能使敵人自至者, 利之也. 能使敵人不得至者, 害之也." 이 말은 능동과 피동의 상황을 만들어내는 일에 대해 설명했다. '적을 자신에게 오게 할 수 있는 것'은 이익을 가지고 유인하는 것, 즉 적군에게 유리함을 느끼게 하여 스스로 오게 만드는 것이다. '적이 오지 못하게 할 수 있는 것'은 해로움을 가지고 적을 교란시켜 스스로 타산이 맞지 않다고 생각하여 포기하도록 만드는 것이다. 한편으로는 자신이 주도권을 획득하기 위해 다투면서, 다른 한편으로는 적을 피동적인 위치에 빠트리도록 노력해야 한다.

능동과 피동은 불평등의 관계를 갖는다. 평형 상태가 무너져야만 우리가 주도권을 갖고 적군을 피동적 상황에 놓을 수 있다. '변칙으로 승리를 제어함出奇制勝'의 '변칙奇'이 바로 차이를 만들어 평형 상태를 무너뜨리는 것을 가리킨다.

인췌산 한간 「기정」 편에 이런 말이 있다. "같은 것으로는 이길 수 없기 때문에 다른 것을 기奇로 삼는다. 그러므로 고요함은 움직임의 기이고, 편안함은 수고로움의 기이며, 배부름은 배고픔의 기이고, 다스림은 혼란함의 기이며, 많음은 적음의 기다同不足以相勝也, 故以異爲奇. 足以靜爲動奇, 佚爲勞奇, 飽爲饑奇, 治爲亂奇, 衆爲寡奇."

여기서 말하는 "적이 느긋하면 피곤하게 할 수 있고, 배부르면 굶주리게 할 수 있고, 편안하면 움직이게 할 수 있다敵佚能勞之, 飽能饑之, 安能動之"는 것은 바로 균형 상태를 무너뜨림으로써 피동을 능동으로 변화시키는 것이며, 전체 형세를 뒤집는 것이다.

능동과 피동, 균형平衡과 불균형不平衡은 역량의 대비인 동시에 심리적인 대결

이기도 하다. 우리가 적군에 비해 뛰어나다고 할 때, 과연 어떤 점이 그러한가? 관건은 예상 가능한 범위를 벗어나는 것이다. 우리는 생각할 수 있지만 적의 생각은 미치지 못하는 것, 이것이 가장 중요하다. 사람들의 예상에서 벗어나야만 균형 상태를 무너뜨려, 형세를 우리에게 유리한 방향으로 역전시킬 수 있다. 「계」편에서는 이를 "방비가 없는 곳을 공격하고 생각지 못한 곳으로 나간다攻其無備, 出其不意"고 했다.

"적이 반드시 갈 곳으로 나간다出其所(不)[必]趨'는 구절은 현행본에는 '적이 가지 않는 곳으로 나간다出其所不趨'라고 되어 있으나 이는 잘못 고쳐진 것이다. 이치에 맞게 생각해보면, 우리는 반드시 적군이 가게 될 방향으로 출격해야 한다. 적군이 가지 않는 곳이라면 그것이 헛걸음이 아니고 무엇인가? 즉 이렇게 고치면 의미는 완전히 달라진다. 죽간본과 고서의 인용문은 '필추必趨'라고 되어 있는데 이야말로 정확한 표기다. 후대 사람들이 잘못 고치게 된 것은 무리해서 통일성을 추구했기 때문인 듯하다. 아래 문장에 '불의不意'가 있는 것 때문에 이 구절 역시 '부추不趨'로 고친 것이다. 이 한 글자 차이로 뜻이 천 리나 멀어져버렸다.

【6.2】

천 리를 행군해도 피곤하지 않은 것은 적이 없는 곳에서 행군했기 때문이다. 공격하면 반드시 빼앗는 것은 적이 지키지 않는 곳을 쳤기 때문이다. 지키면 반드시 굳게 지킬 수 있는 것은 적이 공격하려는 곳을 지키기 때문이다. 그러므로 공격을 잘하는 자는 적이 지킬 곳을 모르게 한다. 수비를 잘하는 자는 적이 칠 곳을 모르게 한다. 미묘하도다! 전혀 형세가 없구나. 신기하도다! 전혀 소리가 없구나. 그러므로 적의 생명을 좌우할 수 있다.

나아가는데 막을 수 없는 것은 허점을 쳤기 때문이다. 물러서는데 추격해 올 수 없는 것은 멀어서 따라올 수 없기 때문이다. 그러므로 내가 싸우려 고 할 때 적이 높은 보루와 깊은 구덩이로 지키면서도 나와 싸울 수밖에 없는 것은 적이 막아야 할 곳을 공격하기 때문이다. 내가 싸우지 않으려 고 할 때 땅에 선을 긋고 지켜도 적이 나와 싸우지 않는 것은 그가 가려 는 곳과 다르기 때문이다. 그러므로 적이 형세를 드러내게 하고 나의 형세 를 숨긴다면 나는 집중되고 적은 분산된다. 나는 집중하여 하나가 되지만 적은 분산되어 열이 되니, 열로 하나를 치는 것이다. 즉 나는 수가 많고 적 은 수가 적으니, 많은 수로 적은 수를 공격하면 나와 싸우는 적이 줄어든 다. 내가 싸우려는 곳을 적이 알지 못하면 적은 지킬 곳이 많으니 나와 싸 우는 적이 적게 된다. 그러므로 앞을 지키면 뒤가 적고, 뒤를 지키면 앞이 적으며, 왼쪽을 지키면 오른쪽이 적고, 오른쪽을 지키면 왼쪽이 적게 되 지만, 지키지 않는 곳이 없어 적지 않은 곳이 없게 된다. 병력이 적은 것은 적을 지키기 때문이며, 많은 것은 적이 자신을 지키도록 하기 때문이다. 그 러므로 싸울 곳을 알고 싸울 날을 알면, 천 리라도 가서 싸울 수 있다. 하 지만 싸울 곳을 모르고 싸울 날을 모르면 왼쪽이 오른쪽을 구할 수 없고, 오른쪽이 왼쪽을 구할 수 없으며, 앞쪽이 뒤쪽을 구할 수 없고, 뒤쪽이 앞 쪽을 구할 수 없다. 하물며 멀게는 수십 리, 가까워도 몇 리나 되니 어찌 하겠는가?

行千里而不勞者, 行於無人之地也. 攻而必取者, 攻其所不守也. 守而必固者, 守其 所(不)〔必〕攻也. 故善攻者, 敵不知其所守. 善守者, 敵不知其所攻. 微乎微乎, 至於 無形. 神乎神乎, 至於無聲, 故能爲敵之司命. 進而不可禦者, 衝其虛也. 退而不可 追者, (速)〔遠〕而不可及也. 故我欲戰, 敵雖高壘深溝, 不得不與我戰者, 攻其所必

救也. 我不欲戰, 雖畫地而守之, 敵不得與我戰者, 乖其所之也. 故形人而我無形,
則我專而敵分. 我專爲一, 敵分爲十, 是以十攻其一也. 則我衆敵寡, 能以衆擊寡,
則吾之所與戰者約矣. 吾所與戰之地不可知, 不可知則敵所備者多, 敵所備者多, 則
吾所與戰者寡矣. 故備前則後寡, 備後則前寡, 備左則右寡, 備右則左寡, 無所不
備, 則無所不寡. 寡者, 備人者也. 衆者, 使人備己者也. 故知戰之地, 知戰之日, 則
可千里而會戰. 不知戰地, 不知戰日, 則左不能救右, 右不能救左, 前不能救後, 後
不能救前, 而況遠者數十里, 近者數里乎.

'허실'은 '중과衆寡'와 관련이 있고, '견실한 곳을 피하고 허술한 곳을 친다避實
擊虛'는 '많음으로 적음을 친다以衆擊寡'와 관련이 있다.

"천 리를 행군해도 피곤하지 않은 것은 적이 없는 곳에서 행군했기 때문이
다. 공격하면 반드시 빼앗는 것은 적이 지키지 않는 곳을 쳤기 때문이다. 지키
면 반드시 굳게 지킬 수 있는 것은 적이 공격하려는 곳을 지키기 때문이다行千
里而不勞者, 行於無人之地也. 攻而必取者, 攻其所不守也. 守而必固者, 守其所必攻也." 이 문장
에는 두 개의 '행行', 두 개의 '공攻', 두 개의 '수守'가 있다. 행에는 행의 허실이
있고 공에는 공의 허실이 있고 수에는 수의 허실이 있다. 이미 설명했듯이 전술
의 전개는 두 가지로 요약할 수 있으니, 즉 '기동走'과 '공격打'이다. 여기서 '행'은
기동을 의미하고 '공'과 '수'는 공격을 의미한다.

'기동'은 사람이 없으면 '허'이고 사람이 있으면 '실'이다. 만약 우리가 이동을
해야 한다면, 반드시 적이 생각하지 못한 노선을 택해야 한다. 가는 도중에 우
리를 가로막는 적이 없다면 상대의 허점을 노려서 진입한다고 할 수 있다.

'공격'은 공격과 수비로 나뉜다. '공격하면 반드시 빼앗는다攻而必取'는 것은 견
실함으로 허점을 치기 때문이며 '지키면 반드시 굳게 지킨다守而必苦'는 것은 견

실함으로 허점을 방비하기 때문이다. '견실함'은 모두 우리에게 있고 적에게는 없으며, '허점'은 적에게만 있고 우리에게는 없다. '행'이든, 아니면 '공'과 '수'이든 관계없이 우리는 견실하고 적군은 허술하다. 공격을 한다면 반드시 적군의 방어가 소홀한 곳을 택하고 수비를 한다면 반드시 적이 진격해올 만한 곳을 택해야 한다.

여기서 "적이 공격하려는 곳을 지키기 때문이다守其所必攻也"라는 구절은 현행본에 "적이 공격하지 않는 곳을 지키기 때문이다守其所不攻也"라고 되어 있는데, 이는 후대 사람들이 잘못해서 반대로 고친 것이다. 적이 공격하러 오지 않는데 그곳을 수비해서 어쩌겠는가? 죽간본과 고서 인용문에 근거해서 판단하건대 이 구절은 '적이 공격하려는 곳을 지키기 때문이다守其所必攻也'라고 해야 한다.

"그러므로 공격을 잘하는 자는 적이 지킬 곳을 모르게 한다. 수비를 잘하는 자는 적이 칠 곳을 모르게 한다故善攻者, 敵不知其所守. 善守者, 敵不知其所攻." 공격과 수비를 잘하는 것은 '허실'을 알기 때문이다. 우리가 공격할 때에 적은 우리가 어디서 공격할지 몰라야 하고, 우리가 수비할 때에는 적이 공격하려는 곳을 지키는 것이 최선이다. 두 경우 모두 주도권을 적에게 넘겨주지 않아야 한다.

여기서 문제의 관건은 허실이 있느냐 없느냐가 아니라 허실을 아느냐 모르느냐이다. 누구에게나 허실은 있다. 견실한 곳이 있으면 허술한 곳이 있고, 허술한 곳이 있으면 견실한 곳이 있다. 즉 중요한 것은 허실을 '아느냐 모르느냐知不知'다. 알고 모르고는 사람의 마음에 있다. 사람 마음은 가늠하기 어렵기 때문에 가장 큰 변수가 되는데, 적은 아군의 허실을 모르고 아군은 적의 허실을 안다면 결과를 점쳐볼 수 있다.

"미묘하도다! 전혀 형세가 없구나. 신기하도다! 전혀 소리가 없구나. 그러므로 적의 생명을 좌우할 수 있다微乎微乎, 至於無形. 神乎神乎, 至於無聲, 故能爲敵之司命." 이는 아군의 움직임과 허실을 적이 알 수 없음을 묘사하고 있다. 적이 알지 못한다는 것은 주도권이 적이 아니라 우리에게 있음을 뜻한다. 적군의 생명은 우리 손아귀에 단단히 쥐여 있다. '형세가 없음無形'과 '소리가 없음無聲'이란 의도를 은폐하고 소리와 모습을 드러내지 않는 것이다.

'미묘하도다!微乎微乎'와 '신기하도다!神乎神乎'는 허실을 예측하기 힘들어 적이 이를 알지 못함을 표현한다. 다음에 나오는 두 구절은 모두 이를 말한 것이다. 즉 "적은 형세를 드러내게 하고, 나는 형세를 숨긴다形人而我無形." "병력 배치의 극치는 형세가 전혀 드러나지 않는 것이다. 형세가 없으면 깊이 숨은 간첩도 엿볼 수 없고, 지혜로운 자도 꾀를 내 대응할 수 없다形兵之極, 至於無形. 無形, 則深間不能窺, 智者不能謀."

이 문장에서 '사명司命'은 하늘의 성관星官이다. 이는 지상의 탄생과 죽음을 관장하는 관리로, 『손자』에서 언급된 것은 이번이 두 번째다. 「작전」 편에서는 "전쟁兵을 아는 장수는 백성의 사명"이라 하여 아군의 생사를 책임진다는 뜻이었으나, 여기서는 적의 생사를 좌우한다.

"나아가는데 막을 수 없는 것은 허점을 쳤기 때문이다進而不可禦者, 衝其虛也." '나아감進'은 아래 문장의 '물러섬退'과 서로 대응된다. '어禦(막다)'는 공격을 맞는 것, 즉 방어이며 '충衝(치다)'은 충격을 주는 것, '허虛'는 취약한 곳을 뜻한다. '어禦'는 죽간본에 '영迎(맞이함)'으로 되어 있는데 이 두 글자는 서로 뜻이 통하며 발음이 비슷하다.(옛 음은 모두 성모가 '의疑'에 속함.) 『묵자』 「영적사迎敵祠」의 '영적迎敵'도 본래 '어적禦敵'이다.

"물러서는데 추격해올 수 없는 것은 멀어서 따라올 수 없기 때문이다退而不可追者, 遠而不可及也." 아군이 퇴각할 때 적이 추격해오지 못하는 이유는 적이 충분히 따라오지 못하기 때문이다. '원遠'은 현행본에 '속速'이라고 되어 있으나, 이는 글자가 비슷해서 생긴 오류다. 여기서는 죽간본과 고서의 인용문에 근거해 고쳤다. '원'은 거리를 나타내고 '속'은 빠르고 느림을 나타내니, 의미가 다르다. 거리는 매우 중요하다. 동물들은 '도망가는 거리'가 있다. 만약 사람이 동물에게 아주 가까이 가면 그 동물은 몹시 긴장하여 사람을 공격하는 대신 도망을 가버린다. 이 둘은 모두 위기 상황의 반응에 속하는데, 양쪽 군대의 거리가 아주 가깝다면 이와 유사한 반응이 나타나게 된다. 거리를 넓힌 채 서로 충분히 떨어져 있어야 비로소 안전하다고 할 수 있는데, 여기서 말하는 것은 거리가 멀어 적이 추격할 수 없는 상황이다.

"그러므로 내가 싸우려고 할 때, 적이 높은 보루와 깊은 구덩이로 지키면서도 나와 싸울 수밖에 없는 것은 적이 막아야 할 곳을 공격하기 때문이다故我欲戰, 敵雖高壘深溝, 不得不與我戰者, 攻其所必救也." 우리가 적군과 싸우려고 할 때, 적군이 '높은 보루와 깊은 웅덩이高壘深溝'로 방비를 해서라도 어쩔 수 없이 싸우려고 한다면 이는 무엇 때문이겠는가? 그것은 아군의 공격이 적군이 반드시 지켜야만 하는 지역을 향했기 때문이다. '높은 보루와 깊은 웅덩이'는 장기적으로 사용하는 성곽이나 보루와 달리, 군대가 막사를 치고 진지를 구축한 임시 방어시설을 뜻한다. 흙을 파내서 참호를 만든 것을 '해자溝'라 하고 그 흙을 쌓아 담을 만든 것을 '보루壘'라 한다. 고대의 공사는 종류가 아주 많았다. 방책이나 보루, 아니면 전차를 동그랗게 세워놓고 진지로 쓰기도 했는데 가장 흔한 것은 역시 해자와 보루였다. 높고 거대한 성벽과 성을 보호하는 하천도 사실은 그와 같은 방법으로 만들어낸 것이다.

"내가 싸우지 않으려고 할 때, 땅에 선을 긋고 지켜도 적이 나와 싸우지 않는 것은 그가 가려는 곳과 다르기 때문이다我不欲戰, 雖畫地而守之, 敵不得與我戰者,

乖其所之也." 우리가 적과 싸우자 하지 않으면, 설령 우리가 어떠한 방어 수단도 갖고 있지 않아 단지 땅 위에 선을 그려서 진을 치더라도 적군이 우리와 교전 하는 일이 없다. 그 이유는 무엇일까? 그것은 아군과 적군의 움직이는 방향이 상반되기 때문이다. 그래서 적은 애초에 우리를 따라올 수 없다.

고서에 나오는 '화지畵地'라는 단어는 용례가 두 종류 있다. 하나는 지상에 커다란 원을 그리고 주문을 외우면 맹수들이나 요괴, 악마가 들어오지 못한다 고 하는 민간 신앙이다. 예를 들면 『서유기西遊記』에 그런 사례가 나온다. 손오 공은 동냥을 하러 외출할 때는 항상 삼장법사에게 둥근 원을 그려주었는데, 그 것이 바로 화지의 일종으로 마법을 빌려 방어하는 것이다. 또 다른 화지의 용 례는 병법에서 소위 말하는 화지다. 병서에서 화지는 주로 진법, 즉 대형으로 방어하는 것을 의미한다. 흙담에 의존하지 않고 사람의 장벽에 의존하는 것이 다. 이정李靖이 인용한 『태공서太公書』에는 이른바 '태공의 화지 방법太公畵地之法' 이 나오고, 『사마법司馬法』 일문에서 말한 진법도 바로 이런 종류에 속한다.(『당 태종이정위공문대唐太宗李衛公問對』 권중) 『태백음경太白陰經』 제9권에도 이전李筌의 화지 방법에 대한 언급이 있다. 이는 모두 진법을 이르는 것이다. '괴乖(어그러짐)' 는 죽간본에는 '교膠'라고 되어 있다. '교'는 '류謬'와 통하는 글자로 '어긋나다'라 는 뜻이다.[4]

"적이 형세를 드러내게 하고 나의 형세를 숨긴다면 나는 집중되고 적은 분 산된다形人而我無形, 則我專而敵分." 이것은, 우리는 적의 허실을 알지만 적은 우리 의 허실을 몰라야만 비로소 견실한 곳을 피해서 허술한 곳을 칠 수 있음을 말 하는 것이다. 앞 구절에 있는 '인人'은 '나我'와 서로 대응되는 말로, 적을 뜻한다. '형인形人'에서 '형形'은 동사로 상대방이 형을 드러내게 한다는 뜻이다. 즉 진짜 형세를 아군에게 보여주는 것이다. '무형無形'은 이것과 완전히 반대되는 의미로,

여기에는 참다운 형상이 없고 가상만 있을 뿐이어서 적이 허실을 헤아릴 수 없게끔 한다. 「계」편에 '시형示形'이라는 말이 있는데 이는 고의로 적에게 가짜 형상을 보여주어 속이는 것을 말한다.

뒤쪽 구절은 병력의 분산에 대해 말하고 있는데, 병력을 분산시켜야 비로소 적의 '실'을 피해서 '허'를 찌를 수 있다. '전專'은 한 가지에 몰두하는 것이다. 여기서는 역량의 집중을 가리키는데, 우세한 병력을 한곳으로 집중시킨다는 뜻이다. 죽간본에서는 이를 '단摶(둥글다)'이라는 글자로 표기했고『설문해자』「여부女部」는 "전摶은 하나壹라는 뜻이다"라 하여 '전摶'으로 표기했다. 이 문장에서 손자는 아주 분명하게 다음과 같은 중요한 사실을 말하고 있다. 만약 우리가 견실한 곳을 피하고 허술한 곳을 치려면 첫째로 적의 허실을 알아야 하며, 둘째로 자신의 허실을 숨겨야 한다.

"나는 집중하여 하나가 되지만 적은 분산되어 열이 되니, 열로 하나를 치는 것이다. 즉 나는 수가 많고 적은 수가 적으니, 많은 수로 적은 수를 칠 수 있다我專爲一, 敵分爲十, 是以十攻其一也. 則我衆敵寡."이 말은 '나는 집중하고, 적은 분산시킨다'는 말을 푼 것이다. 적군과 아군을 비교했을 때 아군이 많고 적군이 적을 수도 있고, 적군은 많은데 아군이 적을 수도 있다. 어떻게 병력을 나누는 것이 좋을지는 아주 복잡한 문제다.

예를 들면 적군과 아군이 모두 열이라는 병력을 갖고 있으며 양쪽 실력은 서로 비슷하다고 하자. 만약 우리가 열의 병력을 한곳에 집중해서 투입하고 적은 열의 병력을 열 곳으로 분산시켰다면, 그중 우리와 적이 만나는 지점의 아군 병력은 적보다 열 배나 많게 된다. 즉 아군은 많고, 적군은 적다. '허실'이란 많음과 적음의 운용으로, '허'는 분산이고 '실'은 집중이다. 어떤 지점에서 병력이 적은 것은 분산을 했기 때문이고 '분산'은 물론 '허'에 해당한다. 어떤 지점에서 병력이 많은 것은 집중했기 때문이며 '집중'은 당연히 '실'이다. 허실은 많음衆과 적음寡에 따라 체현된다. 앞서 읽은 「모공」 편에 '열 배면 둘러싼다十則圍之'라는 말이 있었다. 적의 병력보다 열 배나 많은 병력이 있다면 적군을 포위할 수 있다는 것인데, 이것은 당연히 '아군은 많고 적군은 적은我衆敵寡' 상태다.

"많은 수로 적은 수를 공격하면能以衆擊寡"부터 "적이 자신을 지키도록 하기 때문이다使人備己者也"까지는 '많은 수로 적은 수를 공격하는以衆擊寡' 오묘한 진리에 대해서 설명하고 있다. 그 오묘함은 바로 '분산하고 합치면서 변화함分合爲變'에 있는데, 이를 통해 적을 분산의 상태에 빠트리고 피동의 위치에 머무르게 한다. 전쟁터에서 병력의 배치는 결국 많음이 있으면 적음이 있고 실이 있으면 허가 있는 법이다. 중衆·과寡와 허虛·실實은 각각 상대적인 말로, 여기에 병력이 많으면 저기에는 병력이 적어지고, 이곳을 견실하게 하면 저곳이 허술해진다. 관건은 결국 많음과 적음을 어떻게 분배하고 허와 실을 어떻게 조율할 것인지에 달려 있다. '중과'와 '허실'은 사실 하나의 바둑판과 같다. 바둑을 잘 두는 사람은 결국 적의 역량을 분산시킨다. 준비되지 않은 곳이 없도록 하고, 적지 않은 곳이 없도록 하고, 대응하느라 지치게 만들고, 적을 수동적인 위치에 빠지게 한다.

"그러므로 싸울 곳을 알고故知戰之地"부터 "가까워도 몇 리나 되니 어찌하겠는가?近者數里乎"까지의 구절은 또 다른 내용이다. 앞서 말한 '많음과 적음의 운용'은 병력의 투입에 대한 설명으로, 이는 '적을 아는 일知人'에 속한다. 적을 아는 일이란 '적을 알고 나를 아는 것知彼知己'을 포함하는데, 적의 허실을 알아야 하고, 자신의 허실도 스스로 알아야 한다. 이 두 조목은 물론 매우 중요하다. 하지만 적군과 아군 쌍방의 천군만마는 마치 바둑판 위의 바둑알과 같아, 만약 알만 있고 바둑판이 없다면 앞으로도 뒤로도 이동할 수 없다. 어떻게 해야 할지 알 수도 없고, 생각대로 바둑을 둘 방법도 없는 것이다.

그러므로 여기서 손자는 다시 두 가지 조목을 추가한다. 하나는 '교전할 지역을 아는 것知戰之地'이고 다른 하나는 '교전할 날을 아는 것知戰之日'인데, 이 둘 역시 몹시 중요하다. 이것을 알아야 비로소 천 리라도 나아가 싸울 수 있다. 모른다면 몇십 리, 아니면 불과 몇 리도 어찌할 도리가 없다. 교전 지역과 교전할 날을 아는 것은 옛 사람들 식으로 말한다면 바로 '하늘을 알고 땅을 아는 것知天知地'이다. 손자는 '지승知勝(승리를 앎)'에는 '사지四知(네 가지 앎)'가 포함된다고 했다. 뒤에서 소개할 「지형」편에서는 "그러므로 적을 알고 자신을 알면 승리는 위태롭지 않고, 하늘을 알고 지형을 알면 승리는 완전해질 수 있다고 했다故曰, 知彼知己, 勝乃不殆, 知天知地, 勝乃可全"고 쓰고 있는데, 이 네 가지 사항이 곧 사지四知다. 즉 자신과 적, 하늘과 땅을 모두 알아야만 비로소 완전한 승리를 거둘 수 있다.

【6.3】

생각해보면 월나라의 병력이 비록 많다 하더라도, 그것이 승리에 얼마나 도움이 되겠는가?

以吾度之, 越人之兵雖多, 亦奚益於勝哉.

이 문장은 삽입된 것으로, 앞 문장의 내용을 받아 뒤 문장을 여는 역할을 한다. 앞에서는 '많음과 적음衆寡'에 대해서 설명했고, 여기서는 마침 오나라와 월나라의 병력을 비교한다. '위승爲勝(승리를 만듦)'에 대해서 설명하는 이 다음 문장에서는 병력이 많은 것이 승리에 도움이 되는가에 대한 언급이 적절하게 배치되어 있다.

여기서 말하고자 하는 것은 승리는 병사가 '많음多'이 아니라 어떻게 '사용用'하느냐에 달려 있다는 점이다. 제대로 사용하지 못하면 병력이 아무리 많아도 승부에 아무런 도움이 되지 않는다.

여기서 '오吾'는 오나라吳國를 말하고, '도度'는 추정하여 판단함을 뜻한다. 즉 이 문장의 내용은 오나라 사람 입장에서 본 것이다.

오나라는 지금의 장쑤 성江蘇省 일대로, 중심이 되는 도성은 지금의 쑤저우蘇州(옛날에는 오吳라고 불림)에 있었다. 월나라는 지금의 저장 성浙江省 일대로, 도성은 지금의 샤오싱紹興에 있었다. 오나라와 월나라는 이웃 나라였는데, 이웃 나라는 종종 원수 사이가 되기도 한다. 오자서伍子胥는 다음과 같은 말을 남겼다. "구천句踐은 백성과 친하고 베푸는 데 힘썼습니다. 베푸는 것은 사람들을 잃지 않기 위함이요, 친함은 노동력을 잃지 않기 위함입니다. 그 나라는 우리와 경계를 함께하고 있어, 대대로 원수가 되었습니다句踐能親而務施. 施不失人, 親不棄勞, 與我同壤, 而世爲仇讎."(『좌전』 애공 원년) 이 문장은 이 책『손자』가 오나라를 위한 계책으로 쓰였으며 월나라를 가상의 적으로 삼았음을 시사하는 중요한 구절이다. 아울러 이 책의 내용이 춘추 시대 말기를 배경으로 한 것임을 알려준다.

과거에 일부 학자는『손자』를 의심하면서, 이 책은 오나라 손자, 즉 손무가 지은 책이 아니라고 주장했다. 그런데 이 책에는 오나라와 월나라가 서로 원수 지간이라는 언급이 두 차례 나온다. 하나는 여기, 다른 하나는 「구지」 편에 있다. 이 두 부분 모두가 춘추 말기의 오나라를 배경으로 했다. 이 책이 언제 쓰였는지 혹은 언제 편집되었는지에 상관없이 설명하는 상황은 틀림없이 춘추 말기의 일이거나, 적어도 춘추 말기의 사실에 의탁하여 쓴 것들이다.5

【6.4】

그러므로 '승리는 만들 수 있다'고 한 것이다. 적이 비록 많더라도 싸우지 못하게 만들 수 있다. 그러므로 계책을 세워 득실의 계산을 알고, 정탐하여 동정의 이치를 알고, 형세를 드러나게 하여 생사의 지형을 알고, 비교하여 남거나 부족한 곳을 알아야 한다. 그러므로 병력 배치의 극치는 형세가 전혀 드러나지 않는 것이다. 형세가 없으면 깊이 숨은 간첩도 엿볼수 없고, 지혜로운 자도 계책을 낼 수 없다. 형세를 보아 병사들에게 승리를 준비해두어도 그들은 그것을 알 수 없다. 사람들은 모두 내가 승리한 형세는 알지만 내가 승리를 제어한 형세는 알 수 없다. 그러므로 전쟁에 승리한 방법은 다시 쓸 수 없으며 형세의 응용은 무궁하다.

故曰, 勝可爲也. 敵雖衆, 可使無鬪. 故策之而知得失之計, (作)〔候〕之而知動靜之理, 形之而知死生之地, 角之而知有餘不足之處. 故形兵之極, 至於無形. 無形, 則深間不能窺, 智者不能謀. 因形而措勝於衆, 衆不能知. 人皆知我所以勝之形, 而莫知吾所以制勝之形. 故其戰勝不復, 而應形於無窮.

이 장은 주로 '위승爲勝(승리를 만듦)'을 이야기하는데, 위승이란 적과 아군의 허실을 전면적으로 이해하는 데 달려 있다.

"그러므로 승리는 만들 수 있다고 한 것이다. 적이 비록 많더라도 싸우지 못하게 만들 수 있다故曰, 勝可爲也. 敵雖衆, 可使無鬪." 이 문장은 굉장히 흥미롭다. 왜냐하면 이 문장과 「형」 편의 견해는 명확하게 모순되기 때문이다. 「형」 편에서 손자는 "그러므로 승리는 미리 알 수 있지만 승리할 수 있는 것은 아니라고 한 것이다故曰, 勝可知, 而不可爲"라고 했다. 분명히 '승리는 단지 알 수 있을 뿐 만들수는 없다'고 했다. 그런데 여기서는 어째서 '승리는 만들 수 있는 것이다'라고 했을까?

　사실 이 두 견해는 결코 모순이 아니다. 단지 서술하는 측면이 다를 뿐인데, 하나는 '형'의 측면에서 보았고 다른 하나는 '세'의 측면에서 보았다. 이 둘은 같은 것을 '형'과 '세'라는 두 가지 다른 측면에서 바라본 것이다. 이는 마치 한 자루의 검과 같다. 완성된 검날은 매우 날카로운데, 그것을 칼집에 끼워넣은 상태가 '형'이라면 뽑아서 좌우로 휘두르고 찍어내리는 상태가 바로 '세'다.

　앞에서 나는 순열의 말을 인용했다. "형이란 대체적인 득실의 수를 말하며, 세란 시의적절함이나 진퇴의 기미를 말한다形者, 言其大體得失之數也. 勢者, 言其臨時之宜, 進退之機也.(『전한기前漢紀』「고조황제기高祖皇帝紀」 권2) '형'과 '세'는 하나다. 결코 두 가지가 아니다. 「형」 편에서 말하는 '형'은 평소에 이미 준비된 것이다. 원래 정해진 수를 가지고 있기 때문에 당연히 '승리를 만들 수 없는 것不可爲'이다. 하지만 이 편에서 말하는 허실은 '세'에 속한다. '세'란 적에 따라서 세우는 것이므로 사전에 규정할 수 없으며 단지 때가 되었을 때 발휘할 수 있을 뿐이다. 그러므로 당연히 '만들 수 있는 것可爲'이다. 단지 만들 수 있는 정도가 아니라 그럴 가능성이 아주 크다.

　다음 장에서 '승리勝'를 설명하는데, 첫째로는 '제승制勝(승리를 제어함)'을 말하고, 둘째로는 '조승措勝(승리를 조치함)'을 말한다. 이는 모두 인위적으로 '승리'를 만들어낸다는 말이다. 인위적으로 만들어내는 승리는 적군에게 의지해야 한다. 특히 적이 저지르는 실수에 의지해야 한다. 상대방이 실수를 저지르면 반드시 그 기회를 잡아야 하고, 실수를 저지르지 않는다면 온갖 방법을 다 생각해 그들이 실수를 저지르도록 유도해야 한다.

　"그러므로 계책을 세워 득실의 계산을 안다故策之而知得失之計." 죽간본에는 이 문장이 '계산을 하여 득실의 □를 안다計之[而知]得失之□'라고 되어 있는데, '계

산을 하여 득실의 계책을 안다計之而知得失之策' 혹은 '계산을 하여 득실의 결산
을 안다計之而知得失之算'가 아니었을까 생각한다. 그리고 나중에 '계計'자가 '책策'
자로 바뀌었을 것이다. '책'이라는 글자는 '자朿'에서 유래했다. 죽간본의 다음
구절 '그것을 이어서 동정의 이치를 안다績之而知動[靜之理]'는 마땅히 '그것을 찔
러보아 동정의 이치를 안다刺之而知動靜之理'고 읽어야 하지 않을까 싶다. 죽간본
을 살펴보면 '책'자는 역시 아마도 다음 구절의 오자인 것 같다.

"정탐하여 동정의 이치를 안다候之而知動靜之理." 여기서 '후候'는 정탐한다는
의미다. 현재 적군 쪽에 어떠한 움직임이 있는지 정탐해야 그 상황을 알 수 있
다. 이 구절은 현행본에는 '움직이게 하여 동정의 이치를 안다作之而知動靜之理'라
고 되어 있고 죽간본에는 '그것을 이어서 동정의 이치를 안다績之而知動[靜之理]'
라고 되어 있다. 여기서 '적績(잇다)'은 '적迹(자취)'으로 읽어야 한다는 것이 정리
자의 견해이지만 고서의 인용문들이 대부분 '정탐하여 동정의 이치를 안다候之
而知動靜之理'라고 되어 있음을 고려하면 이렇게 읽는 것은 적절치 않다. 내가 생
각하기에 '적績'자는 음이 '자朿(가시)'에서 유래했고, 위에는 '자朿' 아래는 '패貝'
자가 서로 합하여 이루어졌다. 의미는 '후候(묻다)'에 대응한다. 이는 아마도 마
땅히 '정탐하여 동정의 이치를 안다刺之而知動靜之理'라고 읽어야 할 것이다. 현행
본의 '작作'은 모양이 비슷한 '후候'를 잘못 적은 것으로 보인다.

"형세를 드러나게 하여 생사의 지형을 안다形之而知死生之地." 여기서 '형세를
드러나게 한다形之'는 것은 바로 다음에 등장하는 '형병形兵'과 같은 것으로 병
력의 분배를 가리킨다. '죽음과 삶의 지형死生之地'이라는 말은 앞서 「계」 편에서
이미 살폈듯이 '사지死地(죽을 땅)'와 '생지生地(살 땅)'를 합쳐 이르는 말이다. 지형
에 사지와 생지가 있다 함은 그 지형의 고유한 속성을 말하는 것은 아니다. 사
지와 생지는 전세에 따라 결정되는데, 나갈 수 있는 곳이 생지, 나갈 수 없는

곳이 바로 사지다. 전장에 병력을 투입한 뒤에야 비로소 어디가 사지이고 생지인지를 알 수 있다.

"비교하여 남거나 부족한 곳을 알아야 한다角之而知有餘不足之處." 여기서 '각角(중국어 발음은 줴jué)'은 대결, 시합, 경쟁이란 뜻이다. 적군과 아군 쌍방의 병력 배치가 어느 곳이 여유가 있고 어느 곳이 부족한지는 창칼을 맞대고 실제로 싸워봐야 비로소 알 수 있다.

지금까지 전반의 네 구절은 허실을 아는 방법을 설명했다. 여기서 네 개의 '지知'는 '사지四知'라 칭할 수 있는데, 첫 번째는 계산하고, 두 번째는 정찰하고, 세 번째는 배치하고, 네 번째는 대결하는 것이다. 이 네 항목은 서로 밀접하게 연결되어 있다.

계산은 아무래도 종이 위에서 전쟁을 말하는 것이라 대략적인 것만을 알 수 있다. 정찰을 통해 비로소 상대방의 거동을 알 수 있고, 병력 배치는 여기서 한 걸음 더 나아간 것이다. 마지막으로 특정 지형에 생사의 세勢가 어떠한지는 적과 떨어져서는 알 수가 없고 병력을 직접 투입해봐야 비로소 알 수 있다. 최종적으로 쌍방의 허와 실이 어떠한지가 철저히 드러나는 것은 실제로 겨뤄본 뒤다.

"그러므로 병력 배치의 극치는 형세가 전혀 드러나지 않는 것이다. 형세가 없으면 깊이 숨은 간첩도 엿볼 수 없고, 지혜로운 자도 계책을 낼 수 없다故形兵之極, 至於無形. 無形則深間不能窺, 智者不能謀." 여기서 주의해야 할 점은 '형병形兵(병력 배치)'의 '형形'은 동사라는 사실이다. 형병이란 인위적으로 만들어낸 '형'으로, 이미 원래의 형과는 같지 않다. 이러한 형은 보이지 않는 형이다. 보이는 것은 아마도 완전히 거짓된 형상일 것이며, 진실한 모습은 거짓된 형상 뒷면에 숨어 있다. 아군의 진실한 의도는 숨겨져 있다. 보이지 않기 때문에 깊숙이 은밀하게 숨어 있는 간첩도 탐지할 수 없고 지략이 뛰어난 책략가라도 추측해낼 수 없다. 따라서 적은 대응할 방법이 없다.

"형세를 보아 병사들에게 승리를 준비해두어도 그들은 그것을 알 수 없다因形而措勝於衆, 衆不能知." 여기서 주의할 점은 이 문장이 적이 아니라 아군에 대해서 말하고 있다는 점이다. 아군은 앞서 설명한 '형'에 근거해서 '승'을 만들어낸다. 그리고 사병들에게는 이러한 안배에 적용하도록 한다. 이런 안배는 장수와 소수의 심복들만 아는 것이지, 사병들은 모른다. 그들은 단지 안배에 따라서 행동할 뿐 어떤 것이 안배되었는지 전혀 알지 못한다.

「구지」 편을 참고로 살펴보자. 「구지」 편에 의하면 군대를 거느리는 일은 사병들을 어리석게 만드는 일이다.

사병의 눈과 귀를 어리석게 만들어 상황을 알지 못하게 하고, 일을 수시로 바꾸고 계책을 바꾸어 사람들이 알지 못하게 하며, 거처를 자주 바꾸고 길을 돌아가 사람들이 추측하지 못하게 할 수 있어야 한다. 장수가 작전을 지시할 때는 마치 높은 곳에 오르면 사다리를 치우듯이 할 수 있어야 한다. 장수는 병사를 이끌고 제후의 영토에 깊이 들어간 뒤에야 그 기밀을 드러낸다. 마치 양의 무리를 몰고 가는 것처럼 앞으로 갔다 뒤로 갔다 하여 어디로 가는지 모르게 하며, 전군의 무리를 모아 위험한 곳에 던져넣을 수 있어야 한다. 바로 이것이 군대를 거느리는 일이다.

能愚士卒之耳目, 使之無知. 易其事, 革其謀, 使(人)[民]無識. 易其居, 迂其途, 使(人)[民]不得慮. 帥與之期, 如登高而去其梯. 帥與之深入諸侯之地, 而發其機. 若驅群羊, 驅而往, 驅而來, 莫知所之. 聚三軍之衆, 投之於險. 此將軍之事也.

"사람들은 모두 내가 승리한 형세는 알지만 내가 승리를 제어한 형세는 알수 없다人皆知我所以勝之形, 而莫知吾所以制勝之形." 여기서 말한 두 종류의 '형形'에서 '내가 승리한 형세'는 '형'이고 '내가 승리를 제어한 형세'는 '세'다. 형은 쉽게 보이지만 세는 알아보기 어렵다. 옛말에 "원앙새를 수놓아 보여주지만, 바늘만은 다른 사람에게 넘겨주지 말라駕鴦繡出從頭看, 莫把金針度與人"(원호문元好問, 『논시절구論詩絶句』)고 했다. '내가 승리한 형세'는 원앙새에, '내가 승리를 제어한 형세'는 바늘에 비유할 수 있다. 수놓은 원앙새는 보기에 좋다. 모두가 보는 것은 원앙새다. 하지만 바늘과 실로 어떻게 수를 놓는지는 가르쳐주는 사람이 없다면 봐도 알 수 없다. 이렇게 '세'는 '형' 뒤에 숨어 있는 것이다.

"그러므로 전쟁에 승리한 방법은 다시 쓸 수 없으며 형세의 응용은 무궁하다故其戰勝不復, 而應形於無窮." 이 구절은 어떤 의미일까? 인췌산 한간 「기정」 편에 마침 이 문제를 언급한 장이 있는데, 그 내용은 다음과 같다.

전쟁이란 형으로 이기는 것이다. 형으로 이기지 못할 것이 없지만, 이기는 형을 아는 사람은 없다. 형으로 이기는 것의 변화는 하늘과 땅이 서로 가린 것과 같아 끝이 없다. 형으로 이기는 것에 대해서는 초나라와 월나라의 대나무에 다 쓰더라도 부족하다. 형은 모두 그 장점으로 이기는 것이다. 한 가지 형의 장점으로 만 가지 형을 이기는 것은 불가능하다. 형을 제어하는 것은 하나이지만 이기는 것은 한 가지일 수 없다. 그러므로 전쟁을 잘하는 사람은 적의 장점을 보면 단점을 알 수 있고, 적의 부족한 점을 보면 적의 남는 점을 알 수 있다. 승리를 보는 것이 해와 달을 보는 것처럼 분명하다. 승리를 준비하는 것이 마치 물로 불을 끄는 것 같다.

'형병形兵'의 '형形'은 형으로써 형에 대응하는 것이다. 한 가지 사물이 다른 한 가지 사물을 항복시키는 것이므로 이것은 사전에 규정할 수도, 반복해서 사용할 수도 없다. 병가에서 반복은 커다란 금기 사항에 해당한다. 반복하지 않는 것이 곧 '세'의 특징이다.

【6.5】

대개 병력의 배치는 물을 닮았다. 물이 높은 곳을 피하여 낮은 곳으로 흐르듯, 병력의 배치도 견실한 곳을 피하여 허약한 곳을 노린다. 물이 지형에 따라 가는 곳을 제어하듯, 전쟁도 적에 따라 승리를 제어한다. 그러므로 병력은 일정한 기세가 없으니 마치 물에 일정한 형태가 없는 것과 같다. 적에 따라 변화하여 승리를 얻을 수 있는 자는 '신'이라고 부른다. 그러므로 오행에 항상 이기는 것은 없으며, 사계절은 항상 제자리에 있지 않는다. 해에는 길고 짧음이 있으며, 달에는 차고 기욺이 있다.

(夫)兵形象水. 水之(形)〔行〕避高而趨下. 兵之形避實而擊虛. 水因地而制(流)〔行〕, 兵因敵而制勝. 故兵無常勢, 水無常形. 能因敵變化而取勝者, 謂之神. 故五行無常勝, 四時無常位. 日有短長, 月有死生.

옛날 사람들은 어떤 이치를 말할 때 비유를 즐겨 사용했다. 개념이 추상적일수록 정의를 내리지 않았으며 이치가 심오할수록 추론하지 않고 비유를 썼다. 이런 묘사는 마치 고향 사람들이 모여 이야기하듯 생동감이 넘친다.

『손자』에서 '형세'를 말하는 방식도 이와 같다. '형'을 깊은 계곡에 모아놓은 물에 비유했고 '세'를 높은 산에서 구르는 바위에 비유했다. '기정'을 말할 때는 맹금이 먹잇감을 잡아채는 것 혹은 쇠뇌를 잡아당겨 화살을 발사하는 것에 비유했으며 '허실'은 돌멩이로 계란을 치는 것에 비유했다.

　처음부터 비유를 들며 시작한 것도 있고(돌멩이로 계란을 치는 비유), 중간에 비유를 들거나(맹금이 먹이를 잡아채는 것과 쇠뇌를 발사하는 비유) 혹은 마지막에 제시한 경우도 있다(깊은 계곡에 모아놓은 물의 비유나 높은 산에서 구르는 바위의 비유). 이 제2부는 편이 끝날 때마다 비유가 나온다. 마지막 결론 부분에는 모두 비유를 들어 끝을 맺었다.

　"병력의 배치는 물을 닮았다兵形象水." 이 구절은 물을 이용한 비유를 쓰고 있다. 공자는 "어진 이는 산을 좋아하고, 지혜로운 이는 물을 좋아한다仁者樂山, 智者樂水"(『논어』 「옹야雍也」)고 했고 노자와 손자 역시 물을 이용한 비유를 좋아했다. 이들은 말하자면 지혜로운 자들이라고 할 수 있다.

　"물은 높은 곳을 피하여 낮은 곳으로 흐른다水之行避高而趨下." 이 구절은 결국 물이 흘러가는 자리는 낮은 곳이지, 높은 곳이 아님을 말한다. 역학에는 유체역학이 있고 고체역학이 있다. 물과 공기는 유체에 속한다. 물은 고정된 형상 없이, 어딘가 낮은 곳을 향해 흐른다. 공기도 마찬가지다. 어딘가에 구멍이 있으면 공기는 그쪽으로 뚫고 들어간다. 옛날 사람들은 이를 가리켜 '빈 구멍으로 바람이 들어온다'고 했다. '높은 곳을 피하여 낮은 곳으로 흐른다'는 말은 물이 낮은 곳을 향하여 흐르는 것을 가리킨다. '물의 흐름水之行'은 현행본에 '물의 형水之形'이라고 되어 있다. 아마도 후대 사람들이 이다음에 나오는 '병의 형兵之形'을 보고 둘을 통일시키고자 한 것 같은데 이것은 틀린 것이다. 죽간본과 고서의 인용문에 근거하면 원래 '물의 흐름水之行'이 맞다.

　"병력의 배치도 견실한 곳을 피하여 허약한 곳을 노린다兵之形避實而擊虛." '허실'은 '세'에 속하지만 여기서는 오히려 '형'이 두 번이나 나온다. 이 부분을 읽을 때는 주의해야 한다. 여기서 '병의 형兵之形'이란, 병력의 배분과 배치를 가리킨다. 병력의 분배를 통해서 일종의 태세를 조성하고 국면을 형성하게 되는데, 이러한 태세와 국면은 원래부터 예측해서 준비를 끝내놓은, 「형」편에서 말하는 그러한 종류의 형이 아니다. 적의 상황에 근거하여, 때에 따라 그리고 지형에 따라 만들어내는 형이다. 즉 위에서 말한 '형병(병력 배치)'의 형이며 '형을 감추어 형을 제어하는無形制形' 형이다. 이러한 형은 결국 '견실한 곳을 피하여 허약한 곳을 공격'하는 것으로, 결국 물이 '높은 곳을 피하여 낮은 곳을 향해 흐르는 것'과 같다.

"물이 지형에 따라 가는 곳을 제어한다水因地而制行"는 말은, 물의 흐르는 방향과 지세의 관련성을 설명한다. 현행본에서는 '행行'을 '류流'라고 표기했으나 죽간본과 고서 인용문에 근거하면 '행'이 맞다. '행'이 '류'로 고쳐진 것은 통속적으로 쉽게 설명하기 위해서였다. 『손자』에서 말하는 '세'는 '인因'을 매우 강조한다. 인이란 바로 근거하는 바가 있어야 한다는 뜻인데, 이에 관하여 손자가 즐겨 쓰는 비유가 두 가지 있다. 바로 물과 쇠뇌다. 왜 이 두 가지인지, 그 이치는 아주 간단하다. 물이 낮은 곳으로 흐르는 것은 지세地勢의 도움을 빌리기 때문이고, 화살이 100보 밖에서도 사람을 죽일 수 있는 것은 '과녁 없이 화살을 쏘지無的放失' 않고 '과녁을 향해 화살을 쏘기有的放失' 때문이다. 이처럼 형세와 상대방에 근거하는 것이 '세'의 특징이다.

"전쟁도 적에 따라 승리를 제어한다兵因敵而制勝." 전쟁은 한쪽이 멋대로 생각한다 해서 되는 것이 아니다. 모든 결과는 '쌍방의 합작'이다. 그러므로 우리가 얻은 모든 승리는 우리 적수에게 감사해야 하는 것이다. 마치 물이 지형에 따라 가는 곳을 제어하는 것과 같다. 물이 흐르는 방향은 지세에 따라 결정된다.

"적에 따라 변화하여 승리를 얻을 수 있는 자는 '신'이라고 부른다能因敵變化而取勝者, 謂之神." 이 구절은 '적에 따름因敵'뿐만 아니라 '승리를 얻음取勝' 역시 중요하다는 사실을 말한다. 허실은 일종의 '승리를 제어하는 형形'이다. 신출귀몰한 용병은 '세'에 속하는데 세의 특징은 '적에 따라 변화하는因敵變化' 것이므로, 일방적인 것은 세라고 부를 수 없다. 이 역시 바둑과 같다. 만약 혼자서 두는 바둑이 아니라 함께 두는 바둑이라면, 한쪽이 혼자 생각한다 해서 그대로 되지는 않는다.

"오행에는 항상 이기는 것이 없다五行無常勝." 여기서 '오행五行'이란 금金, 목木, 수水, 화火, 토土다. 오행은 상생하면서도 하나가 다른 하나를 항복시키는 관계에 있다. 쇠는 나무를 이기고金克木, 나무는 흙을 이기고木克土, 흙은 물을 이기고土克水, 물은 불을 이기고水克火, 불은 쇠를 이긴다火克金. 이것을 '오행상승五行相勝'이라고 한다. 오행상승에서는 어느 하나가 '항상 이기는常勝' 법이 없다.

"사계절은 항상 제자리에 있지 않는다四時無常位." 여기서 '사시四時'는 봄, 여름, 가을, 겨울의 사계절을 말한다. 음양오행설에서 시간은 공간과 짝을 이루고, 춘하추동은 동서남북과 짝을 이룬다. 이는 소위 '사방팔위四方八位'라 불린다. 계절은 동쪽에서 남쪽으로 서쪽으로 북쪽으로 순환하는데, 고정된 방위 없이 한 바퀴 한 바퀴 회전한다. 그래서 항상 제자리에 있는 법이 없다 한 것이다.

"해도 길고 짧음이 있다日有短長." 고대의 역법에서는 하루의 길이가 달랐다. 옛날 사람들은 하루를 16등분으로 나누어 이를 '낮과 밤日夕의 16분비分比'라고 불렀다. 낮과 밤의 비율은 11:5에서부터 10:6, 9:7, 8:8, 7:9, 6:10, 5:11, 6:10, 7:9, 8:8, 9:7, 10:6으로 바뀐다. 이 역시 순환과 왕복의 과정이다. 춘분과 추분은 8:8로 낮과 밤의 길이가 서로 같다. 낮이 가장 긴 하지는 낮이 11등분에 밤 5등분, 낮이 가장 짧은 동지는 낮 5등분에 밤이 11등분이다. 이처럼 낮과 밤이 비율은 매월 다르다.

"달도 차고 기움이 있다月有死生." 달은 밝았다가 어두워지고, 찼다가 이지러

진다. 옛날 사람들은 매일 다른 달의 모습을 가리켜 '월상月相'이라는 용어를 썼
다. 서주시대 금문을 보면 연·월·월상으로 하루의 시간을 기록하는 풍습이 있
었다. 과거에 흔히 볼 수 있는 월상은 네 종류로, 초길初吉, 기생패旣生霸, 기망旣
望, 기사패旣死霸가 그것이다. 이 분류의 근거로 왕궈웨이王國維의 유명한 '사분
월상四分月相'설이 있다.[6] 여기서 한 달 30일을 네 부분으로 나누었다. 그런데 현
재 출토된 자료로 본다면 이러한 견해는 반드시 고쳐져야 한다. 서주 시대의 월
상은 네 개에 그치지 않았다. 주원周原 갑골을 보면 초길, 기생패, 기망, 기사패
를 제외하고도 재생패哉生霸, 방생패旁生霸, 재사패哉死霸, 방사패旁死霸도 있었다.
후대에 전해지는 문헌에도 이러한 월상이 나오는데 여기에는 '패霸'가 '백魄'으
로 적혀 있다. 내가 이해한 바에 따르면 고대의 월상은 '3점 6단三点六段'으로 나
뉜다. 3점이란 삭朔과 망望과 회晦를 가리킨다. 음력 초하루를 '삭'이라 부르고
15일 보름날을 '망', 그리고 30일 그믐날을 '회'라고 불렀다. 이것이 3점이다. 삭
과 회는 시작과 끝에 붙어 있다. 초길은 아마도 삭과 관련이 있고(삭일 혹은 삭
일 전후에 해당한다), 기망은 아마도 망과 관련이 있을 것이다(망일 혹은 망일 전
후에 해당한다). 『춘추春秋』는 그믐날인 회를 기록하지 않은' 사례가 있었다.(『공
양전』 희공 16년) 청동기에 적힌 명문에서는 '회晦'자를 보기 어렵다. 삭과 망 사
이 15일은 셋으로 나눌 수 있다. 재생백哉生魄, 방생백旁生魄, 기생백旣生魄으로 각
각 5일씩이다. 망과 회 사이 15일 역시 셋으로 나눌 수 있는데, 재사백哉死魄, 방
사백旁死魄, 기사백旣死魄 각각 5일씩이다. 이러한 구분은 열흘 단위로 계산하는
계순법計旬法과 서로 짝이 맞는다. 이 구절에서 말하는 '사생死生'은 바로 옛사람
들이 말하는 '생패生霸' '사패死霸' 혹은 '생백生魄' '사백死魄'을 의미한다. 이러한
월상의 변화 역시 순환과 왕복이며, 때문에 '달도 차고 기움이 있다'고 한 것이
다.[7]

죽간본을 보면 이 장 뒤쪽에 먹으로 표시한 검은 점이 있고 이 뒤에 '신요神要(참으로 중요하도다)'라는 두 글자가 있다. 이는 필사한 사람이 쓴 찬탄의 말이다. 이 사람의 평가와 『당태종이위공문대』에 나오는 평가가 같은데, 둘 다 이 편을 가장 중요하게 여겼다. 정확한 안목이다.

이상으로 「허실」 편의 설명을 마친다. 제2부 '형세'는 여기서 끝난다. 우리는 이제 제3부 '실전'의 단계로 진입할 것이다. 「허실」 편에서 이미 면面 위의 허실을 설명했다. 그러므로 독자들은 자연스럽게 묻게 될 것이다. 이러한 국면은 어떻게 조성된 것인가? 제3부부터는 바로 이러한 문제에 대한 회답이다. 이 편은 다음 편으로 향하는 과도기적 내용으로 아주 적절하게 구성되었다고 할 수 있다.

下

실전편

제3부

전투 戰鬪

기동에서 공격까지 – 장수, 사병, 지형

손자가 말했다. 대개 군대를 운용하는 방법은 장수가 군주의 명령을 받들어 군대를 편성하고 병사를 소집한다. 최전방에 도달하여 적군과 대치하는 데 군쟁보다 어려운 일은 없다. 군쟁에서는 돌아가는 길을 곧장 가는 길로 삼고 불리한 것을 유리한 것으로 삼아야 하기 때문이다.

제7편

군쟁軍爭 ∷ 누가 더 빠른가 ― 돌아가는 길이 더 빠르다

나는 『손자』를 설명할 때, 열세 편을 둘로 나누어 앞의 여섯 편을 상편으로, 뒤의 일곱 편을 하편으로 삼는다. 두 편은 또 각각 두 부분으로 나누는데 이것은 설명을 좀 더 편하게 하기 위함이다.

　책을 상·하편으로 나누는 일은 고대에도 있었다. 예를 들면 『노자』가 바로 그렇다. 옛사람들은 책을 엮을 때 상·하편 또는 내·외편으로 나누었다. 보통 시기상 비교적 빠르고 내용이 중요한 부분을 '내편內篇', 비교적 늦고 중요성이 다소 떨어지는 부분은 '외편'이라 불렀다. 만약 더 많은 편篇이나 장章이 있으면 엮어서 '잡편'이라 불렀다. 예를 들면 『장자』가 그렇다.

　전작 『전쟁은 속임수다兵以詐立』에서는 앞의 여섯 편을 '내편', 뒤의 일곱 편은 '외편'이라 불렀다. 이것은 선조들의 지칭 방식을 따른 것이지만, 일반 독자가 이런 호칭법을 꼭 알 필요는 없다고 여겨 이번에는 상편·하편이라는 표현을 썼다. 그리고 설명하는 내용에 따라 상편은 '이론편', 하편은 '실전편'이라 칭했다.

　『손자』는 상편·하편으로 나뉘어 있는데 사실 고대에도 그랬다. 예를 들면 인췌산 한나라 죽간본 『손자병법』이 그렇다. 이 책이 출토되었을 당시 열세 편의 편명과 글자 수를 기록한 또 하나의 목간이 발견되었는데, 여기에는 『손자』 열세 편이 앞의 여섯 편과 뒤의 일곱 편으로 나뉘어 있다. 앞 여섯 편에 약 2000자, 뒤 일곱 편에 3000자 정도가 새겨져 있다. 하편에는 모두 합해서 '칠세七勢'라고 이름을 붙였다.

나는 현행본의 뒤 일곱 편 중 앞쪽 다섯 편을 하나로 묶어 제3부로 하고 제목을 '전투戰鬪'라 했다. 이 다섯 편은 내용상으로 보면 형세가形勢家의 논설에 속한다. 제2부에서도 '형세'에 관해 살펴보았지만 그것이 이론상의 내용으로 매우 철학적이고 추상적이었다면, 이 부분은 주로 전술의 응용을 다루고 있어 매우 실용적이고 구체적이다.

제3부의 내용은 2부와 이어지는데, 특히 내용상 「허실」 편의 연속이다. 참고로 죽간본에서는 「허실」 편이 「군쟁」 편 뒤에 있어 뒤 일곱 편에 속하는데, 이역시 제2부와의 연계성을 나타낸다고 볼 수 있다.

인췌산에서는 『손자병법』이 『손빈병법』과 같이 출토되었다. 예로부터 "손빈은 세를 중요시한다孫臏貴勢"(『여씨춘추』 「불이」)고 했으며 죽간본 『손자병법』도 '세'를 강조하면서 뒤 일곱 편을 모두 '세'로 간주했다.

『한서』 「예문지」 병서략을 읽을 때 한 가지 주의할 점이 있다. '형세'를 설명하는 소서小序는 『손자』와 관련이 있지만 주로 『손자』 제2부가 아닌 3부를 개괄한 것이다. 3부는 여러 가지를 설명하고 있는데, 결국 핵심 내용은 영활靈活·기동機動·쾌속快速·다변多變 여덟 글자에 있다. 이와 달리 2부에서 설명한 형세는 '형'과 '세'의 개념 설명이다. 여기서 모든 논의는 머리말에 그칠 뿐 본론이었다고 볼 수 없다. 제3부에 이르러서야 비로소 응용 단계에 진입하여, 영활·기동·쾌속·다변의 특징을 구체적으로 논한다.

이 제3부에서 설명하는 전투가 바로 창과 칼로 이루어진 진짜 전투다. 나폴레옹은 전투가 시작된 뒤에야 그 결과를 분명히 알 수 있다고 했다. 이 단계에 이르러 우리는 이론상의 모든 것을 비로소 실현해볼 수 있다.

실전은 매우 많은 것을 포함하기 때문에 설명하자면 끝이 없다. 그러나 모든 것을 귀납시켜보면 결국 두 가지 활동을 벗어나지 않는다. 하나는 '주走(달림, 이동, 진격)'이며, 다른 하나는 '타打(싸움, 공격)'이다. 마오쩌둥은 말하기를 "싸워서 이길 수 있으면 싸우고, 이기지 못한다면 도주한다打得贏就打, 打不贏就走":1고 했다. 이 역시 간단히 말하면 바로 이 두 글자인 셈이다.

싸움에서는 역량의 가속도가 아주 중요하다. 주먹이 나갈 때는 아주 매섭고 빨라야 한다. 인류의 무기사를 자세히 분석해보면 '주'와 '타' 두 글자로 멋진 문장을 쓸 수 있다. 현대 무기로 싸울 때 '타(공격)'는 주로 각종 화기다. 예를 들면 총과 대포 그리고 기이하고 괴상한 각종 폭탄이 있다. '주(기동)'는 자동차·탱크·항공기·군함 등에 해당한다. 마치 나는 새나 달리는 짐승, 헤엄치는 물고기처럼 뛰고, 날고, 헤엄치게 한다.

나는 『전쟁은 속임수다』에서 다음과 같이 설명한 적이 있다. '공격'은 섬멸전이며 '기동'은 기동전이다. 기동은 공격을 위한 것이며 공격은 기동에 의지해야 한다. 공격은 하나의 점에서 이루어지며 기동은 하나의 면에서 이루어진다. 점은 면에 의해 통제되고, 기동은 공격보다 어렵다. 『손자』의 제3부 다섯 편은 바로 '기동에서 공격까지從走到打'를 설명하는데, 주요 내용은 기동이다:2

'기동'에는 수동적으로 도주하는 것만이 아니라 주도적으로 위치를 옮기는 것도 포함한다. 하지만 어떤 때는 도주와 위치 이동을 분간하기가 어렵다. 원정에서 '전략적 이동'이란 듣기 좋은 말이다. 오토 브라운Otto Braun(1900~1974, 중국명은 리더李德, 독일인으로 대장정 당시 중국공산당 군사고문)이 대장정을 전략적 이동이라 설명했으나, 사실 이는 완전히 도주였다. 마오쩌둥과 에드거 스노Edgar Snow(1905~1972)의 대담 내용을 살펴보면 도망이었음을 인정하지 않을 수 없다.

도망은 도망이지만, 이것이 반드시 나쁜 것만은 아니다. 농업민족은 성곽에
의지하여 수비하는 것을 좋아한다. 또 대오를 정렬해 진을 치고 전쟁하는 것을
좋아하는데, 그 특징은 정적인 것으로 동적인 것을 제압하는 것이다. 기마민족
은 이와 다르다. 그들은 유동작전과 멀리서 적을 급습하는 데 능숙하다. 화포
火炮가 발명되기 전에 그들은 매우 위협적이었다. 사마천의 말을 빌리자면, 흉노
의 특징은 "유리하면 진격하고 불리하면 퇴각한다. 도주를 수치스럽게 여기지
않는다"(『사기』「흉노열전匈奴列傳」)는 것이다.

작전에는 진지전陣地戰과 운동전運動戰이 있다. 앞의 것은 땅, 뒤의 것은 물과
같다. 운동전에서는 특히 기동을 강조하는데 기동에도 정규적인 것과 비정규적
인 것, 두 종류가 있다. 기계화된 모터를 활용해 기동력을 강화하고, 대부대로
행진하며, 대규모로 포위해 공격하는 것도 물론 기동走이지만 유격전에서 말을
타고 혹은 두 다리로 달리는 것도 기동이다. 약자는 싸우다 이기지 못하면 도
주하니, 강자보다 더욱 '주走'의 의미가 강조되기도 한다.

'도주走'는 '속임수詐'의 구체적인 표현이기도 하다. 초식동물로 예를 들면 토끼
에게 도주는 주요 전술이다. 역사상의 도적들流寇도 도주에 뛰어났으며, 무예가
들은 "때리는 법을 배우기 전에 우선 얻어맞기부터 배워라未學打人, 先學挨打"라고
한다. 맞는 것도 쉬운 일이 아니다. 맞는 것의 첫 번째 반응이 바로 도주다.

싸움打과 기동走 가운데 중요한 것은 당연히 싸움이다. 그러나 전투에 앞서
행군하거나 포위 공격을 위해 우회할 때에는 기동도 중요하다. 시간에 맞춰 어
떤 장소에 도달하거나, 전투 후에 추격하거나 퇴각할 때도 기동은 꼭 필요하다.
전술활동에서 가장 많은 시간이 이동하는 데 들어가며, 허실을 운용하고 분합
分合을 변통하는 데 있어 가장 주요한 것은 이동하는 가운데 구체적으로 드러

나야 한다. 그러므로 기동이 있고 나서야 '영활靈活·기동機動·쾌속快速·다변多變'을 이야기할 수 있다.

고대에는 공군이 없었으며 해군은 중요한 병종兵種이 아니었다. 군대의 주체는 이른바 육군으로, 그들은 지상에서 활동했다. 기동에서 공격까지 삼군의 활동은 모두 땅을 밟고 이루어졌다. 이를 구체적으로 나타낸 것이 다음의 '세 가지 결합'이다.

1) 공격打과 기동走의 결합
2) 사람과 땅의 결합
3) 군사 훈련과 지휘의 결합

간단히 말하자면 바로 '장수는 군관을 얻고, 군관은 병사를 얻으며, 병사는 땅을 얻는다將得吏, 吏得士, 士得地'는 것이다.

먼저 「군쟁」 편을 설명한다.

'군쟁'이란 양쪽 군대가 서로 유리한 상황을 다투는 것을 말한다. 전쟁을 벌이는 데 있어 유리한 기선機先을 쟁탈하는 것이다. 누가 더 빨리 달려서 전쟁 지점에 먼저 도달하는가 하는 문제다. 무엇을 유리한 '기선'이라 하는가? 첫째, 시간적인 유리함이다. 편안한 상태로 지친 상태의 적을 기다리는 것이 전쟁에 유리하다. 둘째는 장소의 유리함이다. 우세한 병력을 적군의 약한 부분에 투입하고 유리한 지형을 확보하면 적군을 제압할 수 있다.

전국 시대 형세가들의 논의 가운데 가장 유명한 것이 이 「군쟁」 편이다. 순자와 임무군이 군사를 논의할 때에 임무군은 "나중에 출발하여 먼저 도달하는 것이 군사 운영의 중요한 술책이다後之發, 先之至, 此用兵之要術也"(『순자』 「의병」)라고 했다. 이 말이 바로 「군쟁」에서 나온 것이다.

반고는 형세가의 특징을 이렇게 설명했다. "천둥이 치고 바람이 일어나듯이, 나중에 출발하지만 먼저 도달한다. 흩어지고 합하며 등지다가 마주 보니, 변화가 무쌍하여 가볍고 민첩하게 적을 제압하는 것이다." 이 구절 역시 「군쟁」 편을 개괄한 내용이다. 제3부에서는 이 「군쟁」 편이 가장 유명하며, 또한 가장 중요하다. 나는 「군쟁」을 아래와 같이 여섯 장으로 나눈다.

제1장은 군쟁의 어려움을 설명한다.

제2장은 '돌아가는 길을 곧은길로 삼고 불리한 상황을 유리한 것으로 삼는다以迂爲直, 以患爲利'는 구절을 해석한다.

제3장은 노선이 더욱 중요함을 설명한다.

제4장은 형명形名을 설명한다. 이는 곧 징과 북, 깃발에 관한 규정이다.

제5장은 군사 훈련의 네 가지 요점을 설명한다.

제6장은 군사 지휘의 여덟 가지 금기 사항을 설명한다.

【7.1】

손자가 말했다. 대개 군대를 운용하는 방법은 장수가 군주의 명령을 받들어 군대를 편성하고 병사를 소집한다. 최전방에 도달하여 적군과 대치하는 데 군쟁보다 어려운 일은 없다. 군쟁에서는 돌아가는 길을 곧장 가는 길로 삼고 불리한 것을 유리한 것으로 삼아야 하기 때문이다.

孫子曰: 凡用兵之法, 將受命於君, 合軍聚衆, 交和而舍, 莫難於軍爭. 軍爭之難者, 以迂爲直, 以患爲利.

이 단락은 서론에 해당하는데, 주로 두 가지 문제를 설명한다. 첫째, 모든 군사행동 가운데 무엇이 가장 어려운지를 헤아려본다. 답은 '군쟁보다 어려운 일은 없다'이다. 둘째, 군쟁이 어려운 이유는 어디에 있을까? '돌아가는 길을 곧은 길로 삼고 불리한 상황을 유리한 것으로 삼아야 한다'는 점에 있다.

첫 구절인 "대개 군대를 운용하는 방법凡用兵之法"은 '범凡'자를 앞세우고 있다. 문장의 맨 앞에 나오는 '범'은 일반적이고 전반적인 것 혹은 어떤 원칙을 설명한다. 여기서 설명하는 것은 바로 군사행동의 전체 과정이다.

"장수가 군주의 명령을 받들어 군대를 편성하고 병사를 소집한다. 그리고 최전방에 도달하여 적군과 대치한다將受命於君, 合軍聚衆, 交和而舍"는 구절이 바로 군사행동의 전체 과정을 설명한다. 이 중 '장수가 군주의 명령을 받들어'는 시작 부분, '적군과 대치한다'는 마무리 부분에 해당한다. 시작은 출병의 준비 단계이며 마무리는 최후의 교전이다. 이는 정확히 머리 하나와 꼬리 하나가 있는 것과 같다. 비록 이 문장에서는 어디에서 어디까지란 명시가 없이 일련의 과정을 설명하지만, 이 세 구절은 결코 병렬관계가 아니다.

출병에서 교전까지 그 과정은 매우 길다. 그러면 중간에는 무엇을 할까? 바로 '기동走'이다. 대부분의 시간은 기동에 쓰인다. 앞서 말한 전쟁의 전 과정은 '기동走'과 '싸움打' 두 글자를 벗어나지 않는다. 기동과 싸움 가운데 어느 것이 더 중요할까? 아마도 싸움일 것이다. 다만 싸움에는 작은 싸움과 큰 싸움이 있다. 작은 싸움에서는 적의 군인과 마필을 살상하는 것이 중요하다. 그러나 그 자체가 목적은 아니다. 마치 바둑에서 바둑돌을 잡아들이는 그 자체가 목적이 아닌 것과 같다. 목적은 최후의 승리이며, 이런 결정적인 승리를 거두는 것은 바로 큰 싸움에서다. 그러한 승리는 어떻게 이룰 수 있을까? 그것은 전적으로 '주走'에 달려 있다. 이 역시 바둑과 같다. 바둑을 둘 때는 바둑돌을 움직여 다른 돌을 잡는다. 바둑돌을 움직이는 것은 승리를 얻기 위함이지 상대방의 바둑돌을 잡는 것이 목적이 아니다. 이런 속담이 있다. "나무는 옮겨 심으면 죽지만 사람은 환경이 바뀌어도 산다." 바둑을 둘 때는 기동走을 잘 하여 도주走해야 비로소 살 수 있다. 그래서 포석이 바둑에서는 '결정적 승리'의 관건이 된다.

'장수가 군주의 명령을 받들다將受命於君'라는 구절은 군주가 출병 후의 권력을 장수에게 위임하여 그가 전권을 가지고 일체의 군사 업무를 처리하도록 하는 것을 말한다. 이것은 묘산 이후의 첫 번째 일이다. '군대를 편성하고 병사를 소집한다合軍聚衆'는 구절은 장수가 명령을 받은 뒤에 군대 소집을 시작하고 갑옷과 병기를 주어 출정을 준비하는 것을 말한다. 이것은 묘산 이후의 두 번째 일이다. 이 두 가지는 모두 출정하기 전의 일이다. 출정한 뒤에는 적과 대치하는 국경을 넘어 적국의 영토로 들어가야 하며, 들어간 뒤에는 또 '얕은 곳에서 깊은 곳으로 들어가는由淺入深' 과정이 있다. 「구지」 편에서는 바로 이 과정을 설명했는데, 최후의 결전은 적국의 중심 지역에서 한다. '최전방에 도달하여 적군과 대치한다交和而舍'는 구절은 흔히 말하는 양군의 대치 상태를 가리킨다. 고대에는 군사 진영의 정문을 '화和'라고 불렀다. 천자가 통솔하는 6군을 좌우 2편으로 나누어 편마다 각각 군영의 정문을 하나씩 두었는데 왼쪽 삼군의 정문은 좌화左和, 오른쪽 삼군의 정문은 우화右和라 불렀다. 제후들의 삼군에는 단 하나의 정문이 있어 이것을 '화和'라고 불렀다. 여기의 '화'는 바로 양쪽 군영의 정문으로, '교화交和'란 아군의 정문과 적군의 정문, 두 정문이 서로 대치하고 있는 것이다. '사舍'는 진을 치고 주둔하는 것이다. 양쪽이 대치하여 진을 치고 주둔하는 것은 당연히 전투 준비 때문으로, 이는 결전 직전의 상태다.

쌍방에게 전쟁의 시작은 '싸움打'이지만 싸움 이전에 '기동走'이 있다. 여기서 기동이란 달리기 경주나 경보와 흡사한데, 결전을 벌일 장소에 누가 먼저 도달하느냐를 보는 것, 그것이 바로 '군쟁'이다. 저자는 출병 후부터 전투를 벌이기까지의 과정에서 군쟁이 가장 어렵다고 했다. 군쟁이 어려운 것은 주로 다음 두 가지 때문이다.

(1) 돌아가는 길을 곧은길로 삼는다以迂爲直

앞서 군쟁은 경주나 경보와 흡사하다고 설명했다. 그러나 군쟁은 육상경기와 달리 양쪽이 같은 경기장에 있지 않다. 각기 자신의 길로 달리고, 자신의 경기장에서 뛴다. 마치 숨바꼭질과 같으며 '공정한 경쟁' 같은 것은 없다. 이러한 시합에서 가장 중요한 것은 노선路線이다. 노선이 알맞아야 나중에 출발해도 먼저 도착할 수 있기 때문이다.

노선을 택할 때 곧은길로 갈 것인가 아니면 굽은 길로 갈 것인가? 이것이 첫 번째 난제다. 두 지점 사이에 가장 짧은 거리는 직선이다. 보통은 모두 직선으로 달려가 곧바로 목표물을 공격하면 계산이 가장 잘 맞을 것이라 생각한다. 그러나 전쟁터란 그리 단순하지 않다. 산은 평평하지 않고 물줄기는 곧지 않으며 길은 이리저리 굽어 있다. 또한 적군도 바보가 아니므로 가까운 길을 공략하여 곧바로 목표물을 치려고 한다면, 그 의도가 쉽게 드러날 수 있다. 그래서 적에게 가로막히면 우회하여야 할 가능성도 있다.

그래서 굽은 길을 곧은길이라 여기며, 이를 '이우위직以迂爲直'이라 한다.

(2) 불리한 상황을 유리한 것으로 삼는다以患爲利

이 문제는 다시 두 가지로 나눌 수 있다. 하나는 군수품의 문제이고, 다른 하나는 협동의 문제다.

군수품이란 무기 장비와 식량 및 의복·침구를 포함하여 군인들이 휴대하는 군용 물자를 말한다. 군대가 속도를 중시하면 군수품을 버려야 하고, 군수품을 중시하면 이동 속도를 늦추어야 한다. 속도와 군수품의 필요를 어떻게 절충하느냐가 '불리한 상황을 유리한 것으로 삼는' 첫 번째 문제다.

두 번째 문제는 협동이다. 여기에도 모순이 있다. 삼군의 수는 4만 명에 가까운데 이렇게 많은 사람이 함께 달리면 체력이 제각각이라 빠르고 느림이 같지 않다. 만약 빨리 행군한다면 전체 대오의 머리와 꼬리는 끊어진다. 만약 속도를 중시한다면 낙오자가 생길 것이고, 같은 시간에 함께 도착하는 것을 우선한다면 속도를 늦추어야 한다. 속도와 협동을 어떻게 절충할 수 있을까? 여기서도 '불리한 상황을 유리한 것으로 삼아야' 한다.

그래서 불리한 상황을 유리한 것으로 삼아야 한다 하여 이를 '이환위리以患爲利'라 표현했다.

손자는 역설적인 사고방식을 즐겼기 때문에 상식에 반하는 이야기를 많이 했는데, 지금 설명한 '이우위직'과 '이환위리'가 바로 그 전형이다.

【7.2】

그러므로 그 길을 우회하여 이익으로 유혹한다면 적들보다 늦게 출발하고도 먼저 도달할 수 있다. 이것은 우회하는 길을 곧은길로 삼는 계책을 이해하는 것이다. 군쟁은 이익이 있을 수도 있으나 위험하기도 하다. 군수품을 가지고 가면서 이익을 다툰다면 목적지에 도달하지 못할 수 있으나, 군수품을 포기하면서 이익을 다툰다면 그 손실이 클 것이다. 그러므로 갑옷을 걷어붙이고 달려가 밤낮 멈추지 않고 두 배 속도로 행군하여 100리 길을 가서 이익을 다툰다면 삼군의 장수:3가 사로잡히고 건장한 병사는 앞서나 허약한 병사는 뒤쳐져, 열에 하나만 도달할 것이다. 50리를 가서 이익을 다툰다면 상장군:4을 잃고 절반만 도착할 수 있다. 30리를 가서 이익을 다툰다면 3분의 2만 도달할 수 있다. 그러므로 군대는 군수품이 없어서 망하게 되고, 양식이 없어 망하게 되며, 비축 물자가 없어서 망하게 된다.

故迂其途而誘之以利, 後人發, 先人至, 此知迂直之計者也. 軍爭爲利, （衆）〔軍〕爭爲危. 擧軍而爭利則不及, 委軍而爭利則輜重捐. 是故卷甲而趨, 日夜不處, 倍道兼行, 百里而爭利, 則擒三將軍, 勁者先, 疲者後, 其法十一而至. 五十里而爭利, 則蹶上將軍, 其法半至. 三十里而爭利, 則三分之二至. 是故軍無輜重則亡, 無糧食則亡, 無委積則亡.

'돌아가는 길을 곧은길로 삼는다以迂爲直' 원칙은 실천하기 아주 어렵다. '불리한 상황을 유리한 것으로 삼는以患爲利' 것 역시 마찬가지다. 어떻게 하면 이 경지에 도달할 수 있을까? 여기에 그 해답이 있다.

돌아가는 길을 곧은길로 삼는 데 있어 관건은 가장 좋은 노선을 선택해야 한다는 것이다. 두 지점을 선으로 이어서 그 직선으로 이동하는 것이 당연히 가장 좋다. 그러나 아쉽게도 이러한 길은 극히 드물며, 설사 있다고 하더라도 적군이 가로막고 있기 일쑤다. 산길의 경우, 길은 구불구불 나 있으며 두 산꼭대기 사이에는 직선으로 갈 수 있는 길이 없다. 물길의 경우 역시 구불구불 나 있어 이러 저리 돌아야 한다. 평원에는 큰길이 있을 수 있지만 적군이 검문소를 설치하고 벌써부터 기다리고 있을지 모른다. 여기서 우리가 직선으로 나아간다면 그 의도가 노골적으로 드러날 위험이 크다.

"그러므로 그 길을 우회하여故迂其途"라는 구절은 직선이 아닌 구부러진 길을 선택하라고 분명히 명시한다. 구부러진 길을 택하는 것은 일부러 돌아가는 것이 아니다. 여러 개의 구부러진 길 중에서 비교적 가장 가까운 길을 선택하되, 이를 통해서 적군의 시간을 빼앗는 동시에 적이 우리 의도를 알 수 없게 만들어야 한다. 가는 길을 잘 선택하고, 또 가면서도 주의를 해야 함은 물론이다.

여기에 또 네 글자가 있다. "유지이리誘之以利." 이 문구의 의미는 이익으로 유혹하여 움직이게 한다는 것이다. 이렇게 하면 모두가 분투하여 고생이 심하고 피로가 쌓이지만 조금도 억울하게 생각하지 않는다. 이러한 길은 보기에 멀리 돌아가는 것 같지만 사실은 지름길이며, 출발은 적들보다 늦어도 오히려 더 빨리 목적지에 도달한다. 이것이 소위 말하는 "적들보다 늦게 출발하고도 먼저 도달하는後人發, 先人至" 방법이다.

불리한 상황을 유리한 것으로 삼는 데서는 무엇이 관건일까? 바로 위험에 대한 평가가 있어야 한다는 것이다. 군쟁이란 양측 군대가 이익을 다투는 일이다. 양군은 속도를 다투고 시간을 다투지만, 빠른 속도 이면에는 그만큼 커다란 위험이 도사리고 있다. 첫 번째는 군수품이다. 만약에 군수품을 모두 가지고 간다면, 속도는 아마도 만족스럽지 못할 것이다. 두 번째는 협동이다. 속도가 빨라지면, 어떤 사람들은 대오에서 낙오될 수 있다. 그래서 군쟁은 이익이기도 하고 위험이기도 하다. "군수품을 가지고 가면서 이익을 다툰다면 목적지에 도달하지 못할 수 있다擧軍而爭利則不及"는 것은 위험한 상황이다. "군수품을 포기하면서 이익을 다툰다면, 그 손실이 클 것委軍而爭利則輜重捐"이라는 구절 역시 위험을 말한 것이다.

바로 뒤에 등장하는 세 차례의 계산은 모두 속도에 관한 것이다.

"그러므로 갑옷을 걷어붙이고 달려가 밤낮 멈추지 않고 두 배의 속도로 행군하여 100리 길을 가서 이익을 다툰다면 삼군의 장수가 사로잡히고 건장한 병사는 앞서나 허약한 병사는 뒤처져, 열에 하나만 도달할 것이다是故卷甲而趨, 日夜不處, 倍道兼行, 百里而爭利, 則擒三將軍, 勁者先, 疲者後, 其法十一而至." 여기서 속도는 하루에 100리로 가장 빠르다. 빠르면 빠를수록 대오에서 낙오할 위험은 커진다. 빨리 가는 병사들은 앞쪽에 떨어져 행군하게 되고, 느린 병사들은 뒤쪽에 쳐져서 결국 10분의 1만이 도달하고 10분의 9는 모두 낙오된다.

"50리를 가서 이익을 다툰다면 상장군을 잃고 절반만 도착할 수 있다五十里而爭利, 則蹶上將軍, 其法半至." 이 문장에서 속도는 하루 50리로 여전히 빠른 편이라고 할 수 있다. 결과는 절반이 도달하고 나머지 절반은 대오에서 탈락한다.

"30리를 가서 이익을 다툰다면 3분의 2만 도착할 수 있다三十里而爭利, 則三分之二至." 이제 행군 속도는 하루 30리다. 이 역시 빠른 편인데, 결과는 3분의 2가 도착하고 3분의 1은 낙오한다.

고대의 제후들은 대개 삼군을 가지고 있었다. 종대로 상군, 중군, 하군으로 삼군이고 횡대로도 좌군, 중군, 우군으로 삼군이었다. 그리고 삼군의 장수는 모두 '장군'이라 불렸다. 앞서 제시한 첫 번째 상황에서 목적지에 도착한 병사가 아주 적으면 삼군의 장수가 사로잡히니 결과적으로 전군이 패망하여 가장 비참한 상황이 된다. 두 번째 상황에서는 선두부대가 적에게 함락당해 상장군이 포로로 잡힌다. 이때는 단지 2분의 1 병력만이 도달하니 역시 소용이 없다. 가장 마지막의 상황은 삼군 중 단지 2군만이 도달하니 역시 이상적이라 하기 어렵다. 이런 상황들은 모두 빨리 이동해서 손해를 보는 경우다.

적당한 속도란 어느정도일까? 이 문제는 군수품과 관련된다.『좌전』을 읽다 보면 우리는 '사舍(집)'라는 글자와 만나게 된다. '사'의 뜻은 '안영찰채安營扎寨', 즉 주둔하기 위해서 막사를 치고 진지를 구축하는 것이다. 고대에는 이 '사'를 가지고 행군 속도를 계산했다. 1사가 약 30리로, 매번 30리를 행군하면 진지를 구축하고 주둔했다. 30리가 보통의 속도였던 셈이다.

고대의 30리는 오늘날의 거리로 계산하면 약 25리다. 50리는 오늘날 약 42리, 100리는 약 83리에 해당된다. 춘추 시대에 양쪽이 담판을 할 때, 각자 뒤로 1사나 2사 혹은 3사를 철수했다. 2사는 60리, 3사는 90리였다. 양쪽이 뒤로 90리를 철수하면 완전히 사정거리를 벗어나는 셈이다. 진晉 문공文公이 '3사를 물러났다退避三舍'는 것은 뒤로 90리나 철수했다는 뜻인데, 이는 초나라에 대한 보답을 표시한 것이었다.(『좌전』 희공 23년)

여기서 주목할 것은 『좌전』에서 일반적으로 여기는 속도를 손자는 꽤 빠르다고 여긴다는 점이다. 이는 『손자』가 쓰인 시기에 군대의 주둔 시간과 군수품이 더 많아졌음을 짐작하게 한다. 손자는 "군대에 군수품이 없어서 망하고, 양식이 없어 망하며, 비축 물자가 없어서 망하게 된다軍無輜重則亡, 無糧食則亡, 無委積則亡"고 했다. '치중輜重(군수품)'에서 '치輜'는 가벼운 짐을 싣는 수레를, '중重'은 무거운 짐을 싣는 수레를 말한다. 모두 보급품과 장비를 수송하는 수레로, 둘 다 소가 끈다. 「작전」 편에 나오는 '구우대거丘牛大車'가 바로 이런 종류다. 치중거輜重車로 수송하는 물건이 바로 치중, 즉 군수품이고 '양식糧食'은 사람의 먹을거리, '위적委積'은 저장해둔 식량과 여물을 말한다. 이것으로 사람만이 아니라 짐승도 먹여야 한다.

공자는 좀 더 빨리 전투를 하려면 식량과 여물을 적게 가지고 가야 한다고 했다. 또 사병마다 여물 40다발과 땔나무 한 묶음, 쌀 16말이면 충분하다고 했다.(『좌전』 애공 11년) 왜냐하면 당시는 전쟁하는 시간도 짧았고, 노정도 짧았기 때문이다. 그러나 춘추 말기와 전국 시대 이후의 전투는 모두 대규모 포위 작전, 우회 작전이었다. 먼 거리를 원정하여 기습하는 공격이 대부분이었기 때문에 전쟁 시간 역시 점점 더 길어졌다. 공자가 '주공지전周公之典'을 말하던 시기의 수준을 이미 넘어섰다.

사람이 밥을 못 먹고 말이 여물을 못 먹고, 겨울을 날 의복과 침구가 없다면 잠시도 견디지 못할 터이니 죽음을 자초하는 것이 아니겠는가? 저자는 '망亡'

자를 세 번이나 연달아 써서 이 문제를 충분히 설명했다. 먼 거리를 가는데 많은 물건을 지녔다면 당연히 속도를 낼 수 없다. 그러나 솥을 깨뜨리고 배를 침몰시켜 결사항전의 각오로 모든 것을 버리면 속도는 오르겠지만 먹고 마실 것이 없으니 이 또한 해법이 아니다.

여기에 두 가지 큰 모순이 있다. '우迂'와 '직直' 그리고 '환患'과 '리利'다. 그리고 이는 또다시 두 가지 모순으로 나뉘는데, 첫째는 속도와 군수품 사이의 모순이고 둘째는 속도와 협동 사이의 모순이다. 돌아가는 길을 곧은길로 삼는 것이나 불리한 상황을 유리한 것으로 삼는 것, 모두 좋은 말이지만 이는 원칙일 뿐 정답은 아니다. 전쟁터에 투입되면 물건을 얼마나 지니고 얼마나 빨리 가야 할지는 결국 지리 상황이나 적에 따라 조정해야 한다. 이미 만들어진 답안은 없다.

【7.3】

그러므로 제후의 계책을 모르면 미리 외교관계를 맺을 수 없다. 산림이나 험준한 곳, 습지 등의 지형을 모르면 행군할 수 없고, 안내인을 이용하지 못하면 유리한 곳을 얻지 못한다. 그러므로 전쟁은 속임수로 성립되고, 이익으로 움직이며, 분산과 집합을 변화로 삼는 것이다. 따라서 빠르기는 바람과 같고, 느리기는 숲과 같으며, 침략은 불과 같고, 움직이지 않기는 산과 같으며, 알기 어렵기는 그늘과 같고, 움직임은 천둥과 같아야 한다. 마을을 약탈해서 적들을 분산시키고, 그 영토를 빼앗아 이익을 나누며, 상황을 살펴서 움직인다. 먼저 '우직'의 계책을 아는 자가 승리할 수 있으니 이것이 곧 군쟁의 법칙이다.

故不知諸侯之謀者, 不能豫交. 不知山林·險阻·沮澤之形者, 不能行軍. 不用鄕(向)

導者, 不能得地利. 故兵以詐立, 以利動, 以分合爲變者也. 故其疾如風, 其徐如林, 侵掠如火, 不動如山, 難知如陰, 動如雷震. 掠鄕分衆, 廓地分利, 懸權而動. 先知 迂直之計者勝, 此軍爭之法也.

제3부의 다섯 편은 거의 모두가 지리의 문제를 언급한다. 이 편에서는 언급이 단 두 곳으로, 상대적으로 적은 편에 든다. 첫째는 맨 앞의 "그러므로 제후의 계책을 모르면 미리 외교관계를 맺을 수 없다. 산림이나 험준한 곳, 습지 등의 지형을 모르면 행군할 수 없고, 안내인을 이용하지 못하면 유리한 곳을 얻지 못한다故不知諸侯之謀者, 不能豫交. 不知山林·險阻·沮澤之形者, 不能行軍. 不用鄕(向)導者, 不能得地利"라는 문장이다. 둘째는 이 편 마지막에 나오는 "높은 언덕에 있는 적에게는 대항하지 말고, 언덕을 등지고 있는 적은 공격하지 말아야 한다高陵勿向, 背丘勿逆"는 구절이 그것이다.

'그러므로 제후의 계책을 모르면 미리 외교관계를 맺을 수 없다'는 것은 각 제후국의 생각을 이해하지 못하면 전쟁 전의 외교 공작을 잘할 도리가 없다는 말이다. 춘추전국 시대에는 각 제후국의 영토가 개 이빨처럼 들쭉날쭉 복잡했다. 한 나라를 쳐야 한다면 반드시 주변 국가의 태도를 주시해야 했는데, 국경이 얽혀 있는 지역은 특히 더 주의해야 했다. 당시의 국제관계는 모두 복잡해 '사마귀가 매미를 잡았으나 참새가 뒤에서 노리고 있고螳螂捕蟬, 黃雀在後' '쌍방이 다투는 사이에 제3자가 이득을 챙겼으며鷸蚌相爭, 釣翁得利' '먼 나라와 친교를 맺어遠交'야 '가까운 나라를 공격近攻'할 수 있었다. 이렇듯 '외교交'와 '공격攻'은 떼려야 뗄 수 없었다.

「구지」 편에서 진군을 설명할 때, 양국이 인접한 지역('교지交地')과 삼국이 인접한 지역('구지衢地')을 언급한다. 어떤 경우 한 국가를 치기 위해서는 제3국을 경유해야 할 때가 있는데, 이렇게 관계가 복잡하니 '제후의 계책'을 알아야만 하는 것이다.

"산림이나 험준한 곳, 습지 등의 지형을 모르면 행군할 수 없다不知山林·險阻· 沮澤之形者, 不能行軍"에서 '산림' '험준한 곳' '습지'는 모두 행군하기 어려운 지형을 말한다. 산림은 산지와 삼림, 험준한 곳은 산세와 절벽이 험하고 가팔라서 길이 통하지 않는 지형이며 습지는 낮고 습한 땅이다. 한편 「행군行軍」 편에서는 군사를 주둔시킬 수 있는 지형으로 산지, 하천, 평지, 늪지 네 가지를 들고 있다. 이는 행군하기 어려운 지형도 포함시킨 것이다. 「구지」 편에서는 "산림이나 험준한 곳, 습지는 보통 통행하기에 어려운 곳인데, 이런 지역을 '비지'라 한다山林·險阻·沮澤, 凡難行之道者, 爲(圮)[汜]地"고 했는데, 이러한 지형을 통틀어 '범지汜地'라고 한다.

이어지는 구절은 "안내인을 이용하지 못하면 유리한 곳을 얻지 못한다不用鄉(向)導者, 不能得地利"이다. 낯선 곳에서는 안내자가 없으면 길을 잘못 들기 십상이므로 안내자는 매우 중요하다.

"그러므로 전쟁은 속임수로 성립되고, 이익으로 움직이며, 분산과 집합을 변화로 삼는 것이다故兵以詐立, 以利動, 以分合爲變者也." 이 세 구는 공통되게 '병兵'을 주어로 삼는다. 따라서 본래는 '병이사립兵以詐立' '병이리동兵以利動' '병이분합위변兵以分合爲變'이다. '전쟁은 속임수로 성립된다兵以詐立'는 것은 전쟁의 핵심은 계책이고 계책의 핵심은 속임수임을 뜻하는 것으로, 「계」 편의 "전쟁이란 속임수의 도다兵者, 詭道也"와 같은 의미다. 계책을 행동으로 옮기는 데 있어 다음 원칙은 '이익으로 움직인다兵以利動'는 것이다. 「구지」 편과 「화공」 편에서 "이익에 부합하면 움직이고 부합하지 않으면 그친다合於利而動, 不合於利而止"고 한 것이 곧 '병이리동'이다. 그 다음으로 '분산과 집합을 변화로 삼는 것이다以分合爲變'라는 구절은 병력의 분배를 말한 것이다. 여기에는 기정과 허실에 따라 어떤 때는 분산하고 어떤 때는 집중시켜야 함을 말한다. 『한서』 「예문지」 병서략에서 형세가를 설명할 때 나오는 '이합배향離合背向(헤어지고 합하고 돌아서고 향함)'이라는 구절도 아마 이곳이 출전이 아닐까 싶다. 이합배향이란 곧 분산과 집합을 변화로 삼는 것이다.

"따라서 빠르기는 바람과 같고, 느리기는 숲과 같으며, 침략은 불과 같고, 움직이지 않기는 산과 같으며, 알기 어렵기는 그늘과 같고, 움직임은 마치 천둥과 같다故其疾如風, 其徐如林, 侵掠如火, 不動如山, 難知如陰, 動如雷震"에서 '빠름疾'과 '느림徐'은 서로 대립된다. '침략侵掠'과 '움직이지 않음不動' '알기 어려움難知'과 '움직임動' 역시 서로 대응되는 개념이다. 『한서』 「예문지」 병서략에서 형세가를 설명할 때 나오는 '뇌동풍거雷動風擧(천둥처럼 움직이고, 바람처럼 일어난다)'라는 표현의 출전이 이곳이 아닐까 추측된다.

"마을을 약탈해서 적들을 분산시키고, 그 영토를 빼앗아 이익을 나누며, 상황을 살펴서 움직인다掠鄉分衆, 廓地分利, 懸權而動"는 말은 주로 보급의 문제를 설명한 것이다. 손자는 적국에 진입하면 길을 따라가면서 약탈하여 현지에서 물자를 보충해야 한다는 점을 강조했다. '마을을 약탈해서 적들을 분산시킨다'는 말은 적국 교외의 들판을 약탈하여 적국의 인력을 흩어지게 만든다는 뜻이다. '그 영토를 빼앗아 이익을 나눈다'는 것은 영토를 확장하여(즉 적국의 영토를 점령하여) 적국의 물자를 분배한다는 뜻이다. 송나라 유학자들이 『손자』를 비판했을 때, 주로 공격받은 곳이 바로 이 부분이었다는 점에서도 이 장은 매우 중요하다. 앞에서 '침략은 불과 같다侵掠如火'고 했는데, 여기서는 '마을을 약탈해서 적들을 분산시킨다掠鄉分衆'고 했다. 「구지」 편에는 '중지(적지 깊숙이 들어간 곳)에서는 약탈한다重地則掠' '기름진 곳에서 약탈하면 전군이 충분히 먹는다掠於饒

野, 三軍足食'는 말도 나온다. 『손자』에는 노략질할 '약掠'자가 이렇게 네 번 나오는데, 모두 적국에서의 약탈을 설명했다. '상황을 살펴서 움직인다懸權而動'에서 '권權'은 저울추이고 '형衡'은 저울대. 전국 시대에 사람들은 보통 '권형權衡'과 '경중輕重'을 써서 권모술수와 용병술의 운용을 설명했는데, 특히 이것으로 이익과 손해를 헤아렸다. '상황을 살펴서 움직인다'는 말 역시 '이익에 부합하면 움직이고 불리하면 그친다合於利而動, 不合於利而止'는 것이다.

이 부분은 7.2절을 보충하는 내용으로, 이상에서 손자는 노선이 가장 중요함을 강조했다.

【7.4】

『군정』에서 말하기를 "전쟁터에서는 잘 들리지 않기 때문에 징과 북을 사용하고, 잘 보이지 않기 때문에 깃발을 사용한다"고 했다. 무릇 징과 북, 깃발은 모두 사병들의 이목을 하나로 하여 그 움직임을 통일하는 데 쓰인다. 움직임이 하나가 되면 용감한 병사라고 홀로 전진할 수 없고 겁내는 병사라고 홀로 후퇴할 수 없다. 이것이 바로 많은 인원을 지휘하는 방법이다. 야간의 전투에는 징과 북소리를 많이 사용하고 대낮의 전투에는 깃발을 많이 사용하는데, 그것은 사병들의 이목을 바꾸기 위해서다.

『軍政』曰, 言不相聞, 故爲之金鼓, 視不相見, 故爲之旌旗. 夫金鼓·旌旗者, 所以一(人)〔民〕之耳目也. (人)〔民〕旣專一, 則勇者不得獨進, 怯者不得獨退, 此用衆之法也. 故夜戰多(火)〔金〕鼓, 晝戰多旌旗, 所以變人之耳目也.

'군정軍政'은 책 이름이므로 서명 부호를 더해 『군정』이라고 표시해야 한다. 이런 서명은 아마도 고대의 군법과 관계 있을 것 같다. 옛사람들은 군법 그 자체를 군정이라 불렀을 뿐만 아니라 군에서 법을 집행하는 관원을 '군정軍政' 또는 '군정軍正'이라 불렀는데 이 직책은 한漢대까지 유지되었다:5

"잘 들리지 않기 때문에 징과 북을 사용하고, 잘 보이지 않기 때문에 깃발을 사용한다言不相聞, 故爲之金鼓, 視不相見, 故爲之旌旗." 고대에는 천군만마를 어떻게 지휘했을까? 장군이 병거戰車에 앉아 있고 진영으로 둘러싸이면, 아무리 목청껏 소리쳐도 잘 들리지 않는다. 손을 흔들어도 거리가 매우 멀어 역시 잘 보이지 않는다. 목소리가 들리지 않으니 징과 북으로 대신하고, 수신호를 보내도 보지 못하니 깃발로 대신한다. 이것이 옛사람들이 생각해낸 방법이다. 징과 북은 들을 수 있고 깃발은 볼 수 있다. 전자는 귀로 듣고 후자는 눈으로 보니, 이로써 사병의 이목을 통일시킬 수 있다. 그래서 '병사들의 이목을 하나로 한다所以一(人)[民]之耳目也'고 한 것이다.

'징과 북金鼓'은 『주례周禮』 「지관地官」 고인鼓人에서 말한 '육고사금六鼓四金'이다. 육고는 뇌고雷鼓·영고靈鼓·노고路鼓·분고鼖鼓·고고鼛鼓·진고晉鼓를 말하며 사금은 금순金錞·금탁金鐲·금요金鐃·금탁金鐸을 말한다.

'깃발旌旗'에는 『주례』 「춘관春官」 사상司常에서 말한 '구기九旗'가 있는데, 모두 다 붉은 깃발로, 무늬가 있는 것도 있고 없는 것도 있다. 무늬가 있는 것 중에 해나 달로 꾸민 깃발은 '상常', 교룡交龍으로 꾸민 깃발은 '기旂'라 부르며, 곰과 호랑이로 꾸민 깃발은 '기旗', 새와 매로 꾸민 깃발은 '여旟' 거북과 뱀으로 꾸민 깃발은 '조旐'라고 부른다. 이상이 한 종류가 되고, 다른 종류로는 도안이 없이 전체가 붉은 '전旃', 붉은 바탕에 테두리가 흰색인 '물物'이 있다. 이외에도 새의 깃털을 가지고 만든 깃발 중에 온전한 깃털로 꾸민 깃발은 '수旞', 갈라진 깃털로 꾸민 깃발은 '정旌'이라 한다.

여기서 말하는 징이나 북, 깃발은 모두 신호로서 징과 북은 청각 신호이고 깃발은 시각 신호다. 옛사람들은 이 두 종류의 신호를 '형명形名' 혹은 '형명刑名' 이라 불렀다.

앞서 「세」 편에서는 이렇게 말했다.

> 많은 병사를 관리하는 것이 적은 병사를 관리하는 것과 같은 것은 분수 때문이다. 큰 부대를 지휘하는 것이 작은 부대를 지휘하는 것과 같은 것 은 형명 때문이다. 전군이 적군의 기습 공격을 받고도 패하지 않는 것은 기정:6 때문이다. 적군을 공격하는 일이 마치 숫돌로 계란 치기와 같이 쉬 운 것은 허실 때문이다

'분수分數'는 군대의 편제로, 군대의 편제가 있어야 '많은 병사를 관리하는 것 이 적은 병사를 관리하는 것과 같은治衆如治寡' 수 있다.

'형명形名'은 지휘 연락 체계로, 그러한 연락 체계가 있어야 '큰 부대를 지휘하 는 것이 작은 부대를 지휘하는 것과 같다鬪衆如鬪寡'고 할 수 있다.

여기서 징과 북과 깃발은 형명에 속하고 형명은 부호符號의 관리에 해당한다.

고대의 진형 훈련에서 앉고 일어서고 나아가고 물러나고 좌로 돌고 우로 도 는 모든 동작은 주로 이 두 가지 신호법에 의존했다. 장수가 군대를 지휘하는 것은 마치 지휘자가 악대를 지휘하는 것과 같았다.

'형명'은 명가名家의 전문 용어로, 명가는 형명가形名家라고도 불린다. '형명'은 '이름名'을 이용해 '모습形'을 장악하는 학문이다. 그들은 법가뿐 아니라 병가와 도 관련이 있다.

"야간의 전투에는 징과 북소리를 많이 사용하고 대낮의 전투에는 깃발을 많 이 사용하는데, 그것은 사병들의 이목을 바꾸기 위해서다故夜戰多(火)[金]鼓, 晝戰多旌

旗, 所以變人之耳目也." 이 문장의 뜻은 밤에는 주로 귀로 들어야 하고 낮에는 눈으로 보아야 하기 때문에 바꿔야 한다는 것이다. '변變'은 '바꾼다換'는 뜻이다.

【7.5】

전군의 기세는 꺾일 수 있고 장수의 마음은 흔들릴 수 있다. 아침에는 기가 날카롭고, 낮에는 기가 시들며, 저녁에는 기가 다한다. 용병을 잘하는 사람은 적군의 기가 날카로운 때를 피하고, 시들거나 다할 때에 친다. 이것이 기를 장악하는 것이다. 다스림으로 혼란함에 대비하고, 조용함으로 시끄러움에 대비한다. 이것이 마음을 장악하는 것이다. 가까운 곳으로 나가서 먼 데서 오는 적을 기다리고, 여유로운 상태로 피곤한 적을 기다리며, 배부른 상태로 굶주린 적군을 기다린다. 이것이 힘을 장악하는 것이다. 깃발에 질서가 있는 적군과는 부딪히지 말고, 당당하게 포진한 적군은 공격하지 마라. 이것이 변화를 장악하는 것이다.

三軍可奪氣, 將軍可奪心. 是故朝氣銳, 晝氣惰, 暮氣歸. 善用兵者, 避其銳氣, 擊其惰歸, 此治氣者也. 以治待亂, 以靜待嘩, 此治心者也. 以近待遠, 以佚待勞, 以飽待饑, 此治力者也. 無邀正正之旗, 勿擊堂堂之陳, 此治變者也.

이 장은 군대를 다스리는 네 가지 요점을 설명한다. 그것은 기세를 장악하고治氣, 마음을 장악하며治心, 힘을 장악하고治力, 변화를 장악하는 것治變이다. 군대를 다스린다는 것은 '진격走'하는 일과 큰 관련이 있다.

'기세를 장악함'과 '마음을 장악함'에서 기세란 전군三軍의 사기를, 마음은 장수의 의지를 가리킨다. 기세를 장악하는 것과 마음을 장악하는 것에는 차이가 있다. 손자가 말하는 "전군의 기세는 꺾일 수 있고, 장수의 마음은 흔들릴 수 있다三軍可奪氣, 將軍可奪心"는 구절의 뜻은 전군의 사기와 장군의 의지가 갑자기 무너져, 우리 군대가 상대에게 섬멸될 수 있다는 말이다.

사람에게는 정精, 기氣, 신神이 있는데 이중에서 기가 가장 중요하다. 살아 있는 사람은 숨을 쉬는데 이 숨을 기라고 한다. 기는 생명의 상징이다. 현대 의학에서 사망의 기준은 뇌가 죽는 것이지만 이것은 의사의 견해일 뿐, 보통 사람이라면 누군가에게 숨氣이 있는지 없는지로 사망 여부를 판단할 것이다. 숨이 멈췄다면, 즉 기가 끊어졌다면 죽은 것이다. 일찍이 "사람의 태어남은 기가 모인 것이다. 모이면 태어나고 흩어지면 죽는다人之生, 氣之聚也. 聚則爲生, 散則爲死"(『장자』 「지북유知北游」)라고 했다.

『손자』의 이 문장에서 '기'는 한 사람의 기가 아니다. 전군의 기이자 전체 병사들의 사기다. 운동 경기를 할 때는 생리生理 수준의 변화 주기와 정신 상태의 변화 주기를 잘 파악해야 한다. 그것들이 언제 높고 언제 낮으며, 언제 흥분하고 언제 억눌리는지를 알아야 한다. 전쟁도 마찬가지다. 사기가 높은지 낮은지를 장수가 잘 파악하고 있어야 한다.

"아침에는 기가 날카롭고, 낮에는 기가 시들며, 저녁에는 기가 다한다朝氣銳, 晝氣惰, 暮氣歸." 이는 하루 중에도 사람의 생리 수준과 정신 상태가 달라짐을 의미한다. 보통 아침에 일어날 때에 기가 가장 왕성하고 대낮이면 점점 낮아져 저녁 무렵에 이르면 기가 거의 빠진다.

사람은 외부에서 자극을 받으면 자연적으로 흥분의 감정이 생겨난다. 자극이 신선하면 할수록 흥분의 감정이 더 강해지며, 반대로 만일 자극의 횟수가 지나치게 많으면 무감각해진다. 대뇌피질은 억제를 유발하여 싫증과 피로를 느낄 수 있다. 아무리 보기 좋은 것이라도 많이 보면 역시 시각적 피로감이 생기며 아무리 듣기 좋은 것이라도 많이 들으면 청각은 지치고 만다. 운동을 하는 사람이라면 누구나 알듯, 사람과 사람은 서로 달라서 어떤 사람은 천천히 뜨거워지고 어떤 사람은 빨리 뜨거워진다. 어떻게 뜨거워지는지, 또 얼마나 오래 지속하는지는 무척 복잡하다.

'장작의 전투長勺之戰'에서 조귀는 기를 다스리는 법술에 의지하여 세찬 기세로 몰려오는 제齊나라 군대와 싸워 이겼다. 그는 "무릇 전쟁은 용기다. 한 번 북을 치면 기가 일어나고 두 번 치면 약해지고 세 번 치면 고갈된다夫戰, 勇氣也. 一鼓作氣, 再而衰, 三而竭"(『좌전』 장공莊公 10년)고 했다. 적이 흥분할 때 우리는 평정을 유지한 채 그 흥분이 지나가기를 기다렸다가 기가 웬만큼 빠지고 나면 그때 공격한다. 이것이 승리를 얻는 비결이다.

『손자』의 문장으로 다시 돌아가, 여기서 언급한 '마음心'을 살펴보자. 여기서 마음이란 사병의 마음이 아니라 장군의 마음을 말한다. 공자는 "삼군의 장수는 빼앗아올 수 있어도 필부의 뜻은 빼앗을 수 없다三軍可奪帥也, 匹夫不可奪志也"(『논어』 「자한子罕」)고 했는데 '필부의 뜻은 빼앗을 수 없다'에서 말하는 '뜻志'이 바로 이 마음에 해당한다.

장군은 사병들과 다르다. 그는 전군의 대뇌 역할을 한다. 이 대뇌는 뜨거움이 아닌 차가움을 필요로 한다. 열을 내는 두뇌가 아니라 냉정함을 지키는 두뇌여야 한다. 전쟁터에서는 언제 어디서나 예상하지 못한 일들이 일어날 수 있다. 때문에 장수에게는 어떠한 위기에 직면해도 흐트러지지 않는 냉정함이 요구된다. 외부 변화에 놀라지 않고 일사불란하게 혼란에 대처하며, 침착하고 냉정해야 한다. 다른 사람이 아무리 흐트러진다 해도 자신은 흐트러져서는 안 되며, 마음을 놓아서도 안 된다. 이것이 바로 "다스림으로 혼란함에 대비하고, 조용함으로 시끄러움에 대비한다以治待亂, 以靜待嘩"는 것이다.

총괄하여 말하자면 사병은 열정적이고 장군은 냉정해야 한다. 이것이 맨 앞

두 구절이 뜻하는 바다. 뒤쪽의 두 가지 내용도 하나는 사병, 하나는 장군에 대한 설명이다.

"가까운 곳으로 나가서 먼 데서 오는 적을 기다리고, 여유로운 상태로 피곤한 적을 기다리며, 배부른 상태로 굶주린 적군을 기다린다. 이것이 힘을 장악하는 것이다以近待遠, 以佚待勞, 以飽待饑, 此治力者也." 이 부분은 사병의 상황, 특히 사병의 체력을 논하고 있다. 우리는 가까운 곳에서 먼 곳으로부터 오는 적을 기다리고, 여유롭게 쉬면서 적이 피곤해지길 기다리고, 배부르게 먹으면서 적이 굶주릴 때를 기다린다. 그러면 스스로를 유리하게 하고 적은 불리하게 하여 이길 수 있다. 이 세 가지는 모두 체력과 관련이 있다. 첫 번째는 효과적으로 이동하여 헛걸음을 적게 하는 것이고, 두 번째는 잘 자서 충분한 체력을 유지하는 것이며, 세 번째는 잘 먹어서 배가 불러야 힘이 생긴다는 것이다.

"깃발에 질서가 있는 적군과는 부딪지 말고, 당당하게 포진한 적군은 공격하지 마라. 이것이 변화를 장악하는 것이다無邀正正之旗, 勿擊堂堂之陳." 이 문장은 장수에게 하는 설명이다. 장군의 중요한 책무는 임기응변이다. 강력한 상대를 보면 피해야 하고 약한 상대를 보면 공격해야 한다. '무요無邀'는 도전하지 마라, '물격勿擊'은 공격하지 말라는 말이다. '물勿'은 '무無'에 비해 부정의 어조가 더 강하다. '정정지기正正之旗(바르고 바른 깃발)'는 깃발들이 질서정연하게 보인다는 뜻이고, '당당지진堂堂之陳'은 진의 드러난 위용이 웅장하다는 말이다.

장수가 이런 상대와 마주하게 되면 마음속으로 그 뒤에 어떤 속임수가 있지 않은지를 의심해야 한다. 신중을 기하기 위해 역시 어느 정도 피하는 것이 좋다. '진陳'이란 후대의 '진陣'자와 같다. 선진 양한 시대에는 '진陳'자만 있고 '진陣'자는 없었다. '진陣'은 서진西晉 때에 쓰이기 시작해 당唐대에 유행했다.

【7.6】

그러므로 용병의 방법은 높은 언덕에 있는 적에게는 대항하지 말고, 언덕을 등지고 있는 적은 공격하지 말며, 거짓으로 달아나는 적은 쫓지 말고, 맹렬한 적은 공격하지 말며, 미끼로 유인하는 적에게 속지 말고, 퇴각하는 적을 막지 말며, 포위된 적에게 빈틈을 남겨주고, 궁지에 몰린 적을 압박하지 말아야 한다. 이것이 용병의 방법이다.

故用兵之法. 高陵勿向, 背丘勿逆, 佯北勿從, 銳卒勿攻, 餌兵勿食, 歸師勿遏, 圍師必闕, 窮寇勿迫, 此用兵之法也.

주의해야 할 것은 여기서는 '용병의 방법用兵之法(군사작전의 방법)'을 설명하고 있다는 점이다. '법法'은 규칙으로, 제멋대로 고칠 수 없다. 만약 고쳐서 변통할 수 있는 것이라면 법이라 하지 않고 '변變'이라 한다. 예컨대 「구변九變」의 변은 법과 반대되는 것이다. 여기서 설명한 것은 모두 '규칙'으로, 반드시 어떻게 해야 하고 어떻게 하면 안 되는지를 설명했다.

위 여덟 개의 구절 가운데 일곱 구절에 '물勿'자가 들어 있고 한 구절에 '필必'자가 들어 있다. '물'은 절대 해서는 안 되고 '필'은 반드시 그렇게 해야 한다는 것이다. 서로 정반대의 뜻이지만 모순된 관계는 전혀 아니다. 절대 어떻게 하면 안 된다는 것은 결국 반드시 어떻게 하라는 의미이기 때문이다.

고대에는 점을 칠 때 길吉한지 흉凶한지 혹은 해야 할지宜 꺼려야 할지忌, 즉 해도 되는지, 아니면 해서는 안 되는지를 자주 이야기했다. '마땅한 것宜'과 '꺼려야할 것忌' '해도 좋은 것可以'과 '안 되는 것不可以'은 마치 동전의 양면처럼 언제나 함께한다. '꺼려야할 것'과 '마땅한 것' 가운데 어느 한쪽만을 말하는 것은 사실 불가능하다. 옛사람들은 예측하여 판단을 내릴 때 언제나 마땅한 것과 꺼려야할 것을 함께 말했다. 출토된 일서日書를 예로 들면, 각종 부문별로 '꺼려야할 것'을 나누어놓았는데 '마땅한 것'과 '꺼려야할 것' 모두를 '꺼려야할 것'으로 지칭했다. 여기서 말하는 '칠물일필七勿一必'도 그런 관계다. 기억하기 좋게 하기 위해서 나는 이를 '용병팔기用兵八忌' 또는 '용병팔계用兵八戒'라고 부르겠다. 저 팔계猪八戒의 '팔계'는 불교의 계율이고 여기의 '팔계'는 병가의 팔계다.

'팔기' 중 앞의 두 가지 '꺼려야할 것'은 지형과 관련이 있다. "높은 언덕에 있는 적에게 대항하지 말라高陵勿向'는 말은 만일 적이 이미 높은 곳을 차지하고 있다면 절대로 우리가 적을 올려보면서 공격해서는 안 된다는 말이다. 병가에서 지역을 선택할 때 사용하는 '순역향배順逆向背'라는 말이 있는데, 위에서 아래로 공격하는 것은 '순順', 아래에서 위로 공격하는 것은 '역逆'이라 한다. 이는 높고 낮음을 가지고 순역을 설명한 것이다.

"언덕을 등지고 있는 적은 공격하지 말라背丘勿逆"는 것은, 만일 적이 등 뒤에 높은 언덕을 의지하고 있다면 그들과 맞서 싸워서는 안 된다는 말이다. 병가에서 지역을 선택할 때는 좌측과 전면은 탁 트이고 우측과 배후는 높은 지역을 염두에 둔다. 간단히 말해 뒤로는 높은 언덕에 의탁하고 정면은 탁 트여 앞에는 나아갈 출구가 있고, 뒤에는 가려주는 장벽이 있어야 한다. 「행군」 편에서는 "시야가 트이고 위치는 높은 곳에 주둔한다視生處高'고 했다. 적이 언덕을 등지고 진을 치면 '순'이고 우리가 그들을 향하고 있으면 '역'이다. 그러므로 '언덕을 등지고 있는 적은 공격하지 말라'고 한 것이다.

이상 두 구절은 의지할 곳과 고지 선점의 중요성을 말했다. 현대의 전쟁에서는 의지할 곳과 고지 선점의 의미가 이미 달라졌으나 육군에게 이것은 여전히 유효한 개념이다. 지금도 의지할 지형은 중요한 문제이며, 높은 곳을 선점하는 것 역시 그렇다. 그것이 하늘 위이거나 심지어는 우주 바깥일지라도, 아래를 내려다보면서 통제하는 것은 여전히 효과적이다. 높이 올라가야 멀리 볼 수 있다.

뒤의 여섯 구절은 이와 달리 어떤 적을 쫓고, 공격하고, 막고, 압박하면 안 되는지를 각각 설명했다. "거짓으로 달아나는 적은 쫓지 말라佯北勿從"는 말은, 적이 도망가는 체하는 때에는 추격해서는 안 된다는 것이다. '양佯'은 거짓으로 가장한다는 뜻이고 '배北'는 패배하다, 달아나다, 도망치다라는 뜻이다. 옛사람 들은 방위를 설명할 때 북쪽을 등지고 남향을 선호했다. '배北'는 '배背'의 본 글 자로 등지는 방향을 뜻한다. 예로부터 몸을 돌려 뛰어가는 것을 '패배'라 했고, 그 뒤를 따라 추격하는 것이 '종從'이다.

"맹렬한 적은 공격하지 말라銳卒勿攻"는 것은 적이 보낸 부대가 모두 정예 병 사라면 그런 적과 싸워서는 안 된다는 말이다.

"미끼로 유인하는 적에게 속지 말라餌兵勿食"는 것은 적이 작은 부대로 나를 꾀어 속임수에 빠트리고자 할 때에 낚싯줄에 걸린 미끼와도 같은 그런 덫에 걸 려서는 안 된다는 말이다.

"퇴각하는 적은 막지 말라歸師勿遏"는 말은 적의 후퇴 결심이 시위를 떠난 화 살처럼 급해 막 돌아가는 길에 있는데, 그 세가 막을 수 없는 형세라면 그들의 길을 막아서는 안 된다는 말이다.

"포위된 적에게 빈틈을 남겨준다圍師必闕"는 것은 적이 포위되어 궁지에 몰린 짐승처럼 발악을 할 때에 적을 막다른 길로 몰아붙여 압박해서는 안 된다는 것이다. 더욱이 포위당하여 목숨을 걸고 싸우는 적의 무리에 돌진해서 혼전混 戰을 해서는 안 된다. 그때는 돌파구를 남겨두어 그들이 빠져나오면 다시 공격 해야 한다.

"궁지에 몰린 적은 압박하지 말아야 한다窮寇勿迫"는 것은 적이 궁지에 빠져 막다른 골목에 이르렀을 경우 필사적으로 그들을 압박해서는 안 된다는 말이다. 제시된 여덟 구 가운데 가장 마지막 것이 궁지에 몰린 적은 압박하지 말라는 '궁구물박窮寇勿迫'이다. 이는 옛사람들의 표기로서, 명대明代에 조본학趙本學이 '박'을 '추迫'로 고쳐 썼는데 이는 잘못 고친 것이다:7 박과 추는 모양은 비슷하지만 뜻은 매우 다르다. 박은 압박이고 추는 추격이다.

적이 도주할 경우 쫓아가야 하는가?『사마법』「인본仁本」에는 "예로부터 도망가는 적은 100보 이상 쫓지 않고, 철수하는 군대는 90리 이상 추격하지 않았다古者逐奔不過百步, 縱綏不過三舍":8고 했다. 적이 도주할 경우 100보를 넘어가면 쫓지 않고, 적이 철수할 경우 그 거리가 90리를 넘으면 추격해서는 안 된다는 것이다. 이는 고대의 전술에 근거한 것이다.

고대의 작전은 기본적으로 진법에 의존했다. 진법이 한번 흐트러지면 모든 것이 끝이다. 적이 궤멸해갈 때 승세를 타고 추격하는 것은 합리적인 선택이다. 그러나 옛사람들은 추격했다가 진열이 흐트러져 반격을 당하는 것을 두려워했다. 예를 들어 이런 일은 축구경기를 보면 늘 발생한다. 본래는 추격하고 있었는데 상대편이 빈틈을 노려 역습한다. 이쪽이 혼란한 틈을 타 순식간에 돌진해 들어온 상대에게 결국 당하는 경우다. 여기서는 추격하지 않는 도리를 설명했다.

한편 추격을 하는 데도 도리가 있다. 마오쩌둥의 병법에서는 추격을 다르게 설명한다. 그는 어떤 시에서 "마땅히 남은 용맹으로 궁지에 몰린 적을 추격하리니, 명예를 구한 초 패왕을 배워서는 안 되리宜將剩勇追窮寇, 不可沽名學霸王"(「인민해방군이 난징을 점령하다人民解放軍占領南京」)라고 했다. 이는 막다른 골목의 적은 반드시 추격해야 한다는 말이다.

제9편

행군行軍 :: 4가지 행군 지형 – 숙영과 경계

순서에 따라 「군쟁」 편 설명이 끝나면 원래는 「구변」 편을 설명해야 한다. 하지만 「구변」 편과 「구지」 편은 관련이 있어 「구지」 편을 먼저 설명하지 않고는 「구변」 편을 설명할 수 없다. 그래서 나는 순서를 바꿔 「구변」을 「구지」 뒤에 두고 설명하려고 한다. 그 전에 먼저 「행군」 편을 설명하겠다. 이렇게 순서를 조정하면 「군쟁」 편을 읽고 바로 「행군」 편을 읽게 되어 좀 더 맥락이 자연스러워진다는 장점도 있다.

앞쪽에서 언급했듯이 제3부의 전체 주제는 '기동에서 공격까지從走到打'다. 우리는 이 제3부에 있는 다섯 편 전체를 서로 연관된 하나의 과정으로 이해해야 한다. 「군쟁」 편은 양측 군이 승리를 다투는 상황을 다루었는데, 그 핵심은 바로 '기동'이었다. 여기서는 군대를 주둔시키고 적을 관찰하는 단계를 다루는데, 이 역시 기동의 영역이다.

'공격'에 대해서는 그 다음 편에서 설명한다. 「구지」 편은 종합으로서, 기동과 공격을 함께 설명하는데 먼저 진군을 이야기한 뒤 결전에 대해 다룬다. 이것이 제3부의 설명 순서다.

「군쟁」과 「행군」 편은 모두 기동을 다루고 있으나 다루는 측면에서 차이가 있다. 「군쟁」 편에서는 주로 출병 이후, 싸움 이전의 상황을 설명했다. 여기서 적군과 아군 양측은 줄곧 경주를 벌이는 상황으로, 서로 추격하기를 반복한다. 전력으로 시간을 다투어 누가 먼저 도달하는지를 본다. 여기서 손자는 노선, 군수품, 협동에 대해 설명했는데, 이는 모두 속도를 둘러싼 문제들이었다. 주로 이 세 가지의 관계 그리고 그것들과 속도의 관계를 분석했으며 구체적으로 어떻게 가야 하는지는 설명하지 않았다.

한편 「행군」 편에서는 두 가지 구체적인 문제를 다룬다. 첫째는 지나가거나 머무는 곳, 즉 두 발로 밟는 '땅'이 어떠한가의 문제이고 둘째는 지나가거나 머무는 곳 주위에 있는 '적'의 상황이 어떠한가의 문제다. 「행군」 편에서 다루는 것은 이 두 가지, 즉 '처군處軍'과 '상적相敵'이다.

행군은 대지 위를 걸어가는 것이다. 가다가 쉬고, 가다가 쉬고 하면서 적당한 곳에 멈추어 주둔해야 한다. 저자는 이것을 '처군處軍'이라 했고 여기서는 네 종류의 지형을 설명한다. 이것이 행군의 한 측면이다.

다른 한 측면은 행군 도중에 마주칠 수 있는 적을 경계하여 수시로 대비하는 일이다. 길을 갈 때는 전후좌우로 사람을 내보내 정찰하도록 하고, 멈추어 주둔할 때에도 초소를 세워 보초를 배치하는 등 언제 어디서나 적의 상황 변화에 주의해야 한다. 적의 상황을 관찰하는 것을 저자는 '상적相敵'이라 했다.

제3부의 모든 편은 '땅地'과 관련된다. 땅을 설명하려면 반드시 '병兵'을 설명해야 하고 병을 설명하려면 반드시 땅을 설명해야 한다. '기동走'에 적합한 지형이 있고 '공격打'에 적합한 지형이 있다.

앞의 「군쟁」 편은 '땅'을 설명한 부분이 단 몇 구절로 비교적 적었다면, 이 편부터 설명이 많아진다. 논의도 점점 더 전문적으로 들어가 「행군」 편에서는 '사지四地', 「지형」 편에서는 '육지六地', 「구지」 편에는 '구지九地'에 대해서 말하는데 모두 '땅'에 대한 설명이다. 「구변」 편의 내용은 구지와 관련되는데 역시 '땅'에 관한 것이다.

제3부를 연구함에 있어서는 지리가 매우 중요하다. 『손자』의 군사지리학이 주로 이 부분에 있기 때문에 중국 초기의 군사지리학을 연구하려면 제3부의 다섯 편을 보지 않을 수 없다. 『손자』에서 '땅地'을 논할 때, 그 땅은 순수한 자연의 땅을 이야기하는 것이 아니라 '사람人'과 관련된 땅을 말한다. 매 편은 설명 방법이 모두 다르며, 사람의 활동도 서로 다르다.

손자는 주로 다음 세 가지 방법으로 '땅'을 설명한다. 첫째는 행군에 대한 것으로, 설명이 가장 구체적이다. 지형과 지모地貌를 논하는데 예를 들어 본편의 '사지'가 이에 해당한다. 둘째는 작전에 관한 내용이다. 여기서는 주로 원근과 험이險易(험하고 평탄함), 광협廣狹(넓고 좁음), 고하高下로서 지세를 설명한다. 예를 들어 다음에 나오는 「지형」 편이 지세를 다루고 있다. 셋째는 종합적인 방법이다. 주로 구역區域에 중점을 두고 더 큰 공간 개념을 다뤘다. 주로 본국에서 적국으로 출병하여 들어갈 때 사병을 어떻게 인솔할지를 설명하면서 사용한 방법이다. 예를 들면 바깥에서 안쪽으로, 얕은 데서 깊은 데로 들어간다. 뒤쪽의 「구지」 편이 구역에 중점을 두고 설명한 경우에 속한다.

「행군」 편이 지리를 논할 때는 주로 산山·강水·들平陸·습지斥澤 네 가지 분류를 사용한다. 모두가 비교적 구체적인 지형이며 지모다. 여기서 '산'은 낮은 산과 구릉과 높은 지역을 포괄하는 지칭이다. 강은 하천, 강, 호수를 포괄하며, 들은 평지를 말한다. 그리고 습지는 낮고 습한 땅의 통칭이다.

지구 자체는 울퉁불퉁하고 평평하지 않다. 산은 높이가 서로 다르며, 물은 구불구불하여 지도가 없으면 그 전모를 알 수 없다. 지리를 전공한 사람들은 잘 아는 사실이지만, 두 산 사이에는 반드시 물이 흐르는 골짜기가 있으며, 하천의 흐름이 세차서 부딪치며 지나가는 곳에는 반드시 평원과 저습지가 있다. 도로들은 하천이 흐르는 골짜기나 강을 따라 달리는데, 그것들이 모이는 곳에 종종 촌락과 도시가 있다. 옛사람들은 이런 것들을 기록하고 지도에 그렸는데, 이는 군사적으로 매우 유용했다.

나는 「행군」 편을 세 장으로 구분한다.

제1장은 '처군處軍(군대 주둔)'에 대해서 설명한다.

제2장은 '상적相敵(적군 관찰)'에 대해서 설명한다.

제3장은 군대 관리에 대해서 설명한다.

【9.1】

손자가 말했다. 대개 군대를 주둔할 때는 적군의 상황을 잘 관찰해야 한다. 산을 가로질러 갈 때는 계곡에 의지하고, 숙영할 때는 시야가 트이고 높은 곳에 위치하며, 전투는 올라가면서 하지 말아야 한다. 이것이 산에서 숙영하는 방법이다. 강을 건널 경우 강에서 멀리 떨어진 곳에 숙영해야 하며, 만약 적군이 강을 건너올 경우 강물 속에서 대응하지 말고, 적군이 반쯤 건너오도록 하여 공격하면 유리하다. 만약 싸우려고 한다면 강에 붙어서 공격하지 말아야 한다. 시야가 트인 높은 곳에 위치하고, 강 하류에서 적을 맞이하면 안 된다. 이것이 강 부근에서 숙영하는 방법이다. 습지대를 통과할 경우, 신속히 빠져나가 그곳에 머무르지 말아야 한다. 만약 습지에서 적군과 마주치면, 반드시 물풀에 의지하고 숲을 등져야 한다. 이것이 습지에서 숙영하는 방법이다:[1] 평원 지대에서 주둔할 경우 평탄한 곳을 택해야 하는데, 우측과 배후는 높고 앞과 사지 뒤에는 생지를 두어야 한다. 이것이 평원 지대에서 숙영하는 방법이다. 이상 네 가지 이로움이

황제黃帝:2가 네 제후를 이길 수 있었던 이유다. 대개 주둔할 때는 높은 지
대가 좋고 낮은 땅은 나쁘다. 양지를 중시하고 음지를 피해야 한다. 양생
할 수 있는 견실한 곳에 주둔하면 병사들에게 질병이 없을 것이다. 이것이
소위 반드시 이기는 곳이다. 구릉이나 제방에 주둔할 경우, 햇빛이 비치는
쪽으로 주둔하여 오른쪽은 등져야 한다. 이것은 군사의 이점이며 지형의
도움이다. 상류에서 비가 내려 강물이 내려오면 물살이 잦아든 다음 건너
야 한다. 대개 절간絕澗, 천정天井, 천뢰天牢, 천라天羅, 천함天陷, 천극天隙 등
지형은 신속히 벗어나고 접근하지 말아야 한다. 아군은 이런 곳으로부터
멀리 떨어지고, 적군은 가까이 가도록 한다. 우리는 정면으로 바라보고 적
군은 등지도록 한다. 군대 옆에 험준한 곳, 물웅덩이, 갈대가 많은 곳, 관
목 덤불, 초목이 무성한 산림지역은 잘 수색해야 한다. 복병과 간첩이 숨
어 있기 좋기 때문이다.

孫子曰: 凡處軍相敵. 絕山依谷, 視生處高, 戰(隆)〔降〕無登, 此處山之軍也. 絕水
必遠水, 客絕水而來, 勿迎之於水內, 令半渡而擊之利. 欲戰者, 無附於水而迎客.
視生處高, 無迎水流. 此處水上之軍也. 絕斥澤, 唯亟 去無留, 若交軍於斥澤之中,
必依水草而背衆樹. 此處斥澤之軍也. 平陸處易, 右背高, 前死後生. 此處平陸之
軍也. 凡四軍之利, 黃帝之所以勝四帝也. 凡軍好高而惡下, 貴陽而賤陰. 養生處實,
軍無百疾, 是謂必勝. 丘陵堤防, 必處其陽而右背之. 此兵之利, 地之助也. 上雨水,
〔水〕(沫)〔流〕至, 欲涉者, 待其定也. 凡地有絕澗·天井·天牢·天羅·天陷·天隙, 必
亟去之, 勿近也. 吾遠之, 敵近之. 吾迎之, 敵背之. 軍旁有險阻·潢井·蒹葭·(林
木)〔小林〕·蘙薈者, 必謹覆索之, 此伏奸之所〔處〕也.

맨 앞의 "대개 군대를 주둔할 때는 적군의 상황을 잘 관찰해야 한다凡處軍相

敵"는 말은 이 편의 전체 내용을 압축해서 제시한 것으로 첫째 장이 '처군處軍', 다음 장은 '상적相敵'이다.

첫째 장은 비교적 길다. 전후 두 부분으로 나뉘어 있는데, 앞부분은 '네 가지 이로움四軍之利', 뒷부분은 '세 가지 원칙三凡'을 설명했다.

(1) 네 가지 이로움四軍之利

네 가지 이로움이란 네 종류의 각기 다른 지형에서 주둔하는 방법, 즉 '처군' 방법을 말한 것이다. 여기서 처군이란 임시로 숙영하며 머무는 것으로, 장기간 주둔과 다르다. 네 종류의 지형이란, 산山·강水·들平陸·습지斥澤로 구분했다. 여기서 숙영하는 곳은 모두 행군하면서 지나는 곳이다. 행군하다가 쉬고, 쉬었으면 또 행군해야 한다. 손자는 모든 지형에 대해 설명을 했다. 각 구문의 머리에 있는 '절絶'은 통과하여 넘는다 혹은 지나간다는 뜻이다.

1) '절산絶山'과 '처산處山'

'절산'은 산이나 고개嶺를 넘는 것이고 '처산'은 산지에서 숙영하는 것이다. 이런 지형에서는 무엇이 필요할까? 손자는 산을 가로질러 갈 때는 계곡에 의지하고, 주둔할 때는 시야가 트이고 높은 곳에 위치하며, 높은 데서 싸울 때는 더 높이 올라가지 말아야 한다고 세 구절로 정리했는데, 각 구절이 한 단계에 해당한다.

① '산을 가로질러 갈 때는 계곡에 의지한다絶山依谷'는 말은 산지를 통과하는 방법을 설명한 것이다. 산 위로 올라서 넘어가는 것이 아니라, 골짜기를 따라서 통과해야 한다. 즉 산 사이에 난 골짜기를 최대한 옆으로 끼고 나아간다. 이렇게 하면 첫째로 길을 가기에 편하고, 둘째로 물풀水草이 주는 이점을 얻을

수 있다. 하지만 양옆에 복병이 있을 위험도 배제할 수 없다.

② '숙영할 때는 시야가 트이고 높은 곳에 위치한다視生處高'는 숙영하는 장소를 설명한다. 가장 안전하고 적절한 선택지는 앞쪽이 탁 트여 있고 뒤로는 의탁할 수 있는 곳이다. '시생視生'이란 태양을 향한 곳으로, 앞에 출구가 있고 시야가 탁 트인 곳이다. '처고處高'란 음지를 뒤로하고 뒤쪽에 의지할 곳이 있으며, 높은 곳에서 아래로 내려다보는 장소다. 여기서 '생生'이란 '생지生地'를 말한다.

땅은 사지死地와 생지生地로 나뉘는데 「계」편에 "전쟁은 사생의 땅이요 존망의 길이니, 살피지 않으면 안 된다"고 했다. 또 "땅이란, 멀거나 가깝고, 험하거나 평탄하며, 탁 트이거나 좁고, 막히거나 터져 있다"고 했다. 「구지」편에는 사지는 나오지만 생지는 나오지 않는다. 사지에 대한 정의는 이렇다. "신속하게 싸우면 살아남고 신속하게 싸우지 않으면 죽는 곳, 그곳이 사지다疾戰則存, 不疾戰則亡者, 爲死地." "나아갈 길이 없는 곳이 사지다無所往者, 死地也." 생지는 당연히 이와 정반대의 뜻이다. 사지는 도망갈 수 없는 땅이다. 목숨을 걸고 싸우면 살고, 그렇지 않으면 죽음을 피할 수 없다. 생지는 도망갈 수 있는 땅이며, 죽도록 싸울 필요가 없다. 숙영할 때 시야가 트이고 높은 곳에 위치하라는 것은 세勢를 따라 위치하라는 말이다.

③ '전투는 올라가면서 하지 말아야 한다戰(隆)[降]無登'는 말은 적군이 만약에 높은 곳을 점령하여 고지 위에서 밑으로 내려온다면, 산을 올라가면서 공격해서는 안 된다는 말이다. 아래에서 위로 올려보면서 공격하는 것은 순역順逆의 형세가 뒤바뀐 것으로, 우리는 형세를 거스르고 적은 형세를 따르는 상황이다.

제고점制高點(높은 곳을 장악할 수 있는 고지)은 매우 중요하다. 동서고금의 군사 전문가라면 누구나 잘 아는 사실이다. 클라우제비츠는 고지에 세 가지 큰 이점이 있다고 했다. 첫째, 진출 방향을 통제할 수 있어 교통이 편리하다. 둘째, 위에서 아래로 사격하여 순풍을 타고 활을 쏘는 것과 같아 화력 사용이 편리하다. 셋째, 높은 곳에서 밑을 내려다보며 감시할 수 있으니 관찰이 편리하다.[3] 앞을 가리는 울창한 숲이 없다면 가장 좋다.

고대에 고지는 보통 산 정상을 의미했다. 산 정상을 점령하면 그것이 바로 고지 점령이었다. 오늘날에 고지는 더 이상 산 정상이 아니다. 모두가 쟁탈하려고 하는 제공권制空權이다. 위성 감시 시스템이 바로 고지이며, 그 점에서 이제 고지는 하늘로 올라간 셈이다. 하지만 고지의 중요성은 조금도 달라지지 않았다.

2) '절수絶水'와 '처수處水'

'절수'는 강을 건너는 것이고 '처수상處水上'은 강 부근에서 숙영하는 것이다. 이런 지형에서는 무엇이 필요할까? 손자는 강을 건널 경우 강에서 멀리 떨어진 곳에 숙영해야 하며, 만약 적군이 강을 건너올 경우 강물 속에서 대응하지 말고, 적군이 반쯤 건너오도록 하여 공격하면 유리하다고 말했다. 만약 싸우려고 한다면 강에 붙어서 공격하지 말아야 한다. 시야가 트인 높은 곳에 위치하고, 강 하류에서 적을 맞이하면 안 된다. 이 역시 다음과 같이 세 단계로 구분할 수 있다.

① '강을 건널 경우 강에서 멀리 떨어진 곳에 숙영한다絶水必遠水'는 구절에는 주어가 없는데 주어는 '나我'다. 즉 아군이 강을 건넌다는 말이다. 아군이 물가에서 도강을 기다릴 때 가장 두려운 일은 다음 두 가지다. 첫째, 적이 상류에서 물을 내보내는 것, 즉 『삼국지연의三國志演義』에서 관우가 조조의 7군을 수장시킨 것과 같은 일이다. 둘째, 강을 반 정도 건넜는데 강가에 있는 적에게 공격을

받는 것이다. '원수遠水(강에서 멀리 떨어진 곳)'라는 것은 강을 건너기에 앞서 물가에서 숙영할 경우 반드시 강에서 먼 지점 위치하지 않으면 침수되기 쉽다는 말이다.

② '적군이 강을 건너올 경우 강물 속에서 대응하지 말고, 적군이 반쯤 건너오도록 하여 공격하면 유리하다客絶水而來, 勿迎之於水內, 令半濟而擊之利.' 만약에 '싸우고자 한다면, 강에 붙어서 공격하지 말아야 한다欲戰者, 無附於水而迎客.' 이 부분은 적이 강을 건널 경우 어떻게 대처해야 하는가를 설명한다. '객客'은 적이다. 손자는 적이 강을 막 건너려고 할 때 물속에서 응전하면 안 된다고 말한다. 적이 반쯤 건너기를 기다린 다음 싸워야 한다. 또한 만약 적이 강을 아직 건너지 않았을 때라면 강가에서 기다리고 있으면 안 된다. 그러면 적이 크게 위축되어 돌아가버릴 것이다.

③ '시야가 트인 높은 곳에 위치하고, 강 하류에서 적을 맞이하면 안 된다視生處高, 無迎水流.' 이는 순역향배順逆向背의 이치를 설명한다. 비록 산과 강은 다르지만 시야가 트인 높은 곳에 위치해야 한다는 점은 같다. 군대가 강 부근에서 숙영할 때도 역시 빠져나갈 상황을 고려해야 하는데 앞쪽으로는 출구가 있어야 하고 뒤쪽에는 의탁할 곳이 있어야 한다. 사람이 물 있는 곳에 있을 경우 높은 곳에 서야만 침수되지 않을 수 있다. 물은 낮은 데로 흘러가니 사람은 낮은 곳에 있으면 안 된다. 이는 '전투는 올라가면서 하지 말아야 한다戰降無登'와 같은 이치이며 순역향배의 도리다.

여기서 가장 중요한 것은 '적군이 반쯤 건너오도록 하여 공격하면 유리하다令半濟而擊之利'는 말이다. 춘추 시대에 송나라와 초나라가 홍강泓水에서 전쟁을 벌일 때의 일이다. 송나라 군대가 진을 치고 초나라 군대는 아직 강을 건너고 있었다. 사마자어司馬子魚가 말했다. "초군은 많고 우리는 적으니 저들이 아직

다 건너지 못한 때에 치십시오." 그러나 宋 양공襄公은 싸우지 못하게 했다. 초군이 강을 다 건너 아직 진의 형세를 갖추지 못했을 때 사마자어가 또 공격하자고 했지만 양공은 또 공격하지 못하게 했다. 최후에 초군이 전열을 정비하고 양쪽이 맞붙었다. 결과는 송나라 측의 대패였다.(『좌전』 희공 22년)

송 양공의 전법은 『사마법』에 나오는 고대의 전법이었다. 손자는 이와 반대로 '반 정도 건널 쯤 공격하라半到而擊'고 했으며 후대의 병법가들은 모두 『손자』를 따랐다. 예를 들면 오자(『오기병법吳起兵法』)는 이 설을 두 차례나 언급했다. 한 번은 "물을 건널 경우 반 정도 건넜을 때 공격할 수 있다涉水半渡, 可擊"(「요적料敵」)고 했으며, 또 한 번은 "적이 만약 물을 건너면 반쯤 건넜을 때 친다敵若絕水, 半渡而薄之"(「여사勵士」)고 했다. 반쯤 건넜을 때 공격하는 것은 전국 시대 병법가의 공통된 규칙이었다.

3) '절척택絕斥澤'과 '처척택處斥澤'

'척斥'은 소금기가 있는 알칼리성 토지, '택澤'은 늪과 연못으로 이루어진 습지로 '척택斥澤'이란 낮고 습한 땅을 말한다. '절척택'이란 습지를 통과하여 넘어가는 것이며 '처척택'이란 습지에서 숙영하는 것이다. 「군쟁」 편에서는 "산림이나 험준한 곳, 습지 등의 지형을 모르면 행군할 수 없다不知山林·險阻·沮澤之形者, 不能行軍"고 했으며 「구지」 편에도 이런 구절이 있다. 거기서 말한 '저택沮澤'이 바로 이런 습지에 속한다. 습지의 가장 큰 문제는 '나아가기 어렵다難行'는 점이다. 이런 지형에서는 무엇이 필요할까? 손자는 습지대를 통과할 경우 신속히 빠져나가 그곳에 머무르지 말며 만약 습지에서 적군과 마주치면 반드시 물풀에 의지하고 숲을 등지라고 했다. 이 부분은 두 단계로 나눌 수 있다.

① 먼저 '습지대를 통과할 경우, 신속히 빠져나가 그곳에 머무르지 말아야 한

다絕斥澤, 唯亟去無留.' 습지대의 길은 나아가기 어려워 그 안에 갇히면 나오지 못하기 쉽다. 만약 적에게 얽매여 공격을 당하게 되면 문제가 커지므로 반드시 신속하게 통과해야지 그대로 있으면 안 된다는 뜻이다.

② '만약 습지에서 적군과 마주치면, 반드시 물풀에 의지하고 숲을 등져야 한다若交軍於斥澤之中, 必依水草而背衆樹.' 이는 저습지를 통과하는 상황에 대한 설명이다. 만약에 의탁할 만한 고지가 없는데 갑자기 적군을 만나면 싸우지 않을 수 없다. 그럴 때는 물풀에 의지하고 숲을 등져야 한다. 물풀에 의지하는 것은 사람과 말을 안전하게 하기 위함이고 숲을 등지는 것은 뒤에 의지할 곳을 두기 위함이다. 이것도 결국 시야가 트인 높은 곳에 위치하는 원리와 같다.

4) '절평륙絕平陸'과 '처평륙處平陸'

'평륙'은 들, 즉 평원이다. '절평륙'은 평원을 통과하여 지나가는 것이고 '처평륙'은 평원에서 숙영하는 것이다. 이런 지형에서는 무엇이 필요할까? 손자는 평원 지대에 주둔할 경우 평탄한 곳을 택하고, 우측과 배후는 높아야 하고 앞에는 사지, 뒤에는 생지를 두어야 한다고 했다. 단 세 구절로 설명했는데 한 구절이 한 단계다.

① '평원 지대에 주둔할 경우 평탄한 곳을 택해야 한다平陸處易'는 것은 평원에서도 평탄한 지역에서만 숙영을 하라는 것이다. 옛사람들이 '험이險易'를 말할 때 험險은 평평하지 않은 곳으로, 높낮이가 크게 다른 경사진 산지를 가리켰다. 이易는 평평하고 높낮이가 비슷하여 경사가 거의 없는 평지다.

② '우측과 배후는 높고右背高'라는 것은 오른쪽과 뒤쪽이 아무래도 조금 높아야 한다는 말이다. 고대 병음양가兵陰陽家는 왼쪽과 앞쪽이 양이고 오른쪽과 뒤쪽이 음이 되는 것을 중요시했다. 그래서 "오른쪽과 뒤쪽은 산이나 언덕을 두

고, 앞쪽과 왼쪽은 물이나 연못을 두어야 한다右倍背山陵, 前左水澤"(『사기』 「회음
후열전淮陰侯列傳」)라고 했다.[4] 여기서 오른쪽과 뒤쪽은 산과 언덕, 앞쪽과 왼쪽
은 물과 연못이어야 한다는 것은 『노자』에서 말한 "음을 짊어지고 양을 끌어안
는다負陰而抱陽"(제42장)와 통한다. 이러한 견해도 시생처고, 즉 시야가 트인 높은
곳에 위치하라는 의미다.

③ '앞에는 사지 뒤에는 생지를 두어야 한다前死後生.' 이전李筌은 이 '전사후
생'이라는 구절을 "앞쪽의 사지는 싸움에 이르는 땅이고, 뒤쪽의 생지는 내가
머무는 곳이다前死, 致戰之地, 後生, 我自處"라고 해석했다. 곧 앞은 적이 가로막고
있으니 목숨 걸고 싸워서 돌파해야만 빠져나갈 수 있기 때문에 '앞쪽의 사지'
라 하고 뒤에는 의탁할 곳이 있어 꼭 싸우지 않아도 되기 때문에 '뒤쪽의 생지'
라고 한 것이다.

이 말은 '시생처고'와 모순되는 듯 보인다. '시생'은 대면하는 방향을 '생生'이라
하고 반대 방향을 '사死'라 하는데 여기서는 반대로 설명한 셈이기 때문이다. 왕
석王晳은 무릇 군대는 모두 태양을 향하고 뒤로는 산을 등지니, 전생후사前生後
死가 바른 말이며 전사후생이라 쓴 원문이 잘못된 것이라 생각했다. 왕석의 말
은 매우 일리가 있는 듯하지만, 인췌산 한간을 보면 이 구절은 분명 전사후생
으로 되어 있다. 따라서 왕석의 견해가 잘못되었으며 이전의 해석이야말로 정
확했다고 할 수 있다.

「구지」 편에서는 '사지'를 두 가지로 해석했다. 첫째는 "신속하게 싸우면 살아
남고 신속하게 싸우지 않으면 죽음만이 있다疾戰則存, 不疾戰則亡"는 것이고 둘째
는 "나아갈 곳이 없는 지역無所往者"이다. 그런데 두 번째 해석에 관해 죽간본에
는 좀 다른 문장이 있다. "등 뒤가 견고하고 앞에 적이 있는 지역은 사지이며,
나아갈 곳이 없는 지역은 궁지다背固前敵者, 死地也. 無所往者, 窮地也"라는 것인데,

사지에 대해서는 이 해석이 더 정확하다. '전사前死'는 앞에 적이 가로막고 있는 것이고 '후생後生'은 뒤에 험하고 견고한 지형을 등지고 있는 것이다. 따라서 여기서의 사생死生은 전쟁을 해야 하는지의 여부를 가리킨다는 것을 알 수 있다. 앞은 적이 가로막아 싸우지 않으면 나갈 수 없으니 '사'라 하고 뒤에는 의탁할 곳이 있어 반드시 싸우지 않아도 되니 '생'이라 한다.

여기까지가 앞부분이다. 뒷부분에서는 세 개의 '범凡'에 대해 설명한다.

(2) '세 개의 범三凡'

후반부에서는 세 개의 '범凡(무릇)'자가 나오는데 각 '범'이 각각 한 단계를 뜻한다.

1) 제1범凡

이상 네 가지 이로움이 황제黃帝가 네 제후를 이길 수 있었던 원인이다.

이 구절은 바로 위 문장들을 총괄한 것이다.

① '이상 네 가지 이로움凡四軍之利'은 곧 앞의 문장에 나오는 네 종류의 지형에서의 처군處軍, 즉 숙영 방법이다. '군軍'은 동사로 진을 치고 주둔하는 것을 뜻하며 숙영과 같은 의미다.

② '황제가 네 제후를 이길 수 있었던 이유黃帝之所以勝四帝也'란, 황제가 네 제후를 진압할 때 의지한 것은 이러한 처군의 방법이었다는 말이다. 황제가 네 제후를 이겼다는 것이 무슨 말인지는 인췌산 한간『황제가 적제를 토벌하다黃帝伐赤帝』를 보면 알 수 있다. 이 편의 문장 맨 앞에는 '손자 왈孫子曰'이 있는데 정리

한 사람이 『오손자』의 일편佚篇(없어진 편)이라 생각하고 이렇게 해석한 것이다. 여기서 황제가 네 제후를 이긴 이야기를 할 때마다 매번 '우음右陰·순술順術·배충背衝'이라는 여섯 글자가 나온다. '우음'은 이 편에 나오는 '우배고右背高', 즉 서북쪽에 의탁하고 동남쪽을 향하는 것을 가리킨다. '순술'은 황제를 따르는 방향으로, 안에서 밖으로 향하는 것을, '배충'은 네 제후를 역행하는 방향으로 밖에서 안으로 향하는 것을 말한다. 황제가 네 제후를 정벌하여 승리한 것을 음양과 순역과 향배에 의거하여 설명한 것이다.

전국 시대나 진·한대에는 기술을 설명할 때 황제의 전설을 자주 끌어왔다. 수술과 방기, 병서 모두에 이 전설이 자주 언급되는데 여기서 설명하는 병음양도 마찬가지다. 병음양은 수술의 학문이 군사적으로 확대된 것이다. 예컨대 속담에 제갈량이 '위로는 천문을 알고 아래로는 지리를 안다上知天文, 下知地理'고 한 것이 바로 병음양이다. '동풍을 빌린다借東風'거나 음양과 순역 그리고 상배相背에 대한 설명도 병음양에 속한다.

마왕두이 백서에 '황제의 네 얼굴黃帝四面'이라는 전설이 있다.(『서경』「입정立政」) 황제가 네 제후를 이겼으니, 오제五帝를 오색五色에 대응시키고 오색은 오위五位에 대응시켰다. 황제는 중앙에 있고 네 제후는 사방에 있으며, 청제青帝는 동쪽, 적제赤帝는 남쪽, 백제白帝는 서쪽, 흑제黑帝는 북쪽에 놓았다. 즉 황제가 네 제후를 이겼다는 것은 중앙이 사방을 물리쳤다는 의미다. 황제의 전설은 '제왕 계통帝系'의 전설에 속한다.

고대 제왕의 계보에는 두 종류의 오제가 있다. 하나는 주나라 계통의 오제로, 황제黃帝·전욱顓頊·제곡帝嚳·요堯·순舜이다.(『대대례기大戴禮記』「제계」) 다음은 진나라 계통의 오제로 태호太昊·염제炎帝·황제·소호少昊·전욱이다.(『여씨춘추』십이기十二紀, 『사기』「봉선서封禪書」) 뒤의 오제는 방위 색으로 파랑, 빨강, 노랑, 하양, 검정으로도 부른다.

여기서 손자가 말하는 것은 뒤의 오제다. 과거에는 다들 손자가 음양오행을 언급하지 않았다고 했는데, 사실은 그렇지 않다. 여기서 '황제가 네 제후를 이겼다'고 한 것은 전형적인 병음양으로, 음양사상이 들어 있을 뿐 아니라 오행에도 대응시켰다.

2) 제2범凡

대개 주둔하기에는 높은 지대가 좋고 낮은 땅은 나쁘다. 양지를 중시하고 음지를 피해야 한다. 양생할 수 있는 견실한 곳에 주둔하면 병사들에게 질병이 없을 것이다. 이것이 소위 반드시 이기는 곳이다. 구릉이나 제방에 주둔할 경우, 햇빛이 비치는 쪽으로 주둔하여 오른쪽은 등져야 한다. 이것은 군사의 이점이며 지형의 도움이다. 상류에서 비가 내려 강물이 내려오면 물살이 잦아든 다음에 건너야 한다.

여기서는 다시 '숙영'의 기본 원칙을 설명한다.

① '높은 지대가 좋고 낮은 땅은 나쁘다. 양지를 중시하고 음지를 피해야 한다好高而惡下, 貴陽而賤陰.' 이 구절은 '높고 양지바른 곳에 주둔할 것處高陽'을 강조한 말로, 앞에서 말한 '시생처고'에서 '처고'에 속한다. '우배고右背高'란 곧 '처양處陽(양지에 주둔함)'이다. 음양을 방위로 말하면 좌측과 전면은 양이고 우측과 후면은 음이라 한다. 산의 음양은 태양빛의 방향으로 설명하는데, 산의 남쪽은 해를 향하니 양이라 하고, 산의 북쪽은 그늘을 등지고 있으니 음이라 한다. 물의 음양은 물이 흐르는 방향과 관련이 있다. 중국의 강물은 대부분 서에서 동

으로, 아니면 북에서 남으로 흐른다. 강물의 서쪽과 북쪽은 대개 상류에 해당하기 때문에 양이고, 동쪽과 남쪽은 하류이기 때문에 음이라 부른다. 산 북쪽에 위치하면 얼어붙기 쉽고(겨울), 강물 남쪽에 위치하면 침수되기 쉽다.

② '양생할 수 있는 견실한 곳에 주둔하면 병사들에게 질병이 없을 것이다. 이것이 소위 반드시 이기는 곳이다養生處實, 軍無百疾, 是謂必勝.' 이 문장은 '처실'을 강조했다. 숙영지는 믿을 만하고 안전한 곳이어야 한다. 전쟁을 하면 사람이 죽게 된다. 그러나 사람이 죽는 것은 전투 때문만은 아니다. 전투가 아니더라도 인원이 줄어드는 일이 많다. 많은 사람이 행군 도중 굶어 죽거나 피로로 죽거나 병들어 죽는다. 이런 죽음은 손실이 매우 크다. 이 문장 첫머리의 '양생'은 신체를 말한 것이고 '처실'은 지형을 말한 것이다. 신체와 지형은 숙영 조건이 좋으냐 아니냐의 문제로 서로 관련이 있다. 장수가 숙영지를 잘 골라야 병사들이 잘 먹고 잘 마시고 잘 잘 수 있으며, 그래야만 체력을 유지해 병들지 않을 수 있다. 몸이 건강하면 병들지 않고, 그래야 전쟁에서 적군을 이길 수 있다.

③ '구릉이나 제방에 주둔할 경우, 햇빛이 비치는 쪽으로 주둔하여 오른쪽은 등져야 한다丘陵堤防, 必處其陽而右背之.' 이 말은 높은 양지에 주둔해야 함을 강조한 것이다. 산을 지날 때에는 이를 따라 높은 양지에 주둔하면 된다. 그런데 강, 습지, 평원을 지날 때에 의지할 만한 높은 산이 없으면 어떻게 할까? 평지와 저지대에서는 지세가 약간 높은 작은 언덕을 선택하는 수밖에 없고 강가에서는 제방을 이용할 수밖에 없다. 이마저도 없다면 수목에 의탁하여야 한다.

④ '상류에서 비가 내려 강물이 내려오면 물살이 잦아든 다음 건너야 한다上雨水, [水](沫)[流]至, 欲涉者, 待其定也.' 이는 물을 건널 경우에 해당하는 설명이다. 물을 건널 때 상류에서 비가 오면 갑자기 홍수가 일어날 수 있다. 이 문장에서 '말沫'자는 예서와 초서의 서법 때문에 생긴 오자다. 죽간본에 따르면 '류流'자

로 고쳐야 한다.

3) 제3범凡

대개 절간絕澗, 천정天井, 천뢰天牢, 천라天羅, 천함天陷, 천극天隙 등 지형은
신속히 벗어나고 접근하지 말아야 한다. 우리는 이런 곳과 멀리 떨어지고,
적군은 가까이 가도록 한다. 아군은 이런 지형을 정면으로 바라보고 적군
은 등지도록 한다. 군대 옆에 험준한 곳, 물웅덩이, 갈대가 많은 곳, 관목
덤불, 초목이 무성한 산림 지역은 잘 수색해야 한다. 복병과 간첩이 숨어
있기 좋기 때문이다.

이 구절들은 앞의 문장과는 정반대로 숙영하기에 적당한 곳處軍之宜이 아니
라, 숙영할 때 기피해야 할 곳處軍之忌을 설명한다. 주로 피해야 할 나쁜 지형을
두 종류로 구분하면 다음과 같다.
　① 절간, 천정, 천뢰, 천라, 천함, 천극
　'절간'은 칼로 가르고 도끼로 찍어낸 듯한 협곡으로, 두 산 사이에 끼여 물이
흐르는 곳이다. 이런 지형은 정말 두렵다. '절간' 뒤의 다섯 단어 앞에는 모두
'천天'자가 있는데 죽간본「행군」편의 서법과 현행본이 서로 다르다. 인췌산 한
간의「지형地形 2」(죽간본『손자병법』일편에 수록됨)에도 이런 명칭이 있다. [표4]에
서 네 개 판본의 글자를 서로 비교해본다.

［표 4］

죽간본「행군」	죽간본「지형地形 2」	죽간본「지보地葆」	현행본「행군」
천정天井	천정天井	천정天井	천정天井
천교天窖	천완天宛	천완天宛	천뢰天牢
천리天離	[천]리[天]離	천리天離	천라天羅
천소天[魁]	–	천소天柖	천함天陷
천극天郄	–	천극天[坅]	천극天隙

위 표의 다섯 가지 지형을 「지보」 편에서는 '죽음의 땅 다섯 곳五地之殺' 혹은 '다섯 군데의 무덤五葦'이라 했다. 말 그대로 아주 위험한 지역이니 신속히 벗어나야 하며 절대로 저 지형 근처에 머물러서는 안 된다. 만일 피치 못하다면 우리는 최대한 멀리 떨어지고, 적을 그쪽으로 유도해야 한다. 우리는 위 지형들을 바라보고 대치하고, 적이 그곳을 등지게 해야 한다. 표에서 알 수 있듯 '천정'은 각 본의 표기가 모두 동일하다. 명칭을 보면 뜻을 짐작할 수 있는데, 우물 같이 큰 구덩이 모양을 말한다.

'천뢰'의 '뇌牢(감옥)'는 '교窖(구멍)'나 '완宛(움푹 들어간 곳)'과 자형이 비슷하여 간혹 혼용된다. '교'는 네모난 형태의 구멍이고 '완'은 사방이 높고 가운데가 낮은 곳을 뜻한다. '뇌'는 외양간 또는 사람을 가두어두는 곳을 말한다. 이 글자들은 어느 것이 정확한지 결론을 내리기가 매우 어려운데 어쨌거나 큰 구덩이를 말한다.

'천라'는 '천리天離'라고도 한다. '나羅'는 짐승을 잡는 그물로, 이곳은 초목이 무성하여 한번 빠지면 탈출하기 어렵다. 대개 잘 가려지기 때문에 적병이 매복하기 쉬운 지역이다.

'천함'은 움푹 팬 곳을 말한다. '소[䶎]'와 '소[䧽]'는 모두 부수가 '소[臽]'자다. 소[臽] 자와 함[臽]자는 자형이 비슷한데, 어느 판본이 더 정확한지는 알 수 없다. '함'은 짐승을 잡는 함정으로 그 안에 빠지면 탈출하기 어려운 지형이다.

'천극'은 골자기를 말하는데 '극[郤]'자와 '극[土郤]'자는 모두 '극[隙]'자의 가차자로 쓰인다. 크게 갈라진 틈을 가리킨다.

이상은 주로 구덩이와 골짜기, 두 지형을 말한 것이다.

② 험조險阻, 황정潢井, 겸가兼葭, 임목(林木)[小林], 예회翳薈

'험조'는 험준한 곳, 즉 높은 지형으로 적이 위쪽에 숨어 있을 가능성이 있다.

'황정'의 황潢(중국어 발음은 황huáng)은 물웅덩이나 습지를 말하는데, 아래에 적이 숨어 있을 가능성이 있다.

'겸가'(중국어 발음은 젠자jiānjiā)는 갈대를 말한다.

'소림'은 관목 덤불을 뜻한다. 죽간본과 『태평어람太平御覽』 권291의 인용 부분을 보면 '소림小林'으로 되어 있다. 현행본에 '임목林木'이라 쓴 것은 틀린 것이다.

'예회'(중국어 발음은 이후이yìhuì)는 초목이 무성한 지역을 말한다.

이런 지역은 적의 매복이 있기 쉬우므로 특별히 조심해야 한다.

【9.2】

적이 가까이 있는데도 조용하면 험준함을 믿는 것이다. 멀리 있는데도 싸움을 거는 것은 우리를 유인하는 것이다. 적이 평지에 머물러 있다면 이로움이 있기 때문이다. 나무들이 움직이면 적이 오는 것이다. 풀숲에 장애물이 많다면 의심스러운 것이다. 새가 날아오르면 복병이 있는 것이고 짐승이 놀라면 복병이 습격하는 것이다. 흙먼지가 높고 뾰족하게 일면 전차가 오는 흔적이고 낮고 넓다면 보병이 온 흔적이다. 흙먼지가 흩어져서 줄기줄기 여기저기에 있다면 땔나무를 한 흔적이다. 그것이 드물고 왔다 갔다 한 흔적이 있으면 주둔한 것이다. 사신의 언사가 겸손하면서 준비를 강화하는 것은 진군해온다는 것이고 그의 언사가 강경하면서 진격하는 체한다면 퇴각하려는 것이다. 전차가 먼저 출동해 측면에 늘어선다면 진을 치는 것이며 약속 없이 화친을 청한다면 음모가 있는 것이다. 분주히 병사와 전차를 포진한다면 교전한다는 뜻이고 반쯤 전진했다 반쯤 물러나는 것은 유인하려는 것이다.

지팡이를 짚고 서 있다면 굶주린 것이고 물을 길어서 먼저 마시면 목이 마른 것이다. 유리한데도 전진하지 않는다면 피로하다는 것이며 새가 모여 있다면 적진이 비어 있다는 것이다. 밤중에 외치는 것은 두려워한다는 것이고 군영이 소란스럽다면 장수에게 위엄이 없는 것이다. 깃발이 어지럽게 움직인다면 혼란하다는 것이며 장교가 화를 낸다는 것은 피곤하다는 것이다. 말을 잡아서 그 고기를 먹는다면 군량이 없다는 뜻이고 항아리를 걸어놓고 막사로 돌아가지 않는다면 궁지에 몰렸다는 것이다. 끊임없이 천천히 사람들에게 말을 하는 것은 인심을 잃었다는 것이며 자주 상을 주는 것은 궁색한 것이다. 자주 처벌하는 것은 곤경에 빠진 것이고 먼저 포악하게 화낸 뒤 사병들을 두려워한다면 영리하지 못한 정도가 극에 달했다는 뜻이다. 적이 찾아와 예물을 주고 사죄한다면 휴전하고 쉬려는 것이다. 적군이 격노하여 우리와 대치하면서도 오랫동안 접전하지 않고 물러가지도 않는다면 신중하게 그들을 관찰해야 한다.

〔敵〕近而靜者, 恃其險也. 遠而挑戰者, 欲人之進也. 其所居(易者)〔者易〕, 利也. 衆樹動者, 來也. 衆草多障者, 疑也. 鳥起者, 伏也. 獸駭者, 覆也. 塵高而銳者, 車來

也. 卑而廣者, 徒來也. 散而條達者, 樵采也. 少而往來者, 營軍也. 辭卑而益備者,
進也. 辭強而進驅者, 退也. 輕車先出居其側者, 陳也. 無約而請和者, 謀也. 奔走而
陳兵者, 期也. 半進半退者, 誘也. 杖而立者, 饑也. 汲而先飲者, 渴也. 見利而不進
者, 勞也. 鳥集者, 虛也. 夜呼者, 恐也. 軍擾者, 將不重也. 旌旗動者, 亂也. 吏怒者,
倦也. 殺馬肉食者, 軍無糧也. 懸(瓴)〔甀〕不返其舍者, 窮寇也. 諄諄翕翕, 徐與人言
者, 失衆也. 數賞者, 窘也. 數罰者, 困也. 先暴而後畏其衆者, 不精之至也. 來委謝
者, 欲休息也. 兵怒而相迎, 久而不合, 又不相去, 必謹察之.

이 긴 장은 시작하자마자 '상적相敵'을 설명한다.

상적이란 적을 관찰하는 것으로, 상적의 '상相'은 '상법相法(관상술)'의 '상'이다.
상법은 음양오행가의 수술에 속한다. 옛사람들은 두 가지 방법으로 세계를 인
식했는데, 하나는 '간看(관찰)'이고 다른 하나는 '산算(추산)'이다. '간'은 '산'에 비
해 원시적인 방식인데, 간은 '관찰相'이고 산은 '점卜'이다. 예를 들어 우러러 천
문 현상을 살피고 굽혀서 지리를 관찰하는 것은 눈을 이용한 관찰이고, 괘상卦
象과 조상兆象 역시 눈으로 본다. 그러나 고대 천문은 그 자체로 한 분야를 이루
어서 관상술에는 포함되지 않는다.

관상술은 종류가 꽤 많은데 지형을 보는 것, 집터와 묫자리를 보는 것, 사람
과 가축을 보는 것, 도검을 보는 것이 여기에 포함된다. 이중에 으뜸으로 치는
것은 역시 지형 관상술로, 『한서』「예문지」수술략數術略에서는 관상술을 '형법
形法'이라 불렀다.

앞에서 숙영을 설명했는데, 고대에도 숙영할 때 오늘날과 동일하게 주위에
사람을 보내 경비와 보초를 세우며 순찰하도록 했다. 사방 몇 리를 경계 구역
으로 설정해 정찰하는 초병哨兵과 정찰병을 옛사람들은 '척후斥候'라 불렀다. 여

기서 설명한 '상적'은 모두 33개 조항으로 나뉜다. 각 조항은 일종의 '적정敵情', 즉 적군의 상황이다. 적정은 다음의 다섯 가지 유형으로 구분할 수 있다.

① "적이 가까이 있는데도 조용하면 험준함을 믿는 것이다. 멀리 있는데도 싸움을 거는 것은 우리를 유인하는 것이다. 적이 평지에 머물러 있다면 이로움이 있기 때문이다[敵]近而靜者, 恃其險也. 遠而挑戰者, 欲人之進也. 其所居(易者)[者易], 利也." 이 세 가지 조항은 양쪽의 거리감 및 지형의 험준함과 평탄함에 대해서 설명했다. 가깝고 멀고 험하고 평탄한 지형에 대해서는 아래의 「지형」 편을 참고하면 된다. 주요 의미는 다음과 같다. 적이 우리와 아주 가까운데도 쥐 죽은 듯이 고요하다면 그들이 믿는 험준한 요새가 있기 때문이다. 적이 우리와 아주 먼데도 도리어 싸움을 걸어온다면 우리를 유인하여 앞으로 나아가도록 하기 위해서다. 그들이 숙영하는 지역이 매우 평탄하다면 유리한 지형을 점령한 것이다.

② "나무들이 움직이면 적이 오는 것이다. 풀숲에 장애물이 많다면 의심스러운 것이다. 새가 날아오르면 복병이 있는 것이다. 짐승이 놀라는 것은 복병이 습격하는 것이다衆樹動者, 來也. 衆草多障者, 疑也. 鳥起者, 伏也. 獸駭者, 覆也." 이 네 조항은 모두 의심할 만한 조짐을 말한다. 여기서 '복覆'은 복병의 기습인데, 대강의 뜻은 다음과 같다. 숲속에 인기척이 있다면 적이 왔기 때문이고, 수풀 속에 장애물이 있다면 거짓으로 꾸며놓았기 때문이다. 새가 놀라 날아간다면 매복이 있기 때문이며, 짐승이 놀라 달아난다면 몰래 습격해오기 때문이다.

③ "흙먼지가 높고 뾰족한 것은 전차가 온 흔적이다. 그것이 낮고 넓으면 보병이 온 흔적이다. 그것이 흩어져 있고 줄기줄기 여기저기에 있다면 땔나무를 한 흔적이다. 그것이 드물고 왔다 갔다 한 흔적이 있으면 주둔한 것이다塵高而銳者, 車來也. 卑而廣者, 徒來也. 散而條達者, 樵采也. 少而往來者, 營軍也." 이 네 조항은 길의

흙을 보는 것이다. 바퀴 자국이나 말 발자국, 그리고 사람이 머물러 활동한 흔적을 본다는 말이다. 대강의 뜻은 다음과 같다. 흙먼지가 높이 뾰족하게 일면 전차가 왔던 것이고 낮고 넓게 일면 보병이 왔던 것이고 흔적이 줄기줄기 무질서하게 흩어져 있으면 땔나무를 한 것, 드물고 왔다 갔다 하면 주둔하여 머물렀다는 뜻이다.

④ "사신의 언사가 겸손하면서 준비를 강화하는 것은 진군해온다는 것이다. 그의 언사가 강경하면서 진격하는 체한다면 퇴각하려는 것이다. 전차가 먼저 출동하여 측면에 늘어선다면 진을 치는 것이며 약속 없이 화친을 청한다면 음모가 있는 것이다. 분주히 병사와 전차를 포진한다면 교전한다는 뜻이다. 반쯤 전진했다 반쯤 물러나는 것은 유인하려는 것이다辭卑而益備者, 進也. 辭強而進驅者, 退也. 輕車先出居其側者, 陳也. 無約而請和者, 謀也. 奔走而陳兵者, 期也. 半進半退者, 誘也." 이 여섯 조항은 주로 적의 어조와 움직임을 가지고 적의 계획을 살피는데, 적의 언동 대부분이 허위로 꾸며낸 것이라 보고 있다. 대강의 뜻은 다음과 같다. 적의 어조가 부드럽고 약한데 도리어 전쟁 준비에 박차를 가하고 있다면 진격하려는 의도다. 반면 어조가 강하고 굳센데 그들이 진격하는 척 꾸민다면 철수하고 퇴각하려는 의도다. 날렵한 전차가 먼저 출동해 측면에 선다면 병력을 배치하여 포진하려는 의도이고, 다가와 화친을 청하면서도 조건은 말하지 않는다면 반드시 음모를 감추고 있는 것이다. 바삐 병력을 포진시킨다면 병력을 집결하려는 의도가 있고, 반은 전진하고 반은 퇴각한다면 우리가 앞으로 나아가게 유인하려는 의도가 있어서다.

⑤ "지팡이를 짚고 서 있다면 굶주린 것이고 물을 길어서 먼저 마시면 목이 마른 것이다. 유리한데도 전진하지 않는다면 피로하다는 것이며 새가 모여 있다면 적진이 비어 있다는 것이다. 밤중에 외치는 것은 두려워한다는 것이고 군

영이 소란스럽다면 장수에게 위엄이 없는 것이다. 깃발이 어지럽게 움직인다면
혼란하다는 것이며 장교가 화를 낸다는 것은 피곤하다는 것이다. 말을 잡아서
그 고기를 먹는다면 군량이 없다는 뜻이고 항아리를 걸어놓고 막사로 돌아가
지 않는다면 궁지에 몰렸다는 것이다. 끊임없이 천천히 사람들에게 말을 하는
것은 인심을 잃었다는 것이며 자주 상을 주는 것은 무언가 궁색한 것이다. 자
주 처벌하는 것은 곤경에 빠진 것이고 먼저 포악하게 화낸 뒤 사병들을 두려워
한다면 영리하지 못한 정도가 극에 달했다는 뜻이다. 적이 찾아와 예물을 주고
사죄한다면 휴전하고 쉬려는 것이다. 적군이 격노하여 우리와 대치하면서도 오
랫동안 접전하지 않고 물러가지도 않는다면 신중하게 그들을 관찰해야 한다杖
而立者, 饑也. 汲而先飲者, 渴也. 見利而不進者, 勞也. 鳥集者, 虛也. 夜呼者, 恐也. 軍擾者, 將不重也.
旌旗動者, 亂也. 吏怒者, 倦也. 殺馬肉食者, 軍無糧也. 懸(瓵)[甀]不返其舍者, 窮寇也. 諄諄翕翕, 徐與
人言者, 失衆也. 數賞者, 窘也. 數罰者, 困也. 先暴而後畏其衆者, 不精之至也. 來委謝者, 欲休息也.
兵怒而相迎, 久而不合, 又不相去, 必謹察之." 이 열여섯 조항은 전체가 적의 전투력이
저하된 상태를 묘사했다. 굶주림, 목마름, 피곤함, 혼비백산 등 막다른 지경에
이른 모습이다.

'추甀'(중국어 발음은 '주이zhuì')는 주둥이가 작은 항아리다. 여기서는 사병이
매일 밥 먹고 물 마시는 데 사용하는 가재도구를 의미한다. 그러한 항아리를
버렸다는 것은 '솥을 깨뜨리고 배를 가라앉히는破釜沈舟' 상황과 같이, 궁지에
몰려 배수의 진을 칠 수밖에 없는 상태라는 뜻이다. '순순흡흡諄諄翕翕'(중국어
발음은 '준준시시zhūn zhūn xì xì')는 끊임없이 잔소리하고 재잘거린다는 말이다.

대강의 의미는 다음과 같다. 몽둥이를 붙잡고 몸을 지탱하고 서 있는 것은
그렇게 하지 않고는 서 있지 못한다는 것으로, 아마도 허기가 극에 달한 상태
일 것이다. 물을 길은 사람이 물을 집으로 보내기 전에 지체하지 않고 다 마

신다면 반드시 갈증이 극에 달한 상태이기 때문이며, 이로운 상황을 보고서
도 나아가지 않는 것은 피로가 극심하기 때문이다. 막사에 새들이 가득 머문
다면 속이 텅 빈 군영이라는 말이고, 깊은 밤중에 큰 소리로 외치고 떠들썩하
다면 사실은 두려움이 몹시 크다는 말이다. 군영의 질서가 문란하고 안정되지
않는다면 장수에게 위신이 없다는 말이며, 깃발이 동요한다면 전열이 매우 어
지럽다는 말이다. 군관이 걸핏하면 사병에게 성질을 부린다면 그가 못 참을
만큼 괴롭다는 말이다. 군마를 잡아 그 고기를 먹는다면 군량이 끊어졌다는
말이고, 가재도구를 병영의 벽에 걸어두고 한번 가서 다시 돌아오지 않는다면
궁지에 몰려 막다른 길에 이르렀다는 말이다. 장수가 기력이 없이 투덜투덜,
우물우물 말을 한다면 그는 이미 사병에게 신임을 잃어 그들을 구슬려야 하
는 신세가 되었다는 말이다. 빈번하게 위로하고 포상한다면 계책을 하나도 펼
칠 수 없는 상태라는 말이고, 빈번하게 징벌한다면 곤경에 빠진 상태라는 의
미다. 부하의 면전에서 먼저 난폭하게 하고 나서 두려워한다면 매우 지혜롭지
못하다는 의미다. 예를 갖추고 사과하러 온다면 잠시 휴전하여 한숨 돌릴 기
회를 얻으려는 생각일 것이다. 한편 노발대발하면서 일부러 도발하고 꽤 오랜
시간 교전하지도 않고 물러나지도 않는다면 반드시 자세하게 관찰해야 한다.

【9.3】

병력은 많을수록 귀한 것이 아니다. 함부로 전진하지 않으면서 병력을 집
중시키고 적을 잘 살피면 그들을 취할 수 있다. 생각 없이 적을 쉽게 보면
반드시 적의 포로가 된다. 사병이 아직 친근하게 의지하지 않는데 벌을 주
면 복종하지 않을 것이며 그렇게 되면 부리기가 어려워진다. 사병이 이미
친근하게 의지하고 있는데 벌을 내리지 않으면 부릴 수가 없다. 그러므로

문덕으로 모으고 무위로 고르게 하면 반드시 승리한다. 평소에 명령을 가르침으로써 교육했다면 사병은 복종할 것이고, 평소에 명령을 가르침으로써 교육하지 않았다면 사병은 복종하지 않을 것이다. 평소에 명령을 집행할 수 있다는 것은 장수와 사병이 서로 잘 맞는다는 뜻이다.

兵非貴益多也, 雖(唯)無武進, 足以幷力·料敵·取人而已. 夫唯無慮而易敵者, 必擒於人. 卒未親附而罰之, 則不服, 不服則難用. 卒已親附而罰不行, 則不可用. 故(令)〔合〕之以文, 齊之以武, 是謂必取. 令素行以敎其民, 則民服, 令(不素)〔素不〕行以敎其民, 則民不服. 令素行者, 與衆相得也.

이 장은 전체적인 결론으로, 전후 두 단계로 구분된다.

(1) 1단계

1단계는 두 번째 장과 관련이 있다. 주로 장수를 훈계하는 것으로, 절대로 적을 경시하면 안 된다는 것이다. 2단계는 주로 군사를 관리하는 것을 설명했다. 『손자』 제3부는 편마다 '병兵'을 설명할 경우 반드시 '지地'를 설명하고 '지'를 설명할 경우 반드시 '병'을 설명했다. 위에서 지형을 다루고 여기서 군사 관리를 다루었으니 또한 둘을 함께 논한 것이다. 먼저 1단계를 설명하겠다.

① "병력은 많을수록 귀한 것이 아니다. 함부로 전진하지 않는다兵非貴益多也, 雖唯無武進"는 말은 전쟁의 승리가 병력이 많음에 달려 있지 않고 잘 이용함에 달려 있다는 것이다. 관건은 함부로 가볍게 움직이지 않는 것이다. '익다益多'는 많으면 많을수록 좋다는 다다익선의 의미다. '무진武進'은 무모하게 경거망동하는 것을 말한다.

② "병력을 집중시키고 적을 잘 살피면 그들을 취할 수 있다足以幷力·料敵·取

339

人而已"에서 '병력幷力'은 병력을 집중시킨다는 의미로 아군에 대해서 한 말이고, '요적料敵'은 적의 상황을 판단한다는 의미로 적군에 대해 한 말이다. '취인取人'은 병력을 집중시키고 적의 상황을 판단하면 결국 우리가 적을 쳐서 물리칠 수 있다는 것이다.

③ "생각 없이 적을 쉽게 보면 반드시 적의 포로가 된다夫唯無慮而易敵者, 必擒於人." 이것은 서로 상반된 상황을 설명한다. '무려無慮'는 아군에 대해 말하는 것으로, 마음이 어그러지고 생각이 부족하여 중대한 일에 대해 조심하지 않고 숙고하지 않는다는 말이다. '이적易敵'은 '요적料敵'과 반대 의미로, 부주의하게 적을 경시한다는 말이다. '필금어인必擒於人'은 '취인取人'과 서로 반대되는 말로, 다른 사람에게 붙잡힘, 즉 적에게 생포된다는 뜻이다. 이상은 적을 경시해서는 안된다는 내용이다.

(2) 2단계

2단계는 군사 훈련治兵을 설명하는데, '병력 집중'과도 관련이 있다.

군사 훈련은 '명령은 지키고 금지 사항은 하지 않으며令行禁止' 절대 복종하도록 하는 것이 목표다. 「계」 편에서 '법령은 어느 쪽이 잘 행하는가法令孰行'를 말했는데, 여기서 바로 이 점에 대해 설명한다. 어떻게 해야 명령은 지키고 금지 사항은 하지 않도록 할 수 있을까? 손자는 네 가지로 해석했다.

① "사병이 아직 친근하게 의지하지 않는데 벌을 주면 복종하지 않을 것이며 그렇게 되면 부리기가 어려워진다. 사병이 이미 친근하게 의지하고 있는데 벌을 실행하지 않으면 부릴 수가 없다卒未親而罰之, 則不服, 不服則難用. 卒已親附而罰不行, 則不可用." 이 구절은 사병 관리는 두 손에 의존해야 함을 설명한다. 한 손은 부드러움, 다른 한 손은 강경함이다. 우선 부드럽게 대하고 다음은 강하게 다룬다.

여기서 '사병이 아직 친근하게 의지하지 않는데 벌을 준다'는 말은 오로지 처벌만 있고 사랑이 없다면 사병은 마음으로 복종하지 않으므로 부리기 매우 어렵다는 의미다. '사병이 이미 친근하게 의지하고 있는데 벌을 실행하지 않으면 부릴 수가 없다'는 말은 사랑만 있고 처벌이 없으면, 사병은 교육을 잘 받지 못하고 규율이 생기지 않아 부릴 수 없다는 의미다. '친부親附(친하게 따름)'는 사병이 장수를 우러러 모시고 장수를 신뢰하면, 그는 장수를 위해 쓰임을 기뻐하고 장수를 위해 기꺼이 죽는다는 의미다.

② "그러므로 문덕文德으로 사병을 합하고 무위武威로 고르게 하면 반드시 승리한다故(令)[合]之以文, 齊之以武, 是謂必取." 여기서 '합合'은 '서로 가지런히 들어 맞는다整合'는 뜻이며 '제齊'는 '정돈하여 가지런히 한다整齊'는 뜻이다. 결국 이 두 글자는 곧 '병력 집중幷力'을 의미한다. '문文'은 어진 마음으로 베푸는 은혜로서 관심을 가지고 아낀다는 의미이며, 부드러운 손이다. '무武'는 위엄과 형벌로서 명령은 지키고 금기는 하지 않는다는 의미이며, 강경한 손을 뜻한다. 사병들의 관리에 대한 손자의 논의는 은혜와 위엄을 함께 베풀도록 하고 상과 벌을 모두 중시했다는 것이 특징이다.

③ "평소에 명령을 가르침으로써 교육했다면 사병은 복종할 것이고, 평소에 명령을 가르침으로써 교육하지 않았다면 사병은 복종하지 않을 것이다. 평소에 명령을 집행할 수 있다는 것은 장수와 사병이 서로 잘 맞는다는 것이다.令素行以教其民, 則民服, 令(不素)[素不]行以教其民, 則民不服. 令素行者, 與衆相得也" 이 문장에서 '영소행令素行'은 여러 번 명령하고 반복적으로 설명해서 사병들이 호령을 숙지해 잘 복종하도록 한다는 의미다. 여기서 저자는 영소행의 전제가 무엇인지를 분명하게 잘 말했다. 그것은 '장수와 사병이 서로 잘 맞는與衆相得也' 것이다. 이것이 곧 '친부親附'다.

제10편

지형地形 ·· 여섯 가지 작전 지형 ‐ 여섯 가지 패배

「지형」 편의 제목은 첫머리에 '지형'이라는 두 글자가 있어서 붙여진 것이다. '손자 왈孫子曰' 뒤에 곧바로 지형의 여섯 종류를 설명하는데, 여기서부터 이야기의 주제가 전개된다.

『손자』를 읽을 때 우리는 지형에 대한 설명이 이 한 편에만 있다고 생각해서는 안 된다. 「지형」 편이 오로지 지형만 설명하고 나머지를 전혀 언급하지 않은 것도 아니다. 앞에서 이미 설명했듯이 『손자』 제3부는 '기동에서 공격까지從走到打'를 논의한다. '기동走'이든 '공격打'이든 모두 장수와 군관들, 그리고 사병들이 서로 협동하여 현장을 직접 발로 뛰며 움직이는 것이다. 지상에서 움직이고 싸우는 것에 대해 논하면서 손자는 편마다 모두 사람과 땅을 주목해 '지地'와 '병兵'을 설명했다. 지와 병 이 두 가지는 제3부를 관통하는 주요 키워드로, 매 편에서 항상 언급하고 설명한다. 기동과 공격은 모두 사병의 관리나 지형과 결코 떼어놓을 수 없다. 기동에 적합한 지형이 있고, 공격에 적합한 지형이 있다.

「행군」 편에서는 기동을 설명했다면 「지형」 편은 공격을 설명한다. 이 두 편은 모두 지형에 관해 논하고 있지만 설명 방법이 완전히 다르다. 앞의 「행군」 편에서 설명한 네 가지 지형四地, 즉 산·강·늪지·평지는 행군과 관련된 것으로 기동走에 속한다. 그런데 여기 「지형」 편에서 설명할 여섯 가지 지형六地, 즉 통通·괘掛·지支·애隘·험險·원遠은 작전과 관련된 것으로 공격打에 속한다.

　이 편은 내용이 매우 단순한데, 주로 '지'와 '병' 두 글자를 중심으로 설명한다. 지에는 '여섯 가지 지형'이 있고 '병'에는 '여섯 가지 패배六敗'가 있다. 여섯 가지 지형과 여섯 가지 패배를 설명한 뒤에 강조하려는 것은 다름 아닌 '지'와 '병' 두 글자다. 장수는 병은 물론이고 지도 잘 알아야 한다. 둘 중 하나라도 없어서는 안 된다.

　여기서는 「지형」 편을 다음과 같이 다섯 장으로 나누어 설명한다.

　제1장은 여섯 가지 지형에 대해서 설명한다.

　제2장은 여섯 가지 패배에 대해서 설명한다.

　제3장은 제1장에 대응하여 작전에 있어 지형이 중요하다는 것을 설명한다.

　제4장은 제2장에 대응하여 작전에 있어 훈련이 중요하다는 것을 설명한다.

　제5장은 결론으로, 장수가 알아야 하는 '네 가지 앎四知'에 대해 설명한다. 그것은 곧 '지피지기知彼知己(남을 알고 자신을 알아야 한다)'와 '지천지지知天知地(하늘을 알고 지형을 알아야 한다)'인데, 여기서 사람과 지형이 모두 중요하다.

【10.1】

손자가 말했다. 지형에는 통하는 곳, 막히는 곳, 대치하는 곳, 좁은 곳, 험한 곳 그리고 먼 곳 여섯 가지가 있다. 내가 갈 수 있고 적이 올 수 있는 곳을 통通이라 한다. 통형通形에서는 먼저 높고 양지바른 쪽을 점거하고 보급로를 잘 이용해 싸우면 유리하다. 갈 수는 있지만 돌아오기가 어려운 곳을 괘掛라 한다. 괘형掛形에서는 적이 만약 대비하지 않았다면 싸워서 승리할 수 있다. 적이 대비했다면 싸워도 이기지 못하고 돌아오기도 어려운 지형이라 불리하다. 우리가 출동해도 불리하고 적이 출동해도 불리한 지형을 지支라 한다. 지형支形에서는 적이 이익으로 우리를 유인하더라도 출동해서는 안 된다. 오히려 부대를 인솔하여 떠나는 체하면서 적군의 절반이 나오도록 유인하여 갑자기 공격을 가한다면 유리하다. 애형隘形에서는 우리가 먼저 점령했다면 그곳에 병력을 포진시켜 적을 기다려야 한다. 만약 적이 먼저 점령하여 병력을 포진시켜두었다면 진격해서는 안 된다. 하지만 그들이 소홀히 하면 진격한다. 험형險形에서는, 우리가 먼저 점령했다면 반드시 높고 양지바른 곳을 점거해 적을 기다리고, 적이 먼저 점령했다면 우리는 군대를 인솔해 그곳을 떠나고 싸워서는 안 된다. 원형遠形에서는 적과 우리가 세력이 비슷할 경우 싸워서는 안 된다. 전투를 벌이더라도 우리에게 이득이 없다. 이상 여섯 가지는 지형을 이용하는 원칙이다. 장수에게는 지극한 임무가 있으니 잘 살피지 않으면 안 된다.

孫子曰: 地形有通者, 有掛者, 有支者, 有隘者, 有險者, 有遠者. 我可以往, 彼可以來, 曰通. 通形者, 先居高陽, 利糧道, 以戰則利. 可以往, 難以返, 曰掛. 掛形者, 敵無備, 出而勝之, 敵若有備, 出而不勝, 難以返, 不利. 我出而不利, 彼出而不利, 曰支. 支形者, 敵雖利我, 我無出也. 引而去之, 令敵半出而擊之利. 隘形者, 我先居之, 必盈之以待敵. 若敵先居之, 盈而勿從, 不盈而從之. 險形者, 我先居之, 必居高陽以待敵. 若敵先居之, 引而去之, 勿從也. 遠形者, 勢均, 難以挑戰, 戰而不利. 凡此六者, 地之道也. 將之至任, 不可不察也.

위 내용은 여섯 가지 지형, 즉 '육지六地'에 대한 설명이다.

먼저 육지의 이름을 언급해 지형에는 여섯 종류가 있다는 것을 이야기한 뒤 하나하나 해설을 했다. 무엇을 통通이라 하고 무엇을 괘掛라 하는지 등 각 지형의 정의를 설명하고, 다시 지형마다 필요한 전술이 무엇인지 설명했다. 예를 들면 어떠어떠한 지형을 만나면 어찌어찌 대처해야 한다는 내용이다.

나는 먼저 여섯 가지 지형의 의미와 그 정의와 개념이 무엇인지를 설명하고자 한다. '통通'의 의미는 통창通暢, 즉 '막힘이 없다' '잘 통한다'는 뜻이다. 혹은 입구가 크게 열린 곳이라는 뜻으로, 사방에 장애물이 없거나 입구와 출구가 통하게 되어 있어 적과 아군 모두가 진출할 수 있는 곳을 말한다. 적이 오든 내가 가든 통행에 막힘이 없고 양쪽 모두에게 매우 편리한, 비교적 탁 트인 지형에 해당된다.

'괘掛'는 '잘 통하지 않는다'는 뜻으로, 앞의 '통通'과 반대 개념이다. 장애가 매우 많은 산수의 형세로, 쉽게 막히고 쉽게 지체되어 가기는 쉽지만 돌아오기가 어려운 곳이다. 일단 적에게 저지당하고 출구를 봉쇄당하면 나아갈 수는 있어도 돌아갈 수는 없게 된다. 예를 들면 손빈이 방연龐涓을 죽인 곳이 그렇다. "마릉은 길이 좁고 옆에 장애물이 많다馬陵道狹 而旁多阻碍" "제나라 군사 중 활을 잘 쏘는 자들이 길을 끼고 매복해 있다齊軍善射 夾道而伏"(『사기』 「손자오기열전孫子吳起列傳」)라고 했는데 이런 지형이 바로 '괘'에 해당된다.

'지支'는 '적과 내가 서로 대치한다'는 뜻으로, 내가 출격하면 불리하고 적이 출격해도 불리하다. 예를 들어 양 군대가 강을 끼고 주둔한 경우 강 건너 출격하는 쪽이 두들겨 맞는 쪽이 되는 그런 곳을 말한다. 혹은 두 산이 한 골짜기를 끼고 있는데 양군이 각각 산 정상을 점거했을 경우 산에 내려와 길을 차지하는 쪽이 두들겨 맞는 쪽이 되는데, 이런 지형이 바로 '지'에 해당된다.

'애隘'는 '출구가 비좁다'는 뜻으로 '광廣'과 서로 반대된다. 「계」 편에서 지형을 논할 때 언급되었던 '광협廣狹'의 조목을 참고해볼 수 있다.

'험險'은 '높낮이가 현격하게 다르다'는 뜻으로 '이易'와 서로 반대다. 「계」 편에서 지형을 논할 때 언급된 '험이' 조목을 참고해보면 그 뜻을 이해하는 데 좋다.

'원遠'은 '아주 먼 거리'라는 뜻으로 '근近'과 서로 반대된다. 「계」 편에서 지형을 논할 때 언급된 '원근遠近' 조목을 참고해보면 좋다.

여기서는 세 가지를 주의해야 한다. 첫째, 육지六地란 여섯 종류의 '지형'을 말한다. 현대 군사 용어로 지형은 지모地貌와 지물地物을 의미한다. 지모란 산과 강의 형세와 지표면 또는 해저면의 울퉁불퉁한 정도를 말한다. 지물이란, 촌락·건물·길·숲·제방 등등을 가리킨다. 이런 종류의 지형은 앞서 「행군」 편에서 설명한 것이다. 여기서 다루는 지형은 구체적인 지모나 지물을 언급하지 않고 작전 지점의 형세적인 특징만을 설명한다. 따라서 앞의 내용보다는 추상적이다.

둘째, 여기서 '육지'는 앞의 세 가지와 뒤의 세 가지가 서로 달라, 사실상 둘로 구분된다. 앞의 세 가지는 적과 아군의 진퇴, 출입, 왕래가 편한지 불편한지에 따른 내용이다. 먼저 정의를 내린 다음 그 대책을 설명했다. 뒤의 세 가지는 지세의 멀고 가까운 거리, 험한 정도, 넓이에 따른 내용이다. 길이, 넓이, 높이와 경사도 같은 공간적 차원에 중점을 두었으며, 정의는 내리지 않고 대책만 설명했다.[1]

셋째, 여기서 '통형通形'은 「구지」 편의 '교지交地'와 동일하다. 둘 다 '나도 갈 수 있고, 적도 올 수 있는' 지역을 가리킨다. 그러나 엄밀히 말하면 서로 다른 점이 있다. 교지는 이웃한 나라들 사이에 경계를 접한 곳으로, 왕래하기가 매우 편리한 지역이다. 하지만 그러한 지역이 작전 지점으로서 형세적인 특징을 가지고 있는지에 대해서는 언급하지 않았다.

육지에 따른 대책은 매우 간단하다.

'통형通形'은 탁 트인 지형이다. 이러한 지형에서 관건은 탁 트인 곳 전체를 내려다볼 수 있는 고지를 적보다 먼저 점령하는 것이다. 그리고 군량 운송의 보급로를 장악해 보급을 받는 것이다. '고高'는 감제고지瞰制高地(내려다보면서 제어할 수 있는 고지), 즉 제고점制高點이며 '양陽'은 산의 남쪽 면이다.

'괘형掛形'은 적에게 포위되거나 저지당하기 쉬운 지역으로 출구와 퇴로가 관건이다. 만약 적이 출구를 봉쇄하지 않았고 퇴로를 끊지 않았다면 적이 준비되지 않은 틈을 봐서 공격하는 것이 최선이다. 일거에 포위망을 뚫으면 순조롭게 되돌아올 수 있으나, 그렇지 못하면 그 속에 갇혀서 돌아올 수 없다.

'지형支形'에서는 양쪽이 서로 대치해 버틸 경우 출격하는 쪽이 오히려 불행한 일을 당하기 쉽다. 그러므로 이런 상황을 만나면 도망치는 체하여 적이 움직이도록 유인하고, 그들이 반 정도 나올 때를 기다렸다가 다시 공격해 나오지도 되돌아가지도 못하게 하는 것이 가장 바람직하다. 이는 상대의 허리를 끌어안고 목을 조르는 것이다.

'애형隘形'에서는 누가 먼저 좁은 입구를 점령해 그곳을 봉쇄하느냐가 관건이다. 내가 먼저 점령했다면 반드시 그 입구를 봉쇄해야 하고 적이 먼저 점령했다면 그들이 봉쇄했는지 아닌지를 살펴야 한다. 만약 봉쇄했다면 싸워서는 안 되고 봉쇄하지 않았다면 싸워야 한다. 이 또한 허리를 끌어안고 목을 조르는 방법이다.

'험형險形'에서의 대책은 누가 먼저 고지와 양지 쪽을 점령하느냐에 달려 있다. 우리가 먼저 점령했다면 반드시 지형적인 우세를 이용해 적에 대응하고, 적이 먼저 점령했다면 서둘러 철수해야지 대적하여 싸워서는 안 된다.

'원형遠形'에서는 만약 양쪽이 지형적으로 대등하다면 주도적으로 도전해서는 안 된다. 주도적으로 도전하면 매우 불리하다. '세균勢均'이란 양쪽의 지형적인 이점이 같다는 말이지 양쪽의 병력이 같다는 말은 아니다. 아래에도 이런 표현이 있으니 주의해야 한다.

이 여섯 조항은 모두 전투 상황에서의 지형을 말한 것이다. 하늘에는 천도天道가 있고 땅에는 지도地道가 있고 사람에게는 인도人道가 있다. 저자의 설명에 따르면 이 여섯 조항은 '땅의 도地之道也'에 속한다.[2] '지도'를 연구하는 일은 장수의 책임 중에서도 가장 중요한 책임이다. 앞쪽의 「계」 편에서 이미 설명했듯 "전쟁은 백성의 생사와 국가의 존망에 관계되니 깊이 살펴 연구하지 않으면 안 된다死生之地, 存亡之道, 不可不察也." 즉 '사생의 땅死生之地'은 '존망의 도存亡之道'와 관계 있어서 결코 등한시해서는 안 되니, 반드시 자세히 조사하고 거듭 연구해야 하기 때문에 '불가불찰也不可不察也'라고 한 것이다.

전쟁은 땅 위에서 이루어지므로[3] 병법과 지리地理는 그 관련성이 매우 크다. 지리 연구는 지도를 벗어날 수 없다.[4] 지도는 군사에서 아주 중요하다. 문인에게 문방사보文房四寶인 종이, 먹, 붓, 벼루가 있다면 장군에게는 '영장사보營帳四寶'가 있다. 예를 들어 쑤위粟裕(1907~1984)는 평소에 네 가지 물건, 즉 권총과 지도와 나침반과 망원경 수집하기를 가장 좋아했다.[5] 중국의 명장 린뱌오林彪(1907~1971)와 쑤위는 많은 사람이 기억하는 인물인데 이들의 가장 큰 취미가 바로 지도를 보고 외우는 일이었다. 지도상으로 명확히 보이지 않으면 현장을 관찰하고 측량해야 한다.

지도는 전쟁터를 축소한 것이고 바둑은 병력 운용을 본뜬 것이다. 지도와 모래판으로 만든 모형 지도沙盤나 시뮬레이션을 통해 전투 방법을 연구하는 것은 전술가의 기본이다. 전쟁터에서 지휘관은 분초를 다투며 고도로 정신을 집중하기에 상당히 피로하다. 린뱌오와 쑤위는 몸 상태가 좋지 않았지만 지도만 보면 침식을 전폐하고 며칠이든 잠을 자지 않았다. 이는 지형이 장수에게 얼마나 중요한지를 말해준다.

【10.2】

그러므로 전쟁에는 패주한 것, 해이한 것, 함락된 것 붕괴된 것, 혼란한 것, 그리고 패배한 것이 있다. 이 여섯 가지는 천지의 재앙이 아니라 장수의 과실이다. 무릇 세가 비슷한데, 하나로 열을 공격하는 것을 '주走'라 한다. 사병들은 강한데 군관이 나약한 것을 '이弛'라 한다. 군관은 강한데 사병들이 나약한 것을 '함陷'이라 한다. 군관이 분노하여 복종하지 않고 적을 만나면 멋대로 싸우고, 장수는 그의 능력을 알지 못하는 것을 '붕崩'이라 한다. 장수가 나약하고 엄격하지 못해 가르침이 명확하지 않고 군관과 사병은 법도가 없으며, 포진이 어수선한 것을 '난亂'이라 한다. 장수가 적의 상황을 잘 판단하지 못해 적은 것으로 많은 것에 대항하며, 나약한 것으로 강한 것을 공격하며, 전투에 선봉이 없는 것을 '배北'라 한다. 이 여섯 가지 상황이 곧 실패의 원인이다. 이는 장수의 지고한 임무이므로 잘 살피지 않으면 안 된다.

故兵有走者, 有弛者, 有陷者, 有崩者, 有亂者, 有北者. 凡此六者, 非天地之災, 將之過也. 夫勢均, 以一擊十, 曰走. 卒強吏弱, 曰弛. 吏強卒弱, 曰陷. 大吏怒而不服, 遇敵懟而自戰, 將不知其能, 曰崩. 將弱不嚴, 敎道(導)不明, 吏卒無常, 陳兵縱橫, 曰亂. 將不能料敵, 以少合衆, 以弱擊強, 兵無選鋒, 曰北. 凡此六者, 敗之道也. 將之至任, 不可不察也.

육지六地에 이어 여기서는 '육패六敗'를 설명한다. 여섯 가지 패배와 여섯 가지 지형은 표면상으로는 별개의 일처럼 보이지만 사실은 그렇지 않다. 『손자』에서는 지형과 치병治兵(군대 훈련, 사병 관리)을 항상 한 곳에서 함께 설명한다. 이 점은 반드시 주의해서 읽어야 한다.

여기 나오는 여섯 가지 패배는 온전히 치병과 관련되어 있다. 사병을 전쟁터에 투입한 뒤에 어떤 최악의 상황이 나타날 경우 원인은 무엇인가. 손자는 이 여섯 가지 나쁜 결말은 하늘을 원망할 것도 땅을 원망할 것도 아닌 모두 장수의 잘못이라고 말한다.

무엇을 '패敗'라 하는가?『좌전』50범례(앞에서 설명한 50개의 범례) 중에 다음과 같은 것이 있다.

무릇 전쟁에서 적이 진을 치기 전에 패배시키는 것을 '아무개 군대를 패배시켰다'고 하고, 모두 진을 친 뒤에 교전한 것을 '전戰'이라 하고, 군대가 크게 무너진 것을 '패속敗績'이라 하고, 우두머리를 잡는 것을 '극克'이라 하고, 복병으로 적을 기습해 패배시키는 것을 '아무개 군대를 잡았다'라고 하고, 경사京師(천자의 군대)가 패배하는 것을 '천자의 군대가 아무개에게 대패했다'라고 한다.

凡師, 敵未陳曰敗某師, 皆陳曰戰, 大崩曰敗績, 得雋曰克, 覆而敗之曰取某師, 京師敗曰王師敗績於某(『좌전』 장공 11년):6

이에 따르면 오직 양쪽이 진형을 다 갖추어야만 '전戰'이라고 할 수 있다. '패'는 미처 전장에 발도 붙이지 못한 적을 격파했거나 아직 진형을 갖추지 못한 적을 이기는 것이다.

'패'의 종류는 매우 많다. 고대에 '패'의 문제는 진영의 선두가 크게 혼란스러워진다는 점이었다. 진형이 혼란한 것이 '난亂'이고, 크게 혼란하여 군대가 붕괴

되는 지경을 '붕崩'이라고 한다. '붕'이 과도하여 철저하게 괴멸당하면 이를 '패속'이라 한다. 왕사王師는 수도를 지키는 나라의 부대를 말한다. 이들이 만일 다른 이들에게 패배하면 '왕사가 아무개(혹은 아무 지역)에게 패속했다'고 한다. 이 모두가 '패'에 속한다.

'패' 중에서도 가장 비참한 패배는 다른 이들에게 '극尅'을 당하는 것이다. '극'은 철저하게 붕괴된다는 의미로, 승리한 쪽에서 말한다면 대승이고 패배한 쪽에서 말한다면 대패다. 적들과 적들의 우두머리를 사로잡았다면 철저한 붕괴라 할 수 있다. 즉 상대방 장수를 생포하는 것인데, 이는 마치 장기에서 장군을 부르는 것과 같다. 궁이 잡히면 완전히 끝나는 것이다. 또 하나는 '취取'다. 이는 손쉽게 이긴다는 의미다. 손쉽게 이기는 방법으로 매복과 기습이 있다. 적에게 기습당해 허망하게 무너지는 것은 매우 창피한 일이기도 하다. 이것이 『좌전』의 설명이다.

육패를 논하는 손자의 설명 방식은 먼저 여섯 가지 패배의 이름을 열거한 뒤 그 원인을 밝히는 것이다. 그 외에는 어떤 것도 설명하지 않았는데, 이는 설명해봤자 소용이 없기 때문이다. 이들 패배는 이미 결과로 나온 것이기 때문에 대응 조치를 말할 수 없다. 전쟁터에서는 후회해봤자 소용이 없다. 보완 조치라는 것도 있을 수 없다. 전쟁에 패하면 패한 것이다. 더 이상의 말이 필요 없다. 오직 원인을 분석해 그 교훈을 되새길 뿐이다.

여기서 여섯 가지 패배를 해석해보겠다.

'주走'는 병사들이 도망간다는 뜻이다. 패주의 원인은 양쪽의 지리 조건은 비슷하지만 장수의 지휘가 적절하지 않아 결국 하나로 열을 공격했기 때문이다. 자기들의 능력을 가늠하지 못하고 경솔히 출격한 것이다. 여기의 '세균勢均'은 지형상의 이점이 대등한 것이지 실력이 대등한 것이 아니다.

'이弛'는 기강이 해이하다는 뜻이다. 해이한 원인은 '사병은 강하지만 군관이 약하기' 때문이다. 담당 군관이 병사들을 잘 통솔하지 못한 것이다.

'함陷'은 자신의 사병을 위험과 궁지에 빠뜨린다는 뜻이다. 「구지」 편에서 "사병을 죽을 땅에 던져놓은 뒤에야 지킬 수 있고, 죽을 땅에 빠진 뒤에야 도리어 살 수 있다. 대체로 병사들은 위험한 궁지에 빠진 뒤에야 목숨을 걸고 승리를 쟁취할 수 있다投之亡地然後存, 陷之死地然後生. 夫衆陷於害, 然後能爲勝敗"고 했는데 이 문장에도 이 '함陷'자가 있다. 이 '함'은 반대로 이용되었는데, 장수가 일부러 사병들을 위험한 지경에 던져넣어 그들에게 살아나고자 하는 욕망을 일으켜 겁을 용기로 바꾼다는 것이다. 반면 여기서의 '함'자는 의미가 같지만 용법은 다르다. 인용문의 '함'은 '이弛'와 반대로 '군관이 강하고 병사가 약한 것'이다. 담당 군관이 병사들에게 무척 심한 횡포를 부리고 심하게 단속하는 바람에 병사들이 어찌할 바를 모르는 바보가 된 것을 말한다.

'붕崩'은 참패하여 군대가 뿔뿔이 흩어진다는 뜻이다. '대懟'(중국어 발음은 두이dui)는 숙적을 가리킨다. 참패하여 군대가 흩어지는 원인은 고위 군관인 '대리大吏' 때문이다. 능력이 크지 않으면서 성질이 몹시 급하고 화를 잘 내므로, 오래된 적수를 만나면 순간의 분노를 참지 못하고 멋대로 출격해버린다. 규제에 복종하지 않고 지시도 따르지 않는다. 그 능력을 제대로 알지 못하고 이와 같은 사람을 요직에 둔 것은 담당 장군이 임용을 잘못한 것이다.

'난亂'은 진형이 크게 혼란스럽다는 뜻이다. 혼란의 원인은 담당 장군이 유약하여 절대적인 권위가 없기 때문이다. 사병 단속이 엄중하지 못하고 지도가 명확치 않아 담당 군관과 병사들이 규칙을 알지 못하니, 진형이 혼란하여 질서가 없다.

'배北'는 패배敗北, 즉 몸을 뒤로 돌려 달아난다는 뜻이다. 고대의 방향과 위치는 북쪽을 등지고 남쪽으로 향하는 것에 신경을 썼다. '배北'와 '배背'는 근원이 같고 등진 방향을 가리킨다. 패배의 원인은 담당 장군이 적의 사정을 몰라서 적은 인원으로 많은 인원을 공격하고, 약한 군대로 강한 군대를 공격한 것이다. 충분치 않은 병력으로 적과 접전하고 적의 진공을 막으려 했으며, 또 선봉을 담당해 돌격대의 구실을 할 정예병이 없었기 때문이다.

이 여섯 가지 상황은 다음과 같이 세 가지 조합으로 나눌 수 있다.

'주走'와 '배北'가 하나의 조합으로, 지휘가 적절하지 않은 탓에 사병들이 철수하거나 달아나게 되는 상황이다. 지휘가 적절하지 않다면 마땅히 장수의 책임이다.

'이弛'와 '함陷'이 역시 하나의 조합으로, 이는 관리가 적절하지 않은 상황이다. 관리가 지나치게 느슨하거나 지나치게 엄격한 경우인데, 이런 유형의 문제는 비록 군관이 잘못한 것이라도 병사는 군관의 책임이고 군관은 장수의 책임이니, 결국 책임은 장수에게 있다.

'붕崩'과 '난亂'이 마지막 조합으로, 이는 진형이 어지러운 상황이다. 이 경우는 그 문제 또한 종합적이다. '군관이 분노하여 복종하지 않는大吏怒而不服' 문제는 '장수가 그의 능력을 잘 알지 못하는將不知其能' 데서 생기고 '군관과 사병이 법도가 없고 포진이 어수선한 것吏卒無常, 陳兵縱橫'은 결국 '장군이 나약하고 위엄이 없기將弱不嚴' 때문이다. "병사가 무능한 것은 한 사람의 문제이지만, 장수가 무능한 것은 한 집단의 문제다兵熊熊一個, 將熊熊一窩"라는 속담이 이를 잘 말해준다.

그러므로 육패는 비록 그 패배가 직접적으로 병사에게서 기인했을지라도 그 책임은 병사나 군관에게 있지 않고, 그 원인은 오직 '장지과야將之過也(장수의 잘못)' 이 네 글자에 있다.

평소에 훈련이 부족하고 관리가 소홀하면 장수와 군관과 사병의 상하 질서가 어긋난다. 통제를 잃어버리고 기강은 해이해지며 인심은 흩어진다. 그러다가 갑자기 적을 만나면 당연히 전투력을 잃게 된다. 게다가 만일 지휘까지 적절하지 않다면 병사들을 반드시 뒤돌아 도망가거나 발을 빼고 달아날 것이니 진형은 크게 흔들리고, 결국 참패해 뿔뿔이 흩어지게 된다.

위에서 서술한 여섯 가지 패배 중 '붕崩'이 제일 크다. '붕'자의 본래 뜻은 '산이 무너진다山崩'는 의미다. 산체가 무너져 산사태가 나는 것인데, "군대의 패배가 산이 무너진 듯하다兵敗如山倒"는 속담도 있다. 목야의 전쟁에서 군대의 선두에 있던 무리가 창을 거꾸로 들고 자기편을 공격하자, 바로 군대의 패배가 '산이 무너진 듯했다.'

【10.3】

무릇 지형이란 전쟁의 보조물이다. 적을 헤아려 승리를 얻고, 지형의 험난함과 거리를 계산하는 것은 장수의 도리다. 이것을 알고 전쟁에 이용하는 자는 반드시 이기고, 이것을 알지 못한 채 전쟁을 하는 자는 반드시 패한다. 그러므로 전쟁에서 반드시 이긴다면, 임금이 싸우지 말라고 해도 싸우는 것이 옳다. 전쟁에서 반드시 진다면, 임금이 싸우라고 해도 싸우지 않는 것이 옳다. 그러므로 진격할 때 명예를 구하지 않고, 후퇴할 때 죄를 피해서는 안 된다. 오직 백성을 보호하고 임금을 이롭게 하는 것이 나라의 보배다.

夫地形者, 兵之助也. 料敵制勝, 計險阨遠近, 上將之道也. 知此而用戰者必勝, 不知此而用戰者必敗. 故戰道必勝, 主曰無戰, 必戰可也. 戰道不勝, 主曰必戰, 無戰可也. 故進不求名, 退不避罪, 唯民是保, 而利於主, 國之寶也.

이 장은 지형이 작전에 얼마나 중요한지를 설명했다. 이는 첫째 장과 대응된다.

지형의 중요성은 어디에 있는가? 여기서 대답은 이렇다. "무릇 지형地이란 전쟁兵의 보조물이다夫地形者, 兵之助也." 지형은 '병兵(작전, 전쟁)'에 도움을 준다. 어디에 도움을 주는가는 두 부분으로 나눌 수 있는데 먼저 '용병用兵(병력의 운용)'을 돕고, 또한 '치병治兵(병력의 관리)'을 돕는다.

병력의 운용에서 '주走', 즉 행군은 '지地'를 벗어날 수 없고 '타打', 즉 공격도 '지'를 벗어날 수 없다. 그러나 병(작전)과 지(지형) 중에서 어느 것이 더 중요할까? 역시 '병'이다. 지와 병은 상호 보완적인데 병이 주가 되고 지는 보조가 된다.

'치병'은 병력을 인솔하는 것으로, 병력 인솔의 관건은 협동이다. '발이 맞아야 승리할 수 있다步調一致才能得勝利.' 일반적으로 이것과 지형은 관련이 없다고 생각할 수 있지만 손자는 그렇게 생각하지 않았다. 『손자』에서는 지형의 작용이 매우 포괄적이다. 병력 운용뿐 아니라 군대 인솔에도 도움이 된다고 한다. 예를 들어 「구지」 편에서는 병력을 다스리는 전술을 집중적으로 설명하는데 '병정兵情'과 '지리地理'가 상호 보완적으로 이루어진다.

그다음 문장 "적을 헤아려 승리를 얻고, 지형의 험난함과 거리를 계산하는 것은 장수의 도리다料敵制勝, 計險阨遠近, 上將之道也"는 두 가지로 풀이된다. '적을 헤아려 승리를 얻음'은 '전쟁을 아는 것知兵'에 속하고 '지형의 험난함과 거리를 계산함'은 '지형을 아는 것知地'에 속한다. '요적料敵'의 '요料'는 추측이자 판단이다. 전투에서 추측은 정보知보다 중요하다. '계計'는 계산과 추산이고, '험險'은 바로 앞서 소개한 '험형'에 해당한다. '애阨'는 중국어 발음으로 '아이ài'인데 '애隘(좁다)'와 같으며 앞서 소개한 '애형隘形'을 뜻한다. '원근遠近'은 바로 '원형遠形'

과 관련이 있고, 여기서는 일반적으로 앞서 살펴본 '여섯 가지 지형六地'을 가리킨다. '상장上將'은 본래 삼군의 통솔자 중에서 상군上軍의 장수師를 말하는데, 여기서는 최고 수준의 장수를 가리킨다. 손자는 병兵을 알고 지형을 아는 것이 모두 장수의 책임이라고 했다. 아는 자는 승리하고 알지 못하는 자는 승리하지 못한다.

그다음 구절은 이와 같다. "이것을 알고 전쟁에 이용하는 자는 반드시 이기고, 이것을 알지 못한 채 전쟁을 하는 자는 반드시 패한다. 그러므로 전쟁에서 반드시 이긴다면, 임금이 싸우지 말라고 해도 싸우는 것이 옳다. 전쟁에서 반드시 진다면, 임금이 싸우라고 해도 하지 않는 것이 옳다知此而用戰者必勝, 不知此而用戰者必敗. 故戰道必勝, 主曰無戰, 必戰可也. 戰道不勝, 主曰必戰, 無戰可也." 장수가 병을 알고 지형을 알아 반드시 승리를 자신할 수 있을 경우, 가령 임금이 싸우지 말라고 해도 반드시 싸워야 한다. 병을 모르고 지형을 모르면 전쟁은 반드시 실패하는데 이때는 임금이 싸우라 해도 싸워서는 안 된다. 이는 장수의 책임이다.

"진격할 때 명예를 구하지 않고, 후퇴할 때 죄를 피해서는 안 된다進不求名, 退不避罪"는 말은 잘 싸웠으면 헛된 공명을 도모하지 않고, 실패했으면 처벌을 피하지 않는다는 말이다.

"오직 백성을 보호하고 임금을 이롭게 하는 것이 나라의 보배다唯民是保, 而利於主"라는 구절은 위로는 임금에게 떳떳하고 아래로는 백성에게 떳떳하다는 말이다.

【10.4】

사병을 어린아이처럼 대하기 때문에 깊은 계곡에 함께 갈 수 있다. 사병을 사랑하는 아들처럼 대하기 때문에 함께 죽을 수 있다. 사랑하기만 하면 지시할 수 없고, 정이 후하기만 하면 부릴 수 없으며, 제멋대로면 다스릴 수 없다. 그러면 사병들은 마치 버릇없는 아이처럼 쓸모가 없다.

視卒如嬰兒, 故可與之赴深谿. 視卒如愛子, 故可與之俱死. 愛而不能令, 厚而不能使, 亂而不能治, 譬如驕子, 不可用也.

이 장은 훈련이 작전에 있어 얼마나 중요한지를 설명한 것으로, 두 번째 장에 대응하는 내용이다. 훈련은 바로 치병治兵이다. 여기서는 '영令'과 '사使'와 '치治' 세 가지를 설명했다. 제일 뒤에 있는 '치'는 '난亂'과 상대되며, 여섯 가지 패배의 원인은 바로 '혼란'이다.

"사병을 어린아이처럼 대하다視卒如嬰兒"라는 구절은 아주 흥미롭다. '졸卒'은 보병으로 『손자』에 자주 나오는데 '사士' 또는 '사졸士卒'로도 부른다. 초기에 '졸'은 전차에 부속된 조직이었다가 나중에 독립되어 '도徒(보병)'라고 불렸다. 보병은 독립적인 병종이 되었는데, 영어로는 인펀트리infantry에 해당된다. infantry라는 단어의 어원은 라틴어의 인판스infans로, 갓난아기라는 뜻이다. 속담에 '병사를 아들처럼 사랑한다'는 말이 있는데, 이것은 매우 인상 깊은 비유다.

군대를 인솔해가는 것과 어린아이를 데리고 가는 것은 그 이치가 같다고 할 수 있다. 군대는 사람을 훈련시키는 곳이다. '훌륭한 남자는 군인이 되지 않고, 좋은 철은 못이 되지 않는다好男不當兵, 好鐵不打釘'거나 '망나니가 군인이 된다無賴子當兵'는 속담이 있다. 악동들을 수습하는 것은 군대의 기능 중에서도 으뜸이다.

「계」 편에서 군법을 설명했는데 그중 한 가지가 '사병은 어느 쪽이 더 숙련되었는가士卒孰練'였다. 이 '사졸숙련'의 '련練'은 바로 훈련의 결과다. 옛사람들은 훈련받은 사병을 교졸教卒 혹은 연사練士라 하고 훈련받지 않은 사병을 구중驅

衆 혹은 백도白徒라고 했다.(『관자』,「칠법七法」) 또한 공자는 이렇게 말한 적이 있다. "훌륭한 사람이 7년 동안 백성을 가르치면 군대에 나아가게 할 수 있다善人 教民七年, 亦可以卽戎矣." "가르치지 않은 백성을 써서 싸우는 것은 그들을 버리는 것이다以不教民戰 是謂棄之."(『논어』,「자로子路」) 보통 백성은 7년을 훈련해야 전쟁터에 투입될 수 있다. 그런데 만일 훈련을 받지 않은 백성을 전쟁터에 내보내 싸우게 한다면 그들을 헛되이 죽을 곳에 보내는 것과 같다.

고대의 전쟁에서는 주로 사람과 사람이 싸웠지, 무기와 무기가 싸우지 않았다. 때문에 진형이 매우 중요했다. 다양한 종류의 진형은 물질의 분자 구성과 같아, 그 형태가 굳고 질긴 정도를 결정했다. '진陣'은 무엇인가? 바로 대형이다. 전쟁은 단순히 전투에 뛰어드는 것이 다가 아니다. 진형에 따른 공격과 수비가 필요하다. 수평으로 넓거나 수직으로 깊은 형태가 있고, 행군에도 행군의 진형이 있다. 일반적으로 장사진長蛇陣은 머리와 꼬리가 서로 마주 보고서 종대로 줄지어 전진한다. 숙영은 수레를 에워싸서 진영을 만들고, 임시로 도랑이나 보루 혹은 울타리를 만들며, 지역을 나누어 지키고 각각 거점을 두는데 마치 전투 진형과 유사하다.

오늘날 진법은 마치 골동품과 같다. 시위행진에서 폭동을 저지하는 경찰은 여전히 비슷한 훈련을 하지만, 그밖에는 이미 이런 훈련을 하는 경우가 없는 것 같다. 그러나 진법은 정말로 전쟁에서 흔적도 없이 사라졌을까? 결코 그렇지 않다.

오늘날은 전쟁이 나면 사람이 무기 뒤나 안에 숨어서 싸운다. 이는 틀림없는 사실이다. 하지만 여기에도 여전히 대형은 있다. 탱크도 비행기도 편대를 짜야 하고 군함도 마찬가지다. 이는 옛사람이 방패 뒤에 숨어서 싸우고 전차 뒤에 붙어서 싸운 것과 비슷하다.

고대의 훈련은 대부분 대형 훈련이었다. 훈련은 주로 사냥을 통해 이루어졌는데, 이는 전 세계 공통이었다. 예를 들어 『주례』「하관夏官·대사마大司馬」에서 계절별로 전쟁을 가르치는 법을 설명했는데 바로 사냥하는 방식을 사용했다.

봄에는 중춘仲春(봄의 두 번째 달)에 '진려振旅'를 가르쳤다. 진려는 병사를 거느리고 나라로 돌아오는 대형 훈련이다. 대형은 실전에서와 같다. 옛날부터 승리를 얻고서 귀환하면 모두 기뻐하며 나팔을 불고 북을 쳤다. 이런 훈련은 바로 사병이 지휘용 악기에 익숙하게 하려는 것이다. 그 훈련 과목은 주로 '북, 방울, 징 등의 사용법 구분辨鼓·鐸·鐲·鐃之用'이나 '앉았다가 일어나고 전진하고 후퇴하고 빠르고 느리고 흩어지고 모이는 절도의 교육敎坐·作·進退·疾徐·疏數之節'이었다. 이러한 교육의 목적은 각급 사병에게 군관이 사용하는 악기의 지령에 익숙하게 하여 그들의 귀를 통일시킨 후, 지령에 따라 움직이게 하려는 것이다. 앞의 원문 가운데 보이는 '좌坐'는 앉은 자세, '작作'은 앉은 자세에서 선 자세로 바꾸는 것이다. '진퇴進退'는 전진과 후퇴, '질서疾徐'는 빠름과 느림이고 '소수疏數'는 흩어지고 모이는 것이다. 훈련이 끝나면 포위 사냥을 실시하고 사냥감을 제물로 바쳐야 했다. 이런 사냥을 '수전搜田'이라 했는데, 이것이 바로 이른바 '춘수春蒐'다. 고鼓·탁鐸·탁鐲·뇨鐃는 바로 '징과 북 그리고 깃발金鼓旌旗'에서 '징과 북金鼓'에 해당된다.

여름에는 중하中夏(여름의 두 번째 달)에 '발사茇舍'를 가르쳤다. 발사는 숙영 시의 대형 훈련이다. 숙영은 언제나 제초를 먼저 하고 나서 막사를 치고 주둔하기 때문에 '발사'라고 한다. 대형은 진려와 같다. 훈련 과목은 주로 '호명의 사용을 판별하는 법辨號名之用'이었다. 각급 군관이 각자의 인명부와 등기부를 이용해 인원수와 군수물자를 점검했다. 각 부에는 깃발과 번호가 있었다. 훈련이 끝나면 포위 사냥을 실시하고 사냥감을 제물로 바쳐야 했다. 이런 사냥을 '묘전

苗田'이라 불렀는데, 이것이 이른바 '하묘夏苗'다.

가을에는 중추中秋(가을의 두 번째 달)에 '치병治兵'을 가르쳤다. 치병은 출병 전에 하는 진형 훈련이다. 이 역시 진형은 진려와 같지만 훈련 과목이 다르다. 치병에서는 '깃발의 사용을 판별하는 법辨旗物之用'을 훈련한다. 훈련 목적은 각급 사병에게 각급 군관이 깃발로 보내는 지령을 숙지해, 지령에 따라 앉고 일어서고 전진하고 후퇴하는 것이다. 연습을 마치면 또 포위 사냥을 실시하고 사냥감을 제물로 바쳤다. 이런 사냥을 '선전獮田'이라 했는데, 이른바 '추선秋獮'이다.

겨울에는 중동仲冬(겨울의 두 번째 달)에 '대열大閱'을 가르쳤다. 대열은 전차병과 보병의 연합 훈련으로 가장 성대했다. 대열 이전에 전차병은 전차병대로 보병은 보병대로 각각 연습하다 이 단계에 함께 모여 협동 작전을 배웠다. 훈련 과목은 주로 대열 행진이다. 연습 시작에 앞서 각 장소에 250보마다 막대기 네 개를 세우고 50보마다 막대기 한 개를 세워 배치했다. 연습을 시작하면 먼저 집합을 해야 하는데 늦게 도착하는 자는 참수했다. 집합이 끝나고 나면 진형을 갖추고 맹세를 하며, 희생물을 잡아 제사를 지냈다. 그런 뒤에 징과 북 그리고 깃발을 신호로 삼아 250보마다 한 구역으로 정해 행진 연습을 했다. 처음 100보는 첫 번째 막대기에서 출발하여 일어나서 전진하고 두 번째 막대기에 도달하면 멈추어 앉는다. 이것이 제1단계다. 다음 100보는 두 번째 막대기부터 일어나서 전진하고 세 번째 막대기에 도달하면 멈추어 앉는다. 이것이 제2단계다. 마지막 50보는 세 번째부터 네 번째 막대까지다. 이러한 진격 훈련은 전차병이 돌격을 개시하면 보병이 전진하면서 찔러 죽이는 것인데, 각각 세 차례씩 한 뒤에 몸을 돌려 퇴각하는 훈련을 했다. 매 차례에 모두 북을 세 번 치고 방울을 흔들고 깃발을 세워서 기립을 표시하고, 다음은 북을 치고 징을 울려서 전진을 표시했다. 그리고 징을 울려서 퇴각을 표시했다. 가장 마지막에는 역시 포위 사냥을 하고, 사냥을 마치면 또 동물을 제물로 바쳤다. 이런 사냥을 '수전 狩田이라 한다.(이른바 '동수冬狩'다.)[7]

오늘날의 군대는 이미 오래전부터 사냥을 하지 않게 되었다. 하지만 여전히 '열중쉬어' '제자리에 서' '왼쪽으로 나란히' '오른쪽으로 나란히' '앞으로 가' '뛰어 가' 등이 제식 훈련으로 남아 있다. 의장대의 사열이나 분열식分列式은 열병閱兵과 환영의식에 이용되는 것 외에도 상징적인 의미를 지닌다. 대열 훈련은 사병들이 명령과 지휘에 대한 복종심을 키우는 데 여전히 유용하다. 이는 고대 훈련의 유산이다. 무력을 뽐내는 관병식觀兵式은 육해공 삼군이 대대적으로 연습하는데 이 또한 고대 대열의 유산이다.

고대의 군사 훈련은 군기를 가장 중시했다. 예를 들어 손무는 "군대의 약속을 거듭 공표함申明軍約"(『사기』「율서律書」)으로 유명해졌다. 사마천은 그를 단 하나의 고사로 설명했는데, 바로 궁녀에게 군사 훈련을 시키는 내용이다. 이 유명한 고사는 인췌산 한간에도 적혀 있다. 이 고사를 정리한 사람은 그것에 「오왕을 알현하다見吳王」라고 제목을 붙였다.

소순蘇洵(1009~1066)은 군대 인솔에 무슨 어려움이 있겠는가라고 하면서 '천한 사내가 시녀와 하인과 첩을 관리하는 일에 불과하다'고 했다.(『가우집嘉祐集』「권서하權書下」 손무) 그러나 실제로는 첩과 하인 또한 관리하기가 쉽지 않다. 여기에 상징적인 의의가 있는데, 손무가 병사 훈련에서 여인을 훈련시켰다는 것이다. 그는 '병사 훈련을 시험하려고小試勒兵' 미녀들을 골라 오왕吳王에게 총애받던 여인을 대장으로 세웠다. 이 여인들은 오왕의 총애를 받아 교만하고 응석을 부리는 습성이 심했다. 이 점에서 이들은 손무가 수습해야 할 대상이었다. 손무는 병사 훈련을 하면서 인내심을 갖고, 무엇을 앞이라 하고 무엇을 뒤라 하는지, 무엇을 좌라 하고 무엇을 우라 하는지 하나하나 여인들에게 설명했다.

하지만 여인들은 줄곧 깔깔대며 웃음을 그치지 않고 명령을 전혀 따르지 않았다. 손무는 그제야 정색한 표정으로, "만약 내가 분명히 설명하지 않았다면 그건 나의 잘못이다. 하지만 '여러 번에 걸쳐 거듭 명령을 하고 설명을 해줌三令五申'에도 불구하고 여전히 그렇게 한다면 정말로 미안하지만 참수하지 않을 수 없다'고 하고는 오왕의 두 애첩을 그곳에서 죽였다. 그러자 여인들이 모두 성실하게 명령을 들었다.(『사기』「손자오기열전」)

마찬가지로 사마천은 사마양저가 장가莊賈를 참수한 사건을 설명한다. 장가는 제나라 경공景公에게 총애 받는 신하였는데, 소인이 뜻을 이루자 곧 방탕하게 행동했다. 그는 함부로 군법을 깔보고는 '기약한 시간이 지나서 왔다期而後至.' 이런 사람은 어떻게 해야 되겠는가? 역시 용서 없이 죽여야 한다.(『사기』「사마양저열전」)

손무와 사마양저는 모두 귀중하고 사랑받는 자를 죽임으로써 위신을 세워, 사병에게 왜 '군령이 산과 같다軍令如山'고 하는지 알게 했다.

손자는 치병, 즉 군대 훈련과 사병의 관리를 설명하면서 병사를 어린아이에 비유했다. 부모가 어린 자식을 데리고 갈 경우 보통 아버지는 악역을, 어머니는 착한 역할을 담당한다. 어릴 때는 어머니가 데리고 다니면서 자애롭게 대해주고, 조금 크면 아버지가 엄하게 관리한다. 이처럼 사병을 인솔할 때는 은혜와 위엄을 동시에 베풀고 상과 벌을 함께 중시한다. 이 모든 것이 장수 한 사람에게 있으니, 장수는 아빠도 되었다가 엄마도 된다. 다만 결코 위엄이 적어서는 안 된다.

"사병을 어린아이처럼 대하기 때문에 깊은 계곡에 함께 갈 수 있다. 사병을 사랑하는 아들처럼 대하기 때문에 함께 죽을 수 있다視卒如嬰兒, 故可與之赴深谿. 視卒如愛子, 故可與之俱死." 이 구절은 사병을 자기 자식 대하듯 아낀다는 말이다.

그러나 단지 아끼기만 해서는 결코 군대를 잘 인솔할 수 없다. 버릇없는 어린 자식은 대개 먹기만 좋아하고 게으르다. 이기적이고 제멋대로이며 책임감이 없고 감정 변화를 종잡을 수 없다. 온건하게 대하면 속이고 강경하게 대하면 겁낸다. '깊은 계곡에 간다赴深谿'는 말은 함께 위험하고 곤란한 곳으로 뛰어드는 것이고, '함께 죽다俱死'는 병사와 장수가 함께 죽는 것을 말한다.

"사랑하기만 하면 지시할 수 없고, 정이 후하기만 하면 부릴 수 없으며, 제멋대로면 다스릴 수 없다. 그러면 사병들은 마치 버릇없는 아이처럼 쓸모가 없다愛而不能令, 厚而不能使, 亂而不能治, 譬如驕子, 不可用也." 이 말은 단지 아끼고 사랑하기만 하면서 규율이 없고 제약도 없으면, 병사들이 명령을 듣지 않고 지휘에 따르지 않으며 함부로 나쁜 짓을 하여 전혀 관리할 방법이 없다. 이렇게 되면 버릇이 나쁜 자식처럼 폐물이나 마찬가지라는 말이다.

훈련은 '군법'에 속한다. 그래서 그 내용은 주로 고대의 군법에 보존되어 있다. 중국에서 이른 시기의 군법은 거의가 다 실전失傳되어 일문으로만 남아 있다.[8] 훈련에 대한 설명으로 조금 늦은 시기의 것은 『무경총요武經總要』와 『무비지武備志』에서 볼 수 있다. 명나라 척계광戚繼光(1528~1588)의 『연병실기練兵實紀』와 『기효신서紀效新書』도 있다.

【10.5】

우리 사병이 싸울 수 있다는 것만 알고 적군이 싸울 수 없다는 것을 알지 못하면 이길 확률은 절반이다. 적군이 싸울 수 있다는 것은 알지만 우리 사병이 싸울 수 없다는 것을 알지 못하면 역시 이길 확률은 절반이다. 적군이 싸울 수 있다는 것을 알고 우리 사병도 싸울 수 있다는 것을 알지만 지형이 전투에 불리하다는 것을 알지 못하면 이길 확률은 절반이다. 그러므로 전쟁을 잘 아는 자는 움직이면 미혹되지 않고, 거동하면 변화가 끝이 없다. 그러므로 적을 알고 자신을 알면 승리는 위태롭지 않고, 하늘을 알고 지형을 알면 승리는 완전해질 수 있다고 했다.

知吾卒之可以擊, 而不知敵之不可擊, 勝之半也. 知敵之可擊, 而不知吾卒之不可以擊, 勝之半也. 知敵之可擊, 知吾卒之可以擊, 而不知地形之不可以戰, 勝之半也. 故知兵者, 動而不迷, 擧而不窮. 故曰, 知彼知己, 勝乃不殆, 知天知地, 勝乃可全.

가장 마지막 장은 최종 결론으로, 무엇으로 승률을 판단할 것인지를 설명한다.

손자는 전쟁에서 승률의 판단이 '사지四知'에 의존한다고 했다. 이 사지란 '상대를 아는 것知彼' '자신을 아는 것知己' '하늘을 아는 것知天' '지리를 아는 것知地'이다. 원문에서는 이를 다음과 같이 나누어 설명한다.

1) "우리 사병이 싸울 수 있다는 것만 알고 적군이 싸울 수 없다는 것을 알지 못하면 이길 확률은 절반이다知吾卒之可以擊, 而不知敵之不可擊, 勝之半也." 이는 자신을 알고 상대를 알지 못한다는 의미다. 여기서는 사람을 아는 것에 대해서만 설명하고 하늘天과 지리地는 고려하지 않는다. 이길 확률이 절반이라는 것은 '사람을 아는 것知人'을 전체로 보았을 때 지피知彼와 지기知己가 각각 절반을 차지하기 때문에 승률은 50퍼센트라는 것이다.

2) "적군이 싸울 수 있다는 것은 알지만 우리 사병이 싸울 수 없다는 것을 알지 못하면 이길 확률은 역시 절반이다知敵之可擊, 而不知吾卒之不可以擊, 勝之半也." 이 말은 상대를 알고 자신을 알지 못한다는 의미로, 마찬가지로 하늘과 지리를 고려하지 않았다. 여기서도 '사람을 아는 것知人'을 전체로 보

았을 때 지피知彼와 지기知己가 각각 절반을 차지하기 때문에 승률은 50퍼센트다.

3) "적군이 싸울 수 있다는 것을 알고 우리 사병도 싸울 수 있다는 것을 알지만 지형이 전투에 불리하다는 것을 알지 못하면 이길 확률은 절반이다知敵之可擊, 知吾卒之可以擊, 而不知地形之不可以戰, 勝之半也." 이 말은 상대를 알고 자신을 알지만 지리는 알지 못한다는 의미다.(하늘을 아는 것에 대해서는 원서에 설명이 없다.) '이길 확률은 절반'이라는 것은 '상대를 알고 자신을 아는 것'을 절반으로 보고 '하늘을 알고 지리를 아는 것知天知地'을 절반으로 보기 때문에 이 네 가지를 계산했을 때 이길 확률이 역시 50퍼센트라는 것이다.

4) "적을 알고 자신을 알면 승리는 위태롭지 않고, 하늘을 알고 땅을 알면 승리는 완전해질 수 있다知彼知己, 勝乃不殆. 知天知地, 勝乃可全." 이 말은 상대와 자신 그리고 하늘과 지리, 네 가지 모두를 안다는 것이다. '승내가전勝乃可全'이라는 말은 승률이 100퍼센트에 도달한다는 의미다.

『손자』에서는 여러 번 '지승知勝(승리를 알다)'을 말했는데 그중 가장 중요한 세 편이 바로 「계」 편, 「모공」 편, 그리고 이 「지형」 편이다.

「계」 편에서는 "나는 이러한 사항에 근거하여 판단하면 누가 이기고 누가 패할 지를 미리 알 수 있다吾以此知勝負矣" "나는 이를 살펴보면 승부를 알 수 있다吾以此觀之, 勝負見矣'고 했는데, 이는 주로 적과 나를 비교해 누가 더 높은 점수를 받았는가를 따진 것으로, '지인知人'만을 설명한 경우다.

「모공」 편에서는 "적을 알고 나를 알면 백 번 싸워도 위태롭지 않다. 적을 알지 못하고 나만 안다면 한 번 이기고 한 번 진다. 적을 모르고 나도 모른다면 전쟁할 때마다 반드시 패배한다知彼知己, 百戰不殆. 不知彼而知己, 一勝一負. 不知彼, 不知己, 每戰必敗"고 했다. 이 또한 지인만으로 설명했다.

마지막으로 이 편의 "적을 알고 자신을 알면 승리는 위태롭지 않다"는 「모공」 편과 중복되지만 여기에는 또 한 조항이 들어 있다. 즉 "하늘을 알고 땅을 알면 승리는 완전해질 수 있다"는 구절이다. 옛사람들은 도道가 하늘과 땅과 사람을 낳았으니, 이 세 가지가 가장 위대하다고 하여 이 세 가지를 삼재三才라 했다. 상대를 알고 자신을 아는 것에 하늘을 알고 지리를 아는 것을 더한다면 삼재를 모두 알게 되는 것이다. 한편 그러면서도 지형地만을 설명하고 하늘天은 설명하지 않았으니, 「지형」 편이 중점적으로 강조하고자 하는 것은 역시 '지地'라 할 수 있다.

제11편

구지九地 .. 아홉 가지 전쟁터 ─ 지리와 심리

앞에서 이미 『손자』 제3부는 '기동에서 공격까지從走到打'를 설명한 것이라 소개했다. 이 주제는 먼저 '기동'을 설명한 다음 '공격'으로, 천천히 전개된다. 「군쟁」 편과 「행군」 편은 기동을, 「지형」 편은 공격을 설명하는데, 「구지」 편에 들어와서는 이 둘을 합하여 설명한다. 전반적인 결론 부분이라고 할 수 있다.

「구지」 편은 '지地'를 이름으로 삼았으니 당연히 '땅', 즉 지형과 관련이 있다. 그러나 지형 그 자체만을 가지고 논하는 것이 아니라, 사람과 지형이 서로에게 이롭다는 것을 강조한다. '지地'와 '병兵'은 두 개의 주선율이 반복적으로 변주되는 음악과 같다. 그것은 '지형'을 군사 훈련治兵과 군사작전用兵의 수단으로 삼는다.

손자는 지형에 대한 논의를 점차적으로 진행한다. 제3부에는 편마다 지형에 대한 설명이 있다. 「군쟁」 편은 지형에 대해서 단지 두 군데서만 논했다. 하나는 "산림이나 험준한 곳, 습지 등의 지형을 모르면 행군할 수 없고, 안내인을 이용하지 못하면 유리한 곳을 얻지 못한다"였고 다른 하나는 "높은 언덕에 있는 적은 대항하지 말고, 언덕을 등지고 있는 적은 공격하지 말아야 한다"는 문장이었다. 전자는 '기동', 후자는 '공격'에 관한 설명인데, 간단하게 언급했을 뿐이다.

「행군」 편에서는 행군 중에 숙영할 수 있는 네 가지 지형을 설명했는데, 지형과 지모를 비교적 구체적으로 제시했다. 「지형」 편은 여섯 가지 작전 지형을 설명한다. 출입과 진퇴가 편리한지, 멀고 가까움, 험난하고 평탄함, 그리고 넓고 좁음에 대해서 설명을 했다. 지형과 지모는 설명하지 않고 단지 지리의 형세만 언급해 다소 추상적인 면이 있었다.

「구지」 편의 설명 방식은 이런 편들과는 전혀 다르다. 전선의 추진과 전투지역 구분의 개념부터 설명한 뒤 이 개념들 속에 지형과 지모와 지세를 넣어서 설명했는데, 거시적인 것이 특징이다. '구지九地(아홉 종류의 지역)'는 다음과 같이 두 유형으로 구분할 수 있다.

먼저 전선과 전투 구역에 따라 구분되는 지역이다. 구지에서 주요 개념은 '주객主客'이다. 자신의 영토에서 전투하는 것을 '주인이 된다爲主'고 하고 적의 국토에서 전투하는 것을 '손님이 된다爲客'고 한다. '손님이 되는' 것에는 다시 깊고 얕음의 구분이 있다. 양국이 국경을 접했는지 하는 문제도 있다. 먼저 제시되는 여섯 가지 지형은 이런 개념을 중심에 놓고 설명한다.

'산지散地'는 자기 나라에서 전쟁을 하는 경우이며 '절지絕地'는 적국에서 전쟁을 하는 경우다.('절지'는 구지에 포함되지 않는데 후반부에 등장한다.) 절지는 '경지輕地'와 '중지重地'로 구분되는데 경지는 적지에 얕게 들어간 경우이고 중지는 적지에 깊숙이 들어간 경우다. '쟁지爭地'와 '교지交地'와 '구지衢地'는 다른 나라와 경계를 접한 지역이다. 이 여섯 가지는 전선과 전투 구역에 따라 지역을 구분한 것인데, 주객에 따라 나누거나, 아군의 적지 진입의 깊고 얕음에 따라 구분했다.[1]

둘째는 행군과 작전에 불리한 지형에 대한 것이다. '범지圮(氾)地'는 행군에 불리하고 '위지圍地'와 '사지死地'는 작전에 불리하다. 이런 지형을 '주객'의 개념으로 설명한다.

「구지」편은 형식 면에서 보자면 두 가지 특징이 있다. 첫째, 편폭이 길다. 『손자』 전체가 대략 6000자인데 이 한 편이 6분의 1 이상의 분량을 차지한다. 둘째, 앞뒤가 중복된다. 이 편은 둘로 나눌 수 있는데, 전반부와 후반부의 내용이 서로 비슷하며 화제가 거의 동일하다. 표현을 바꿔서 다시 한번 설명한 것이다.

또 내용 면에서는 다음 두 가지 특징이 있다. 첫째로 '손님의 도爲客之道'를 강조한다. 즉, 전쟁에서 가장 바람직한 것은 남의 나라에 가서 싸우는 것이다. 둘째 '사병을 죽을 땅에 던져놓은 뒤에야 살릴 수 있고, 죽을 땅에 빠진 뒤에야 살 수 있다投之亡地然後存, 陷之死地然後生'는 것을 강조한다. 사병을 이끌고 적진 깊숙이 들어가 위험한 상황을 이용해 그들의 생존 본능을 촉발시켜야 한다는 것이다.

나는 「구지」편을 총 열세 장으로 구분하는데 전반부는 일곱 장, 후반부는 여섯 장이다.

(1) 전반부

제1장은 구지九地의 명칭과 구지에 대한 대책을 설명한다.

제2장은 적에 대응하는 방법을 설명한다.

제3장은 '손님의 도爲客之道', 즉 적국에 들어가 작전을 전개하는 방법을 설명한다.

제4장은 인정人情의 이치를 설명한다.

제5장은 모두가 용감하게 되는 정치를 설명한다.

제6장은 장군의 일을 설명한다.

제7장은 결론을 제시한다.

(2) 후반부

제8장은 '손님의 도'와 구지의 명칭을 재차 설명한다.

제9장은 구지에 대한 대책을 재차 설명한다.

제10장은 인정의 이치를 재차 설명한다.

제11장은 적에 대응하는 방법을 재차 설명한다.

제12장은 장군의 일을 재차 설명한다.

제13장은 결론을 제시한다.

【11.1】

손자가 말했다. 용병의 방법에 산지, 경지, 쟁지, 교지, 구지, 중지, 범지, 위지, 사지가 있다. 제후가 자기 땅에서 싸우면 그곳을 산지라 한다. 적지에 들어갔으나 깊지 않은 곳을 경지라 한다. 내가 얻어도 이롭고 적이 얻어도 이로운 곳을 쟁지라 한다. 나도 갈 수 있고 적도 올 수 있는 곳을 교지라 한다. 제후의 땅이 여러 나라에 접해 있어 먼저 도착하면 천하의 무리를 얻을 수 있는 곳을 구지라 한다. 적지에 깊이 들어가 배후에 성읍이 많은 곳을 중지라 한다. 산림이나 험한 길, 습지 등 통과하기 어려운 곳을 범지라 한다. 들어가는 길은 좁고 돌아오는 길은 멀어서, 적이 적은 병력으로 우리의 많은 병력을 칠 수 있는 곳을 위지라 한다. 신속하게 싸우면 살고, 그렇지 않으면 죽는 곳을 사지라 한다. 이 때문에 산지에서는 싸우지 말고, 경지에서는 멈추지 말고, 쟁지에서는 공격하지 말고, 교지에서는 끊어지지 않도록 하고, 구지에서는 외교를 잘하고, 중지에서는 약탈하며, 범지에서는 신속히 통과하고, 위지에서는 계책을 세우며, 사지에서는 싸워야 한다.

孫子曰: 用兵之法, 有散地, 有輕地, 有爭地, 有交地, 有衢地, 有重地, 有(圮)〔汜〕地, 有圍地, 有死地. 諸侯自戰其地者, 爲散地. 入人之地而不深者, 爲輕地. 我得亦利, 彼得亦利者, 爲爭地. 我可以往, 彼可以來者, 爲交地. 諸侯之地三屬, 先至而得天下之衆者, 爲衢地. 入人之地深, 背城邑多者, 爲重地. 山林·險阻·沮澤, 凡難行之道者, 爲(圮)〔汜〕地. 所由入者隘, 所從歸者迂, 彼寡可以擊吾之衆者, 爲圍地. 疾戰則存, 不疾戰則亡者, 爲死地. 是故散地則無戰, 輕地則無止, 爭地則無攻, 交地則無攻, 衢地則合交, 重地則掠, (圮)〔汜〕地則行, 圍地則謀, 死地則戰.

이 장은 내용을 둘로 나눌 수 있다. 앞쪽은 구지의 명칭을 풀이했고 뒤쪽은 구지에 대한 대책을 설명했다. 구지는 두 종류로 구분된다.

(1) 전선과 전투 구역에 따라 구분되는 여섯 가지 지역

1) '산지散地'의 정의는 다음과 같다. "제후가 자기 땅에서 싸우면 그곳을 산지라 한다諸侯自戰其地者, 爲散地." 이곳은 집과의 거리가 가까워 병사들의 마음이 가장 분산된다. '산散'은 느슨해진다는 의미로 반대말은 '전專'이다. '전'은 응집력이 있다는 의미이고 '산'은 응집력이 없다는 의미다. 손자는 앞의 여섯 지역 중에서 산지가 가장 좋지 않다고 보았다. '전'의 정도가 중지나 경지보다 못하기 때문이다. 손자가 본토에서의 작전을 선호하지 않은 것은 오늘날의 서방 열강과 매우 비슷하다.

2) '경지輕地'의 정의는 다음과 같다. "적지에 들어갔으나 깊지 않은 곳을 경지라 한다入人之地而不深者, 爲輕地." 경지는 적국에서 전투를 하는 것이다. 경지의 경우 이미 적지이기는 하지만 집과의 거리가 아주 멀지는 않아서 사졸

들의 마음이 한결같아지기에는 아직 부족하다. '경'의 반대말은 '중重'이다. 선인들은 경지는 되돌아가기 쉽고 중지는 되돌아가기 어렵다고 했는데 주로 적국에 깊이 진군했는지 아닌지로 판단한다. 앞의 여섯 지역 가운데 경지는 산지에 비하면 괜찮지만 중지보다는 못하다.

3) '쟁지爭地'의 정의는 다음과 같다. "내가 얻어도 이롭고 적이 얻어도 이로운 곳을 쟁지라 한다我得亦利, 彼得亦利者, 爲爭地." 쟁지는 양국이 서로 싸우는 지역으로 차지하는 쪽이 유리한 조건을 갖게 된다.

4) '교지交地'의 정의는 다음과 같다. "나도 갈 수 있고 적도 올 수 있는 곳을 교지라 한다我可以往, 彼可以來者, 爲交地." 교지는 양국이 인접한 지역으로 적군이 오거나 아군이 가기에 모두 편리하다.

5) '구지衢地'의 정의는 다음과 같다. "제후의 땅이 여러 나라에 접해 있어 먼저 도착하면 천하의 무리를 얻을 수 있는 곳을 구지라 한다諸侯之地三屬, 先至而得天下之衆者, 爲衢地." 구지는 여러 국가가 서로 국경을 마주한 지역이다. 사통팔달四通八達의 큰길이 있어 먼저 점령한 자가 천하의 병력 공급원이나 인력 자원을 얻는다. 구지는 쟁지나 교지와 함께 하나의 큰 범주에 속한다. 손자는 이 세 지역을 경지와 중지 사이에 두고 설명한다.

6) '중지重地'의 정의는 다음과 같다. "적지에 깊이 들어가 배후에 성읍이 많은 곳을 중지라 한다入人之地深, 背城邑多者, 爲重地." 중지는 경지와 상반되는 지역으로 적지 깊숙한 곳을 말한다. 중지의 결점은 본국과의 거리가 멀어 보급이 곤란하다는 점이다. 이점은 배후에 많은 성읍이 있어, 이 성읍들로부터 보급을 받고 임시 후방으로 삼을 수 있다는 점이다.2

이 여섯 가지는 「구지」에서 중요한 부분이다. 아군이 주인이 되고 적군이 손님이 되었다면 산지에, 적군이 주인이 되고 아군이 손님이 되었다면 경지나 중지에 있는 것으로, 이 세 지역이 가장 중요하다. 쟁지와 교지, 구지는 산지와 경지 사이에 들어가는데, 변경지역이자 전략적 요충지라고 할 수 있다.

(2) 행군에 불리한 세 가지 위험 지역

1) 행군에 불리한 지역

'비지圮地'는 '범지汜地'로 읽어야 한다:3 범지汜地는 곧 범지泛地로, 지대가 낮고 습해 행군하기 곤란한 지형을 말한다. 「행군」 편에 "산림이나 험준한 곳, 습지 등의 지형을 모르면 행군할 수 없다不知山林 · 險阻 · 沮澤之形者, 不能行軍"고 했는데 이는 '비지圮地'의 표현과 같다. 여기서 행군과 관련 있는 각종 지형을 볼 수 있다. 산림과 험조險阻(험준한 곳)는 높은 지역이고 저택沮澤(습지)은 낮고 습한 지역이다. 여기서는 낮고 습한 지역을 행군하기에 곤란한 지역으로 간단하게 소개했다.

2) 작전에 불리한 지역

'위지圍地'는 입구가 협소하여 들어가면 나올 수 없는 지역을 말한다. 만일 나오려 한다면 반드시 매우 멀리 돌아서 다른 길로 나와야 한다. 이런 지형에서는 사람이 아닌 땅에 포위되는 것이다. '사지死地'는 정면은 적에게 가로막히고 후면은 퇴로가 없는 것을 가리키는데, 목숨 걸고 싸우지 않는다면 나올 수 없는 지형이다. 이런 지형에서는 주로 적에 의해서 봉쇄된다. 이 두 지역은 모두 궁벽한 지역이다.

이상의 내용은 '구지'를 풀이한 것이다. 이 뒤의 내용은 각 지역에 따라 전술적으로 요구되는 사항이다. 앞의 네 항목은 부정어법으로, 뒤의 다섯 항목은 긍정어법으로 설명하고 있다.

"산지에서는 싸우지 마라散地則無戰." 이는 본국에서 전투하는 것이 가장 불리하기 때문에 절대로 자국 영토에서 전쟁을 해서는 안 된다는 말이다.

"경지에서는 멈추지 마라輕地則無止." 이는 처음에 적의 국경에 들어가면 사병들의 마음이 아직 집중되지 않았기 때문에 오래 머물러서는 안 되고 계속 전진해야 한다는 말이다.

"쟁지에서는 공격하지 마라爭地則無攻." 이는 만일 양국이 쟁탈하는 전략 요충지가 적에게 점령당했을 경우 억지로 공격해서는 안 된다는 말이다.

"교지에서는 끊어지지 않도록 하라交地則無攻." 이는 양국의 국경이 맞닿아 있는 지역은 신속히 통과하여 각 부대가 연이어 따라붙어서, 절대로 낙오하여 앞뒤가 분리되는 상황을 초래해서는 안 된다는 말이다.

"구지에서는 외교를 잘해야 한다衢地則合交." 이는 여러 국가가 국경을 접하고 있는 지역은 외교가 매우 중요하기 때문에 반드시 주변국과 관계를 잘 맺어야 한다는 것이다.

"중지에서는 약탈해야 한다重地則掠." 이 말은 적국의 내지로 깊이 들어가서 본국과의 거리가 매우 멀어졌을 경우 반드시 현지에서 필요한 물자를 보충해야 한다는 것이다. 보충할 방법으로 믿을 만한 것은 약탈이다. 이는 배후에 의탁한 성읍과 향촌에서 약탈하라는 의미다.

"범지에서는 신속히 통과해야 한다汜地則行." 이는 행군하기 곤란한 지역에서는 숙영도 마땅치 않기 때문에 서둘러 벗어나야 한다는 말이다.

"위지에서는 계책을 세워야 한다圍地則謀." 이는 에워싸인 지형에 빠지면 강경하게 맞서지 말고 포위망을 뚫을 수 있는 계책을 꾸며야 한다는 말이다.

"사지에서는 싸워야 한다死地則戰." 이는 적에게 봉쇄되어 나갈 수도 물러날 수도 없다면 필사적으로 싸워야만 살아 돌아갈 수 있다는 말이다.

【11.2】

옛날에 전쟁을 잘하는 사람은 적군의 앞뒤가 서로 이르지 못하게 하고, 많은 병력과 적은 병력이 서로 믿지 못하게 하며, 귀한 사람과 천한 사람이 서로 구하지 못하게 하고, 윗사람과 아랫사람이 서로 협조하지 못하게 하며, 흩어진 뒤 서로 모이지 못하게 하고, 모였더라도 무질서하게 만들었다. 조건이 유리하면 움직이고, 불리하면 멈추었다. 감히 묻건대 "적군이 많고 잘 정돈되어 장차 진격해오면 어떻게 할 것인가?" 대답하기를 "먼저 적이 아끼는 것을 빼앗으면, 우리 말을 들을 것이다." 전쟁 상황에서는 신속함이 가장 중요하다. 적이 아직 이르지 못한 때를 틈타고, 생각하지 못한 길을 경유하며, 대비하지 못한 곳을 공격한다.

古之善用兵者, 能使敵人前後不相及, 衆寡不相恃, 貴賤不相救, 上下不相收, 卒離而不集, 兵合而不齊. 合於利而動, 不合於利而止. 敢問, 敵衆(整而)〔而整〕將來, 待之若何. 曰, 先奪其所愛則聽矣. 兵之情主速, 乘人之不及, 由不虞之道, 攻其所不戒也.

이 장에서는 적군에 대처하는 방법을 설명한다.

1) "옛날에 전쟁을 잘하는 사람은 적군의 앞뒤가 서로 이르지 못하게 하고, 많은 병력과 적은 병력이 서로 믿지 못하게 하며, 귀한 사람과 천한 사람이 서로 구하지 못하게 하고, 윗사람과 아랫사람이 서로 협조하지 못하게

하며, 흩어진 뒤 서로 모이지 못하게 하고, 모였더라도 무질서하게 만들었다古之善用兵者, 能使敵人前後不相及, 衆寡不相恃, 貴賤不相救, 上下不相收, 卒離而不集, 兵合而不齊." 첫머리에 나오는 이 문장의 뜻은 다음과 같다. 고대에 군사작전이 뛰어난 사람은 적을 혼란에 빠뜨릴 줄 알았다. 예를 들면 적의 선두 부대와 후속 부대가 서로 연결되지 못하게 하고, 주력부대와 협동 부대가 서로 의지하지 못하게 하며, 신분이 다른 자들이 서로 도울 수 없게 하고, 상급자와 하급자가 호응할 수 없게 했다. 이렇게 모두가 분리되면 사병들은 흩어져 모일 수 없고 모여도 오합지졸이 되어 다시 정돈할 수 없게 만들었다. 한마디로 적은 혼란스럽게 만들고 자신은 혼란하지 않은 정돈된 상태로 혼란한 상대를 공격한다는 의미다.

여기서 '옛날에 전쟁用兵을 잘하는 사람古之善用兵者'이라는 문구는 「세」편의 '옛날에 전쟁戰을 잘하는 사람古之善戰者'과 유사한 표현이다.[4] 옛사람들이 '고古'자로 어떤 일을 즐겨 설명한 것은 설명의 근거와 권위를 보여주고자 한 것이다.

2) "조건이 유리하면 움직이고, 불리하면 멈추었다合於利而動, 不合於利而止." 이와 비슷한 말이 「화공」 편에도 보인다. 이 두 구절은 다시 말하면 「군쟁」편에서 말한 '군사兵는 이익으로 움직인다兵以利動'라는 의미다.

3) "감히 묻건대 적군이 많고 잘 정돈되어 장차 진격해오면 어떻게 할 것인가? 대답하기를 먼저 적이 아끼는 것을 빼앗으면, 우리 말을 들을 것이다敢問, 敵衆(整而)[而整]將來, 待之若何. 曰, 先奪其所愛則聽矣." 이는 아군에 비해 인원도 우세하고 진영이 잘 정비된 적군을 어떻게 해서 우리의 뜻에 맞게 움직이게 할지에 대한 설명이다. 그 답은 '먼저 적이 아끼는 것을 빼앗는다先奪其所愛'이다. 적이 아끼는 것은 사람일 수도, 사물일 수도 있고 혹은

유리한 지형일 수도 있다. 어쨌든 적이 그것을 몹시 아껴서 구하지 않을 수 없게 만드는 것이다. 옛날 사람들은 진법에 의지하여 전투했기 때문에 많은 인원으로 진영을 잘 정돈하는 것이 가장 중요했다.

4) 마지막 구절들은 주로 두 가지를 설명하는데, 하나는 신속함이고 하나는 은폐다. "전쟁 상황에서는 신속함이 가장 중요하다兵之情主速." 이는 바로 속 담에서 말하는 '군사는 신속함을 귀하게 여긴다兵貴神速'는 것으로 반드시 빨라야 함을 강조한다. "적이 아직 이르지 못한 때를 틈탄다乘人之不及"는 말은 시간적으로 반드시 적보다 먼저 달려가야 한다는 것이고 "생각하지 못한 길을 경유한다由不虞之道"는 말은 출정 노선이 반드시 적의 예상을 뛰 어넘어야 함을 강조한 것이다. "대비하지 못한 곳을 공격한다攻其所不戒"는 말은 출동하여 공격할 때에 반드시 적이 대비하지 못한 지역을 선택해야 함을 강조한 것이다. 「군쟁」 편에 나오는 다음과 같은 구절, "그러므로 그 길을 우회하여 이익으로 유혹한다면 적들보다 늦게 출발하고도 먼저 도달 할 수 있다. 이것은 우회하는 길을 곧은길로 삼는 계책을 이해하는 것이 다"는 바로 여기서 '적이 아직 이르지 못한 때를 틈타고 생각하지 못한 길 을 경유한다'고 말한 것과 통한다. 또 「계」 편에 나오는 "준비가 안 된 곳을 공격하며, 생각지도 못한 곳으로 나가야 한다攻其無備, 出其不意"는 말은 바 로 여기서 '적이 대비하지 못한 곳을 공격한다'와 통한다.

【11.3】

대개 적지에서 싸우는 방법은 다음과 같다. 깊이 들어가면 전념하게 되어 적이 우리를 이길 수 없다. 풍요로운 곳에서 약탈하면 삼군이 넉넉히 먹을 수 있다. 조심스레 휴양하며 피로하지 않게 하고, 사기를 북돋우며 힘을 축적해야 한다. 작전의 계책은 적이 예측하지 못하도록 한다.

凡爲客之道, 深入則專, 主人不克. 掠於饒野, 三軍足食. 謹養而勿勞, 並氣積力. 運

兵計謀, 爲不可測.

이 장은 '손님의 도爲客之道', 즉 적국에서 작전을 전개하는 규칙에 대해 설명
했다.

손자는 다음 네 글자를 강조했다. 첫 번째는 '심深'이다. "깊이 들어가면 전념
하게 되어 적이 우리를 이길 수 없다深入則專, 主人不克." 저자는 적지에 들어간 정
도가 얕을수록 사병들의 마음이 흩어지고, 적지에 들어간 정도가 깊을수록 사
병들의 마음이 집중되기 때문에 적국에 깊이 들어가야 응집력이 생기고 그래
야 적에게 섬멸당하지 않는다고 보았다. '전專'은 뜻을 모으고 마음을 정하여
목숨을 거는 것이고, '주인主人'은 적군이다.

두 번째는 '약掠'이다. "풍요로운 곳에서 약탈하면 삼군이 넉넉히 먹을 수 있
다掠於饒野, 三軍足食." 저자는 적국에 가서 작전을 전개할 경우 관건은 현지에서
군량을 해결해 전군이 먹고 마실 수 있게 하는 것이라고 보았다. 군량은 어디
에서 나오는가? 적국의 '풍요로운 들판饒野'이다. 여기서 풍요로운 들판이란 주
로 양식의 생산지를 말한다.

세 번째는 '양養'이다. "조심스레 휴양하며 피로하지 않게 하고, 사기를 북돋
우며 힘을 축적해야 한다謹養而勿勞, 並氣積力." 행군 도중 컨디션 조절이 가장 중
요하기 때문에 체력을 보존하고 사기를 유지해야 하며, 기력을 길러서 절대 피
곤을 누적시켜서는 안 된다.

네 번째는 '모謀'다. "작전의 계책은 적이 예측하지 못하도록 한다運兵計謀, 爲不
可測." 지휘자가 사병을 인솔해갈 때 적의 상황을 지속적으로 관찰하여 노선을

조정해야 하는데, 그때 적이 우리 편의 의도를 예측할 수 없도록 해야 한다.

【11.4】

갈 곳이 없는 곳에 던져넣으면 죽어도 물러나지 않는다. 필사적으로 싸우는데 어찌 승리하지 못하겠는가. 병사들이 깊이 빠지면 두려워하지 않고, 갈 곳이 없어지면 굳건해진다. 적지 깊숙이 들어가면 구속되어 어쩔 수 없이 싸운다. 그러므로 그 병사들은 훈련하지 않아도 경계하고 요구하지 않아도 자기 일을 하며, 약속을 하지 않고도 서로 친해지고 명령을 하지 않아도 믿을 만하다. 미신을 금하고 의심을 없애면, 죽음에 이르러도 달아나지 않는다.

投之無所往, 死且不北. 死焉不得, 士人盡力. 兵士甚陷則不懼, 無所往則固, 入深則拘, 不得已則鬪. 是故其兵不修而戒, 不求而得, 不約而親, 不令而信. 禁祥去疑, 至死無所之.

이 장은 '인정의 이치人情之理', 곧 사병의 심리를 설명한다. 사병의 심리적 특징은 무엇인가? 손자는 다음과 같이 세 가지로 설명한다.

1) "갈 곳이 없는 곳에 던져넣으면 죽어도 물러나지 않는다投之無所往, 死且不北." 이는 만일 사병들을 달아날 길이 없는 지경에 던져넣는다면 그들은 때려죽여도 뒤돌아 도망갈 수 없을 것이라는 뜻이다.
2) "필사적으로 싸우는데 어찌 승리하지 못하겠는가死焉不得, 士人盡力." 이는 만일 사병들이 죽을 각오를 하면, 죽음에 절박하게 맞서 온 힘을 다해 분전하리라는 뜻이다.

3) "병사들이 깊이 빠지면 두려워하지 않고, 갈 곳이 없어지면 굳건해진다. 적지 깊숙이 들어가면 구속되어 어쩔 수 없이 싸운다兵士甚陷則不懼, 無所往 則固, 入深則拘, 不得已則鬪." 사병들이 극심한 위험에 빠지면 겁내지 않으며, 궁지에 몰리더라도 뭉쳐서 후퇴하지 않고, 도망가지도 동요하지도 않는다. 이는 적지에 깊이 들어갈수록 더욱 긴장하여 어쩔 수 없이 필사적으로 싸운다는 뜻이다. 손자는 진정한 용기는 위험이 닥쳤을 때의 생존 본능에서 나온다고 보았다. '무소왕無所往(갈 곳이 없음)'과 '심함甚陷(깊이 빠짐)'은 위지圍地와 사지死地의 상황으로서 '부득이한' 것이다. '입심入深(깊이 들어감)'은 중지重地에서의 상황인데, 이 또한 '부득이'하게 싸우게 되는 것이다. 여기서 '부득이不得已'는 오히려 사람의 투지를 격발시키는 조건이 된다.

4) "그러므로 그 병사들은 훈련하지 않아도 경계하고 요구하지 않아도 자기 일을 하며, 약속을 하지 않고도 서로 친해지고 명령을 하지 않아도 믿을 만하다是故其兵不修而戒, 不求而得, 不約而親, 不令而信." 여기서 손자는 '불不'자를 네 번 연이어 사용했다. 네 개의 '불'은 모두 '무인관리無人管理'를 강조하는 것으로 환경을 이용한 군대의 통솔을 중히 여겼다. 손자는 환경이 용기를 끌어낸다고 생각했다. 「세」 편에서 "용맹함과 비겁함이 곧 세勇怯, 勢也"라고 했는데, 바로 그 뜻이다. 이는 도가나 법가 사상과 일치한다. 도가와 법가에서는 모든 일과 사물이 자연을 따르게 하며 무위에 맡겨야 한다고 했다. 마치 농사를 지을 때 벼 싹을 뽑아서 자라게 해서는 안 되는 것과 같다. 표면상으로는 무위지만 실제로는 하지 않음이 없는 것이다.

5) "미신을 금하고 의심을 없애면, 죽음에 이르러도 달아나지 않는다禁祥去疑, 至死無所之." 이 문장에서 '금상禁祥(미신을 금함)'은 각종 요사스러운 말로 대중을 미혹하는 것을 금지한다는 의미이고 '거의去疑(의심을 없앰)'는 사병들

의 마음에 각종 염려와 미혹을 해소시켜준다는 의미다.

고대 중국에는 정신과 전문의 대신 술사와 방사가 있었는데, 이들은 장수가 장악하고 있었다. 『육도』「용도龍韜·왕익王翼」편은 장수 밑에는 '팔다리나 양 날개 같은 신하股肱羽翼' 72인을 다음과 같이 배치해야 한다고 설명했다. 심복 1인, 책사謀士 5인, 천문학자 3인, 지리학자 3인, 병법가 9인, 군량 운송책임通糧 4인, 용사奮威 4인, 북과 깃발 담당자伏旗鼓 3인, 수족 같은 부하股肱 4인, 재능인通材 3인, 모사權士 3인, 정보 수집가耳目 7인, 무사爪牙 5인, 우익羽翼 4인, 유사游士 8인, 술사 2인, 방사 2인, 회계法算 2인이다. 그들은 각각 자기 일을 담당했고, 고대의 사령부와 지휘부를 조직했는데 그중 술사와 방사가 바로 이들이다.

원서에는 "술사 2인은 기이한 속임수를 쓰고 귀신에 의탁하여 사람들의 마음을 미혹한다. 방사 2인은 각종 약을 담당하고 상처를 치료하고 온갖 병을 다스린다術士二人, 主爲譎詐, 依托鬼神, 以惑衆心. 方士二人, 主百藥, 以治金瘡, 以痊萬病"고 했다. 의사도 이런 전문가들에 포함된다. 옛사람들은 심리적으로 미신을 믿었다. 술사가 귀신에 의탁하여 사람들의 마음을 미혹한다는 것은 미신을 이용해 그들의 심리적 문제를 해결했기 때문에 정신과 의사와 같다. 방사는 방기方技를 맡아서 그들의 신체를 책임졌다. 예를 들어 '쇠붙이로 상처를 치료治金瘡'하는 방사는 외상을 전문적으로 치료하는 외과 의사였다.

『묵자』「영적사迎敵祠」에도 다음과 같은 문장이 있다. "모든 무당과 의사와 술사는 뛰어난 점이 있어서 약을 구비해두었으며 관에서 지원하고 집을 잘 지어주었다. 무당은 반드시 사당과 가까이 살고 신을 받들어 공경해야 한다. 무당과 술사가 사정을 수비 장수에게 알리면 장수는 무당과 술사가 관찰한 내용을 혼자만 알고 있어야 한다擧巫·醫·卜有所長, 具藥宮之, 善爲舍. 巫必近公社, 必敬神之. 巫·卜以

請情守, 守獨智知巫·卜望氣之請情而已."

무巫는 무당巫師, 의醫는 의사, 복卜은 술사로, 유사한 분야의 전문가들이다. 옛사람들은 무당과 의사와 술사의 태도를 좋아하기도 하고 두려워하기도 해서 신비한 것으로 사병들을 우롱하려고도 했다. 또 "그들이 출입하여 유언비어를 만들어 관리와 백성을 놀라게 하고 두렵게 했다其出入爲流言, 驚駭恐吏民." 만일 어떤 사람이 이런 것으로 군의 사기를 동요시킨다면 반드시 "조심스럽게 그를 자세히 관찰하여, 죄를 처단하고 용서하지 않았다謹微察之. 斷罪不赦."

『육도』와 『묵자』에서 우리는 다음과 같은 사실을 발견할 수 있다.

1) 병가는 미신을 말하지 않은 것이 아니다. 미신을 많이 언급했으며, 군에는 반드시 미신을 다루는 전문가가 있어야 한다고 했다.

2) 미신을 다루는 전문가는 반드시 엄밀한 감시와 통제를 받아야 한다. 어떤 상황이 발생하면 장군에게만 종합해서 보고하고 외부에 어지럽게 말하지 말아야 한다.

3) 귀신에 가탁하여 관병官兵을 속이는 것은 필요하기도 하지만 지나쳐서는 안 된다. 군심을 어지럽히는 자는 일단 조사하여 죄가 있으면 용서 없이 죽여야 한다.

【11.5】

우리 병사들에게 넉넉한 재물이 없는 것은 그들이 재물을 싫어하기 때문이 아니다. 생명이 얼마 남지 않은 것은 오래 사는 것을 싫어해서가 아니다. 명령이 내려지는 날, 병사들 중 앉은 이는 눈물로 옷깃을 적시고, 누운 이는 눈물로 얼굴을 적신다. 병사들을 갈 곳이 없는 곳으로 내던지는 것은 전제와 조귀 같은 용감함이 필요해서다. 그러므로 전쟁을 잘하는 사람은 마치 솔연과 같다. 솔연은 상산의 뱀이다. 머리를 치면 꼬리가 달려들고, 꼬리를 치면 머리가 달려온다. 한가운데를 치면 머리와 꼬리가 모두 달려온다. 감히 묻건대, "병사들을 솔연처럼 부릴 수 있는가?" 답하기를, "가능하다." 오나라 사람과 월나라 사람은 서로를 미워한다. 하지만 함께 배를 타고 가다 바람을 만나면, 서로 돕는 것이 마치 한사람의 양손과 같다. 그러므로 말을 나란히 매놓고 수레바퀴를 묻지만, 믿을 수가 없다. 일제히 용기를 내도록 하는 것은 정치의 도다. 강함과 부드러움을 모두 얻는 것은 땅의 이치다. 그러므로 전쟁을 잘하는 사람은 병사들이 손을 잡고 협력하기를 마치 한사람처럼 하는데 그것은 그럴 수밖에 없는 상황 때문이다.

吾士無餘財, 非惡貨也. 無餘命, 非惡壽也. 令發之日, 坐者涕沾襟, 偃臥者涕交頤. 投之無所往, 諸·劌之勇也. 故善用兵者, 譬如率然. 率然者, 常山之蛇也. 擊其首則尾至, 擊其尾則首至, 擊其中則首尾俱至. 敢問〔兵〕可使如率然乎. 曰, 可. 夫吳人與越人相惡也, 當其同舟濟而遇風, 其相救也如左右手. 是故方馬埋輪, 未足恃也. 齊勇若一, 政之道也. 剛柔皆得, 地之理也. 故善用兵者, 攜手若使一人, 不得已也.

이 장은 '용기를 함께하는 정치齊勇之政'를 설명했다.

사람은 용기와 두려움의 정도가 다르다. 그런데 어떻게 담대한 사람과 심약한 사람을 함께 두고 한 개인처럼 다스릴 수 있는가? 이것은 관리학管理學의 첨단 문제다.

1) "우리 병사들에게 넉넉한 재물이 없는 것은 그들이 재물을 싫어하기 때

문이 아니다吾士無餘財, 非惡貨也. 無餘命, 非惡壽也." 이는 사병들도 보통 사람과 똑같다는 말이다. 그들에게 여분의 돈이 없는 것은 값진 물건을 싫어하기 때문이 아니고, 생명이 얼마 남지 않은 것은 그들이 염세적이거나 생명을 가벼이 여기거나 오래 살고 싶어하지 않아서가 아니다. 사병도 피와 살로 만들어진 인간이다. 다른 사람들과 똑같이 생각을 하며, 이 세상에서 하루라도 더 오래 살기를 바란다.

2) "명령이 내려지는 날, 병사들 중 앉은 이는 눈물로 옷깃을 적시고, 누운 이는 눈물로 얼굴을 적신다. 병사들을 갈 곳이 없는 곳으로 내던지는 것은 전제와 조귀⁵와 같은 용감함이 필요해서다令發之日, 坐者涕沾襟, 偃臥者涕交頤. 投之無所往, 諸·劌之勇也." 이는 전투 명령이 하달된 날에 사병들도 알게 되어 한번 떠나면 돌아올 수 없음을 두려워한다는 말이다. 그들도 죽음이 두렵고, 죽음을 원하지 않는다. 눈물을 흘려 앉은 자는 옷깃을 적시고 누운 자는 얼굴을 적신다. 그러나 장수가 일단 그들을 전쟁터에 투입하면 그들은 오히려 비상한 용맹으로, 그야말로 전제와 조귀처럼 용감하게 싸운다. '제귀지용諸劌之勇'에서 '제諸'는 전제, '귀劌(중국어 발음은 구이gui)'는 조귀다. 이들은 중국 고대의 테러리스트로 명성이 자자했다. 이들은 사마천이 소개한 대자객大刺客 5인인 조말曹沫(조귀)·전제·예양豫讓·섭정聶政·형가荊軻 중 2명이다.(『사기』「자객열전刺客列傳」) 요리要離를 추가하면 6인인데, 이 6인 가운데 조말과 전제는 가장 앞 세대다. 조말은 손무보다 이른 시기의 사람이고 전제와 손무는 시기가 비슷하다. 조말이 바로 여기서 말하는 조귀다.

조귀는 춘추 중기의 노魯나라 사람으로, 출신이 비천해 용맹과 힘으로 노 장공莊公을 섬겼다. 그의 주된 사적은 두 가지다. 하나는 장작長勺의 전투에서 제나라를 패배시킨 것으로『좌전』장공 10년조에 보이고, 다른 하나는 가柯에서의 맹약으로 제나라와 노나라가 가에서 불평등 조약을 맺었는데 조귀가 비수로 제 환공桓公을 겁박하여 그에게 노나라 땅을 반환하도록 한 것으로, 그 내용이『사기』「자객열전」에 보인다. 상하이박물관 소장 초간 중에『조말지진曹沫之陳』6이라는 일서 한 편이 있는데, 이것이 곧 그의 병법이다. 전제는 춘추 말기 사람으로 망명자였는데, 오왕 합려闔閭가 즉위하기 전 그를 위해 오왕 요僚를 찔러 죽인 인물이었다.

3) "그러므로 전쟁을 잘하는 사람은 마치 솔연과 같다. 솔연은 상산의 뱀이다. 머리를 치면 꼬리가 달려들고, 꼬리를 치면 머리가 달려온다. 한가운데를 치면 머리와 꼬리가 모두 달려온다. 감히 묻건대, 병사들을 솔연처럼 부릴 수 있는가? 답하기를, 가능하다故善用兵者, 譬如率然. 率然者, 常山之蛇也. 擊其首則尾至, 擊其尾則首至, 擊其中則首尾俱至. 敢問[兵]可使如率然乎. 曰, 可." 이것은 뱀을 잡는 비법이다. 손자는 용병술이 뛰어난 사람은 '솔연'과 같다고 했는데, 솔연은 상산常山의 뱀이다. 죽간본에는 '상산'이 '항산恒山'으로 되어 있는데 항산이 상산으로 바뀐 것은 한漢 문제文帝7를 피휘했기 때문이다. 여기서 항산은 산시 성山西省 훈위안渾源에 있는 항산이 아니라 허베이 성河北省 취양曲陽에 있는 항산을 가리킨다. 산시 성의 항산은 청대에 와서 비로소 오악五嶽 중 하나인 북악北嶽으로 정해졌다. 청대 이전의 북악은 지금의 허베이 성 취양에 있다.

'솔연'이란 본래 형태와 움직임이 자유자재로 민첩함을 뜻한 말인데, 여기서는 뱀의 이름으로 썼다. 뱀의 신체 구조는 매우 특이해 머리와 꼬리가 서로 마주 볼 수 있고, 아주 재빨라서 머리를 때리면 그 꼬리가 와서 구해주고 꼬리를 때리면 그 머리가 와서 구해준다. 여기서 손자는 군대도 이런 훈련이 가능한가를 묻고, 가능하다고 말한다.

4) "오나라 사람과 월나라 사람은 서로를 미워한다. 하지만 함께 배를 타고 가다 바람을 만나면, 서로 돕는 것이 마치 한사람의 양손과 같다夫吳人與越人相惡也, 當其同舟濟而遇風, 其相救也如左右手." 이 구절은 오나라와 월나라가 서로 원수관계임을 언급한 것으로, 매우 중요하다. 이는 손자가 확실히 오나라와 관련이 있음을 입증한다. 춘추 시대 말기에 오나라와 월나라는 오랜 원수지간이었다. 그러나 흥미로운 것은 만일 두 나라 사람들이 같은 배를 타고 강을 건너다가 폭풍을 만나면, 그들도 서로 도울 것이라는 점이다. 결국 싸우고 협동하는 것은 환경에 달려 있다. 같은 배로 함께 건넌다는 뜻의 사자성어 동주공제同舟共濟는 바로 이러한 비유에서 나온 것이다.

5) "그러므로 말을 나란히 매놓고 수레바퀴를 묻지만, 믿을 수가 없다. 일제히 용기를 내도록 하는 것은 정치의 도다. 강함과 부드러움을 모두 얻는 것은 땅의 이치다是故方馬埋輪, 未足恃也. 齊勇若一, 政之道也. 剛柔皆得, 地之理也." 여기서 '방마매륜方馬埋輪'은 말머리를 함께 이어서 묶어놓고, 수레바퀴는 묻어두어 병사들이 흩어지는 것을 방지한다는 의미다. 그런데 손자는 이런 방법은 믿을 만하지 않다고 말한다. 전 군대가 한 사람인 것처럼 서로 돕게 하려면 주로 두 가지 방법을 따라야 한다. 하나는 위아래의 협동이고 또 하나는 환경의 핍박이다. '제용약일齊勇若一(일제히 용기를 내다)'은 협동에 대한 설명이다. 군대의 무리는 각각의 용감함이 일정치 않기 때문에 이를 같게 하려면 그들을 한사람처럼 만들어 모두가 협동에 의지하게 해야 한다. 협동은 관리에 속하며 손자는 그것을 '정치의 도政之道也'라고 했다. '강유개득剛柔皆得(강함과 부드러움을 모두 얻는다)'은 지리에 대한 설명이다. 『손자』에서 치병은 지리에 의지한다. 옛사람들은 "하늘을 세우는 도는

음과 양이고, 땅을 세우는 도는 부드러움과 강함이다立天之道, 曰陰與陽, 立地
之道, 曰柔與剛"(『주역』「설괘전說卦傳」)라고 했다. 천도天道는 음양이라 하고, 지
도地道는 강유라 한다. 강유는 곧 땅의 음양과 같다.

6) "그러므로 전쟁을 잘하는 사람은 병사들이 손을 잡고 협력하기를 마치
한사람처럼 하는데 그것은 그럴 수밖에 없는 상황 때문이다故善用兵者, 攜手
若使一人, 不得已也." 협동은 '부득이不得已'함에서 나온다. 「구지」편에 '부득이'
라는 단어는 모두 세 번 나오는데, 여기서 한 번, 이다음 문장에서 두 번
나온다.

이 장에서 언급한 '전제와 조귀의 용맹'은 매우 중요하다. 그것은 그저 필부
의 용기일 수도 있지만, 나아가 전군의 용기일 수도 있기 때문이다. 조귀 자신
은 자객이자 병법가였다. 중국 병법의 다른 병서에도 유사한 내용이 있다. 앞서
소개한(64~65쪽) 『오자吳子』「여사勵士」와 『울요자尉繚子』「제담制談」의 '죽을 각오
를 한 도적死賊' 이야기가 대표적인 예다.

『손자』『오자』『울요자』는 중국에서 가장 유명한 병법서다. 그 책들은 모두
사적死賊을 치병의 이상으로 삼았다. 오기는 가장 유명한 병법가로, 죽음이 임
박했을 때도 여전히 병법을 썼는데 내용은 다음과 같다.

형왕荊王이 죽자 귀인들이 모두 잇달아 돌아왔다. 초왕의 시신이 당상에
있었는데 귀인들이 일제히 오기를 향해 화살을 쏘았다. 그러자 오기가 큰
소리로 외치며 이렇게 말했다. '내가 너희에게 나의 병법을 보여주겠다.' 그
리고 곧 몸에 맞은 화살을 뽑아 당상으로 달려가 화살을 왕의 시신에 꽂
으면서 큰 소리로 '신하들이 난을 일으켜 왕을 쏘았다'라고 외치고 죽었

다. 원래 초나라의 법에 따르면 무기가 왕의 시신에 가해져 있으면 모두 중죄에 처해졌는데, 그 죄가 삼족에 미쳤다. 오기의 지혜가 진실로 민첩했다고 할 수 있다莉王死, 貴人皆來. 屍在堂上, 貴人相與射吳起. 吳起號呼曰, 吾示子吾用兵也. 拔矢而走, 伏屍挿矢, 而疾言曰, 群臣亂王, 吳起死矣. 且莉國之法, 麗兵於王屍者盡加重罪, 逮三族. 吳起之智, 可謂捷矣."(『여씨춘추』「귀졸貴卒」)

【11.6】

군대를 거느리는 일은 조용하면서 은밀하고, 정연하면서 질서가 있어야 한다. 사병의 눈과 귀를 어리석게 만들어 상황을 알지 못하게 하고, 일을 수시로 바꾸고 계책을 바꾸어 사람들이 알지 못하게 하며, 거처를 자주 바꾸고 길을 돌아가 사람들이 추측하지 못하게 할 수 있어야 한다. 장수가 작전을 시킬 때는 마치 높은 곳에 오르면 사다리를 치우듯이, 강을 건너면 배를 불사르고 밥을 먹으면 솥을 깨부수듯이 할 수 있어야 한다.:8 장수는 병사를 이끌고 제후의 영토에 깊이 들어간 뒤에 그 기밀을 드러낸다. 마치 양의 무리를 모는 것과 같이 앞으로 갔다 뒤로 갔다 하여 어디로 갈지 모르게 하며, 전군의 무리를 모아 위험한 곳에 던져넣을 수 있어야 한다. 바로 이것이 군대를 거느리는 일이다.

將軍之事, 靜以幽, 正以治. 能愚士卒之耳目, 使之無知. 易其事, 革其謀, 使(人)〔民〕無識. 易其居, 迂其途, 使(人)〔民〕不得慮. 帥與之期, 如登高而去其梯.〈焚舟破釜〉. 帥與之深入諸侯之地, 而發其機. 若驅群羊, 驅而往, 驅而來, 莫知所之. 聚三軍之衆, 投之於險. 此將軍之事也.

이 장은 '군대를 거느리는 일將軍之事'에 대해 설명했다.

1) "군대를 거느리는 일은 조용하면서 은밀하고, 정연하면서 질서가 있어야 한다將軍之事, 靜以幽, 正以治." 장수가 군대를 거느리고 병사들을 인솔하는 비결을 설명했다. '정이유, 정이치靜以幽, 正以治'는 '정이유, 정이치靜而幽, 正而治'다. 정이유靜而幽는 마음속의 생각을 말이나 안색으로 드러내지 않지만, 모든 것을 아주 질서정연하게 만든다는 의미다.

2) "사병의 눈과 귀를 어리석게 만들어 상황을 알지 못하게 하고, 일을 수시로 바꾸고 계책을 바꾸어 사람들이 알지 못하게 하며, 거처를 자주 바꾸고 길을 돌아가 사람들이 추측하지 못하게 할 수 있어야 한다能愚士卒之耳目, 使之無知. 易其事, 革其謀, 使(人)[民]無識. 易其居, 迂其途, 使(人)[民]不得慮." 이 구절은 사병을 어리석게 만드는 일에 대해 설명했다. 장수는 모든 일을 사병들에게 숨겨서 무지하게 만들어, 사병이 아무것도 우려하지 않고 근심하지 못하게 해야 한다. 그러면 어떻게 그들을 알지 못하게 하는가? 먼저 작전 행동과 작전 계획을 끊임없이 변경하고, 또한 주둔지와 행군로를 끊임없이 바꾸어 사병이 어느 곳으로 가는지 알지 못하게 한다. 즉 '기동走'을 숨겨야 한다는 말이다.

3) "장수가 작전을 시킬 때는 마치 높은 곳에 오르면 사다리를 치우듯이 할 수 있어야 한다. 장수는 병사를 이끌고 제후의 영토에 깊이 들어간 뒤에 그 기밀을 드러낸다帥與之期, 如登高而去其梯. 帥與之深入諸侯之地, 而發其機." 이 말은 어떻게 전투지역으로 가서 집결하는지에 대한 설명이다. 어떻게 총공격을 시작할 것인가? 이 역시 사병들에게 숨겨야 한다. '수帥'는 장수를 뜻하고 '기期'는 모임을 약속하는 것으로, 몇 길로 나누거나 합하면서 진격해 전투지역으로 집중하는 것을 말한다. '마치 높은 곳에 오르면 사다리를 치우듯' 한다는 것은 병사들을 이끌고 적지에 깊이 들어가면 그 퇴로

를 차단함을 비유한 말이다. 이러한 계책을 『삼십육계三十六計』에서는 '지붕에 올라가 사다리를 치운다上屋抽梯'(제28계)라고 표현했다. '발기發機(그 기밀을 드러낸다)'라는 표현은 본래 쇠뇌를 당기고 화살을 쏘는 것을 가리킨다. 예를 들면 「세」 편에 "'세'는 쇠뇌를 당기는 것과 같고, '절'은 방아쇠를 당기는 것과 같다勢如彍弩, 節如發機"고 했는데, 바로 이러한 뜻이다. 여기서는 결전에 투입되어 총공격을 개시하는 것을 가리킨다.

4) "마치 양의 무리를 모는 것과 같이 앞으로 갔다 뒤로 갔다 하여 어디로 갈지 모르게 한다若驅群羊, 驅而往, 驅而來, 莫知所之." 이 부분에서는 병사 인솔을 양 몰이에 비유했다. 장수는 양 떼를 모는 목자, 사병들은 양 떼에 해당한다. 양들은 사람에게 이끌려서 오고 가지만 자신들이 어디로 가는지 전혀 알지 못한다.

5) "전군의 무리를 모아 위험한 곳에 던져넣을 수 있어야 한다. 바로 이것이 군대를 거느리는 일이다聚三軍之衆, 投之於險. 此謂將軍之事也." 이 구절은 장수가 전군의 무리를 한데 모아서 위험한 환경에 던져넣는데, 그것이야말로 군대 인솔의 최종 목표라는 것이다.

   손자의 말은 매우 정확하다. 장군이 군대를 거느리는 일이란 결론적으로 말한다면 바로 이 네 글자, '우병투험愚兵投險(어리석은 병사들을 위험에 몰아넣는 일)'이다.

【11.7】

아홉 가지 지역의 변화, 굽히거나 펴는 것의 이로움, 그리고 인정의 이치는 살피지 않을 수 없다.

九地之變, 屈伸之利, 人情之理, 不可不察也.

이 구절은 이 편 전반부의 총 결론이다.

"아홉 지역의 변화九地之變"는 바로 제1장 후반에 나온 아홉 구절을 말하고, "굽히거나 펴는 것의 이로움屈伸之利"은 모든 일에는 다 변하지 않는 것과 변하는 것, 늘어나는 것과 줄어드는 것, 일반적인 사례와 변칙의 사례가 있다는 말이다. 「구변九變」 편(다음 편 참조)에 다섯 가지 '하지 않는 것有所不'이 있는데 바로 '굽히거나 펴는 것의 이로움'을 설명한 것이다. "인정의 이치人情之理"는 제4장의 "갈 곳이 없는 곳에 던져넣으면 죽어도 물러나지 않는다. 필사적으로 싸우는데 어찌 승리하지 못하겠는가. 병사들이 깊이 빠지면 두려워하지 않고, 갈 곳이 없어지면 군건해진다. 적지 깊숙이 들어가면 구속되어 어쩔 수 없이 싸운다投之無所往, 死且不北. 死焉不得, 士人盡力. 兵士甚陷則不懼, 無所往則固, 入深則拘, 不得已則鬪"라는 문장에 잘 나타나 있다. 이 부분은 윗글의 세 가지 요점인 셈이다.

【11.8】

무릇 적지에서 싸우는 방법은 다음과 같다. 깊이 들어가면 전념하고 얕게 들어가면 흩어진다. 나라를 떠나 국경을 넘어 싸우는 곳은 '절지', 사방으로 통하는 곳은 '구지'라 한다. 깊이 들어간 곳은 '중지'라 하고 얕게 들어간 곳은 '경지'라 한다. 뒤가 견고하고 앞이 좁은 곳은 '위지'라 하고 나아갈 길이 없는 곳은 '사지'라 한다.

凡爲客之道, 深則專, 淺則散. 去國越境而師者, 絕地也. 四通者, 衢地也. 入深者, 重地也. 入淺者, 輕地也. 背固前隘者, 圍地也. 無所往者, 死地也.

어기서부터 이 편의 후반부다. 저자는 적지에서 싸우는 방법, 즉 위객지도爲客之道와 '아홉 지역의 이름九地之名'을 다시 소개한다. 이중에 '무릇 적지에서 싸

우는 방법은 깊이 들어가면 전념하고 얕게 들어가면 흩어진다'는 구절은 이 편
전반부의 제3장에, 그 외의 것은 전반부 제1장에 대응한다.

1) "무릇 적지에서 싸우는 방법은 다음과 같다. 깊이 들어가면 전념하고 얕
게 들어가면 흩어진다凡爲客之道, 深則專, 淺則散." 이 구절은 앞 장의 '무릇 적
지에서 싸우는 방법은 깊이 들어가면 전념하게 된다'는 구절과 같다.

2) "나라를 떠나 국경을 넘어 싸우는 곳은 절지라 한다去國越境而師者, 絕地也."
여기서 말하는 '나라를 떠나 국경을 넘어 싸우는 곳'이란 적국에 들어감
을 가리킨다. '절지絕地'는 '산지散地'와 상반되는데 타국의 통칭이며 곧 적지
를 의미한다. '절絕'에는 차단, 단절 등의 뜻이 있는데 여기서는 후방과 차
단됨을 가리킨다. 절지라는 단어는 여기서 처음 등장했다.

3) "사방으로 통하는 곳은 구지라 한다四通者, 衢地也." 구지란 일종의 사통팔
달 지역이다. '구衢'의 본래 뜻은 사방팔방으로 통하는 길이다. 앞 장(11.1)
에서는 '제후의 땅이 여러 나라에 접해 있어 먼저 도착하면 천하의 무리
를 얻을 수 있는 곳을 구지라 한다'고 했는데 여러 나라가 서로 만나는 지
역으로 인구가 아주 많은 곳이다.

4) "깊이 들어간 곳은 중지라 한다入深者, 重地也." 이는 적군의 땅에 깊이 들어
간 경우다. 앞 장에서 '적지에 깊이 들어가 배후에 성읍이 많은 곳'이라 설
명한 것과 의미가 비슷하다.

5) "얕게 들어간 곳은 경지라 한다入淺者, 輕地也." 적군의 땅에 얕게 들어간 경
우다. 앞 장에서 '적지에 들어갔으나 깊지 않은 곳'이라 한 것과 의미 차이
가 크지 않다.

6) "뒤가 견고하고 앞이 좁은 곳은 위지라 한다背固前隘者, 圍地也." 여기서 '배

고背固'는 등 뒤로 험준한 지형을 지고 있어서 퇴로가 없고 퇴각을 하려 해도 우회하여 돌아가야만 하는 곳이다. '전애前隘'는 앞에 입구가 있는데, 그것이 호리병 입구처럼 아주 좁다는 말이다. 앞 장에 '들어가는 길은 좁고 돌아오는 길은 멀어서, 적이 적은 병력으로 우리의 많은 병력을 칠 수 있는 곳'이라고 한 것과 의미가 비슷하다.

7) "나아갈 길이 없는 곳은 사지라 한다無所往者, 死地也." 사지는 적에게 철통같이 포위되고 출구 하나도 없는 곳이다. 앞 장에서는 '신속하게 싸우면 살고, 그렇지 않으면 죽는 곳'이라고 설명했다. 사지에서는 나아갈 길이 없다. 길이 없다면 결의를 굳히고 목숨을 건 일전이 있을 뿐이다. 때문에 이곳을 '사지'라 한다.

여기서 마지막 한 구절이 죽간본과 다르다. 죽간본에는 "등 뒤는 견고하고 앞에 적이 있는 곳은 사지다. 나아갈 길이 없는 곳은 궁지다倍背固前敵者, 死地也. 毋無所往者, 窮地也"라고 되어 있다. 사지는 위지와 달리 전면에 좁은 입구가 있는 것이 아니라 적군이 길을 막고 있다. 그런데 죽간본에서는 '나아갈 길이 없는 곳無所往者'이 현행본과 다르게 뒤쪽에 놓여 있고 '궁지'라는 단어가 추가되었다.

이 장에서는 일곱 가지 지형을 들었는데, 절지가 추가되었고 경지와 중지의 두 지형이 여기에 포함되어 있다. 구지·중지·경지·위지·사지 다섯 지형은 재차 언급되었고, 산지·쟁지·교지·범지 네 지형은 빠졌다.

【11.9】

이 때문에 우리는 산지에서 뜻을 하나로 하고 경지에서 부대가 이어지도록 하며 쟁지에서 적의 뒤로 빨리 가고 교지에서 요충지를 굳게 지키며 구지에서 수비를 철저히 하고 중지에서 식량이 끊이지 않도록 하며 범지에서 신속히 나아가고 위지에서 빈틈을 막으며 사지에서 필사적임을 보여준다.

是故散地吾將一其志, 輕地吾將使之屬, 爭地吾將趨其後, 交地吾將(謹其守)〔固其結〕, 衢地吾將(固其結)〔謹其守〕, 重地吾將繼其食, (圮)〔氾〕地吾將進其途, 圍地吾將塞其闕, 死地吾將示之以不活.

이 장에서 손자는 다시 '구지에서의 응변九地之變'을 진술했다. 여기 아홉 구절을 읽을 때는 제1장의 아홉 구절과 대비해서 봐야 한다.

1) "이 때문에 산지에서 우리는 뜻을 하나로 한다是故散地吾將一其志"에서 산지는 본국에서의 전쟁을 말한다. 이때 병사들은 고향을 그리워하기 때문에 마음이 풀어진다. 그러므로 그들이 전투에 전념하도록 해야 한다. '산散'의 반대말은 '전專'이다. 앞 장(11.1)에서는 '산지에서 싸우지 말라'고 하여 자국에서의 작전을 부정적으로 보았다. 하지만 여기서는 '뜻을 하나로 한다'라고 긍정적으로 설명했다.

2) "경지에서 우리는 부대가 이어지도록 한다輕地吾將使之屬"에서 경지는 처음으로 적국에 들어간 경우다. 병사들의 마음이 아직 집중되지 않아 대열에서 낙오되기 쉬운데, 그들이 대열에서 벗어나지 않도록 해야 한다. 앞 장에서는 경지에서 정지해서는 안 됨을 강조하며 '멈추지 말라'고 하였다. 여기서는 '이어지도록 한다'는 말로 중간에 끊어짐을 걱정했다. 그 의미가 하나는 부정적이고, 하나는 긍정적이다.

3) "쟁지에서 우리는 적의 뒤로 빨리 간다爭地吾將趨其後"에서 쟁지는 양국이

반드시 싸워야 하는 지역이다. 만일 적군이 이미 점령했다면 정면으로 공격해 들어가서는 안 된다. 서둘러 그 뒤로 우회하여 돌아가 후방을 공격해야 한다. 앞 장에서 '쟁지에서는 공격하지 말라'고 함으로써 정면으로 진격하지 말 것을 강조했다면 여기서는 '적의 뒤로 빨리 간다'고 하여 적들 뒤로 우회할 것을 강조했다. 죽간본에는 "쟁지에서 우리는 머물러서는 안 된다爭地吾將使不留"고 되어 있는데, 착오가 있는 듯하다.

4) "교지에서 우리는 요충지를 굳게 지킨다交地吾將(謹其守)[固其結]"에서 교지란 적군과 우리 편 양쪽의 접경 지역이다. 이곳은 전후방이 연결된 지점이므로(적진으로 들어가는 길목이므로—옮긴이) 반드시 요충지를 점거해 굳게 지켜야 한다. 앞 장에서는 '교지에서 끊어지지 않도록 하라'고 했는데, 도로가 잘 통해야 함을 강조한 말이다. 또한 요충지를 고수할 것을 강조하였다.

5) "구지에서 우리는 수비를 철저히 한다衢地吾將(固其結)[謹其守]"에서 구지란 여러 나라가 국경을 접한 곳이다. 적보다 먼저 도달하면 천하의 많은 것을 얻을 수 있는 지역이다. 이런 지역은 외교적으로 민감한 곳이다. 앞 장에서는 '외교를 잘해야 한다'고 하여 이웃 국가와의 우호적인 관계를 강조했다면 여기서는 조심스럽게 수비를 잘할 것을 강조했다. 이 두 구절은 죽간본과 현행본이 서로 상반된다. '수守(지킴)'가 '시恃(의지함)'로 되어 있는데 여기서는 죽간본의 순서에 근거했다.

6) "중지에서 우리는 식량이 끊이지 않도록 한다重地吾將繼其食"에서 중지는 적국 깊숙한 곳이다. 적국에 깊이 진입하면 가장 큰 문제가 보급의 곤란함이다. 앞 장에서는 '약탈을 하라'고 하여 양식을 빼앗도록 지시했다. 여기서는 '식량이 끊이지 않도록 한다'고 했는데, 이 역시 양식의 보충을 말하는 것으로 뜻은 다르지 않다.

7) "범지에서 우리는 신속히 나아간다(圮)[氾]地吾將進其途"에서 범지는 행군이 곤란한 곳이다. 좁은 길에서 큰길로 들어가야 곤경에서 탈출할 수 있다. 앞 장에서는 '범지를 신속히 통과하라'고 했는데, 재빨리 떠나 지체해서는 안 됨을 강조한 말이다. 여기서는 '신속히 나아간다'고 하여 좁은 길을 벗어난 뒤에 재빨리 큰길로 들어서야 함을 강조했다.

8) "위지에서 우리는 빈틈을 막는다圍地吾將塞其闕"에서 위지는 출구가 좁고 포위망을 뚫기 곤란한 곳이다. 「군쟁」편에서는 "포위된 적군에게는 빈틈을 남겨주어야 한다圍師必闕"고 했다. 만일 적군이 이를 이용해 고의로 빈틈을 남겨 우리가 그곳으로 포위망을 뚫고 나가기를 기다릴 때 우리가 그곳으로 나아간다면, 그것은 바로 적군의 계책에 말려드는 것이다. 그 반대 조치로는 출구를 막아서 사병들을 궁지에 몰아 목숨 걸고 싸우게 만드는 것이 있다. 앞 장에서는 '위지에서는 계책을 세워야 한다'고 했는데, 이는 두뇌 싸움으로 포위망을 뚫는 계획을 세울 것을 강조한 말이다. 여기서는 '빈틈을 막는다'라는 표현을 썼는데, 이는 출구를 메워서 사병들이 결사항전을 하게 만들라는 의미다.

9) "사지에서 우리는 필사적임을 보여준다死地吾將示之以不活"에서 사지는 싸우지 않으면 죽는 지역이다. 앞 장에서는 '사지에서는 싸워야 한다'고 했다. 이는 목숨을 걸고 싸울 것을 강조한 말이다. 여기서 '필사적임을 보여준다'고 말한 것도 적에게 필사의 각오를 보여주는 것으로, 의미상 같다.

「구지」편에서는 전쟁을 논할 때 손님이 되는 것, 즉 적국에서 작전하는 것을 선호했다. 집과 멀어질수록 사병들은 더욱 용감해진다고 생각했기 때문이다. 절지는 산지보다 좋고, 중지는 경지보다 좋다. 위지와 사지는 궁지 중의 궁지이므로 더욱 좋다. 만일 반대로 적이 두터운 포위망에 깊이 빠졌다면 반드시 빈틈을 남겨야 한다. 만약 적이 나아갈 길이 없다면 고통스럽게 위협해서는 안 된다.

【11.10】

그러므로 사병의 감정은 포위되면 막고, 어쩔 수 없으면 싸우며, 위험이 지나치면 따른다.

故兵之情, 圍則御, 不得已則鬪, 過則從.

여기서는 '인정지리人情之理', 즉 인정의 이치를 거듭 서술한다. "사병의 감정兵之情"이라는 표현은 곧 인정지리로, 사병의 심리를 뜻한다.

"포위되면 막고, 어쩔 수 없으면 싸우며, 위험이 지나치면 따른다圍則御, 不得已則鬪, 過則從." 이 말은 포위에 깊이 빠지면 자발적으로 저항할 것이라는 뜻이다. 사병들은 부득이한 지경에서는 목숨을 걸고 싸울 것이고 지나치게 위험하면 말을 듣고 계책에 따를 것이다. 이 세 구절과 앞에서 설명한 다음 구절은 뜻이 대체로 같다. "병사들이 깊이 빠지면 두려워하지 않고, 갈 곳이 없어지면 군건해진다. 적지 깊숙이 들어가면 구속되어 어쩔 수 없이 싸운다兵士甚陷則不懼, 無所往則固, 入深則拘, 不得已則鬪."

【11.11】

이 때문에 제후들의 책략을 잘 알지 못하면 미리 외교를 할 수 없다. 산림과 험준한 곳, 그리고 습지를 잘 알지 못하면 행군할 수 없다. 안내자를 이용하지 않으면 지리의 이로움을 얻을 수 없다. 이런 것 가운데 하나라도 알지 못하면 왕패의 군대가 아니다. 무릇 왕패의 군대가 큰 나라를 친다면 그 나라는 병사를 모을 수 없다. 만약 적에게 위협을 가한다면 적국은 다른 나라와 외교를 할 수 없다. 이 때문에 천하의 외교를 다툴 필요가 없고, 천하의 권력을 받들 필요도 없으며, 오직 자신의 능력을 펴서 적에게 위협을 가한다. 그러므로 그 성곽을 빼앗고 그 수도를 파괴할 수 있다.

是故不知諸侯之謀者, 不能預交. 不知山林·險阻·沮澤之形者, 不能行軍. 不用鄕(向)導者, 不能得地利. 四五者, 一不知, 非(霸王)[王霸]之兵也. 夫(霸王)[王霸]之兵, 伐大國, 則其衆不得聚. 威加於敵, 則其交不得合. 是故不爭天下之交, 不養天下之權, 信己之私, 威加於敵. 故其城可拔, 其國可隳.

여기서는 적에 대응하는 법을 다시 서술한다.

1) "이 때문에 제후들의 책략을 잘 알지 못하면 미리 외교를 할 수 없다. 산림과 험준한 곳, 그리고 습한 땅을 잘 알지 못하면 행군할 수 없다. 안내자를 이용하지 않으면 지리의 이로움을 얻을 수 없다是故不知諸侯之謀者, 不能預交. 不知山林·險阻·沮澤之形者, 不能行軍. 不用鄕(向)導者, 不能得地利." 이 문장은 「군쟁」 편에 이미 나왔는데 '예預'가 '예豫'로 되어 있는 것 외에는 완전히 같다.

2) "이런 것 가운데 하나라도 알지 못하면 왕패의 군대가 아니다四五者, 一不知, 非(霸王)[王霸]之兵也." 여기서 사오자四五者는 정확한 숫자가 아니라 위 구절에서 말한 것을 대략적으로 가리키는 것일 뿐이다. '왕패王霸'는 현행본에는 '패왕霸王'으로 되어 있지만 죽간본에는 왕패라고 되어 있다. 여기서는 죽간본에 따라 수정했다. '왕패'의 의미는 '왕王'과 '패霸'다. '왕'은 천하의 주

인으로 유일성을 갖고 있다. 옛사람들은 '천자天子'라고도 불렀다. '패'는 한 지역을 장악한 패주霸主를 일컫는다. '패'는 곧 '백伯'이다.(패와 백, 두 글자는 통가자通假字다.) '백'은 형제들 중에서 첫째를 뜻하는데, 제후의 우두머리도 '백'이라 하였다. 예를 들어 주周 문왕文王은 원래 서방백西方伯 혹은 서백西伯이라 불렸는데 서쪽 지역西土(오늘날의 산시 성) 안에서 첫째였다. 당시 왕이었던 상왕商王 앞에서는 그도 신하였다.

춘추오패春秋五霸의 '패'도 이런 개념이었다. 예를 들어 제 환공桓公과 진晉 문공文公을 '패'라 했는데 이 '패'가 바로 '서방백'의 '백'과 유사하며 그 당시 왕은 주나라 천자였다. 전국칠웅戰國七雄은 '패'로 불리는 데 만족하지 못하여 다섯 나라는 서로 왕이라 불렀고, 제나라와 진나라는 '제帝'라 일컬었다. 패자가 되어 왕이라 하고 왕이 되어 황제라 일컫게 되면서 '왕'과 '패'의 개념이 비로소 뒤섞였다.

'왕패'는 선진의 옛 서적에도 '패왕'으로 되어 있다.(『좌전』 민공閔公 원년 기록, 『예기禮記』의 「경해經解」, 『맹자』의 「공손추상」 등.) 하지만 이 '패왕'은 '왕패'를 표현하는 방법의 하나였고 당시 '패'와 '왕'은 여전히 병렬관계였다. 나중에 한나라 사람들이 사용한 '패왕'과는 다르다.

사마천은 월왕 구천을 '패왕'이라 불렀고(『사기』 「월왕구천세가越王句踐世家」) 항우를 '서초패왕西楚霸王'이라 일컬었다.(『사기』 「항우본기項羽本紀」) 이러한 '패왕'들이 비로소 요즘의 패왕과 뜻이 비교적 가깝다.

3) "무릇 왕패의 군대가 큰 나라를 친다면 그 나라는 병사를 모을 수 없다. 만약 적에게 위협을 가한다면 적국은 다른 나라와 외교를 할 수 없다夫(霸王)[王霸]之兵, 伐大國, 則其衆不得聚. 威加於敵, 則其交不得合." 여기서 '큰 나라를 친다면 그 나라는 병사를 모을 수 없다'는 것은 '벌병伐兵(군대를 치는 일)'에

속하고 '만약 적에게 위협을 가한다면 적국은 다른 나라와 외교를 할 수 없다'는 것은 '벌교伐交(외교를 치는 일)'에 속한다. 이 두 조목은 떼어놓을 수 없다. 벌병은 벌교에 쓸모가 있고 벌교는 벌병에 또한 쓸모가 있다. '적에게 위협을 가한다'는 말은 실질적인 힘이 뒷받침되는 전략적인 위협을 뜻한다. 전략적 위협은 대국의 '속임수詐'이고 이때 대국의 전략 역시 '속임수'다.

4) "이 때문에 천하의 외교를 다툴 필요가 없고, 천하의 권력을 받들 필요도 없으며, 오직 자신의 능력을 펴서 적에게 위협을 가한다. 그러므로 그 성곽을 빼앗고 그 수도를 파괴할 수 있다是故不爭天下之交, 不養天下之權, 信己之私, 威加於敵. 故其城可拔, 其國可隳." 여기서는 실질적인 힘이 뒷받침된 위협을 강조했다. '교交'는 외교이며 '권權'은 강한 권력이다. 손자는 이렇게 말한다. 천하 각국의 외교적 지지를 쟁취하지 않고 천하의 강한 권력을 섬기지 않는다면, 무엇에 의지할 것인가? 바로 자신의 실력이다. 위 '신기지사信己之私'라는 구절에서 '신信'은 편다는 의미다. 실력만 있다면 우리나라는 자국의 이익에 따라 일을 처리하고, 우리 의지를 적국에 강제할 수 있다. 적국의 성곽을 빼앗고자 하면 바로 빼앗을 수 있고, 그들의 수도를 함락시키려고 생각한다면 바로 그렇게 할 수 있다.

춘추전국 시대에 비로소 국도國都를 '국國'이라고 불렀고 다른 성읍들은 단지 '성城' 또는 '열성列城'이라 불렀다. '휴隳(무너뜨리다, 중국어 발음은 후이hui)'는 '타墮(부서지다)'와 같은데, '타'는 성곽의 벽을 파괴할 때만 쓰는 글자다. 즉 여기서 '국'이란 나라 전체가 아니라, 그 나라 수도를 가리키는 말임을 알 수 있다.

【11.12】

법령에 없는 상을 베풀고, 규정에 없는 명령을 내린다. 전군의 병사를 단
속하면 마치 한사람처럼 부릴 수 있다. 일을 가지고 단속하고, 말로 설명
하지 마라. 이로움으로 단속하고, 해로움을 설명하지 마라. 죽을 땅에 던
져놓은 뒤에야 살릴 수 있고, 죽을 땅에 빠진 뒤에야 살 수 있다. 대개 병
사들은 위험에 빠진 뒤에야 승리를 쟁취할 수 있다.

施無法之賞, 懸無政之令. 犯三軍之衆, 若使一人. 犯之以事, 勿告以言. 犯之以利,
勿告以害. 投之亡地然後存, 陷之死地然後生. 夫衆陷於害, 然後能爲勝敗.

여기서는 '군대를 거느리는 일將軍之事'을 재차 서술하면서 장수가 무엇으로
사병들을 단속하는지 설명했다.

1) "법령에 없는 상을 베풀고, 규정에 없는 명령을 내린다施無法之賞, 懸無政之
令." 이 말은 훌륭한 장수는 상벌이나 명령에 의존하여 사병을 단속하는
것이 아님을 뜻한다. 위험한 환경을 이용해 사병들을 단속하고 구속한다.
무엇이 '법령에 없는 상'이고 '규정에 없는 명령'일까? 그것은 바로 다음 구
절에 나오는 '망지亡地'와 '사지死地', 즉 '죽을 땅'이다.

2) "전군의 병사를 단속하면 마치 한사람처럼 부릴 수 있다. 일을 가지고 단
속하고, 말로 설명하지 마라. 이로움으로 단속하고, 해로움을 설명하지 마
라犯三軍之衆, 若使一人. 犯之以事, 勿告以言. 犯之以利, 勿告以害." 이는 장수가 전군
의 무리를 한사람처럼 관리하는 일에 대한 설명이다. 주된 요령은 두가지
다. 하나는 자신이 무엇을 말하는가가 아닌 무슨 일을 하는가가 중요하다
는 것이다. 또 하나는 병졸들과는 좋은 점만을 이야기하고 나쁜 점을 말

하지 않는 것이다. '범犯'은 범范(틀)자와 같으며, 단속한다는 의미다.

3) "죽을 땅에 던져놓은 뒤에야 살릴 수 있고, 죽을 땅에 빠진 뒤에야 살 수 있다投之亡地然後存, 陷之死地然後生." 이 말은 사병들을 위험한 지경에 던져넣고 궁지에 빠뜨려서, 그들이 운 좋게 도망쳐서 살아남으려는 생각을 하지 못하게 해야 한다는 뜻이다. 그래야 비로소 그들이 분투하여 적을 죽일 수 있다.

4) "대개 병사들은 위험에 빠진 뒤에야 승리를 쟁취할 수 있다夫衆陷於害, 然後能爲勝敗." 이 구절은 사병들을 위험한 곳에 빠뜨리면 그제야 능히 적들과 결전을 벌여 승부를 결정지을 수 있다는 말이다.

【11.13】

그러므로 전쟁의 일은 적의 의도를 상세히 파악하여,9 은밀히 적을 뒤따르다가, 한 방향으로 몰아가 천 리 바깥의 적장을 살해하는데, 이것이 교묘하게 일을 이룬다는 말이다. 그러므로 작전을 개시하는 날에는 국경의 관문을 차단하고 통행증을 폐기하고, 적국 사절의 왕래를 금지하며, 조정에서 장수를 격려하고 일을 맡긴다. 적군이 문을 열면 반드시 재빨리 쳐들어가야 한다. 먼저 적이 좋아하는 곳을 차지하고 은밀하게 적을 기다려, 먹실로 줄을 치듯 적을 뒤쫓아 작전을 결행해야 한다. 이 때문에 시작은 마치 처녀처럼 하여 적군이 문을 열면 도망가는 토끼처럼 적이 미처 항거할 틈이 없도록 해야 한다.

故爲兵之事, 在於順詳敵之意, 並敵一向, 千里殺將, 是謂巧能成事. 是故政擧之日, 夷關折符, 無通其使, 厲(勵)於廊廟之上, 以誅其事. 敵人開闔, 必亟入之. 先其所愛, 微與之期, 踐墨隨敵, 以決戰事. 是故始如處女, 敵人開戶, 後如脫兔, 敵不及拒.

마지막의 이 장은 주의해서 살펴야 한다.

이 부분은 「구지」편의 마지막 장이면서 제3부의 마지막 장이기도 하다. 『손자』 전체로 봤을 때 여기에 이르면 기본적인 설명은 이미 끝났다고 할 수 있다. 이다음에 나오는 두 편은 단지 보충에 지나지 않는다.

앞 장에서 이미 진군에 대해 설명을 했다. 자기 나라에서 적국으로 이동하는 데는 얕은 곳에서 깊은 곳으로, 바깥에서 안으로 들어간다. 긴 거리를 산을 넘고 물을 건너 적국의 심장부에 도달해 이제 최후의 지점, 최후의 시각에 이르렀다. 목표가 이미 드러났으며 결전은 금방이라도 시작된다. 남은 것은 오직 한 글자, '타打(공격)'뿐이다.

앞서 '기동'에 대해 설명했는데, 여기서는 '공격'에 대해 설명한다. 가장 마지막으로 '전쟁'을 수행하는 것이다. 여기서는 최후의 결전을 설명한다. 손자는 결전에 대해 주로 두 가지 사항을 말하는데 하나는 은폐성, 다른 하나는 돌연성이다. 마치 저격수가 적이 볼 수 없도록 숲속에 숨어, 목표물을 겨누고 금방이라도 방아쇠를 당길 준비를 하는 것과 같다.

이 장은 다섯 단계로 나눌 수 있다.

1) "그러므로 전쟁의 일은 적의 의도를 상세히 파악하여, 은밀히 적을 뒤따르다가, 한 방향으로 몰아가 천 리 바깥의 적장을 살해하는데, 이것이 교묘하게 일을 이룬다는 말이다故爲兵之事, 在於順詳敵之意, 並敵一向, 千里殺將, 是謂巧能成事." 이 말은 적과 결전을 할 경우 반드시 교묘함이 필요하다는 뜻이다. 그 교묘함이 곧 은폐성과 돌연성이다. '적의 의도를 상세히 파악하여, 은밀히 적을 뒤따르다가, 한 방향으로 몰아간다'는 말은 적의 의도를 분명하게 파악하여 은밀히 적의 뒤를 밟는 것으로 은폐성을 의미하고, '천 리 바깥

의 적장을 살해한다'는 말은 천 리 밖에서 갑자기 적군 앞에 나타나 상대 장수를 살해한다는 것으로 돌연성을 의미한다. '전쟁의 일'을 뜻하는 위병지사爲兵之事의 '사事'나 '교묘하게 일을 이룬다'는 뜻의 교능성사巧能成事의 '사'는 모두 최후의 결전을 의미한다.

2) "그러므로 작전을 개시하는 날에는 국경의 관문을 차단하고 통행증을 폐기하고, 적국 사절의 왕래를 금지하며, 조정에서 장수를 격려하고 일을 맡긴다是故政舉之日, 夷關折符, 無通其使, 厲(勵)於廊廟之上, 以誅其事." 이는 결정된 책략의 은폐성을 설명한다. '그러므로 작전을 개시하는 날에는 국경의 관문을 차단하고 통행증을 폐기하고, 적국 사절의 왕래를 금지한다'는 것은 일단 개전이 결정되면, 국경의 모든 길목을 차단하고 왕래에 사용하는 통행증을 정지시키고 양국 사절의 왕래를 끊어서 우리 측의 움직임이 절대적으로 비밀 보장이 되도록 해야 한다는 뜻이다. '조정에서 장수를 격려하고 일을 맡긴다'는 말은 군주가 묘당에서 장수를 향해 최후의 당부를 부탁하고 다시 한번 격려를 해 그가 반드시 성공할 수 있도록 한다는 것이다. '낭묘廊廟'는 조정이고 '주誅'는 일임한다는 뜻이며 '일을 맡긴다以誅其事'는 구절에서 '사事'는 역시 최후의 결전을 가리킨다.

3) "적군이 문을 열면 반드시 재빨리 쳐들어가야 한다敵人開闔, 必亟入之"는 말은 진격의 은폐성을 뜻한다. '적군이 문을 열다'라는 말은 곧 적이 문을 개방하는 것이다. 합闔(중국어 발음은 허hé)은 출입문이고 '개합開闔'은 바로 뒤 구절에 나오는 '개호開戶'를 의미한다. 이는 적이 일단 문을 열면 신속히 뚫고 들어가야 한다는 것이다.

4) "먼저 적이 좋아하는 곳을 차지하고 은밀하게 적을 기다려, 먹실로 줄을 치듯 적을 뒤쫓아 작전을 결행해야 한다先其所愛, 微與之期, 踐墨隨敵, 以決戰

事." 이 말은 도달의 은폐성을 뜻한다. '먼저 적이 좋아하는 곳을 차지한다'는 말은 앞 장(11.2)에서 말한 "먼저 적이 아끼는 것을 빼앗는다先奪其所愛"와 같은 것으로 적이 가고자 하는 지역에 적보다 먼저 도달한다는 뜻이다. 「군쟁」 편에서 설명한 양 군의 승리 다툼이 바로 이 '선점先'을 다투는 것으로, 선점을 해야 비로소 승산이 있다. '은밀하게 적을 기다린다'는 말은 어두운 곳에서 적군이 오는 것을 기다린다는 것이고 '먹실로 줄을 치듯 적을 뒤쫓는다'는 적군의 행군 노선을 따라 마치 목수가 먹줄로 그린 선을 따라 목재를 톱질하듯 팽팽하게 적을 바짝 뒤쫓는다는 말이다. '작전을 결행해야 한다'는 최후에 이루어지는 적과의 결전을 뜻한다.

5) "이 때문에 시작은 마치 처녀처럼 하여 적군이 문을 열면, 도망가는 토끼처럼 적이 미처 항거할 틈이 없도록 해야 한다是故始如處女, 敵人開戶, 後如脫兎, 敵不及拒." 이 문장은 공격 개시의 은폐성과 돌연성을 설명한다. '시작은 마치 처녀처럼 한다'는 아직 공격 개시가 이루어지지 않은, 아주 조용한 순간을 의미한다. 그것은 마치 아직 출가하지 않은 처녀가 수줍음을 띠고 겁을 먹은 모습과 같아, 역시 은폐성과 돌연성이 필요하다. '도망가는 토끼처럼 한다'는 말은 일단 공격을 개시하면 오히려 후다닥 달아나는 토끼와 같이, 막으려 해도 전혀 막을 수 없는 상황을 뜻한다. 하나는 그 정적인 상태를 비유했고, 다른 하나는 동적인 상태를 비유했다. 정靜은 은폐성이고 동動은 돌연성이다.

앞서 「세」 편에 다음과 같은 말이 있었다. "세는 마치 활시위를 팽팽하게 당긴 쇠뇌와 같고, 절節(타이밍)은 마치 쇠뇌를 격발시킨 것 같다勢如張弩, 節如發機." "그 세는 험준하며, 그 절은 짧다其勢險, 其節短." 여기서의 설명은 이러한 비유들과 아주 유사하다.

　　『손자』 전체 문장의 서술법도 이와 같다. 그것은 정적인 상태에서 동적인 상태로 이동한다. 여기에 이르러서 비로소 손자는 토끼를 놓아주는 비유를 들었다.

제8편

구변九變 :: 병법가는 고지식함을 가장 싫어한다

젊었을 때 나는 『손자』를 읽고 「구변」 편에 관해서 다음과 같은 인상을 받았다.

(1) 『손자』 열세 편 가운데 가장 짧다

　　『손자』는 송대에 세 가지 판본이 있었는데 모두 6000자 정도였다.(한 권은 5967자, 다른 한 권은 5965자, 나머지 한 권은 6007자다.) 그런데 『손자』 안에서 어느 편이 가장 길고 어느 편이 가장 짧을까? 답을 말하자면 「구지」 편이 가장 길고 「구변」 편이 가장 짧다. 「구지」는 1059자 또는 1070자로 전 권의 약 17.7퍼센트를 차지한다. 「구변」 편은 240자 또는 248자로 전체의 약 4퍼센트다. 후자는 전자의 4분의 1에도 미치지 못한다.[1]

(2) 『손자』 열세 편 가운데 가장 혼란스럽다

　　이 편의 문장은 네 개의 작은 장으로 이루어져 있는데, 각 장은 독립적이고 설명이 제각각이다. 기승전결이 없고 문장의 앞뒤가 서로 이어지지도 않는다. 앞의 글과 뒤의 글이 어떤 관계인지, 모두가 명확하지 않다고 말한다.

(3) 『손자』 열세 편 가운데 가장 이상하다

첫 번째 이상한 점은, 이 편 문장의 첫 장이 열세 구인데 앞 세 구는 이미 「군쟁」 편에 나온 것이다. 「군쟁」 편의 첫 다섯 구는 이렇다. '대개 군대를 운용하는 방법은 장수가 군주의 명령을 받들어 군대를 편성하고 백성을 소집한다. 최전방에 도달하여 적군과 대치하는 데 군쟁보다 어려운 일은 없다凡用兵之法, 將受命於君, 合軍聚衆. 交和而舍, 莫難於軍爭.' 「구변」 편에는 이 중 앞 세 구만 보인다. 마치 절반이 끊어진 듯이 완전하게 설명하지 못하고, 뒤 문장과 문맥이 연결되지도 않는다.

두 번째 이상한 점은, 이어서 나오는 열 구 중 앞쪽 다섯 구가 다섯 가지 전투 지형에 대한 대책을 설명한 것인데, 이것이 한 부분을 이루고, 뒤쪽 다섯 구는 다섯 가지 변통을 설명했는데, 이것이 또 한 부분이다. 앞쪽 다섯 구는 분명히 「구지」 편을 베낀 것으로, 자구字句와 순서에 차이는 있지만 「구지」 편과의 관련성이 의심할 나위 없이 명백하다.

세 번째 이상한 점은, 이 「구변」 편 문장의 두 번째 장에 있다. '구변九變'과 '오리五利'라는 두 단어가 등장하는데 이것들이 각각 무엇인지 원문에 그 설명이 없다. 그래서 연구자들은 「구변」 편을 왜 '구변'이라 했는지 그 제목조차 명확하게 설명하지 못한다.

이 편의 문장을 어떻게 읽어야 할지는 뒤에서 다시 토론하겠다. 여기서는 두 구만 제시했는데, 간단히 힌트만 밝혀놓은 셈이다.

다음을 주목해보자.

1) 「구변」 편의 '구변'은 바로 「구지」 편에 나오는 '구지의 변화九地之變'로, 여기서는 그중 네 종류를 설명했다. 많이 보이는 '절지絕地에서는 머물러서는

안 된다絕地無留'는 말도 「구지」 편의 개념으로, 역시 모두 「구지」 편과 관련

이 있다.

2) '오리五利'는 여기서 말하는 다섯 종류의 '하지 않을 것有所不'으로, 「구지」

편에서는 이것을 '굴신의 이득屈伸之利'이라고 했다.

3) '오위五危'는 '오리'와 반대다. '오리'는 '하지 않을 것'이고 '오위'는 무엇인가

를 '하지 않으면 안 된다는 것'이다.

앞에서도 언급했는데, 병가는 도전과 응전의 개념을 일종의 사유 방식으로

바탕에 깔고 있다. 즉 격렬하게 대항하면서도 자신의 판단을 부단하게 조정해

나가는데, '변變'은 그들이 가진 한 가지 큰 특징이다. 무엇을 '변'이라 하는가?

'변'이란 고지식함을 버리는 것, 무엇인가 하지 않으면 안 된다고 생각하지 않

고, 융통성이 있으며, 변통할 줄 아는 것을 말한다. 이것이 「구변」 편의 가장 중

요한 내용이다.

나는 「구변」 편을 네 장으로 나눈다.

제1장은 '구지의 변九地之變'(일부)과 다섯 가지 '하지 않을 것有所不'을 설명했다.

제2장은 '구변九變'과 '오리五利'를 설명했다.

제3장은 '지혜로운 자의 생각'을 설명했다.

제4장은 '장수가 지닌 다섯 가지 위험'을 설명했다.

【8.1】

손자가 말했다. 대개 용병의 방법은 장수가 군주의 명령을 받들어 군대를

편성하고 병사를 소집한다. 범지에서는 주둔하지 않고, 구지에서는 외교를

잘해야 한다. 절지에서는 머무르지 않고, 위지에서는 계책을 내고, 사지에

서는 싸워야 한다. 길에는 통과해서는 안 될 길이 있고, 군대에는 공격해
서는 안 될 군대가 있다. 성곽도 공격하지 말아야 할 곳이 있고, 땅도 뺏어
서는 안 될 곳이 있으며, 군주의 명령도 듣지 말아야 할 명령이 있다.

孫子曰: 凡用兵之法, 將受命於君, 合軍聚衆. (圮)[氾]地無舍, 衢地合交. 絶地無
留, 圍地則謀, 死地則戰. 途有所不由, 軍有所不擊. 城有所不攻, 地有所不爭, 君命
有所不受.

제1장은 열세 구절이다. 이는 아래와 같이 세 부분으로 나눌 수 있다.

(1) 첫 세 구절

"대개 용병의 방법은 장수가 군주의 명령을 받들어 군대를 편성하고 병사를
소집한다凡用兵之法, 將受命於君, 合軍聚合."이 세 구절과 「군쟁」편의 첫머리는 똑같
다. 「군쟁」편의 첫머리 다섯 구절은 이렇다. "대개 군대를 운용하는 방법은 장
수가 군주의 명령을 받들어 군대를 편성하고 병사를 소집한다. 최전방에 도달
하여 적군과 대치하는 데 군쟁보다 어려운 일은 없다凡用兵之法, 將受命於君, 合軍
聚衆. 交和而舍, 莫難於軍爭."이 다섯 구절은 전체 전쟁 과정, 즉 '장수가 군주의 명
령을 받들어 군대를 편성하고 병사를 소집'하는 과정부터 '최전방에 도달하여
적군과 대치하기'까지의 모든 일 중에서 군쟁이 가장 어렵다는 뜻이다. 이 장
은 의미가 매우 완전하고 그 뜻도 매우 일관성 있다. 그러나 여기서 뒤쪽 두 구
절을 뺀다면 의미는 불완전해지며 그다음 문장과도 연결될 수 없다. 이 점에서
「구변」편의 이 장은 문제가 있다. 중복 출현이 아니라면 문장 일부가 빠진 것
이다.

(2) 다음 다섯 구절

"범지에서는 주둔하지 않고, 구지에서는 외교를 잘해야 한다. 절지에서는 머무르지 않고, 위지에서는 계책을 내고, 사지에서는 싸워야 한다(圮)[汜]地無舍, 衢地合交, 絕地無留, 圍地則謀, 死地則戰."이 다섯 구절은 「구지」 편에 나온 '구지의 변'과 매우 유사하다. 「구지」 편이 설명한 '구지의 변'은 이렇다. "이 때문에 산지에서는 싸우지 말고, 경지에서는 멈추지 말고, 쟁지에서는 공격하지 말고, 교지에서는 끊어지지 않도록 하고, 구지에서는 외교를 잘하고, 중지에서는 약탈하며, 범지에서는 신속히 통과하고, 위지에서는 계책을 세우며, 사지에서는 싸워야 한다是故散地則無戰, 輕地則無止, 爭地則無攻, 交地則無絕, 衢地則合交, 重地則掠, (圮)[汜]地則行, 圍地則謀, 死地則戰."여기서는 그중 네 구절을 뽑은 뒤 '절지에서는 머무르지 않는다'라는 구절을 추가했다. 둘을 대조해보면 [표 5]와 같다.

[표 5]

「구변」 편	「구지」 편
범지에서는 주둔하지 마라 (圮)[汜]地勿舍.	범지에서는 신속히 통과하라 (圮)[汜]地則行.
구지에서는 외교를 잘해야 한다 衢地合交.	구지에서는 외교를 잘하라 衢地則合交.
절지에서는 머무르지 마라絕地無留.	죽간본: 쟁지에서는 머무르지 마라 爭地則無留. 현행본: 나라를 떠나 국경을 넘어 싸우는 곳은 절지다 去國境而師者, 絕地也.
위지에서는 계책을 내라 圍地則謀.	위지에서는 계책을 내라 圍地則謀.
사지에서는 싸워야 한다 死地則戰.	사지에서는 싸워야 한다 死地則戰.

1) '범지(圮)[氾]地'행은 「구변」 편의 '주둔하지 마라勿舍'와 「구지」 편의 '통과하라則行'가 서로 뜻이 같다.

2) '구지衢地'행은 「구변」 편과 「구지」 편이 기본적으로 같다. 「구지」 편에 '즉則' 한 자가 더 많다.

3) '절지絶地'행의 경우 절지가 '구지九地'에는 들어 있지 않으며 「구지」 편 안에서 하나의 단어로 등장한다. 즉 「구지」 편에는 「구변」 편에 보이는 '절지에서는 머무르지 마라'는 구절이 없다. 다만 '나라를 떠나 국경을 넘어 싸우는 곳은 절지라 한다'는 문장이 있는데, 여기서 절지는 모든 객지客地의 통칭이다. '머무르지 마라'는 말도 「구지」 편의 죽간본에 보인다. 다만 '쟁지에서는 머무르지 말라'고 되어 있다. 어쨌든 이 역시 「구지」와 관련이 있다.

4) '위지圍地'행은 완전히 같다.

5) '사지死地'행은 완전히 같다.

이 장은 '구지'가 완전하지 않다. 산지·경지·쟁지·교지·중지 다섯 지형이 제시되지 않았고, 차례도 다르다. 구지 중 네 지형에 '절지'를 덧붙여 모두 다섯 지형이 되었다.

(3) 마지막 다섯 구절

"길에는 통과해서는 안 될 길이 있고, 군대는 공격해서는 안 될 군대가 있다. 성곽도 공격하지 말아야 할 곳이 있고, 땅도 뺏어서는 안 될 곳이 있고, 군주의 명령도 듣지 말아야 할 명령이 있다途有所不由, 軍有所不擊, 城有所不攻, 地有所不爭, 君命有所不受."

이 다섯 개의 '하지 않을 것有所不'에 대한 부분은 위 다섯 구절과는 구의 형식도 내용도 완전히 다르다. 이 구절들은 서로 병렬관계로 갈라놓을 수 없다. 이른바 '하지 않을 것'을 일반적인 관례와 관련하여 설명한 것이다. 관례란 길에서는 달려야 하고, 군대는 공격해야 하며, 성곽은 공략해야 하고, 땅은 빼앗아야 하며, 군주의 명령은 절대로 복종해야 함을 말한다. 반면 이 다섯 구절은 관례와 상반된 것으로, 항목마다 예외적이라 할 수 있다. '하지 않을 것'과 '반드시必'는 완전히 상반된다.

위의 세 부분 가운데 첫째 부분의 세 구절은 내용이 오묘하여 그 뜻을 설명할 수 없으므로 여기서는 다루지 않고 그다음 열 구절에 대해 논의하기로 한다. 이 열 구절은 조조의 주석에 두 가지 다른 해석이 있다.

하나는 '구변설九變說'이다. 조조는 "바른 방법을 변통하면 아홉 가지를 이용할 수 있다變其正, 得其所用九也"고 했다. 이 말의 뜻은 명확하지 않다. 왕석王晳은 "조조가 무엇을 아홉이라 했는지 모르겠다. 어떤 사람은 이를 아홉 지형의 변통이라고 한다不知曹公謂何爲九. 或曰, 九地之變也"고 했다.[2]

또 하나는 '오변설五變說'인데, 조조는 다음과 같이 말했다. "아래 다섯 가지 일을 말한다. '구변'이란 '오변'이라고도 한다謂下五事也. 九變, 一云五變." 이 말의 의미 역시 명확하지 않은데, 장예張預는 이렇게 설명했다. "조조가 말한 '아래 다섯 가지 일'은 오리五利라고 하는 것이다. 그것은 구변 아래의 다섯 가지 일을 말한 것이지 '이해관계를 함께 생각한다雜於利害'는 문장 아래의 다섯 가지 일을 말한 것이 아니다曹公言, 下五事爲五利者, 謂九變之下五事也, 非謂雜於利害已下五事也"라고 했다. 그는 이 열 구절에서 앞 다섯 구절이 '오변變', 뒤 다섯 구절이 '오리利'라고 생각했다.[3]

『십일가주손자十一家注孫子』를 읽어보면 당송唐宋 주석가가 크게 두 파로 나뉜다는 사실을 어렵지 않게 발견할 수 있다. 그들의 논조는 서로 다르지만 기본적으로 어느 쪽이나 빙빙 돌려서 애매하게 말하는 경향이 있다.

1) '구변일결九變一結'설

이전, 가림賈林, 하연석何延錫 등이 주장했다. 이들은 열 구절에서 앞 아홉 구절이 '구변'이고 마지막 한 구절은 결론이라고 보았다. 먼저 구변은 이렇다. '범지에서는 주둔하지 않고, 구지에서는 외교를 잘해야 한다. 절지에서는 머무르지 않고, 위지에서는 계책을 내고, 사지에서는 싸워야 한다. 길에는 통과해서는 안 될 길이 있고, 군대는 공격해서는 안 될 군대가 있다. 성곽도 공격하지 말아야 할 곳이 있고, 땅도 뺏어서는 안 될 곳이 있다.' 그리고 일결, 즉 하나의 결론은 '군주의 명령도 듣지 말아야 할 명령이 있다'라는 구절이다.

2) '오변오리五變五利'설

매요신梅堯臣, 장예張預, 정우현鄭友賢 등이 주장했다. 이들은 열 구절 중에서 앞쪽 다섯 구절은 '오변'이라고 생각하고, 뒤쪽 다섯 구절은 '오리'라고 생각했다. 오변은 다음과 같다. '범지에서는 주둔하지 않고, 구지에서는 외교를 잘해야한다. 절지에서는 머무르지 않고, 위지에서는 계책을 내고, 사지에서는 싸워야한다.' 오리는 다음과 같다. '길에는 통과해서는 안 될 길이 있고, 군대는 공격해서는 안 될 군대가 있다. 성곽도 공격하지 말아야 할 곳이 있고, 땅도 뺏어서는 안 될 곳이 있고, 군주의 명령도 듣지 말아야 할 명령이 있다.'

'구변일결九變一結'설은 '구변'에 대한 조조의 주석에서 발전되어 나온 것이다.

'오변오리五變五利'설은 '오변'에 대한 조조의 주석에서 발전되어 나온 것이다.

이 두 설은 모두 「구변」 편이 「구지」 편과 관련되어 있다는 점에 주목했다. '구변'은 바로 '구지의 변變'이고 '오변'은 '구변'에서 발췌한 것이다.(다만 차이는 있다.)

이런 주장 외에 또 하나의 주장이 있는데 그것은 송대 이후의 새로운 해석이다. 의견을 제시한 사람은 원대元代의 장분張賁이고, 그것을 발전시킨 사람은 명대明代의 유인劉寅과 조본학趙本學이다. 이 새로운 주장은 '착간錯簡'설이라 부른다.

장분의 주석을 담은 서적은 이미 전해지지 않는다. 하지만 그의 주장은 유인의 책에 보존되어 있다. 유인의 책은 『무경칠서직해武經七書直解』인데, 보통 『직해直解』라고 줄여 부른다. 조본학의 책은 『손자교해인류孫子校解引類』인데, 보통 『교해校解』라고 줄여 부른다.

유인 등은 의리를 중시하고 '구절마다 해석有一句解一句'(『직해』「손무자孫武子·구변」)하는 것에 반대했는데 이 점이 그들의 장점이었다. 그러나 그들은 이치에 따라 과감한 교감校勘을 시도하는 이교법理校法을 따라 옛 책을 멋대로 고쳤기 때문에 따를 수 없다.

이들은 고서를 읽는 데 어떤 신념을 지니고 있었다. 즉, 문장은 옛사람들이 썼건 지금 사람들이 썼건 상관없이 문맥이 통하고 조리가 있어야 한다는 것이다. 읽어서 통하지 않는 곳이 있다면 틀림없이 '착간'의 문제가 있을 것이라고 판단했다. 고대의 서적은 죽간을 사용해 묶었는데 이를 오랫동안 사용하다보면 묶었던 죽간이 풀려서 어지럽게 흩어질 수밖에 없다. 그러면 다시 묶는데 그때 죽간의 순서가 바뀌어 잘못된 위치로 옮겨진 죽간은 읽어도 뜻이 통하지 않게 된다. 이것이 바로 착간이다.

문장에 착간이 있다면 어떻게 해야 할까? 그들이 생각하는 방법은 아주 간단했다. 문장의 짜임새를 살펴 복원하는 것이다. 중복해서 나온 문구는 삭제하고 '불합리'하게 놓인 부분은 옮겨야 한다.('합리'적인 위치로 이동시킨다.) 마땅히 합쳐야 할 곳은 역시 합쳐야 한다. 이런 방식으로 계속 고쳐나가 '문장이 통하고 조리가 있게文通字順' 만든다.

착간설은 당송 시대의 주석가와는 관점이 다르다. 유인 등이 주목한 것은 「구변」 편과 「구지」 편의 관계가 아니라 「구변」 편과 「군쟁」 편의 관계였다. 그들의 견해는 다음과 같다.

1) 「구변」 편 첫 장의 앞쪽 세 구절 "대개 용병의 방법은 장수가 군주의 명령을 받들어 군대를 편성하고 병사를 소집한다凡用兵之法, 將受命於君, 合軍聚衆"는 「군쟁」 편에 이미 나왔다. 첫 한 구절은 『손자』 매 편 첫머리에서 설명하는 말이므로 놔두어도 좋지만 그 외 두 구절은 「군쟁」 편의 '착간'이므로 삭제해야 한다.

2) 이 세 구절 뒤에 다섯 구절 "범지에서는 주둔하지 않고, 구지에서는 외교를 잘해야 한다. 절지에서는 머무르지 않고, 위지에서는 계책을 내고, 사지에서는 싸워야 한다(圮)[氾]地無舍, 衢地合交, 絶地無留, 圍地則謀, 死地則戰"에서 '절지에서는 머무르지 않는다'를 제외한 다른 네 구절은 모두 「구지」에 나오므로 역시 「구지」 편의 착간이 분명하다. 따라서 삭제해야 한다.

3) 앞쪽의 구절을 삭제하면 「구변」 편 첫 장은 다음과 같이 일곱 구절만 남는다. "대개 용병의 방법은 (…) 절지에서는 머무르지 않고 (…) 길에는 통과해서는 안 될 길이 있고, 군대는 공격해서는 안 될 군대가 있다. 성곽도 공격하지 말아야 할 곳이 있고, 땅도 뺏어서는 안 될 곳이 있고, 군주의 명령도 듣지 말아야 할 명령이 있다凡用兵之法 (…) 絶地無留 (…) 途有所不由, 軍有所不擊, 城有所不攻, 地有所不爭, 君命有所不受."

그렇다면 무엇이 '구변'인지 하는 문제가 생긴다. 이에 대해 그들은 「군쟁」 편의 마지막 한 장을 이용해서 보충할 수 있다고 말한다. 「군쟁」 편 마지막 여덟 구절은 다음과 같다. "높은 언덕에 있는 적은 대항하지 말고, 언덕을 등지고 있는 적은 공격하지 말며, 거짓으로 달아나는 적은 쫓지 말고, 맹렬한 적은 공격하지 말며, 미끼로 유인하는 적에게는 속지 말고, 퇴각하는 적은 막지 말며, 포위된 적에게는 빈틈을 남겨주고, 궁지에 몰린 적은 압박하지 말아야 한다高陵勿向, 背丘勿逆, 佯北勿從, 銳卒勿攻, 餌兵勿食, 歸師勿遏, 圍師必闕, 窮寇勿迫."

이들 각 구절과 '절지에서는 머무르지 않는다絶地無留'는 문장의 구조가 서로 비슷하다. 그들은 「군쟁」 편과 「구변」 편이 서로 이웃해 있으니, 「군쟁」 편 끝 부분과 「구변」 편 서두를 연결하면 혼란을 쉽게 해결할 수 있다고 했다. 즉 「군쟁」의 여덟 구절을 「구변」 편의 착간이라고 단정한 셈인데, 이 여덟 구절을 「구변」 편으로 옮겨서 '대개 용병의 방법은凡用兵之法'과 '절지에는 머무르지 않는다絶地無留' 사이에 두면 '구변'이 완성된다는 것이다.

『직해』와 『교해』는 영향력이 매우 커서, 중국뿐만 아니라 일본에도 영향을 끼쳤다. 매우 많은 주석본이 모두 이런 수정을 반영했다. 하지만 이런 주장은 사실 전혀 정확하지 않다. 과거 논의의 문제점을 평가하자면 다음과 같다.

'구변일결설'은 적합하지 않다. 원문 열 구절은 분명히 '앞 다섯 구절, 뒤 다섯 구절'의 구조다. 아홉 개 구절에 한 구절이 더해졌다고 볼 만한 근거는 없다. 게다가 이렇게 하면 '오리'는 어디에 둘지도 문제다.

'오변오리설'은 구변일결설에 비하면 조금 낫지만 '구지의 변'에서 오변을 뽑아내 「구지」 편과 다시 합친다면, 「구변」 편을 독립시킬 의미가 어디에 있겠는가? 게다가 뽑아낸 것이 어떻게 그 모집단보다 오히려 앞에 있을 수 있는가? 이것도 문제다.

마지막으로 '착간설'은 매우 주관적이며 독단적이다. '절지에서는 머무르지 않는다'라는 구절이 비록 원형 그대로 「구지」 편에 있지는 않지만 「구지」 편에 있는 단어이고 「구지」 편과 관련성이 있음은 부인할 수 없다. 게다가 「군쟁」 편의 말미가 「구변」 편의 첫머리라는 추측은 전혀 근거가 없다.

옛사람들의 주장 가운데 무엇이 맞고 무엇이 그른가? 전해지는 텍스트를 살펴볼 필요도 있지만, 출토된 텍스트도 봐야 한다. 현재 이미 출토된 인췌산 한간이 우리의 인식을 바로잡아주는 데 도움이 된다. 이에 근거하여 나의 인상을 소개해보겠다.

첫째, 죽간본 「군쟁」 편은 뒷부분이 비록 완전치 않지만 가장 마지막 한 간簡이 남아 있는데, 거기에는 다음과 같은 말이 적혀 있다. "언덕을 등지고 있는 적은 공격하지 말며, 거짓으로 달아나는 적은 쫓지 말고, 포위된 적은 빈틈을 남겨주고, 퇴각하는 적은 막지 말라. 이것이 용병의 방법이다倍(背)丘勿迎, 詳(佯)北勿從, 圍師遺闕, 歸師勿遏, 此用衆之法也." 이것으로 증명할 수 있는 사실은 「군쟁」 편 마지막 여덟 구절이 절대 「구변」 편의 착간이 아니라는 점이다. 이를 통해 장분과 유인과 조본학의 수정은 성립하지 못함을 알 수 있다.

둘째, 죽간본 중에는 「구변」 편과 대응하는 한 편의 제목이 보이지 않는다. 자구도 온전하지 않고 매우 심하게 손상되어 있다. 편 제목이 적혀 있었을 목독木牘에도 제목이 남아 있지 않다. 그런데 남아 있는 자구를 보면 현행본과 비슷하다. 내 추측으로는 아마 전한前漢 시대 초기에도 죽간본이 이미 현재의 이런 형태였을 것이다.

셋째, 인췌산 한간은 일실된 편이 하나 있는데 그 편을 「사변四變」이라 부른다. 이를 정리한 사람은 이것이 『오손자吳孫子』의 일실된 편이라고 한다. 제목 「사변」은 정리한 이가 내용에 근거해 붙인 것으로 원래의 편명은 아니다.

이 편은 주로 "길에는 통과해서는 안 될 길이 있고, 군대는 공격해서는 안 될 군대가 있다. 성곽도 공격하지 말아야 할 곳이 있고, 땅도 뺏어서는 안 될 곳이 있고, 군주의 명령도 듣지 말아야 할 명령이 있다途有所不由, 軍有所不擊, 城有所不攻, 地有所不爭, 君命有所不受"는 내용을 해설했는데, 조항마다 한 장이다. 마지막 다섯 번째 구절에 대한 원문 해설은 다음과 같다. "군령에 이러한 네 가지 응변에 반대되는 것이 있다면 군주의 명령이라도 행하지 않는다軍令有反此四變者, 則不行也." 이런 해석은 이전 등의 '구변'설과 어느 정도 비슷하다. 이들 역시 '군주의 명령에도 듣지 말아야 할 명령이 있다'는 구절을 앞쪽 네 구절에 대한 맺는말로 보았다.

그러나 여기서는 단지 다섯 구절만을 언급했을 뿐 「구변」 편의 다른 부분은 포함하지 않았다. 즉 그 설명은 '사변'에 대한 것이지 역시 '구변'은 아니다. 나는 그것을 「구변」 편의 주석으로 본다. 이 주석은 조조의 주석보다는 이르지만 「구변」 편의 원문보다는 늦다.

착간을 언급했으니 몇 마디 덧붙이겠다. 이 말을 사람들이 함부로 쓰는 것은 사실 큰 문제다. 고문헌을 연구하는 매우 많은 사람이 이 단어를 즐겨 사용하며 특히 고서를 교감하는 데 이용한다. 그들은 표면적으로 문구의 위치가 옳지 않게 보이면 일률적으로 '착간'이라고 부른다. 이는 잘못된 사용법이다.

죽간으로 된 책을 베껴 쓸 경우, 모두 한 간 한 간씩 이어서 쓴다. 앞쪽 간의 마지막 부분은 다음 간의 머리 부분으로 이어진다. 간마다 쓸 수 있는 글자 수는 대략 서로 같다. 만약 간 묶음이 풀어져서 어지럽게 섞였다가 다시 묶게 될 경우, 마치 출토된 간책을 정리하는 것처럼 전혀 관련이 없는 두 간이 서로 연결될 수 있다. 그럴 경우 한 간의 끝 부분과 다른 간의 머리 부분을 이어서 읽어야 하는데, 거의가 읽을 수 없다. 매우 낮은 확률로 극히 일부의 간이 우연히 들어맞는 경우를 제외하면 전혀 이어서 읽을 방법이 없다. 이런 것이 진정한 의미의 착간이다.

현재 쓰는 '착간'이라는 단어의 사용법은 그 유래가 오래되었지만, 잘못된 것이다. 잘못이 거듭되다가 결국 그것이 옳은 것처럼 되어버려서 이제는 고칠 방법이 없다. 모두가 말하는 '착간'은 사실 착간이 아니라 장章과 구句가 분리된 것뿐이다.

그것은 본래 일정한 순서에 따라 엮어놓은 것을 단락 단락 분해하여 다시 조립하기 때문에 각 간簡의 위치와 순서는 근본적으로 무관하다.[4] 우리가 알아야 할 것은 고서의 최소 단위는 글자이고 그다음 조금 큰 것은 구, 그다음은 장(장절 또는 장)이라는 점이다. 고서는 모두 글자를 연결해 구를 만들고, 구를 연결해 장을 만들고, 장을 연결해 편을 만들고 편을 연결하여 서적書을 만들었다. 편과 편은 분리해 쓰고, 장과 장은 분리해서 쓰기도 하며 장구章句에 사용하는 부호를 표시해 이어 쓰기도 한다. 다만 동일한 장 속의 구와 구는 완전히 이어서 쓴다.

선진 시대의 고서는 연대가 비교적 늦은 일부 작품을 제외하고는 대부분의 글이 본래 온전하지 않은 장구章句를 모은 것이라 편집이 기록보다 훨씬 중요했다. 이런 문장은 종종 긴밀하게 연결되지 않고 맥락이 끊겨 있어 분해하기도 쉽고 조립하기도 쉽다. 그것은 지금의 책과 달리 편뿐만 아니라 단락이나 구절도 옮길 수 있다. 이런 이동은 죽간의 배열과는 무관하며 마치 오늘날 우리가 컴퓨터로 문장을 수정하는 것처럼 죽간 묶음을 옮기는 것이다. 이러한 것을 착간이라 해서는 안 된다.

옛사람들이 문장을 쓸 때는 우리처럼 쓰는 것이 아니라 먼저 구상을 다 마치고 나서 순식간에 써내려갔다. 그들은 종종 이미 써놓은 것을 엮기도 하고 모으기도 했다. 우리 기준에 따라 고서의 수정을 요구해서는 안 된다. 어떤 사람들은 고서의 문장이 매끄럽지 않다고 느껴지면 고인을 대신해 문장을 고치거나, 삭제하거나, 바꾸거나 옮긴다. 혹 합치고 싶으면 합치기도 한다. 계속 고쳐서 매끄럽게 되어 만족스럽다고 여겨질 때, 비로소 만족을 표한다. 하지만 이는 교감이 아니라 새롭게 엮은 것이라 해야 한다.

「구변」 편과 「구지」 편의 관계를 연구할 때 나는, 「구지」 편이 혹시 『손자』 각 편의 편집이 대체적으로 끝난 뒤에 제일 마지막에 남는 자료가 아니었나하는 의심을 가졌다. 정리 작업 역시 다소 잘못되어 짜임새가 느슨해지고 전후가 중복되었을 것이라고 생각된다. 「구변」 편은 또 「구지」 편에서 나누어져 나온 일부인 것 같다.

「구변」 편은 혼란스러운 글이다. 단독으로 설명하기 매우 곤란하고 제목조차 문제가 된다. 「구지」 편과 함께 놓고 읽을 때 대강의 뜻을 이해할 수 있을 뿐이다. 하지만 고서의 편성은 본래 이러했다. 전혀 이상한 일이 아니며, 어쩌면 「구변」 편은 일찍부터 이와 같았을 것이다.

【8.2】

그러므로 장수가 '구변九變'의 이로움을 잘 알면 용병을 아는 것이다. 장수가 구변의 이로움을 알지 못하면 비록 지형을 잘 알더라도 지리의 이로움을 얻을 수 없다. 병사를 관리하는데 구변의 방법을 알지 못하면 비록 '오리五利'를 알더라도 병사를 잘 이용할 수 없다.

故將通於九變之利者, 知用兵矣. 將不通九變之利, 雖知地形, 不能得地之利矣. 治兵不知九變之術, 雖知五利, 不能得人之用矣.

여기에 '구변九變'이 나온다. '구변'이 무엇인지는 원문에 해석이 없다. '오리五利'에 대해서도 언급했으나 그것이 무엇인지에 대한 해석은 없다. 분석해볼 수밖에 없다.

첫째, 손자는 실제 전투를 설명하면서 항상 사람과 지형의 결합을 강조했다. 이 장은 크게 두 부분으로 구분할 수 있는데 하나는 '지리적 이로움地之利'에 대해서, 다른 하나는 '사람의 이용人之用'에 대해서 설명했다. 특히 손자는 이 두 가지를 한곳에 두고 설명했다. '지리적 이로움'을 설명한 부분에서는 '통通'과 '불통不通'의 차이를 언급했는데, 이 두 가지를 대비해 설명했다. '사람의 이용'을 설명한 부분에서는 '알지 못함不知'에 대해서만 말하고 '앎知'에 대한 설명은 하지 않았다.

둘째, 손자가 말한 '구변의 이로움九變之利'은 분명히 지형과 관련이 있다. 그는 장수가 '구변의 이로움'을 이해해야만 비로소 용병用兵을 안다고 할 수 있다고 했다. 뒤집어 말하면 장수가 '구변의 이로움'을 이해하지 못하면 용병을 모르는 것인데, 용병을 알면 어떻게 되는지 원문에는 설명이 없다. 하지만 다음 문장을 보면 사람과 지형을 알면 '지형의 이로움'을 얻을 수 있다고 설명한다. 그러면 용병을 알지 못하면 어떻게 되는가? "비록 지형을 잘 알더라도 지리의 이로움을 얻을 수 없다雖知地形, 不能得地之利矣." 대체로 오로지 지형만 알고 사람은 모르는데, 지형과 사람을 분리해서 보아서는 지형의 이로움을 말할 수 없다.

셋째, 손자는 "병사를 관리하는데 구변의 방법을 알지 못하면 비록 오리를 알더라도 병사를 잘 이용할 수 없다治兵不知九變之術, 雖知五利, 不能得人之用矣"고 했다. 여기서는 '부지不知'에 대해 설명했다. 반대로 만일 '구변의 방법을 안다知九變之術'면 어떻게 될까? 그렇다면 틀림없이 '병사를 잘 이용할 수 있다能得人之用矣.' '치병'은 군대의 인솔을 말한다. 이는 사람과의 관계가 훨씬 더 중요하지만 사람과 지형은 분리할 수 없다. 다만 지형의 작용을 고려해야 비로소 병사들을 잘 인솔할 수 있다. '구변의 방법'은 지형과 관련이 있는데 병사 인솔에 매우 중요하다.

넷째, 저자가 설명한 '구변'은 마땅히 앞 문장 첫째 장에서 뽑아 정리한 다섯 가지 '구지의 응변'일 것이다. '오리'는 틀림없이 앞 문장에서 열거한 다섯 종류의 '하지 않을 것有所不'이다. '하지 않을 것'은 융통성이 있어야 함을 말한다. '오변오리'는 이미 설명했는데,「구지」편에 나온 다음 구절, 즉 "아홉 가지 지역의 변화, 굽히거나 펴는 것의 이로움, 그리고 인정의 이치는 살피지 않을 수 없다九地之變, 屈伸之利, 人情之理, 不可不察也"는 말은 이것과 관련이 있다. 내가 이해하기로 여기의 다섯 가지 '하지 않을 것'은 바로 다섯 종류의 '굽히거나 펴는 것의 이로움屈伸之利'이다.

【8.3】

그러므로 지혜로운 사람의 생각은 반드시 이로움과 해로움을 함께 생각한다. 이로움을 함께 생각하면 일이 순조로워지고, 해로움을 함께 생각하면 근심을 풀 수 있다. 그러므로 제후는 해로움으로 굴복시키고, 일을 가지고 부리며, 이로움으로 움직이게 한다. 그러므로 용병의 방법은 적이 오지 않을 것을 믿지 않고 그것에 대비하는 자신을 믿으며, 적이 공격하지 않는 것을 믿지 않고 적이 공격할 수 없게 하는 자신을 믿어야 한다.

是故智者之慮, 必雜於利害. 雜於利而務可信也, 雜於害而患可解也. 是故屈諸侯者以害, 役諸侯者以業, 趨諸侯者以利. 故用兵之法, 無恃其不來, 恃吾有以待之. 無恃其不攻, 恃吾有所不可攻也.

고대에 사람을 연구하는 방법에는 두 가지가 있었다. 하나는 심성파心性派인데, 그들은 도덕윤리를 통해 사람을 연구했고 '작은 도리가 큰 도리를 규정한다小道理管大道理'는 말을 선호했다. 또 다른 하나는 제도파制度派인데, 그들은 사람을 정치적 동물이나 경제적 동물로 보고 '큰 도리가 작은 도리를 규정한다'는 말은 선호했다. 병법은 후자에 속한다. 병법가들이 중요하게 여기는 것은 실용이며, 그들이 주목한 것은 이익에 따른 행동이다.

이 편은 모두 240여 글자인데 그 가운데 7개의 '이利'자가 들어 있다. 손자는 '병사兵는 이익으로 움직인다兵以利動'는 말을 추종했다. 이로움과 해로움을 저울질하는 것이 이 책의 기본적인 전제다.

"그러므로 지혜로운 사람의 생각은 반드시 이로움과 해로움을 함께 생각한다是故智者之慮, 必雜於利害." 지혜로운 장수는 반드시 '이익'과 '손해'를 함께 고려해야지 그 일면만 살펴서는 안 된다.

"이로움을 함께 생각하면 일이 순조로워지고, 해로움을 함께 생각하면 근심을 풀 수 있다雜於利而務可信也, 雜於害而患可解也." 이 말은 '반드시 이로움과 해로움을 함께 생각한다'는 구절을 해석한 것으로 이익에는 이익의 쓰임이, 손해에는 손해의 쓰임이 있음을 설명한다. 둘 모두 유용하며 각각의 쓰임새를 가지고 있다. '이로움을 함께 생각한다'와 '해로움을 함께 생각한다'에 '잡雜'이 쓰인 것은 이익과 손해는 함께 살펴야 함을 의미한다. 손해를 고려할 경우 이익도 고려해야 하고 이익을 고려할 경우 손해도 고려해야 한다는 것이다. 이익으로써 '일이 순조로워진다務可信'는 것은 무엇을 하려고 생각하든지 모두 성공할 수 있다는 것이다. '무務'는 사무事務, 즉 일이다. 특히 하려는 일을 가리킨다. '신信'은 '신伸(펴다)'이라 읽으며 펼친다는 뜻이다. 손해로써는 '근심을 풀 수 있다患可解.' 어떤 번거로운 일에 맞닥뜨려도 모두 풀 수 있다는 뜻이다.

"그러므로 제후는 해로움으로 굴복시키고, 일을 가지고 부리며, 이로움으로 움직이게 한다是故屈諸侯者以害, 役諸侯者以業, 趨諸侯者以利." 이 세 구절에서도 여전히 이익에는 이익의 용도가, 손해에는 손해의 용도가 있음을 설명했다. '제후諸侯'는 여러 나라를 가리킨다. '굴屈'은 굴복이고 '역役'은 일을 시키고 부린다는 뜻이다. '업業'은 일, 업무, 용무를 가리키며 '추趨'는 적을 향해 진군한다는 말이다. 이 구절의 뜻은 손해를 입혀 적을 굴복시킴으로써 자신에게 해를 입히지 못하게 하며, 일을 가지고 적을 부려서 우리를 쫓아오려는 생각을 바꾸게 하고, 이익으로 자신의 사병을 부려서 진격하는 창끝이 적을 향하도록 한다는 것이다.

"그러므로 용병의 방법은 적이 오지 않을 것이라 믿지 않고 그것을 대비하는 자신을 믿으며, 적이 공격하지 않을 것이라 믿지 않고, 적이 공격할 수 없게 하는 자신을 믿어야 한다故用兵之法, 無恃其不來, 恃吾有以待之. 無恃其不攻, 恃吾有所不可攻也." 이 말은 평소에 준비를 갖춰 실력으로 말해야 함을 강조한다. 「형」편에서 "옛날에 전쟁을 잘한 사람은 먼저 적이 이길 수 없도록 만들고 난 뒤에 적을 이길 만한 시기를 기다렸다"고 했는데 여기의 의미와 큰 차이가 없다.

【8.4】

그러므로 장수에게는 다섯 가지 위험이 있다. 반드시 죽으려 한다면 살해 당하고, 반드시 살려고 하면 사로잡히고, 화가 나서 서두르면 모욕을 당하고, 청렴결백하면 굴욕을 당하고, 백성을 사랑하면 번거롭게 된다. 대개 이 다섯 가지는 장수의 잘못이며 용병의 재앙이다. 군대의 전멸과 장수의 피살은 모두 이 다섯 가지 위험 때문이니, 살피지 않을 수 없다.

故將有五危. 必死可殺, 必生可虜, 忿速可侮, 廉潔可辱, 愛民可煩. 凡此五者, 將之過也. 用兵之災也. 覆軍殺將, 必以五危, 不可不察也.

이 장은 "장수가 지닌 다섯 가지 위험將有五危"에 대해 설명한다. 이른바 '다섯 가지 위험五危'은 다섯 종류의 성격적인 결함 혹은 약점이다. "반드시 죽으려 한 다면 살해당하고, 반드시 살려고 하면 사로잡히고, 화가 나서 서두르면 모욕을 당하고, 청렴결백하면 굴욕을 당하고, 백성을 사랑하면 번거롭게 된다." 이러한 행동의 공통점은 멋대로 하고, 고집스러우며 편집적이고, 매우 극단적이어서 이 로움과 해로움을 살피지 못한다는 점이다. 이런 위험은 적이 아니라 자신에게 서 나온다. 또한 사병에게서가 아니라 장수에게서 기인한다. 모두 장수 자신이 만들어내는 것이다.

이 다섯 구절은 앞 두 구절이 한 유형이고, 세 번째와 네 번째 구절이 또 다 른 유형이고, 마지막 한 구절이 또 한 유형이다. 매 구절의 앞 두 글자는 모두 장수의 성격적인 특징을 말했고 뒤 두 글자는 적이 그에게 어떻게 대응할 것인 지, 그래서 결과는 어떻게 될지를 설명했다.

"반드시 죽으려 한다면 살해당한다必死可殺." 이 구절은 악착스럽게 죽음을 두려워하지 않는 경우를 설명한다. 죽음을 두려워하지 않는 정도를 넘어서 고 집스레 죽음을 구하는 경우다. 하지만 죽으려고 해도 그것이 쉽지 않다. 그래도 죽음을 기다린다면, 적이 그를 죽일 것이다.

"반드시 살려고 하면 사로잡힌다必生可虜." 이 구절은 죽음을 두려워하고 목 숨을 아끼는 경우를 설명한다. 구차하게라도 살기를 바라는 경우인데, 이런 사 람이 무엇을 기다리겠는가? 적이 그를 사로잡을 것이다.

"화가 나서 서두르면 모욕을 당한다忿速可侮." 여기서 '분忿'은 잔뜩 화내고 노 발대발하는 상태이고 '속速'은 마음이 불타는 듯 초조하여 억제하지 못하는 모양을 말한다. 이런 사람은 희롱이나 괴롭힘을 참지 못한다. 그래서 적군은 일부러 그를 약 올리고 수치스럽게 모욕하여 화가 치밀도록 만든다.

"청렴결백하면 굴욕을 당한다廉潔可辱." 이 구절에서 '염廉'은 반듯하게 정리되어 모서리의 각진 상태가 엄한 것을 뜻한다. '결潔'은 말끔하여 깨끗하고 오점이나 때가 없는 상태를 말한다. '염결廉潔'은 '탐오貪汚'에 반대되는 말로 본래 좋은 뜻이다. 성격적인 결함이라고는 할 수 없지만, 여기서는 지나침을 경계하는 말로, 자기 자신을 스스로 얽어매는 일종의 나쁜 버릇이다.

"높으면 무너지기 쉽고, 깨끗하면 더러워지기 쉽다嶢嶢者易缺, 皦皦者易汚"(『후한서』「황량전黃琼傳」)라는 말이 있다. 네모반듯하면 할수록 좌절당하기가 쉬우며, 깨끗하면 할수록 더럽혀지기 쉽다. 이러한 사람들은 늘 명예를 얻으려다가 치욕을 당하고, 고집스럽게 체면을 세우려다 죄를 짓고, 적에게 희롱을 당하기 쉽다.

"백성을 사랑하면 번거롭게 된다愛民可煩." 여기서 '백성을 사랑함愛民'은 본래 좋은 품성이지만 지나쳐서는 역시 안 된다. '부인婦人의 인仁', 즉 아녀자와 같은 사사로운 인정은 전체적인 판세를 깨닫거나 대가를 계산하는 데 방해가 되어 그 결과가 매우 참혹해진다. 그렇다면 적은 끝없이 괴롭힐 것이다.

모든 사람에게는 약점이 있다. 예를 들어 죽음을 두려워하고 체면 손상을 두려워하는 것은 흔히 볼 수 있는 두 가지 큰 약점이다. 『수호전』에 나오는 양산박의 108 두령은 결국 두 유형으로 구분할 수 있는데, 하나는 죽음을 두려워하지 않는 유형이고 다른 하나는 체면에 신경 쓰지 않는 유형이다. 사람이 생사와 체면을 뛰어넘을 수 있는가는 분명히 두 가지 중요한 관문이다. 위에 제시한 다섯 가지 중에서 이 두 가지가 중요하다. 전쟁터는 매우 잔혹한 곳이며, 특히 이 두 약점을 잘 다스린다.

공자는 사람에게 네 가지 병통이 있다고 했다. 첫째는 억측이요, 둘째는 고집이요, 셋째는 완고함이요, 넷째는 주관이다. 사람이 이 네 가지 병통을 극복하기 위해서는 "억측하지 말고, 집착하지 말고, 고집하지 말고, 주관을 내세우지 말아야 한다毌意, 毌必, 毌固, 毌我."(『논어』「자한子罕」) '필必'은 바로 무엇을 하지 않으면 안 되는 것이다. 전쟁터에서 이런 절대주의는 철저히 삼가야 한다. 앞에서 병법은 일종의 사유 방식이라고 말했는데 그 사유의 특징이 바로 '무엇을 하지 않으면 안 된다'는 것이 없다는 점이다.

적군과 우리는 동태적인 관계다. 모든 것이 시간에 달려 있고, 장소에 달려 있고, 상대편에 달려 있다. 하나가 변하면 전체가 변한다. 한번 이루어진 뒤 불변하는 것은 아무것도 없다. 지난번에 효과가 있었다고 다음번에도 효과가 있으리라고는 보장할 수 없다. 설령 규칙이라도 예외가 있다. 그러므로 '하지 않을 것有所不'이 필요하다.

이러한 생각은 과학에 대한 매우 커다란 도전이다. 과학이 강조하는 것은 중복성인데, 대개의 것들의 효력이 영원하다고 생각하는 것이 과학이다. 이번에 효력이 있었는데 다음번에는 효력이 없는 일은 있을 수 없다. 그러나 병법은 정반대다. 병법은 예외를 인정한다는 점에서 도리어 점술과 비슷한 면이 있다.

곽점초간郭店楚簡 「어총삼語叢三」에 다음과 같은 두 구절이 있다. "하지 않는 바가 있으면 이롭고, 반드시 해야 한다면 손해가 된다有所不行, 益. 必行, 損."(죽간 9-16) '하지 않는 바가 있다'면 좋은 점이 있으며, 무엇이든 행하지 않으면 안 된다면 분명히 손해를 본다.

위의 다섯 가지 '하지 않아야 할 것有所不'이란 변통을 잘 이해하는 것이다. 이런 변통의 이로움은 인췌산 한간의 표현을 빌리자면 '오변五變의 이로움'이라고 할 수 있다.

여기서 말한 '오위五危'에서 주요한 것은 '반드시必'다. 다시 말하자면 '오필의 해五必之害'라고 할 수 있다. 고집스럽게 사소한 문제에 매달리면 결과는 어떻겠는가. 군대는 전멸되고 장수가 살해당한다. 병사를 잃을 뿐 아니라 장수도 잃게 되니 큰 손해를 보는 것이다.

전국 시대 고서에서 송나라 사람들은 대다수가 바보였고 송 양공은 그 바보들의 대표였다. 송인들은 상商나라 사람들의 후예로, 낡은 예의와 풍속을 가장 중시했다. 송 양공이 중시한 예의와 풍속은 고대의 군대식 예의였다. 군대식 예의란 바로 그가 행한 것과 같은 예의를 말한다. '병법은 속임수를 싫어하지 않는다兵不厭詐'는 말은 송 양공과 같은 유형의 사람을 비꼬는 말이다.

그러므로 「구변」 편의 중점은 결국에는 이 한 구절에 있다. "전쟁이 가장 싫어하는 것은 고지식함이다."

제4부

기술技術
첨단 기술, 화공과 용간

손자가 말했다. 무릇 병사 10만을 일으켜 천 리 바깥에 나가 전쟁을 하려면 백성의 비용과 나라의 부담이 하루에 천금을 쓰고, 나라 안팎이 시끄러우며, 길에서 시달리느라 일을 하지 못하는 자가 70만 호에 이른다. 수년간 준비를 하여 하루의 승리를 다투는 일인데, 벼슬과 녹봉백금이 아까워 적의 정보를 모르는 것은 현명하지 못함의 극치이며, 백성의 장수가 아니고, 군주의 보좌도 아니며, 승리의 주인도 아니다.

화공火攻 :: 화기 시대의 서막 — 다섯 가지 불의 이용이 책의 마지막 부에는 「화공火攻」과 「용간用間」단 두 편만이 있다. 각각 한 가지 일을 설명하는데, 앞서 설명한 편들과는 다소 이질적인 내용이다. 제1부 권모, 제2부 형세, 제3부 전투의 어느 부에도 귀속시킬 수 없다. 이 두 편이 설명하는 것은 결국 무엇이며, 또 『손자』에서 어떤 위치를 차지할까? 매우 오랜 시간 줄곧 생각한 끝에 찾아낸 하나의 단어는 바로 '첨단 기술'이다. 이 두 편은 두 가지 첨단 기술을 설명한다.

여기서 두 가지 첨단 기술이란 '무기의 사용'과 '사람의 사용'이다. 모두 아주 강력한 도구적인 성격을 가지고 있다. 고대 세계에서 가장 발전된 무기는 불이었고 사람을 쓰는 일 가운데는 용간用間, 즉 간첩의 활용이 일반적인 용병의 학문보다 더 컸다. '화공'과 '용간'은 가장 실용적이고 기술적인 성격이 강한 양대 학문이라고 할 수 있다.

고대 중국에서는 원래 기술을 '방술'이라 불렀다. 방술은 도술道術이나 문학文學과 달리, 사상이나 인문적 학술을 말하지 않는다. 이른바 '유용지학有用之學'이라 할 수 있는 병서와 수술과 방기는 중국 고대의 3대 기술로, 모두 매우 실질적이고 유용한 학문이었다. 나는 이 두 편을 '기술부'로 정해 기술이라는 단어의 넓은 의미를 취했다.

앞에서 '병서兵書 사문四門'을 소개한 적이 있다. 『한서』「예문지」 병서략은 중국 초기의 병서를 네 종류로 나누었는데, 두 종류는 계책에 속하고 두 종류는 기술에 속한다. 권모權謀와 형세形勢가 계책이고 음양과 기교는 기술이다. 병법가가 기술을 말할 때는 주로 음양과 기교 두 부문에서 한다.

음양은 수술의 학문을 병학으로 넓혀서 응용한 것이다. 그것은 주로 하늘이나 땅과 관련이 있다. 그 가운데는 천문·지리와 관련된 각종 과학 지식이 있는가 하면, 천문·지리와 관련된 각종 점복도 포함되어 있다. 반고는 음양에 대해 이렇게 정의했다. "때에 맞추어 병사를 운용하고, 형과 덕을 추측하며, 별의 움직임을 관찰하고, 오행상승에 근거하며, 귀신을 빌려 도움으로 삼는다順時而發, 推刑德, 隨斗擊, 因五勝, 假鬼神而爲助者也." 여기서 주로 강조한 것은 후자(점복)다. 사실 고대의 군사기상학과 군사지리학은 이런 미신적인 활동에 포함되어 있었다. 앞에서 설명한 지형이나 여기서 설명하는 천시天時도 이런 학문에 속한다. '하늘에는 예측할 수 없는 바람과 구름이 있다天有不測風雲.' 따라서 하늘은 땅에 비해 훨씬 더 파악하기 어렵다.

기교는 음양과 달리 주로 사람과 관련이 있다. 무기 역시 여기에 속하는데, 독자적으로 분야를 이루기보다는 사람과 함께 놓고 설명된다.[1] 반고는 기교를 이렇게 설명했다. "손과 발의 기술을 익히며, 기계를 편리하게 사용하고, 기관에 대한 기술을 쌓으면, 공격과 수비에서 승리를 세울 수 있다習手足, 便器械, 積機關, 以立攻守之勝者也." 이것을 보면 그는 무기의 사용뿐만 아니라 사람의 훈련도 기교에 포함시켰음을 알 수 있다. 특히 그것은 공격 및 수비, 그중에서도 성곽 공격이나 수비와 관련이 있다고 했다.

여기서는 먼저 「화공」을 설명했다. '화공'은 간단히 말해 불을 이용해 공격하는 것 혹은 불을 이용해 공격을 돕는 것이다. 이 편의 뒤쪽에서 "그러므로 불을 사용해 공격을 돕는 자는 밝다故以火佐攻者明"고 했는데, 여기서 '좌佐'는 돕는다는 뜻이다. 화공을 설명하기 전에 먼저 간단히 무기의 발전사를 돌아보고, 화공의 중요성이 어디에 있는지 살펴보자.

무기 발전사는 보통 두 단계로 나눈다. 하나는 '차가운 무기冷兵器'의 시대이며, 다른 하나는 '화기火器'의 시대다. 차가운 무기는 출현 시기가 빠르고 오랫동안 사용되었다. 이후 화기 시대에 진입했지만, 어떤 무기들은 여전히 쓰이고 있다. 특히 '역사를 갖지 못한' 민중 사이에서 원시적인 무기들이 여전히 쓰이고 있다.[2] 이런 무기는 다음과 같이 크게 세 가지 유형으로 나눌 수 있다.

첫째 유형은 끝이 날카로운 무기다. 예를 들면 창(과戈, 모矛, 극戟)과 검劍인데 보통 날카로운 칼에 손잡이를 달아 조립한 것으로 구조가 매우 간단하다. 주로 가까이서 격투할 때 사용한다.

둘째 유형은 발사하거나 던지는 무기다. 예를 들면 활과 화살, 쇠뇌, 포 등, 무기의 형태가 약간 복잡해졌다. 주로 원거리에서 살상하는 데 사용한다.[3]

셋째 유형은 전차와 성곽 공격용 기계다. 예를 들면 이동하는 망루거, 병력 수송용 분온거 그리고 성문 돌진용 충거 등을 들 수 있는데 매우 복잡한 무기에 해당한다. 이것들은 주로 야전과 공성 같은 대규모 전투에 사용된다. 이런 발명품들은 주로 사람이나 짐승의 힘 또는 간단한 기계를 동력으로 삼는데, 에너지 측면보다는 재료(나무·돌에서 금속까지)의 측면에 관심을 두고 분류한 유형이다.

이상은 모두 공격형 무기이며, 이것들의 대응물로 방어형 무기가 있다. 예를 들어 창이 있으면 방패가 있는 식이다. 작게는 갑옷이나 투구, 방패가 있고 크게는 높은 보루나 깊은 해자 그리고 만리장성 등이 있는데 모두 방어를 위한

것이다.[4]

화기는 화약의 발명을 출발점으로 삼는다. 화약은 근 1000년의 대발명품으로, 그 살상력은 주로 폭발과 연소에서 나온다. 핵무기는 최근 60년의 대발명품이다. 핵에너지는 에너지 융합의 또 다른 방식에서 탄생하는데 그 위력은 화약보다 크지만 효과는 역시 폭발과 연소에서 얻는다. 이런 발명품들은 모두 화공의 연장선에 있다.

사람들은 전쟁을 묘사할 때 '전쟁의 불길이 흩날린다戰火紛飛'라는 표현을 즐겨 사용한다. 불과 전쟁은 확실히 떼려야 뗄 수 없는 관계다.[5] 불은 가장 오래된 무기이자 가장 첨단의 무기다. 구석기 시대에 인류는 불을 발견했다. 현대의 전쟁에서 사용되는 이런저런 폭탄들은 모두 그것의 후예다. '화공'은 차가운 병기의 시대에도 있었는데, 그것이 화약용 무기, 즉 화기 시대의 서막이었다.

옛사람들은 화공을 매우 중시했다. 『무경총요전집』에는 그것을 전문적으로 다루는 내용이 한 권으로 나와 있는데, 바로 제11권이다. 여기에는 수공水攻과 화공을 나란히 나열해 설명한다. 그러나 『손자』에서는 화공만 설명하고 수공은 설명하지 않았다. 이 책은 화공이 수공보다 더욱 중요하다고 여긴 것이다.

화공은 불로 공격을 돕는데 불은 그 자체로 무기다. 이는 기본적으로 병기技巧兵技巧에 속한다. 하지만 바람의 힘이나 날씨天時에 의지하기도 하므로 동시에 병음양에도 속한다. 나는 「화공」을 다음과 같이 네 장으로 나눈다.

제1장은 불을 활용한 다섯 가지 공격에 대해서 설명한다.

제2장은 불을 활용한 다섯 가지 공격의 활용법을 설명한다.

제3장은 화공이 수공에 비해 더 유용함을 설명한다.

제4장은 사람들이 전쟁을 신중히 하도록 불을 가지고 비유한 듯하다.

【12.1】

손자가 말했다. 화공에는 다섯 가지 종류가 있다. 첫째, 사람을 불태우는 것, 둘째, 식량을 불태우는 것, 셋째, 군수품을 불태우는 것, 넷째, 무기고를 불태우는 것, 다섯째, 땅굴을 불태우는 것이다.

孫子曰: 凡火攻有五, 一曰火人, 二曰火積, 三曰火輜, 四曰火庫, 五曰火隊.

문장 첫머리에서 먼저 '오화五火'에 대해 설명했다. 이는 공격 대상에 따라 다섯 종류로 나눈 것이다.

1) '화인火人'은 적진의 사람을 태우는 것으로, 생명을 지닌 전투력을 대상으로 한 공격이다. 우선 군인이 대상이고 다음은 일반인이다.
2) '화적火積'은 상대의 군량과 마초를 태우는 것으로 '적積'이란 비축한 물자委積를 뜻한다. '비축한 물자'라는 표현은 「군쟁」 편에 나오는데, 곡물 창고와 여물 적재장에 비축해놓은 양식·건초·땔나무 등을 가리킨다. 곡물 창고를 옛사람들은 '창倉' 또는 '늠廩'이라고 불렀다. 창고는 사각형과 원형으로 나뉘는데, 사각형 창고는 '창倉', 둥근 창고는 '균囷(중국어 발음은 췬qūn)'이라 불렸다.
3) '화치火輜'는 상대편의 치거輜車와 중거重車, 즉 군수물자를 태우는 것이다. '치輜'의 본래 뜻은 치거, 즉 군수물자 운반용 전차다. 중거는 무거운 짐을 운반하는 전차다. 치거와 중거는 모두 군용물자를 운송하는 전차로, 군대가 출동할 때 같이 따라간다. 군대가 휴대하는 물자 장비, 즉 의복과 침구, 군량과 마초 등을 모두 이 전차에 싣는다. 이들을 합해 치중輜重이라 부른다. 「군쟁」 편에서 "그러므로 군대에 군수품이 없어서 망하게 되고, 양식이

없어 망하게 되며, 비축 물자가 없어서 망하게 된다是故軍無輜重則亡, 無糧食則亡, 無委積則亡"고 했는데, 이 문장의 '군軍'이 이 장의 '인人'이고 '치중'은 곧 '치輜'이며 '위적'은 여기의 '적積'이다.

4) '화고火庫'는 상대편의 무기고를 태우는 것이다. '고庫'자는 집안에 수레가 있는 모양을 하고 있는데, 본래는 군용 수레를 놓아두는 곳을 뜻했다.(『설문해자』「엄부广部」 등 대부분의 주소注疏에서 모두 이렇게 설명한다.) 무고武庫는 군용 수레나 전차를 보관하기도 하고 무기를 보관하기도 하는데, 사실상 무기고이며 일반 창고가 아니다. 옛사람들은 일반적으로 창고를 '부府'라 불렀다. 작은 곳간小府에는 돈을 모아두고 큰 곳간大府에는 양식을 모아두었는데, 역시 물자를 비축해둔 곳이었다. 이러한 곳간은 부府이며 '고庫'라 부르지는 않았다.

5) '화대火隊'에 대해서는 줄곧 논쟁이 있었다. 옛 주석에는 세 가지 설이 있다. 첫 번째는 '대隊'를 '대오隊伍'로 보고 화대를 적군의 대오를 불태운다는 말로 해석했다. 두 번째는 '대'를 '대장隊仗(군대의 무기)'으로 보고 화대를 적군의 무기를 태운다는 말로 해석했다. 세 번째는 '대'를 수隧(통로)로 읽어서 '화수火隧', 즉 적의 보급로를 태운다는 뜻으로 해석했다. 이 세 가지 중에서 제1설은 '화인'과 겹치고 제2설은 '화치' 및 '화고'와 겹치며, 제3설은 '화적'과 겹쳐서 모두 그다지 적절하지 않다. 『묵자』「비성문備城門」에서도 '대隊'가 나오는데, 한 번은 성곽을 공격하는 돌격대를 뜻하며, 다른 한 번은 수隧라 읽는다. 여기서 수는 식량 보급로가 아니라 지하 땅굴地道이다. 돌격대의 대隊는 '화인'과 다소 중복되어 역시 그다지 적절하지 않고 『묵자』「비혈備穴」 편에 연기와 불을 이용해 지하 땅굴에 대처한다는 내용이 있으니, 지하 땅굴설이 더 적합하다고 판단된다.[6]

이상의 내용에서 흥미로운 것은 배열 순서다. 앞에 배열된 것이 뒤의 것보다 중요하다. 고대에 화공은 사람 태우는 것을 가장 중시했다. 사람은 생명을 가진 전력이기 때문이다. 군량과 마초를 태우는 것은 두 번째다. 사람에게 양식이 없고, 말에게 여물이 없다면 역시 싸울 방법이 없기 때문이다. 무기나 장비 혹은 땅굴을 태우는 내용은 뒤에 배열되었는데 이는 오늘날과는 상반된다. 오늘날의 전쟁에서는 무기를 중시하고 사람은 경시하는 편이다. 일단 전투를 시작하면 양쪽에서는 무기를 우선적으로 파괴한다. 첫 번째 표적은 주로 위성, 레이더, 조기경보장치이고 두 번째는 비행장의 비행기와 방공 시설이다. 세 번째는 지상의 탱크와 화포, 그리고 병력 수송 장갑차고 네 번째는 해상의 함정艦艇과 해저 잠수함, 다섯 번째는 순항항공기다. 만약 핵전쟁이 발발한다면 맨 처음 공격 대상은 핵 시설일 것이다. 사람은 오히려 주요 목표물이 아니다.

주의할 점은 여기의 다섯 가지 공격이 화공의 전부가 아니라는 것이다. 고대의 화공은 성을 공격하는 데 많이 이용되었고, 화약을 발명한 뒤로는 더욱 그랬다. 그리고 수중 전투에서도 불을 사용했는데, 적벽赤壁에서 태운 것도 전함이었다. 여기서는 그러한 화공에 대해서는 설명하지 않았다.

무기 발전사에서 화공은 앞뒤 두 단계로 구분된다. 초기에는 '바람을 따라 불을 놓고因風縱火', 후기에는 화약을 이용했다. 화약이 있어야 화기火器가 있다. 현대의 총·대포와 각종 '탄'(탄환·포탄·폭탄)과 지뢰·어뢰 그리고 화염 분사기는 모두 후기의 화공에서 발전되어 나왔다.

여기서 손자가 설명하는 '화공'은 당연히 전 단계에 속한다.

불은 구석기 시대에 발명된 것으로 초기에는 사냥에 이용했다.7 어느 시기에 전쟁에 이용했을까? 설명하기 쉽지 않지만 매우 이른 시기라고 짐작된다. 선진 시대 병법서 중 화공을 말한 것은 『손자』 외에도 『육도』가 있다. 『육도』 「호

도『虎韜』에 화공편에 있는데 화공을 화전火戰이라고도 불렀다.[8]

후세에도 화공에 대해 설명한 책이 많다. 당나라 이전의 『태백음경太白陰經』(제4권, 제8권), 송나라 증공량曾公亮의 『무경총요전집』(제11권)은 그중에서도 시대가 비교적 이른 것들이다. 전자에는 화약과 화기에 대한 이야기가 아직 등장하지 않고, 후자에 가서야 비로소 그에 대한 설명이 나온다.

【12.2】

화공에는 반드시 조건이 있다. 불을 붙이려면 반드시 도구가 필요하다. 불은 놓는 계절이 있고, 불이 잘 일어나는 날이 있다. 계절은 날씨가 건조해야 하고, 날은 달이 기箕·벽壁·익翼·진軫에 있어야 한다. 이 네 별자리[9]는 대개 바람이 잘 일어나는 날이다. 무릇 화공은 다섯 가지 화공의 변화에 따라 대응해야 한다. 불을 내부에 놓으려면 미리 바깥에서 대응한다. 불을 놓았으나 적군이 조용하면 기다리고 공격해서는 안 된다. 불길이 왕성할 때는, 진격할 수 있으면 진격하고 진격할 수 없으면 정지한다. 불을 외부에서 놓을 수 있다면 내부의 호응을 기다리지 말고, 때에 맞추어 놓아야 한다. 불이 바람 부는 쪽에서 일어나면, 바람을 거슬러 공격해서는 안 된다. 낮에 바람이 오래 불면 밤에는 그친다. 대개 전투는 다섯 가지 화공의 변화를 잘 알아 그것을 헤아려 지켜야 한다.

行火必有因, 烟火必素具. 發火有時, 起火有日. 時者, 天之燥也. 日者, 月在箕·壁·翼·軫也. 凡此四宿者, 風起之日也. 凡火攻, 必因五火之變而應之. 火發於內, 則早應之於外. 火發而其兵靜者, 待而勿攻. 極其火力, 可從而從之, 不可從則止. 火可發於外, 無待於內, 以時發之. 火發上風, 無攻下風. 晝風久, 夜風止. 凡軍必知五火之變, 以數守之.

이 장은 '불을 이용한 공격行火', 즉 화공을 어떻게 실행할지를 설명했다. 내용을 세 부분으로 나눌 수 있는데 '화공에는 반드시 조건이 있다行火必有因'에서부터 '바람이 잘 일어나는 날이다風起之日也'까지가 한 부분이며, 여기서는 화공의 준비를 주로 설명했다. '무릇 화공은凡火攻'부터 '밤에는 그친다夜風止'까지가 또한 부분이다. 여기서는 화공 자체를 주로 설명했다. 마지막 두 구는 맺음말로 화공에 대한 분별을 잘해야 한다는 점을 설명했다. 아래에서 이러한 내용을 각각 나누어 논의한다.

(1) 화공의 준비

화공을 하려면 두 가지 조건이 충족되어야 한다. 하나는 점화 기자재이고, 다른 하나는 기상 조건이다. 기자재는 불씨 및 연료 그리고 불을 붙이고 연소를 돕는 각종 물건으로, 신변에 항상 비치해두어야 한다. 기상은 건조하고 바람이 많을 때, 그리고 불을 놓기가 쉬운 시기와 날을 선택해야 한다. 전자는 화학에 속하고 후자는 기상학에 속한다.

1) 화공의 도구 준비

"화공에는 반드시 조건이 있다. 불을 붙이려면 반드시 도구가 필요하다行火必有因, 烟火必素具." 이 문장의 첫 번째 구절에 나오는 '인因'을 옛사람들은 두 가지로 해석했다. 하나는 첩자에 호응한다는 해석이고(조조, 이전, 진호陳皞 등.) 다른 하나는 건조하고 바람이 많은 날을 이용한다는 뜻이라는 해석이다.(가림賈林, 장예張預.)

두 번째 구절의 '연화烟火'는 옛 주석에 모두 점화하는 도구라고 되어 있다. 그러나 죽간본에는 '인因'으로 되어 있어 제1구와 같다. 어쩌면 원본이 '인因'으로 되어 있는데 후세에 '연烟'이나 '연煙'의 이체자로 읽고, 또 거기에 '화火'를 추가했을 수도 있다. 여기서 '인因'은 글자의 뜻만으로 보면, 점화의 근거나 조건을 말한다. 그것은 사람일 수도 있고 사물일 수도 있고 날씨일 수도 있는데, 정확하게 확정할 수는 없다. 하지만 아래 한 구가 만약 정말 '인'으로 되어 있다면 그중 두 가지 가능성은 배제할 수 있다.

첫째, 절대 날씨를 뜻한다고 볼 수는 없다. "하늘은 예측하지 못할 바람과 구름이 있다天有不測風雲"고 했기 때문에, 결코 '평소에 갖출 수素具' 없다. 둘째, 사람을 뜻한다는 해석도 적합하지 않다. 방화에 대한 대응도 '평소에 갖출 수' 있는 것이 아니기 때문이다. 이 구절은 후대 사람들이 "불을 붙이려면 반드시 도구가 필요하다烟火必素具"라고 고쳤는데, 일반적으로 쓰는 "그래서 반드시 평소에 도구가 필요하다因必素具"라는 표현에 비해 매우 구체적이다. 의미 면에서도 '연화烟火'라는 표현 쪽이 적합하다. '불을 붙이는 일烟火'에는 '평소에 갖출 수 있는 도구'가 필요하며 마땅히 '평소에 잘 갖출 수素具' 있는 것이라야 한다.

2) 화공하는 날짜의 선택

"불은 놓는 계절이 있고, 불이 잘 일어나는 날이 있다發火有時, 起火有日." 이 구절은 점화하려고 할 때도 적합한 계절과 시일을 잘 선택해야 함을 말한다. '시時'는 계절, 곧 사시四時의 때, 말하자면 춘하추동이고 '일日'이란 구체적인 날짜다.

시일을 고르는 것은 고대의 수술 중 하나로 옛사람들은 '선택'이라 불렀다. 식반式盤(일종의 우주 모형을 본뜬 점치는 도구)을 사용해 추산하거나 관련 서적을 조사해 선택이 이루어졌는데, 전국 시대나 진한대의 일서日書, 당송 시대 이래의 역서曆書와 통서通書가 바로 이런 종류의 서적이었다.

"시時란, 날씨가 건조한 계절을 가리킨다時者, 天之燥也"라고 했는데, 이는 어느 계절이 가장 건조한지를 본다는 뜻이다.

"날이란 달이 기箕·벽壁·익翼·진軫에 있는 날이다. 이 네 별자리는 대개 바람이 잘 일어나는 날이다日者, 月在箕·壁·翼·軫也. 凡此四宿者, 風起之日也." 이 말은 하늘의 별자리를 근거로 어느 날이 가장 바람이 많은지 본다는 것이다. '달이 어떤 별자리에 있다月在某宿'는 것은 달의 궤도를 말하는데, 바로 달의 운행 궤도와 28수宿(별자리)의 관계다.

28수는 해와 달이 오른쪽으로 운행하는 순서에 따라 4궁宮으로 구분한다.

동궁東宮: 각角·항亢·저氐·방房·심心·미尾·기箕

북궁北宮: 두斗·우牛·여女·허虛·위危·실室·벽壁

서궁西宮: 규奎·누婁·위胃·묘昴·필畢·자觜·삼參

남궁南宮: 정井·귀鬼·유柳·성星·장張·익翼·진軫

본문에서 언급한 네 별자리四宿 중 '기'는 동궁의 제일 마지막 별자리로 동북쪽에 위치하고, 음력 정월孟春에 해당된다. '벽'은 북궁의 마지막 별자리로 서북쪽에 위치하고, 음력 10월孟冬에 해당된다. '익'과 '진'은 남궁의 제일 마지막 두 별자리로 동남쪽에 위치하고, 음력 4월孟夏에 해당된다. 손자는 이 가운데 서궁을 포함하지 않았다. 1년 사계절 중 맹동孟冬·맹춘孟春·맹하孟夏에는 바람이 많이 불고, 맹추孟秋(음력 7월)에는 비가 많이 온다는 것이 전통적인 주장이었다.

옛사람들은 바람을 관측하는 것을 '후풍候風'이라고 했다. 춘하추동에 바람은 어느 방향에서 불어오고, 바람이 불 때 풍력은 얼마나 강할까? 옛날 사람들은 이러한 문제에 대해 아주 많은 경험을 축적하고 있었는데, 그런 학문을 '풍각風角'이라 불렀다.

무엇을 '풍각'이라 할까? 이 단어가 독자들에게는 조금 낯설겠지만 그 내용이 전혀 생소한 것은 아니다. 바로 『삼국지연의』에 나오기 때문이다. 제갈량이 동풍을 이용한 것이 바로 풍각이다. 『삼국지연의』(제49회)에서 주유周瑜가 피를 토하자 제갈량이 그에게 처방전을 써준다. 그는 "조조를 쳐부수려면 화공을 써야 합니다. 만사가 갖추어졌으나, 다만 동풍이 부족합니다"라고 했다. '만사가 갖추어졌다萬事俱備'는 말은 여기서 '불을 붙이려면 반드시 도구가 필요하다烟火必素具'는 말과 같고 '다만 동풍이 부족하다只欠東風'는 말은 여기서 '바람이 잘 일어나는 날이다風起之日'라는 말과 통한다.

즉 풍각은 풍향을 관측하는 학문이다. 이 두 글자의 의미는 무엇인가? 옛사람들은 "네 방향과 네 귀퉁이의 바람을 관측하여 길흉을 점친다候四方四隅之風, 以占吉凶也"(『후한서』「낭의전郎顗傳」 이현李賢의 주석)라고 했는데, 간단히 말해 풍향에 근거하여 길흉을 결정한다는 말이다. '풍風'은 여덟 방향의 바람이고 '각角'은 바람의 방향이다. '사방四方'은 정동正東·정남正南·정서正西·정북正北이고 '사우四寓'는 동북東北·동남東南·서남西南·서북西北이다. 사방에 사우를 더해 총 여덟 방향이 여덟 '각角'이 된다. 풍각은 고대 수술의 한 종류인데, 군사에 사용되면 병음양兵陰陽에 속한다. 풍각에 관해서는 『전쟁은 속임수다』라는 책에 이미 상세히 소개했으므로 여기서는 설명을 생략한다.[10]

이 장에는 '천문'도 있고 '기상'도 있다. 고대의 수준으로 평가해보면 이는 당시로서는 첨단 기술이었다.

(2) 화공

손자가 화공을 설명할 때 특별한 점은 사람이 불에 대응하도록 하며 사람과 불을 결합시킨 것이다. "무릇 화공은 다섯 가지 화공의 변화에 따라 대응해야 한다凡火攻, 必因五火之變而應之"라는 말이 바로 이를 말해준다. 여기의 '다섯 가지 화공의 변화'는 불을 말하고 '대응해야 한다'는 사람을 겨냥한 것이다.

이른바 화공이란, 사람을 보내 불을 놓은 뒤에 병력으로 호응하여 불의 기세를 빌려 적을 공격하는 것이다. 여기의 '오화지변五火之變'이라는 구문에서 '변變'은 변화와 규율을 뜻한다. 「구지」편에 나온 '구지의 변九地之變'과 유사한 표현이다.

아래의 설명은 네 부분으로 나눌 수 있는데, 둘은 불, 둘은 바람을 설명한다.

1) 적 내부에서 방화

"불을 내부에 놓으려면 미리 바깥에서 대응한다火發於內, 則早應之於外." 이는 사람을 적군에 잠입시켜 그 내부에서 불을 놓은 상황을 말한다. 일단 불길이 일어나면 적들은 바깥 쪽으로 도망치려고 할 것이므로, 우리 편을 미리 바깥에 배치하고 포위해야 한다는 말이다.

"불을 놓았으나 적군이 조용하면 기다리고 공격해서는 안 된다火發而其兵靜者, 待而勿攻." 이는 불이 타오르는데도 적이 시끄럽게 아우성치지 않고 아무런 움직임이 없는 경우를 말한다. 그럴 때에는 멈추어 잘 관찰하여, 그 속에 속임수가 있지는 않은지 봐야지 급히 공격을 시작해서는 안 된다.

"불길이 왕성할 때는, 진격할 수 있으면 진격하고 진격할 수 없으면 정지한다極其火力, 可從而從之, 不可從則止." 이 말은 불이 안쪽에서 타올라 한창 세차게 불길이 일어나는 경우를 설명한다. 이때 불바다 속으로 들어가서는 안 되며, 반드시 불길이 정점에 다다르기를 기다렸다가 다소 사그라질 때 비로소 공격을 시작해야 한다는 말이다. 그러한 상황에서도 공격할 수 있으면 공격하고, 만약에 공격할 수 없으면 곧바로 정지해야 한다. '화력火力'은 죽간본에 '화앙火央'으로 되어 있는데 '앙央'은 다하다라는 뜻이다. 이상은 불에 관한 설명이다.

  2) 적 외부에서 방화

  "불을 외부에서 놓을 수 있다면 내부의 호응을 기다리지 말고, 때에 맞추어 놓아야 한다火可發於外, 無待於內, 以時發之." 이 구절은 위의 설명과 반대된다. 외부에서 불을 놓은 것으로 적은 내부에 있고 우리는 외부에 있다. 우리는 바깥에서 지키고 있으며 안으로 갈 수 없다. 안에 있다가는 불에 탈 것이기 때문이다. '때에 맞추어 불을 놓는다以時發之'에서 '시時'는 앞 문장의 '시'와 다른데, 앞 문장의 '시'는 1년 사계절의 '계절'로서 매 시에 90일이 있었다면 이 문장에서 '시'는 단지 점화하는 시각을 말한다. 여기서도 불을 설명했다.

  3) 상풍上風과 하풍下風

  "불이 바람 부는 쪽에서 일어나면, 바람을 거슬러 공격해서는 안 된다火發上風, 無攻下風." 속담에 이런 말이 있다. "바람은 불의 기세를 돕고, 불은 바람의 위세를 탄다風助火勢, 火乘風威." 풍향의 판별은 매우 중요하다. 방화는 '바람이 부는 쪽上風'에서 해야지 바람이 '불어오는 쪽下風'에서 해서는 안 된다. 여기서는 바람을 설명했다.

  4) 주풍晝風과 야풍夜風

  "낮에 바람이 오래 불면 밤에는 그친다晝風久, 夜風止." 이 말은 하루 동안에 일어나는 풍력의 변화를 말한다. 『노자』에 있는 말 가운데 "회오리바람은 아침내내 불지 않는다飄風不終朝"(제23장)는 말과 매우 유사하다. '표풍飄風'은 회오리바람으로 이것은 오래 불지 않는다. 중국 고대에 절기를 나누는 방식은 한 가지가 아니었다. 1일을 2개로 나누거나, 4개 또는 12개, 16개로도 나누었다. 둘로 나누는 경우 더러 아침과 저녁으로 나누기도 하고, 낮과 밤으로 나누기도 한다. 아침 또는 낮은 하루의 전반부 반나절이고 저녁 또는 밤은 하루의 후반부 반나절이다. 4개로 나눌 경우, 아침·낮·해질 무렵·밤으로 나누는데, 아침과 낮은 하루의 전반부 반나절이고 해질 무렵과 밤은 하루의 후반부 반나절이다. 여기서 설명하는 것은 바람이 일어나고 잦아드는 것이 종종 단지 하루 동안 발생하는 일로, 변화가 매우 빠르다는 것이다. 여기서도 바람을 설명했다.

(3) 상태의 파악

"대개 전투는 다섯 가지 화공의 변화를 잘 알아 그것을 헤아려 지켜야 한다 凡軍必知五火之變, 以數守之." 이 말은 총 결론이다.

지금까지 화공을 설명했는데, 불은 사람이 놓는 것이지만 바람은 하늘이 불게 하는 것이다. 풍력과 화력은 제어하기가 매우 어렵다. 어떻게 바람의 방향을 관찰하고 불의 상태를 통제할 것인가는 언제나 어려운 문제로서 잘하지 못하면 도리어 자기가 상처를 입는다. 손자는 단 네 글자 '이수수지以數守之(헤아려 지킴)'로 결론을 내렸다. 여기서 '수數'는 분별 혹은 헤아림을 뜻하며 '수守'는 지킴, 장악의 뜻이다. 결론적으로 상태를 파악하는 것이 매우 중요하다.

【12.3】

그러므로 불을 가지고 공격을 돕는 자는 밝으며, 물을 가지고 공격을 돕는 자는 강하다. 물은 막을 수 있지만, 빼앗을 수는 없다.
故以火佐攻者明, 以水佐攻者強. 水可以絶, 不可以奪.

이 장은 화공과 수공을 비교했다.

"그러므로 불을 가지고 공격을 돕는 자는 밝으며, 물을 가지고 공격을 돕는 자는 강하다故以火佐攻者明, 以水佐攻者強." 이 문장에는 '좌佐(돕다)'가 두 번 나오는데, 물과 불은 모두 보조적인 공격 수단으로서 유일하거나 주요한 공격 수단은 아니라는 말이다. '명明'과 '강强'은 상대적인 것으로 뜻이 서로 비슷하다.[11] '명'은 밝게 드러난다는 뜻이 있고 '강'은 강대하다는 뜻이 있어 모두 긍정적인 의미다.

"물은 막을 수 있지만, 빼앗을 수는 없다水可以絶, 不可以奪"라는 문장에서 '절絶'은 '탈奪'과 달리 위아래의 구분이 있다. '절'은 단절, 차단, 끊어짐, 막힘 등의 뜻을 가지고 있다. 두목杜牧은 주석에서 "적의 보급로를 차단하고, 적의 구원병을 차단하며, 적의 도망을 차단하고, 적의 공격을 차단한다絶敵糧道, 絶敵救援, 絶敵奔逸, 絶敵衝擊"라고 했는데 여기에 사용된 네 개의 '절'은 모두 차단, 즉 단절의 의미를 가지고 있다. 이러한 풀이에는 문제가 없다. 하지만 '탈奪'자에는 두 가지 뜻이 있는데, 하나는 '탈취奪取'의 '탈'로 '획득'의 뜻이 강하다면 다른 하나는 '박탈剝奪'의 '탈'로 '제거'의 뜻이 강하다.

저자는 물과 불이 모두 유용하지만, 물은 불보다 못하다고 말한다. 물은 적을 격리시킬 수 있지만 제어하기 쉽지 않다. 또 직접적으로 적을 죽이기가 용이하지 않다. 상대방의 투쟁 의지를 철저하게 꺾는 방법은 최후의 저항력을 박탈하는 것이다.

역사적으로 물을 공격 수단으로 이용한 예도 있다. 예를 들면 기원전 279년 진나라 장수 백기白起가 언鄢을 함락시킬 때의 일이다. 그는 제방을 막아 물을 저장한 뒤 그 물을 끌어와 성안으로 흘려보내, 성 안의 주민 수십만 명을 매우 참혹하게 수장시켰다.(『수경주水經注』「면수沔水」) 그러나 이런 과정은 방죽을 쌓고 도랑을 파는 데 막대한 시간과 힘이 소모된다. 결코 쉽지 않은 일이다. 『삼국지연의』(제74회)에 관운장이 '칠군을 수장시키다水淹七軍'라는 고사도 있다. 이 일은 정사正史 『삼국지』「촉서蜀書」에도 언급되어 있는데, 그런 일이 가능했던 것은 "가을에 큰 장마로 물이 불어나 한수가 범람秋, 大雨霖, 漢水汎溢"했기 때문이다. 이러한 기회는 우연히 만날 수 있는 것이지, 일부러 구한다고 얻을 수 있는 일이 아니다. 백기는 성곽에 물을 흘려보냈고 관운장은 적군에게 물을 흘려보냈지만, 상황에 꼭 맞는 그런 기회를 만나기란 결코 쉽지 않다.[12]

화공은 다르다. 첫째, 그것은 물에 비해 제어하기 쉽다. 살상력이 좀 더 직접적이고 공격에서 좀 더 능동적이다. 둘째, 연료의 성능 개발에서 그 잠재력이 매우 크며, 과학기술의 함량이 물보다 높아 발전 전망도 크다. 무기 발전사가 증명하듯이 화공의 지위는 늘 상승 추세를 보여주는데, 연구할수록 더욱 강력해지고 있다. 수공은 몇천 년 동안 여전히 옛날 그대로이며, 발전 가능성이 별로 없다. 불은 물보다 더 중요하다는 손자의 견해는 틀림이 없다.

화공과 수공은 모두 자연의 힘을 빌린 것이다. 자연의 힘, 즉 폭풍 피해·화재·지진·해일 등은 현대에도 여전히 어마어마한 파괴력을 지니고 있다. 화공에서는 바람을 이용해서 불을 놓는다. 이때 불은 제어할 수 있지만 바람은 제어할 수 없다. 수공에서는 제방을 터서 물을 흘려보낸다. 이때 제방은 제어할 수 있지만 물은 제어할 수 없다. 이렇게 둘 모두가 제어할 수 없는 요소를 가지고 있다. 때문에 물과 불은 잘못 다루면 자기 자신이 해를 입게 되는 것이다.

중·일 전쟁 때에(1938년 6월) 장제스蔣介石는 황하의 화원구花園口에서 제방을 터트렸다. 하지만 그것으로 일본군을 막아내지 못했을 뿐 아니라 오히려 무수한 백성을 익사하게 만들었다. 문석文夕의 대화재(1938년 11월) 때에는 건물 5만 6000채를 불태웠는데, 화재로 사망한 시민이 3000여 명이었다. 이 또한 자기가 자기를 불태운 것이다.

【12.4】

대개 싸워서 이기고 공격해서 취했는데도 그 공에 보답하지 않는 것은 흉하다. 이것을 '헛된 노력'이라고 한다. 그러므로 이렇게 말한다. 현명한 군주는 심사숙고하고, 훌륭한 장수는 잘 처리한다. 이익이 아니면 움직이지 않고, 얻는 것이 없으면 부리지 않는다. 위급하지 않으면 싸우지 않는다. 군주는 분노로 군사를 일으켜서는 안 되고, 장수는 노여움으로 전투를 벌여서는 안 된다. 국가의 이익에 부합하면 움직이고 부합하지 않으면 멈춘다. 분노는 기쁨으로 돌아갈 수 있고 노여움은 즐거움으로 돌아갈 수 있지만, 국가가 멸망하면 다시 보존할 수 없고, 죽은 자는 다시 살아날 수 없다. 그러므로 현명한 군주는 신중하며, 훌륭한 장수는 경계한다. 이것이 국가가 안정되고 군대를 보전하는 길이다.

夫戰勝攻取而不修其功者凶, 命曰費留. 故曰, 明主慮之, 良將修之, 非利不動, 非得不用, 非危不戰. 主不可以怒而興師, 將不可以慍而致戰. 合於利而動, 不合於利而止. 怒可以復喜, 慍可以復說(悅), 亡國不可以復存, 死者不可以復生. 故明主慎之, 良將警之, 此安國全軍之道也.

『손자』 각 편의 마지막 한 장에서는 항상 경고의 말이 나온다. 여기서도 그렇다. 저자는 먼저 용병에서 피해야 할 금기 사항을 말했다. 무엇을 '비류費留(헛된 노력)'라고 할까?

"싸워서 이기고 공격해서 취한다戰勝攻取"는 말은 이미 앞에서 설명했다.(「모공」편 참조) '전戰'과 '공攻'은 뜻이 비슷하지만 구별되는 점이 있다. '전戰'은 대개 세력이 견줄 만하고 전차가 대치하는 야전野戰과 관련이 깊다. 그 결과는 '승勝'과 '부負' 혹은 '승勝'과 '패敗'로 나뉜다. 한편 '공攻'은 '전戰'과 달리 대개 '수守'의 상대 개념으로 쓰인다. 여기서 한편은 공격 태세를 취하고, 다른 한편은 방어 태세를 취한다. 공격 태세를 취하는 쪽은 적군보다 수배나 많은 병력으로 포위 망을 형성하고, 방어하는 쪽은 그 안에서 곤란을 겪는 상황이다. 예를 들어 도시에서의 공방전이 바로 이에 해당한다. 공격하여 점령하면 적군을 순조롭게 굴복시킬 수 있는데, 이를 '공취攻取' 혹은 '공극攻克'이라 한다. 오랜 시간 공격하고도 굴복시키지 못하면 '불극不克(이기지 못함)' 혹은 '미능취未能取(아직 취할 수 없음)'라고 한다. 두 가지는 전혀 같지 않다.

"그 공을 보답하지 않는 것不修其功"이라는 말은 이로움과 해로움을 알지 못하고, 대가를 따지지 않고, 그 결과를 고려하지 않는 것이다. '수修'는 일을 잘 처리한다는 말이다. 처리를 잘하면 과정은 더욱 합리적이 되며, 결과는 더욱 완전해진다. 옛사람들은 '공功'을 두 가지로 풀이했다. 하나는 '노勞'로, 바로 공로功勞의 공이다. 다른 하나는 '적績'으로, 바로 공적功績의 공이다. 과정과 결과가 모두 같은 글자 안에 포함되어 있다.

'흉凶'은 고대 점복에서 판단을 나타내는 전문 용어로 '길吉'과 반대되는 말이다. '길'은 징조가 좋고 '흉'은 징조가 나쁜 것이다. 군인들은 왜 전쟁을 할까? 당연히 승리를 위해서다. 승리하면 나라와 국민에게 큰 공로를 세우게 되는데, 그점은 전혀 문제가 없다. 그러나 승리의 대가는 무엇이며 그 결과는 무엇인가? 좋은 점과 나쁜 점을 따지지 않을 수 없다. 그런데 듣지도 묻지도 않고 전쟁을 한다면, 그것이 바로 '흉凶'이다.

"이것을 '헛된 노력'이라고 한다命日費留"는 말은 "이렇게 하는 것을 바로 '비류費留'라고 부른다"고 해석할 수 있다. '비費'는 금전을, '유留'는 시간을 사용하다는 뜻이다. 이 두 가지는 용병에서 매우 금기시하는 사항이다. 「작전」 편에서는 바로 이 두 금기 사항을 설명했다. 거기서 설명한 '백성의 비용百姓之費' 제후의 비용公家之費' '매일 천금을 지출日費千金'(다음의 「용간」 편에도 같은 말이 있다) 등은 바로 여기서의 '비費'를 말한다. 「작전」 편의 내용을 다시 읽어보면 다음과 같다.

전쟁을 하면서 승리에 시간을 끌면 병기가 둔해지고 사기가 꺾여서, 성을 공격할 때 힘이 다한다. 오랫동안 전쟁을 하면 국가 재정은 부족하게 된다. 무릇 병기가 둔탁해지고 사기는 꺾이며, 힘은 다하고 재화가 바닥나면 제후들이 피폐를 틈타 일어나니, 비록 지혜가 있는 사람이라도 그 뒤를 수습하기 어렵다. 그러므로 전쟁에서 졸속은 들어봤지만, 교묘하게 오래 끄는 것은 보지 못했다. 무릇 전쟁을 오래하여 국가에 이로운 경우는 없었다.

그리고는 말한다. "그러므로 전쟁은 승리를 귀하게 여기고, 오래 끄는 것을 귀하게 여기지 않는다故兵貴勝, 不貴久." 이상의 문장에서 연이어 다섯 번이나 나온 '구久'는 바로 여기의 '유留'에 해당한다.

앞에서는 불을 설명했는데, 여기서는 불에 대한 이야기가 없다. 그러나 앞의 문장을 연결해 읽어보면 역시 불과 약간의 관련성을 찾을 수 있다. 옛사람들은 "병력兵은 불과 같아서 억제하지 않으면 장차 자신을 태우게 될 것이다夫兵猶火也, 弗戢, 將自焚也"(『좌전』 은공隱公 4년)라고 했는데, 이 의미는 용병이 마치 불을 사용하는 것과 같기 때문에, 그것을 잘 통제해야 한다는 말이다. 만약 통제를 하지 못해 수습에 실패하면 불이 곧 자신을 태울 것이고, 이것은 당연히 '흉凶'이다.

"그러므로 이렇게 말한다故曰" 이하의 내용은 저자의 경고로, 주로 군주와 장수에게 들려주는 말이다.

"현명한 군주는 심사숙고하고 훌륭한 장수는 잘 처리한다明主慮之, 良將修之." 여기서 '명주明主'는 현명한 군주, '양장良將'은 우수한 장수를 말한다. '여慮'는 심사숙고, '수修'는 실제적인 처리를 뜻한다.

"이익이 아니면 움직이지 않고, 얻는 것이 없으며, 부리지 않는다. 위급하지 않으면 싸우지 않는다非利不動, 非得不用, 非危不戰." 이 세 구절은 용병이 두 가지 상황에서 발생함을 말했다. 즉 하나는 취할 수 있는 이익이 있기 때문이며, 다른 하나는 위험이 임박한 상황 때문이다.

"군주는 분노로 군사를 일으켜서는 안 되고, 장수는 노여움으로 전투를 벌여서는 안 된다主不可以怒而興師, 將不可以慍而致戰." 국경 바깥으로 나가는 출병은 군주의 결심이고, 전투에 투입하는 일은 장군이 결정한다. 그런데 이러한 결정은 어떻게 내리는가? 심사숙고의 결과인가, 아니면 일시적인 노여움을 풀고자 함인가에 따라 그 결과는 크게 다르다. 전쟁은 화를 부르는 일이다. 앞 「모공」편에서 이미 그러한 이야기가 있었다. 공성 작전을 전개할 경우 전후로 준비 기간만 6개월이 소요된다. "장수가 분노를 이기지 못해 병졸을 개미 떼처럼 성곽에 오르게 하여, 병졸의 3분의 1을 죽이고도 성을 빼앗지 못한 것은 바로 공격의 재앙이다." 이것이 바로 재앙이다. 3분의 1의 병졸이 모두 쓰러져버린 상황에는 어떤 가치도 없다. 노여움은 일을 망치기 쉽다. 손자는 '장수에게는 다섯 가지 위험이 있다將有五危'(「구변」)고 했는데, 그중 하나가 바로 '화가 나서 서두르다 모욕을 당하는忿速可侮' 것이었다. 성을 참지 못하고 스스로 굴욕을 초래하는 것은 옛날부터 용병에서 주요한 기피 사항이었다.

"국가의 이익에 부합되면 움직이고 부합하지 않으면 멈춘다合於利而動, 不合於利而止." 이는 '병사兵는 이익으로 움직인다兵以利動'(「군쟁」)는 것을 말한다. 군사행동의 원칙은 이익이 있으면 비로소 행하고, 이익이 없으면 절대로 행동하지 않는다는 것이다. 이 말은 앞에서 이미 한 번 나왔다(「구지」편 참조).

"분노는 기쁨으로 돌아갈 수 있고 노여움은 즐거움으로 돌아갈 수 있지만, 국가가 멸망하면 다시 보존할 수 없고, 죽은 자는 다시 살아날 수 없다怒可以復喜, 慍可以復說悅, 亡國不可以復存, 死者不可以復生." 이는 화를 내는 것은 단지 잠시의 해소에 그칠 뿐이라는 말이다. 몹시 화가 나서 금방이라도 죽을 것 같더라도, 대부분 하루도 지나지 않아 금방 회복되며 좋은 일이라도 생기면 금세 즐거워지기도 한다. 그렇지 않으면 설마 미치거나 자살이라도 하겠는가? 그러나 전쟁은 다르다. 전쟁터에서 죽은 군인은 다시 살아나지 못하며, 적에게 나라가 멸망당하면 후회해도 소용없다. 후회에는 약이 없으며, 전쟁터에서는 더욱 그렇다.

"현명한 군주는 신중하며, 훌륭한 장수는 경계한다明主愼之, 良將警之." 이 문장은 앞서 말한 "현명한 군주는 심사숙고하고, 훌륭한 장수는 잘 처리한다明主慮之, 良將修之"는 내용과 대비된다. 주로 조심조심, 시시각각 경계해야 한다는 말이다.

"이것이 국가가 안정되고 군대를 보전하는 길이다此安國全軍之道也." 이는 매우 훌륭한 지적이다. 안전의 문제는 '국가가 안정되고 군대를 보전하는 길'에 속한다. 현대 국가에서 '안전security'과 관계가 가장 깊은 일은 무엇일까? 하나는 정보이며, 다른 하나는 군대다. 발전된 국가는 미개발 국가에 비해 이런 문제가 더욱 두드러진다. 가난한 사람이 추위와 배고픔을 염려할 때 부유한 사람의 걱정은 안전에 있다.

용간用間 : 간첩을 쓰지 않으면 이기지 못한다 ― 간첩의 다섯 가지 운용

'용간用間'이란 간첩을 사용하는 것을 말한다.[1]

『설문해자』「문부門部」에는 "간間은 틈이다.[2] 문門자와 월月자로 이루어졌다"고 했다. '간'자의 본래 뜻은 문틈門縫이다. 거기서 뜻이 넓어져 틈, 틈새, 간격 등의 뜻이 되었다. 이 글자는 또 동사로 쓰이기도 하며 '이간질하다離間'라는 뜻도 있다. 여기서는 명사로 쓰였는데, 적의 상황을 정탐하는 사람을 가리킨다.

'간間'은 '첩諜'과 비슷하다. 『이아』「석언釋言」에 "간間은 염탐할 현(児(중국어 발음은 셴xiàn)이다"라고 했다. 곽박郭璞(276~324)의 주석을 보면 "『좌전』에서는 그것을 첩자諜라고 했는데, 지금의 세작細作이다"라고 되어 있다. 세작이란 후대 사람들이 말하는 '정탐꾼探子'이나 '밀탐密探'을 뜻한다. 『좌전』에서는 누차 '첩諜'에 대해 언급했는데, 두예杜預(222~285)의 주를 보면 '첩이란 간間이다'[3]라고 해석했다.

'간'과 '첩'은 합하여 '간첩間諜'이라고 부르기도 한다. 예를 들어 『육도』「용도」 왕익王翼에는 다음과 같은 내용이 적혀 있다. 장수가 거느리는 지휘부에는 72명을 두는데, 그중에는 "유사游土 8명이 있어, 적의 간첩을 관찰하고, 적국의 변란을 염탐하며, 적의 인심을 조종하고, 적군의 의도를 관찰하며, 간첩활동을 관리한다游士八人, 主伺姦候變, 開闔人情, 觀敵之意, 以爲間諜.”

『손자』에서는 '간'이라 부르고 '첩'이라 부르지 않는다. 『좌전』『국어』『주례』에서는 '첩'이라 부르고 '간'이라 부르지 않는다.[4] '간'과 '첩'은 구별 없이 섞어 쓰는 말이지만 자세히 살펴보면 꼭 같지는 않다.

(1) 작은 간첩은 간間, 큰 간첩은 첩諜

『대대례기』「천승千乘」에 다음과 같은 말이 나온다. “나라의 정보를 바깥에 파는데, 작은 것은 간間이라 하고 큰 것은 첩諜이라 한다以中情出, 小曰間, 大曰(講)[諜].”

(2) '첩諜'은 '반간反間'이다

1) 『설문해자』「언부」에 따르면 “첩諜은 군대 안에 있는 반간이다軍中反間也”라고 했다.

2) 『좌전』(환공 12년)에는 다음과 같은 말이 있다. “교絞나라를 토벌하는 전투에서, 초나라 군대가 나누어 팽 강을 건넜다. 나羅나라 사람들이 초나라 군대를 치려고, 백가에게 엿보게 하여, 초나라 병사를 세 차례 세었다伐絞之役, 楚師分涉於彭. 羅欲伐之, 使伯嘉諜之, 三巡數之.” 두예杜預는 주석에서 '첩諜'은 '엿본다伺'는 뜻이라 해설했다. 공영달孔穎達은 소疏에서 이렇게 말했다. “『설문해자』에서 '첩諜은 군대 내부의 반간反間이다'라고 했다. 이는 거짓으로 적국 사람이 되어서 적군 내부에 들어가 그 사정을 정탐해 자기 군주에게 보고하는 것을 말한다. 그러므로 첩諜은 엿본다는 뜻으로 병법서에서는 이것을 '반간'이라고 한다.”

3) 『주례』「춘관」 환인環人에 “나라를 순방하여, 간첩을 찾아내 붙잡는다巡邦

國, 搏諜賊"라고 했으며 정현鄭玄은 주석에서 "첩적諜賊은 반간反間으로, 국적이다"라고 했다.

4) 『주례』 「추관」 사사士師에 "장사掌士의 팔성八成은 (…) 세 번째는 방첩邦諜이다"라고 했는데, 정현은 이에 대해 "다른 나라에서 활동하는 반간이다爲異國反間"라고 주석을 달았다.

5) 『주례』 「추관」 장륙掌戮에 "간첩의 참수와 색출을 주관한다掌斬殺賊諜而搏之"라고 했다. 이에 대해 정현은 "첩은 간악한 도적과 반간을 말한다諜謂奸宼反間者"고 주석을 달았다.

첩은 반간이다. 다만 반간이 무엇인지에 대해서는 서로 다른 해석이 있다.

『손자』에서 반간은 적의 간첩을 반대로 내가 이용하는 것이다. 이는 현재의 이중간첩과 같은 것으로 자기가 내보낸 간첩이 아니다.[6] '생간生間'이 바로 자신이 보낸 간첩으로, 최후에 정보를 보내오는 사람이다. 앞서 소개한 공영달의 해석에서 첩諜이란 『손자』에서는 생간에 해당되는 것으로, 반간이 아니다.

첩자諜는 매우 중요하다. 그는 최후에 정보를 보내오는 사람이다. 고서에는 '첩보諜報'라는 말이 나오는데, 그 용례가 매우 많다.(예를 들면 『구당서』 「혼감전渾瑊傳」) 이 단어는 동사로도 쓰이고 명사로도 쓰이는데, 바로 이러한 함축적인 의미를 담고 있으며 현대 중국어에서도 여전히 쓰인다.

현대의 간첩은 영어를 보면 몇 종류의 호칭을 가지고 있다.

1) 스파이spy: 감시하고 관찰한다는 뜻으로, 중국 고대의 '간間'과 유사하다.
2) 에이전트agent: 대리인이라는 뜻이다. 이런 종류의 사람을 정보요원intelligence agent 혹은 비밀공작원secret agent로 부르기도 한다. 그들은 은밀히

적의 내부에 들어가서(이른바 '비밀잠입요원') 우리 편을 위해서 일하는 사람이다.

3) 정보요원intelligencer: 이 말은 '첩자諜'에 가깝다. intelligence는 지혜와 정보라는 두 가지 뜻이 있다. 정보 공작의 특징은 지혜를 겨루는 것이다. 이러한 종류의 요원은 당연히 매우 높은 지능을 갖추고 있어야 한다.

'간첩'은 현대 중국어에서 또 다른 호칭이 있는데 바로 '특무特務'라는 단어다.(현재는 '특공特工'이라는 단어가 더 많이 쓰인다.) '특무'라는 말은 일본어 '도쿠무特務'에서 빌려온 것이고 일본어의 '도쿠무'는 영어 'special service(특수공작)'를 번역한 것이다. 이러한 특수공작特殊工作은 'secret service(비밀공작)'라고 불린다.

현대 간첩의 업무를 보면 각 나라에는 그 나라 고유의 특징이 있다.[7] 공통점은 다음과 같다.

1) 일반적으로 모두 비밀경찰(내부 감시)과 국제 간첩(외부 감시)의 두 계통을 가지고 있다. 전자는 국내를 관리하고 후자는 국외를 관리한다. 국외에서 활동할 경우 종종 외교관의 신분으로 위장하며, 군대에는 또 군대 내부의 독자적인 정보 계통이 있다.[8] 이러한 모든 것은 국가의 안전과 관련하여 지극히 중요한 것으로, 아무리 민주화된 투명한 국가라 하더라도 결코 무시할 수 없다.

2) 정보 조직은 세밀하게 분업이 이루어지고, 기율이 엄격한 조직망을 갖추고 있다. 비록 이러한 일에 종사하는 사람들은 항상 도덕적인 질책과 비난을 받지만, 그들을 모집하고 선발할 때는 오히려 높은 소양을 요구한다. 특히 충성심과 용감함, 침착함과 냉정함 그리고 기밀을 엄수해야 하는 책임

이 요구된다.

3) 정보 공작은 높은 수준의 과학기술도 필요로 한다. 예를 들어 위성 정찰, 비행기 정찰, 암호 해독, 도청 및 감청 등 모두 첨단 과학기술에 의존해야 한다. 이들은 또 다른 형식의 무기라고 할 수 있는데, 살상력이 아주 큰 무기이기도 하다.

4) 정보 공작은 '정보'뿐만 아니라 '반정보反情報'도 포함한다. 즉 한편으로는 자신의 간첩을 파견하고, 다른 한편으로는 적의 간첩을 교란시켜야 한다. 한편으로는 적의 상황을 정탐하면서 다른 한편으로는 적의 정탐을 방지해야 하고, 한편으로는 진짜 정보를 수집하되 다른 한편으로는 가짜 정보도 만들어야 한다. 모든 공작활동에는 적 가운데 우리가 있고, 우리 안에 적이 있다. 허虛와 실實, 진실과 거짓이 섞여 있어 속임수가 가장 잘 체현될 수 있다.

5) 여기에는 또 아주 많은 특수한 행동들이 수반된다. 예를 들면 독약을 투여하고, 방화하고, 폭발시키며, 찔러 죽이기도 하고, 고문을 하기도 한다. 특히 자기편의 반역자나 비밀 누설자를 제거하기도 한다. 그러한 일들을 처리하는 수단이 일반 사람들이 보기에는 매우 잔인하다.

제1조의 '내부 감시(비밀경찰)'활동을 제외하고 손자가 이 다섯 항목에 대해서 언급한 경우는 없다. 제3조는 고대에 그다지 발달하지 않았고, 그 외 세 조항에 대해서는 모두 「용간」 편에 언급되어 있다.

'용간'은 일종의 특수한 전쟁으로, 전쟁 가운데의 전쟁이다. 전쟁에는 '밝음 속의 전쟁明戰'과 '어두움 속의 전쟁暗戰'이 있고 통상 말하는 전쟁은 바로 밝음 속의 전쟁이다. 그러나 밝음 속의 전쟁은 전쟁의 일부분에 지나지 않는다. 어두움 속의 전쟁 역시 매우 중요하기 때문에 절대로 소홀히 해서는 안 된다. 이는 일종의 비밀 전쟁으로, 눈에 보이지 않는 싸움이다.

용간, 즉 간첩 활용의 중요성은 두 가지다. 첫째로 『손자』에서는 계책을 중시해서 '적을 알고 자신을 알면 백 번 싸워도 위험하지 않다'는 것을 강조했다. 간첩 활용은 단지 적의 상황만을 정탐하는 것이 아니다. 내부 상황을 감시하는 것도 포함된다.[9] '적을 아는 것知彼'과 '자신을 아는 것知己'은 모두 '용간'에서 자유로울 수 없다. 현행본의 『손자병법』은 「계」 편에서 시작해 「용간」 편에서 끝난다. 이것은 실로 교묘한 배치라고 할 수 있다. "묘산이 많은 쪽은 적은 쪽을 이긴다多算勝少算"는 말은 '적을 알고 자신을 안다'는 것을 전제로 한다. 그러면 어떻게 적을 알고 자신을 알 수 있을까? 그 관건이 바로 용간이다. 「용간」 편이 마지막에 있다는 것은 참으로 원만한 결론인 셈이다.

두 번째로 손자는 속임수를 중시하고 "전쟁이란 속임수의 도兵者, 詭道也"(「계」)이며 "전쟁은 속임수兵以詐立"(「군쟁」)임을 누차 강조했다. 속임수, 즉 '사詐'라는 말은 듣기에 좋지 않다. 수천 수백 년 동안 모두가 입 밖에 내기를 부끄럽게 생각해 감히 공개적으로 논의하지 못했다. 군인만이 거리낌이 없었는데, '병이시립兵以詐立'이라는 것은 말 그대로 전쟁이 속임수로 성립된다는 뜻이다. 그들은 솔직하게 말하고 또 그렇게 행동했으며, 이리저리 몸을 사리거나 피하지 않았다. 그리고 그중에서도 최고의 속임수는, 아마도 간첩의 활용일 것이다.

간첩의 활용은 기술적인 성격이 매우 강하다. 조직을 하는 데뿐만 아니라 통신이나 행동 수단에도 기술이 필요하다. 옛사람들이 강조한 것은 '마음에 대한 공격攻心'이었는데, 현대에는 '정보'를 강조한다. 이 두 가지는 모두 간첩과 떼려야 뗄 수 없다. 이것으로써 적에게 치명타를 안겨야 한다. 그것은 병법의 정수이며, 병가의 지혜를 가장 잘 구현할 수 있는 분야다.

군사행동은 간첩 없이는 이루어질 수 없다. 이 편에는 이런 말이 들어 있다. "미묘하고도 미묘하도다. 간첩을 이용하지 않는 곳이 없구나微哉微哉. 無所不用間也." 인췌산 한간 『손빈병법』(찬(선)졸纂(選)卒)에도 말하기를 "간첩을 사용하지 않으면 이기지 못한다不用間, 不勝"고 했다.

여기서는 「용간」 편을 세 장으로 나눈다.

첫 번째 장은 간첩의 중요성間事之重에 대해서 설명한다.

두 번째 장은 다섯 가지 간첩의 활용五間之用에 대해서 설명한다.

세 번째 장은 훌륭한 지혜로 간첩을 부림上智爲間에 대해서 설명한다.

【13.1】

손자가 말했다. 무릇 병사 10만을 일으켜 천 리 바깥에 나가 전쟁을 하려면 백성의 비용과 나라의 부담이 하루에 천금을 쓰고, 나라 안팎이 시끄러우며, 길에서 시달리느라 일을 하지 못하는 자가 70만 호에 이른다. 수년간 준비를 하여 하루의 승리를 다투는 일인데, 벼슬과 녹봉 백금이 아까워 적의 정보를 모르는 것은 현명하지 못함의 극치이며, 백성의 장수가 아니고, 군주의 보좌도 아니며, 승리의 주인도 아니다. 그러므로 총명한 군주와 현명한 장수가 움직이면 적을 이기고, 성공한 바가 출중한데 그것은 먼저 알기 때문이다. 미리 아는 것은 귀신에게 얻을 수 없고, 일에서도 조짐을 알 수 없으며, 도수로도 예측할 수 없고, 반드시 사람을 통해서 적의 사정을 아는 것이다.

孫子曰: 凡興師十萬, 出征千里, 百姓之費, 公家之奉, 日費千金, 內外騷動, 怠於道路, 不得操事者, 七十萬家. 相守數年, 以爭一日之勝, 而愛爵祿百金, 不知敵之情者, 不仁之至也, 非(人)〔民〕之將也, 非主之佐也, 非勝之主也. 故明君賢將所以動

而勝人, 成功出於衆者, 先知也. 先知者, 不可取於鬼神, 不可象於事, 不可驗於度,
必取於人, 知敵之情者也.

이 장은 주로 간첩 활용의 필요성에 대해 설명했다. 첫 번째로 전쟁을 하려
면 자금이 소요되는데 그 금액이 놀랄 만한 액수임을 언급했다. 두 번째로 간
첩을 활용하는 데 드는 비용이 굉장히 적은 액수임을 말했다. 세 번째로 군사
행동은 '미리 아는 것先知'이 중요한데, 그러한 정보는 오직 간첩의 활용에 의해
서만 얻을 수 있다고 말했다.

이 장의 시작 부분은 「작전」 편과 매우 유사하다. 시작하자마자 먼저 전쟁의
동원에 대해 설명하고, 한 차례의 전쟁을 치르기 위해서는 국가적으로 얼마나
많은 돈을 써야 하는지를 말한다. 그런 뒤에 간첩 활용에 들어가는 비용에 대
해서 독자들과 함께 계산을 한다. 그리고는 간첩에게 쓰는 비용이 낭비가 아니
라 결국에는 절약하는 길임을 호소한다. 용간이란 매우 수지타산이 맞는 일임
을 전쟁경제학을 이용해 설명한다.

이 문장의 의미는 다음과 같이 크게 세 부분으로 나뉜다.

(1) 전쟁 비용은 얼마인가?

손자는 만약에 10만의 대군이 천 리나 먼 적지로 싸우러 간다면, 장차 두
가지 큰 소모가 일어날 것이라고 한다. 첫째로 재산이 축난다. 백성이 돈을 써
야 하고 국가가 돈을 써야 한다. 양자를 합해 계산하면 '하루에 천금을 쓴다日
費千金.'

둘째로 전쟁은 백성을 피로하게 만든다. 전방에서 10만 명이 작전을 펼친다
면, 후방에서는 그들을 위해 70만 가구가 군수품의 운송을 맡아야 한다. 그러

니 안팎으로 소동이 일어나고, 모든 사람이 운송하는 도로 위에서 명령을 이행하느라 지치고 만다. 이 때문에 고향 마을의 논밭은 돌보지 못해 모두 황폐해진다.

전쟁의 규모가 클수록 소비도 커진다. 전쟁 기간이 짧으면 그나마 좋지만, 만약에 오래 끌게 된다면 전쟁이란 "수년간 준비하여 하루의 승리를 다투는 일인데相守數年, 以爭一日之勝", 부담은 커지고 비용은 더욱 많아진다. 그것은 정말로 바닥 없는 항아리나 마찬가지다. 「화공」 편에 이런 말이 있었다. "대개 싸워서 이기고 공격해서 취했는데도 그 공을 보답하지 않는 것은 흉하다. 이것을 헛된 노력이라고 한다夫戰勝攻取而不修其功者凶, 命曰費留." 여기서 말하는 비류費留(헛된 노력)의 '비費'는 돈을 쓰는 것이고 '유留'는 시간을 쓰는 것이었는데, 지금 설명하는 것이 바로 비류다.

(2) 간첩 매수는 가치 있는가?

간첩을 매수하는 것은 보통 높은 벼슬과 많은 녹봉을 주는 것으로 생각하는데, 과연 얼마면 될까? 단지 '벼슬과 녹봉 100금爵祿百金'정도다. 녹봉 100금은 매일 전쟁에 드는 비용 전체의 10분의 1을 쓰는 셈이니 전쟁의 전체 예산으로 보면 자투리에 지나지 않는다.

간첩의 이용은 특히 적의 정세를 파악하는 데 매우 중요하다. 적의 상황을 잘 알지 못하면 대신 사람이 죽어야 한다. 적의 상황을 잘 파악하고 있으면, 많은 사람이 죽지 않을 수 있다. 때문에 손자는 만약에 이러한 일에 돈을 쓰는 것이 인색하다면 '현명하지 못함의 극치不仁之至也'이며 역시 무척 잔인한 일이라 보았다. 또 그러한 자는 백성의 장수로서 자격이 없으며, 나라의 임금을 보필할 자격도 없고, 승리를 주재할 자격도 없다고 했다. 총명한 군주와 현명한 장수가 전쟁에서 반드시 이기고, 공격하면 반드시 취하고 다른 이보다 성공할 수 있는 관건은 '미리 아는 것先知'이다.

(3) 어떻게 미리 알 수가 있는가?

'미리 안다先知'는 것은 적보다 앞서서 아는 것, 사전에 아는 것이다. 즉 매사에 적보다 좀 더 빨리 하는 것을 말한다. '사후 제갈량'이 아니라 '사전 제갈량'이다. 바둑을 둘 때도 누가 더 계산을 빨리하느냐가 승리를 얻는 관건이다. 설령 몇 발자국에 불과하다고 해도 좋다. 몇 발자국 빠르다는 것은 바로 기선을 잡았다는 것이다.

그러나 이것이 어떻게 가능한가? 머리만 써서는 그렇게 할 수 없다. 신에게 기원하고 귀신에게 물어도 할 수 없다. 손자는 간첩에게 의지해야만 한다고 말한다. 고대에 '미리 안다'는 것은 신비로운 개념이었다. 영감의 힘을 통해 스스로 신의 계시를 얻거나 귀신에게 그것을 구했다. 기도를 통해서 신의 계시를 구하는 것이다. 예를 들어 『구약성경』의 히브리 선지자들과 『신약성경』의 예수 그리스도가 바로 서양의 '선지자prophet', 즉 예언자였다. 중국의 선지先知와 다를 바 없다. 예를 들어 성인聖人이란 바로 이러한 선지자였다. 당시에 모든 사람이 '선지자는 반드시 이러해야 한다'고 생각한 것은 상식이었다고 할 수 있다.

"귀신에게 얻을 수 없다不可取於鬼神." 여기서 '귀신에게 얻는다'는 것은 기도를 통해 귀신으로부터 정보를 구하는 것이다.

"일에서도 조짐을 알 수 없다不可象於事." 여기서 '일에서 조짐을 안다'는 말은 사물의 드러나는 겉모양을 통해 사물의 구조를 이해하는 것이다. 예를 들어 풍수로 기맥氣脈을 이야기하고, 사람과 가축을 보고 뼈의 생김새에 대해 말하는데, 모두 이러한 방법을 쓰는 것이다.

"도수로도 예측할 수 없다不可驗於度." 여기서 '도수로 예측한다'는 사물의 수리 관계에 근거하여 미래를 예측하는 것이다. 예를 들어 점을 치는데 점대의 수를 헤아리거나, 천문을 보는데 천체 운행의 도수를 말하는 것은 모두 이런 방법이다. '도度'는 '수數'의 또 다른 표현이다.

관상술은 '상象'을 주로 하고, 점술은 '수數'를 주로 한다. 이 둘은 넓은 의미의 '상수象數'의 학문에 속한다. 고대 사람들은 이를 '수술'의 학문 혹은 '수술'이라고 불렀다. 서양에서는 수술을 'occult arts'라 부르고, 점복은 'divinations'라고 한다. '상사象事'라는 단어는 『주역易』 「계사하系辭下」에 보이는데 "상象을 보고 실체를 알고, 점을 쳐서 미래를 안다象事知器, 占事知來"고 했다. '상을 보고 실체를 안다'는 것은 관상술에 속하며 '점을 쳐서 미래를 안다'는 것은 점술에 속한다. 고대인들에게는 기도 외에 점복 역시 신과 통하는 중요 수단이었다.

그런데 손자는 이 세 항목에 모두 반대했다. 그럼 그가 찬성한 것은 무엇인가? 답은 매우 간단하다. 귀신에게 의존하지 않고 오직 사람에게 의존하는 것이다. "반드시 사람을 통해서 적의 사정을 안다必取於人, 知敵之情者也." 이 적의 사정을 아는 사람이 바로 간첩이다.

이 장은 중국 고대의 정전제井田制와 관련 있다는 점에서도 유의할 가치가 있다. 손자는 이렇게 말했다. "무릇 병사 10만을 일으켜 천 리 바깥에 나가 전쟁을 하려면 백성의 비용과 나라의 부담이 하루에 천금을 쓰고, 나라 안팎이 시끄러우며, 길에서 시달리느라 일을 하지 못하는 자가 70만 호에 이른다凡興師十萬, 出兵千里, 百姓之費, 公家之奉, 日費千金, 內外騷動, 怠於道路, 不得操事者, 七十萬家." 이는 고대 중국 사회사에 대한 굉장히 소중한 자료다.

『전쟁은 속임수다』에서 이러한 문제에 대해 논의했으니 참고하기 바란다. 여기서는 단지 간단히 두 가지만 언급한다:[10]

1) 고대 정전제의 주요 사료는 『사마법』의 일문이다. 그것은 '리里'에 따라 호구戶口를 편성하고 '정井'에 따라 백성에게 토지를 나누어주는 법인데, '리' 하나는 바로 '정' 하나에 해당된다. 그것은 사방 1리 크기(사방 1리=1리×1리 =300보×300보)의 토지를 마치 '井(정)'자를 그리듯이 아홉 구역으로 나눈다. 매 구역은 1경頃, 즉 100묘畝다.(1경=100묘, 1묘=100보×1보) 이러한 넓이는 토지를 수여하는 기본 단위였다. 만약 '농민 1명당 100묘의 토지를 수여한다一夫百畝'는 원칙에 따라 계산한다면, 아홉 가구의 농가에 안배할 수 있다. 이러한 정전제를 '9가설九家說'이라고 한다.

2) 맹자가 설계한 정전제(『맹자』「등문공상」참조)는 이와 다르다. 그것은 사전私田 이외에도 공전公田을 나누어, 그것을 각각 책임지고 도맡아 전체적으로는 '정井'자가 된다. 매 정은 단지 여덟 가구의 농가가 있고, 모두 합해 800묘의 토지를 지급받는다. 나머지 100묘는 균등하게 담당하는 공전公田이다. 이러한 정전제는 '8가설八家說'이다.

조조의 주석을 보면 이렇게 해석했다. "옛날에는 8가구가 서로 이웃했는데, 1가구에서 병사가 징집되면 나머지 7가구는 그를 도왔다. 여기서 10만의 병사를 일으킨다는 것은 농사일을 하지 않는 농가가 70만 가구라는 것이다古者八家爲隣, 一家從軍, 七家奉之. 言十萬之師擧, 不事耕稼者七十萬家." 조조의 이러한 해석은 맹자의 설을 따른 것이다. 하지만 신빙성이 낮다. 사실 『사마법』에서 말하는 정전제의 징집 방법에는 두 종류가 있다. 하나는 각 10가구에서 한 사람이 나오고, 다른 하나는 각 7.68가구당 한 사람이 나온다. 여기서는 후자를 말한다.

【13.2】

그러므로 간첩을 쓰는 방법에는 다섯 가지가 있다. '인간因間' '내간內間' '반간反間' '사간死間' '생간生間'이 그것이다. 다섯 간첩이 함께 활동해도 그것을 알 수 없다. 이것을 신기라고 하며 군주의 보배다. '인간'은 그 지역 주민을 이용한다. '내간'은 적의 관리를 이용한다. '반간'은 적의 간첩을 이용한다. '사간'은 허위 사실을 우리 편 간첩에게 알려 그것을 적에게 전하게 한다. '생간'이란 정보를 보내온다. 그러므로 삼군의 일 가운데 간첩보다 더 친밀한 것이 없고, 포상 가운데 간첩에게 주는 것보다 더 후한 상은 없으며, 모든 일 가운데 간첩의 일보다 더 은밀한 것은 없다. 성스러운 지혜를 가진 자가 아니면 간첩을 쓸 수 없으며, 어질고 의로운 자가 아니면 간첩을 부리지 못하고, 신묘한 자가 아니면 간첩의 성과를 얻지 못한다. 미묘하고도 미묘하도다. 간첩을 쓰지 않는 곳이 없구나. 간첩의 일이 아직 시작되지 않았는데 밖에서 이것이 들리면 간첩과 알려온 자를 모두 죽인다. 무릇 공격하려는 군대, 공격하려는 성곽, 살해하려는 인물은 반드시 그것을 수비하는 장수와 보좌하는 측근, 경호원, 성문을 지키는 자, 관사를 지키는 자의 이름을 먼저 간첩에게 지시해 알아내게 한다. 우리 지역에서 활동하는 적의 간첩은 필히 찾아내 이익으로 포섭하고, 잘 인도하여 은덕을 베풀고 풀어놓아야 반간으로 이용할 수 있다. 이것으로 적을 알 수 있으므로 향간이나 내간을 사용할 수 있다. 또 이것으로 적을 알 수 있으므로 사간을 시켜 허위 사실을 적에게 전달하게 할 수 있다. 또 이것으로 적을 알 수 있으므로 생간을 계획에 따라 활용할 수 있다. 이 다섯 가지 간첩의 활동은 군주가 반드시 알고 있어야 한다. 그것은 반간을 통해서 알 수 있는 것이다. 그러므로 반간은 후대하지 않으면 안 된다.

故用間有五. 有因間, 有內間, 有反間, 有死間, 有生間. 五間俱起, 莫知其道. 是謂
神紀, 人君之寶也. 因間者, 因其鄕人而用之. 內間者, 因其官人而用之. 反間者, 因
其敵間而用之. 死間者, 爲誑事於外, 令吾間知之而傳於敵間也. 生間者, 反報也.
故三軍之事, 莫親於間, 賞莫厚於間, 事莫密於間. 非聖智不能用間, 非仁義不能使
間, 非微妙不能得間之實. 微哉微哉. 無所不用間也. 間事未發而先聞者, 間與所告
者皆死. 凡軍之所欲擊, 城之所欲攻, 人之所欲殺, 必先知其守將·左右·謁者·門
者·舍人之姓名, 令吾間必索知之. (必索)敵間之來間我者, 因而利之, 導而舍之,
故反間可得而用也. 因是而知之, 故鄕間·內間可得而使也. 因是而知之, 故死間爲
誑事, 可使告敵. 因是而知之, 故生間可使如期. 五間之事, 主必知之. 知之必在於
反間. 故反間不可不厚也.

이 장은 '다섯 가지 간첩五間'의 사용을 설명했는데, 그것은 '인간' '내간' '반
간' '사간' '생간'이다. 다섯 부분으로 나누어 설명한다.

(1) 간첩의 종류

손자에 따르면 '다섯 종류의 간첩'이란 '인간' '내간' '반간' '사간' '생간'이다.
먼저 명칭별로 열거하고 그다음에 그것을 해석했다.

이어서 손자는 다음과 같이 썼다. "다섯 간첩이 함께 활동해도 그것을 알
수 없다. 이것을 신기라고 하며 군주의 보배다五間俱起, 莫知其道. 是謂神紀, 人君之寶
也." 이 문장은 이들 다섯 종류 간첩의 중요성을 말한다. '다섯 간첩이 함께 활
동한다'는 말은 간첩활동의 조직성을 강조한 것이다. 이 다섯 종류의 간첩은 각
기 업무를 나누어 담당하며 서로 협력하기도 한다. 전체적으로 엄밀한 첩보망
으로 조직되어 있고, 집단적으로 활동하며 개인행동하지 않는다. '그것을 알 수

없다'는 말은 간첩활동이 신묘한 것임을 강조한다. 간첩의 공작은 비밀공작이기 때문에 보통 사람들은 그것을 알 도리가 없다. '이것을 신기라고 한다'는 것은 신출귀몰한 경지에 이른 것을 말한다. '군주의 보배'라는 것은 이 간첩망이 군주에게는 '승리를 제어制勝'하는 보물이라는 뜻이다.

(2) '오간五間'의 정의

손자가 말하는 다섯 종류의 간첩은 크게 두 가지 종류로 나눌 수 있다.

1) 적 쪽의 모반자나 매수된 간첩

① 인간因間은 적국의 백성을 간첩으로 이용한 경우다. 이 간첩은 적국의 하층민의 정보를 수집한다. 원문에서 내린 정의는 다음과 같다. "그 지역 주민을 이용한다因其鄕人而用之." 여기서 향인鄕人이란 고서에 세 종류의 용례가 있다. 하나는 향대부鄕大夫를 가리키는데, 이는 마을을 관리하는 관리다. 다른 하나는 향민鄕民으로, 마을에 사는 백성을 말한다. 마지막으로 동향同鄕의 뜻이 있다. 여기서는 두 번째 용례로 쓰였다. 다만 우리가 주의해야 할 것은 옛사람들이 말하는 '향鄕'이란 주향州鄕(고대 행정구역의 명칭)을 가리킨다. 이는 수도의 교외 지역에 사는 주민 조직으로, 현재 말하는 '향촌鄕村'과는 다른 개념이다.

여기서 말하는 향인은 다음 문장에 나오는 '관인'과 상반된 뜻을 지니고 있다. 향인은 백성이고 관인은 관직에 있는 관리를 말한다. 다음 문장을 보면 이러한 간첩은 '향간鄕間'이라고도 불린다. 가림賈林이나 장예張預는 여기에 나오는 '인간因間'을 '향간鄕間'이라고 고쳐 썼다. 하지만 세상에 전해오는 고서나 고서를 인용한 글들은 모두 '인간'으로 쓰고 있다. 인췌산 한간은 마침 절묘하게 이 글자가 훼손되어서 원래 글자가 무엇인지를 판단할 방법이 없다.

② 내간內間은 적국의 관리를 이용해 간첩으로 삼는다. 이들은 적국의 상층부 정보를 수집한다. 원문이 내린 정의를 보면 "적의 관리를 이용한다因其官人而用之"고 했다.

③ 반간反間은 상대국의 간첩을 매수하거나 모반하도록 하는 것이다. 적의 간첩을 거꾸로 우리가 이용하는 것으로, 요즘 말로는 '이중간첩'이다. 원문은 "반간이란, 적의 간첩을 이용한다反間者, 因其敵間而用之"고 정의했다.

2) 우리 쪽에서 보낸 간첩

① 사간死間은 가짜 정보를 적에게 전달하는 간첩이다. 일부러 만든 가짜 정보가 적 쪽의 간첩에게 전달되도록 방법을 강구하는 간첩을 말한다. 이 간첩은 가짜 정보를 가지고 적을 속이기 때문에 사정이 폭로된 뒤에는 종종 피살된다. 이 때문에 '사간'이라고 불린다. 원문에서는 다음과 같이 정의했다. "사간은 허위 사실을 우리 편 간첩에게 알려 그것을 적에게 전하게 한다死間者, 爲誑事於外, 令吾間知之而傳於敵間也." 여기서 '광사誑事'란 가짜 정보를 말한다. 광誑(중국어 발음은 쾅kuáng)은 '속인다'라는 뜻이다.

② 생간生間은 우리 편에서 파견한 간첩으로, 진짜 정보를 보내오는 간첩이다. 정보를 안전하게 보내오기 위해서는 반드시 살아 있어야 하기 때문에 '생간'이라고 부른다. 원문은 "생간은 정보를 보내온다生間者, 反報也"고 정의했다. '반보反報'의 '반反'은 '반返', 즉 '되돌아온다' '돌려주다'의 뜻이다.

이 간첩망은 '인간'의 경우 밖에 있고 '내간'의 경우 안에 있다. '반간'은 가장 깊은 곳에 은밀하게 숨어 있다. 핵심 중의 핵심에서 겹겹이 둘러싸여 가장 많은 정보를 갖고 있는, 맨 첫 번째의 핵심 고리라고 할 수 있다. 인간과 내간은 반간과 배합되어 활동하는데, 이것이 두 번째 고리를 이룬다. 사간은 적에게 가짜 정보를 전하고 생간은 우리에게 진짜 정보를 전한다. 이것이 세 번째 고리를 형성한다. 이 세 개의 고리는 서로 밀접하게 연결되어 있어 어떤 고리든 없앨 수 없다.

고대 사람들은 간첩의 이론과 간첩의 사례를 나누어 논했다. 간첩 이론은 대부분 『손자』를 베꼈다면 간첩 사례는 대부분 역사책에서 베꼈다. 예를 들면 송나라 『무경총요전집』 제15권에 있는 「간첩」 편은 바로 『손자』 「용간」 편을 초록한 것이고 송나라 『무경총요후집』 제1권에 있는 「용간用間」 「용첩用諜」 두 편은 바로 역사서를 베낀 것이다. 청나라 주봉갑朱逢甲이 쓴 『간서間書』 역시 이러한 체제를 취했다.[11] 모두가 인정하듯이 『손자』 「용간」 편은 간첩에 관해서는 '경전經典'이다.[12]

다섯 종류의 간첩 중에서 반간이 가장 중요하다. 돈도 가장 많이 들고, 비밀의 등급도 가장 높다. 이것이 무엇을 의미하는지를 반드시 이해하고 넘어가야 한다. 옛날 사람들이 말한 '반간'에는 다음과 같이 두 종류의 서로 다른 용례가 있다.

- 적측 사람들에 대해 모반을 선동하거나 획책한다. 특히 상대편 사람들을 자신의 간첩으로 삼는다.
- 적들을 서로 이간시킨다. 그들을 서로 시기하게 하며, 자기편끼리 서로 죽이고 서로 정리하게 만든다.

「용간」 편이 전자에 속한다면 『삼십육계』의 '반간계反間計'(제33계)는 후자에 속한다. 후자의 용례에 해당하는 반간은 전국 시대와 진한대에 매우 유행했다.

역사책에 보이는 사례의 대다수가 이런 유에 속한다:[13]

주봉갑이 말하는 반간은 네 종류로 나뉜다. 첫 번째는 '서신을 활용한 반간以書反間之法', 두 번째는 '적의 간첩을 이용한 반간卽以敵間反間之法', 세 번째는 '그 사람들을 이간시키는 반간反間其人', 네 번째는 '가짜 정보를 이용한 반간反間其事者'이다. '서신을 활용한 반간'은 위조된 서신을 사용하여 이간질해 불화를 일으킨 뒤 칼을 빌려 사람을 죽이는 것이다. 예를 들어 '장간이 서신을 훔치다蔣幹盜書'(『삼국지연의』 제45회)라는 이야기에 나오는 방법이다. 여기서 장간과 조조 사이에 이용된 계략이 바로 이러한 종류의 '반간계反間計'에 속한다. '적의 간첩을 이용한 반간'은 적이 보낸 간첩을 역으로 이용해 가짜 정보를 보내도록 하는 것이다. '그 사람들을 이간시키는 반간'은 이간계를 써서 적군들이 시기하여 서로 죽이게 한다. '가짜 정보를 이용한 반간'은 거짓 이미지와 거짓 정보를 만드는 것이다. 이러한 간첩의 사례와 『손자』에 나오는 반간은 서로 의미가 다르기 때문에 주의해야 한다.

(3) 간첩 활용의 중요성

이 부분은 일종의 삽화라고 할 수 있다. 모두 세 가지 내용이 들어 있다.

첫 번째는 '세 가지 없는 것三莫'에 대한 설명이다. "그러므로 삼군의 일 가운데 간첩보다 더 친밀한 것이 없고, 포상 가운데 간첩에게 주는 것보다 더 후한 상은 없으며, 모든 일 가운데 간첩의 일보다 더 은밀한 것은 없다故三軍之事, 莫親於間, 賞莫厚於間, 事莫密於間."

두 번째는 '세 가지 아닌 것三非'에 대한 설명이다. "성스러운 지혜를 가진 자가 아니면 간첩을 쓸 수 없으며, 어질고 의로운 자가 아니면 간첩을 부리지 못하고, 신묘한 자가 아니면 간첩의 성과를 얻지 못한다非聖智不能用間, 非仁義不能使間,

非微妙不能得間之實." 이 문장에서 '성지聖智'란 절정의 총명함을 의미하고 '인의仁義'란 도덕적으로 고상한 상태이며 '미묘微妙'는 입신의 경지에 이른 것이다. 성지와 인의는 매우 높은 수준을 이르는 말로, 공자는 인물을 평가할 때 '성聖'을 '인仁'보다 높게 보았다. 미묘는 기술 수준이 높고 오묘한 것을 칭찬한 말이다. 이다음 문장에서 이윤伊尹과 여아呂牙 같은 훌륭한 공신과 능력자가 상나라와 주나라의 간첩이라고 한 것은 바로 이러한 견해를 구체화시킨 것이다.

세 번째는 결론이다. "미묘하고도 미묘하도다. 간첩을 쓰지 않는 곳이 없구나微哉微哉. 無所不用間也." 여기서 '미묘하고도 미묘하도다'라는 구절 역시 간첩 활용의 신묘함을 강조한 말이다. 앞에서는 이를 '신기神紀'라고 불렀다. "간첩을 쓰지 않는 곳이 없구나微哉微哉. 無所不用間也"라는 구절은 이다음 문장의 세 가지 원칙에 구체화되어 나타난다. 다음 문장을 보면 "무릇 공격하려는 군대, 공격하려는 성곽, 살해하려는 인물凡軍之所欲擊, 城之所欲攻, 人之所欲殺"을 언급하여 간첩을 쓰는 곳을 구체적으로 강조하고 있다.

(4) 간첩 행동의 세 가지 원칙

1) "간첩의 일이 아직 시작되지 않았는데 밖에서 이것이 들리면 간첩과 알려 온 자를 모두 죽인다間事未發而先聞者, 間與所告者皆死." 이것은 비밀 보장과 간첩의 제거에 대해 말한 것이다. 정보 공작 활동은 비밀 보호 공작이며, 비밀 보호를 가장 중요시해야 한다. 만약에 간첩활동이 아직 개시되지 않았는데 누군가가 행동 계획을 바깥으로 누설했다면 그로 인해 초래될 결과는 차마 상상할 수도 없다. 때문에 손자는 기밀을 누설한 간첩과 알아서는 안 되는데 사전에 그 일을 알게 된 사람들은 모두 죽여 없애버려야 한

다고 말한다. 이것이 제1원칙이다.

2) "무릇 공격하려는 군대, 공격하려는 성곽, 살해하려는 인물은 반드시 그것을 수비하는 장수와 보좌하는 측근, 경호원, 성문을 지키는 자, 관사를 지키는 자의 이름을 먼저 간첩에게 지시해 알아내게 한다凡軍之所欲擊, 城之所欲攻, 人之所欲殺, 必先知其守將·左右·謁者·門者·舍人之姓名, 令吾間必索知之." 여기서는 간첩이 정탐해야 할 모든 사항을 말했다. '공격하려는 군대'는 야전의 경우이며 '공격하려는 성곽'은 공성전의 경우다. 이 두 가지는 정규 군사 수단에 해당된다. '살해하려는 인물'은 중요 인물을 암살하는 것으로, 이는 테러 수단에 해당된다. 이 문장에 나오는 '수장守將' 등의 단어는 『묵자』 각 편에서 찾아 볼 수 있다.[14]

수장은 성곽을 지키는 총지휘관인데, 줄여서 '수守' 혹은 '장將'이라고도 부른다. 그는 자신의 지휘부가 있다. 군대 역시 마찬가지로 지휘부가 있다. 야전이든 공성전이든 우선 적군의 지휘관이 누구인지, 이름은 무엇인지 정탐해야 한다. 그다음은 그의 '좌우左右'를 알아야 한다. '좌우'란 그 지휘관에 밀착하여 호위하고 보살피는 사람이다. '알자謁者'는 통보를 관리하거나 문의 경비를 담당하는 자를 말한다. 현재의 연락실과 경호실 업무가 이러한 종류에 해당한다. '문자門字'는 성문을, '사인舍人'은 관사를 지키는 사람이다. 이는 제2원칙이다.

3) "우리 지역에서 활동하는 적의 간첩은 필히 찾아내 이익으로 포섭하고, 잘 인도해 은덕을 베풀고 풀어놓아야 반간으로 이용할 수 있다. 이것으로 적을 알 수 있으므로 향간이나 내간을 사용할 수 있다. 또 이것으로 적을 알 수 있으므로 사간을 시켜 허위 사실을 적에게 전달하게 할 수 있다. 또 이것으로 적을 알 수 있으므로 생간을 계획에 따라 활용할 수 있다. 이 다

섯 가지 간첩의 활동은 군주가 반드시 알고 있어야 한다. 그것은 반간을 통해서 알 수 있는 것이다. 그러므로 반간은 후대하지 않으면 안 된다(必索)敵間之來間我者, 因而利之, 導而舍之, 故反間可得而用也. 因是而知之, 故鄕間·內間可得而使也. 因是而知之, 故死間爲誑事, 可使告敵. 因是而知之, 故生間可使如期. 五間之事, 主必知之. 知之必在於反間. 故反間不可不厚也." 여기서는 다섯 종류의 간첩에 대한 사용 절차를 설명한다. 첫 번째는 적측 사람으로 우리 쪽에 숨어들어온 간첩을 파악하는 것이다. 그를 찾아낸 다음 모반을 획책하도록 하거나 매수한 뒤 정세나 이익으로 유도해, 그가 감쪽같이 자기 진영으로 돌아가 우리 편을 위해 일을 하도록 한다. 이러한 간첩이 반간이다. 두 번째는 향간과 내간을 기용해 그들에게 반간과 협동하여 정보를 수집하도록 한다. 세 번째는 진실과 거짓을 뒤섞는 일인데, 사간을 파견해 거짓 정보를 적군에 흘려보내고, 생간을 파견해 진실한 정보를 국내로 보내오도록 한다. 아울러 규정된 시간 안에 정보를 오류 없이 정확하게 전달하도록 한다.

(5) 간첩 가운데 반간이 가장 중요하다

손자는 간첩과 관련된 모든 정보와 모든 활동은 나라의 군주된 자가 알고 있지 않으면 안 된다고 했다. 그것을 어떻게 알 것인가? 관건은 반간에 있다. 반간은 가장 중요하기 때문에 후하게 대우해 최고의 보상을 해주어야 한다.

【13.3】

옛날에 은나라가 일어난 것은 하나라에 이지가 있었기 때문이며, 주나라가 일어난 것은 은나라에 여아가 있었기 때문이다. 그러므로 총명한 군주와 현명한 장수가 지혜로운 자를 첩자로 삼을 수 있다면 반드시 커다란 공을 세울 것이다. 이것이 전쟁의 요체요, 삼군이 믿고 움직이는 바다.

昔殷之興也, 伊摯在夏, 周之興也, 呂牙在殷. 故明君賢將, 能以上智爲間者, 必成

大功. 此兵之要, 三軍所恃而動也.

이 장은 전체 결론이다. 손자는 오로지 가장 총명한 사람만이 간첩을 부릴 수 있다고 강조했다.

"옛날에 은나라가 일어난 것은 하나라에 이지가 있었기 때문이며, 주나라가 일어난 것은 은나라에 여아가 있었기 때문이다昔殷之興也, 伊摯在夏, 周之興也, 呂牙在殷." 이는 역사적 사실이다. 옛사람들은 역사적 사실을 이야기할 때 '석昔'자를 써서 문장을 시작하기를 좋아했다. 원문에서는 두 가지 예를 제시한다.

하나는 상나라가 하나라를 멸망시킬 때의 이야기다. 상나라는 동쪽에서 일어났는데, 이지를 하나라에 잠입시켜, 그곳에서 간첩이 되어 하나라를 멸망시키는 데 큰 역할을 하도록 했다. 다른 하나는 주나라가 상나라를 멸망시킬 때의 이야기다. 주나라는 서쪽에서 일어났는데, 여아를 상나라에 들여보내 그곳에서 간첩이 되어 상나라를 멸망시키는 데 큰 공을 세우게 했다. 여기서 보이는 '하夏' '은殷' '주周'는 모두 국가 이름이다. 하나라는 지금의 산시 성山西省 남쪽과 허난 성河南省 서쪽에 있었다. 은나라는 상商나라의 별칭으로 상나라 말엽에 은殷(지금의 허난 성 안양安陽)에 수도를 두었기 때문에 은나라로 불린다. 주나라는 지금의 산시 성陝西省에 있었다. 이 세 나라 가운데 하나라가 가장 빨리 대국이 되었으며, 상나라가 하나라를 점령해 두 번째로 대국이 되었다. 그리고 주나라가 상나라를 점령해 그 뒤를 이었다. 이 세 나라의 이름은 동시에 왕조의 이름으로도 쓰이는데, 옛사람들은 이들 왕조를 함께 묶어 '삼대三代'라고 불렀다.

이지伊摯는 바로 고서에 자주 나오는 '이윤伊尹'이다. '이伊'는 지명으로 전국 시대에도 이씨伊氏로 불렸는데, 지금의 산시 성 린펀臨汾 안쩌安澤 서쪽 지역에 살고 있었다. '윤尹'은 당시의 관직명이었다. 고대의 인물들은 전설인 경우가 많으나 이윤은 실제로 있었던 인물이다. 상나라 시대의 갑골문 복사卜辭를 보면 이 사람에 대한 기록이 있다. 동주東周 시대의 청동기 중 송 대에 출토된 숙이 종叔夷鍾(사실은 '숙궁박叔弓鎛'이라고 불러야 한다)의 명문銘文에 언급된 이소신伊小臣이 바로 이윤이다. 그 이름은 '지摯'로, 상나라가 하나라를 멸망시킬 때 커다란 공적을 이뤄 이름을 떨쳤다.

여아는 바로 옛날 책에 자주 등장하는 제나라 태공太公으로, 제나라의 시조다. 제나라는 강姜씨가 지배하는 나라였다.[15] '여아'의 '여呂'는 태공이 제나라에 봉해지기 이전의 거주지로, 지명을 이름으로 삼은 것이다. 강씨 일족에는 네 개 분파가 있어 제齊, 여呂, 신申, 허許 네 나라를 그들이 통치했다. 제나라는 가장 유명한 강씨들이 통치한 나라인데, 이들 분파는 여나라에서 나왔다. 여나라와 신나라는 모두 지금의 허난 성 난양南陽에 있었다. 허나라는 여러 차례 천도를 했는데 그래도 지금의 허난 성 영역을 벗어나지는 않았다.

제나라 태공의 이름은 무엇일까? 이 문제는 토론할 가치가 있다. 고서에서 제나라 태공을 부르는 호칭으로 세 가지가 있다. 하나는 '여상呂尙'이고 또 하나는 '여아呂牙'이며 마지막 하나는 '여망呂望'이다. '여상'은 자字로 부른 것이다. 『시詩』 「대아大雅」 대명大明에서는 그를 '사상보師尙父'라 부르는데 '사師'는 관직명이고 '상보尙父'는 자다. 고대에 남자들은 자로 불렸는데, 대개 '보父'자를 함께 이어서 불렀다. 여자들은 자로 부를 때 대개가 '모母'자를 붙였다. 주나라 진나라에서 사용한 이름자의 관례로 보면 이것은 그의 자이다. 후대에 사람들이 원로 공신을 '상보尙父'라 부른 것은 상보의 뜻을 오해한 것이다. '여아'는 단지 여기에만 보이는데 '아牙'는 그의 이름이었다. 사마정司馬貞이 지은 『사기색은史記索隱』에서 '상尙'이 그의 이름이고 '아牙'가 자라고 한 것은 잘못하여 반대로 말한 것이다. '여망呂望'은 그를 기리는 칭호다. 『맹자』나 『한비자』에서는 그를 '태공망太公望'이라고 불렀다. 태공망은 무슨 의미일까? 사마천이 전하는 바에 따르면 이렇다. 서백창西伯昌(주 문왕文王)이 여상呂尙을 처음 만났을 때 "오태공망자구의吾太公望子久矣"(『사기』 「제태공세가齊太公世家」)라고 했다. 이 뜻은 "우리 아버지가 선생님 뵙기를 바란 지가 오래되었습니다"라는 것이다. 이는 단지 하나의 호칭에서 유래했다는 것을 알 수 있다. 주나라가 상나라를 멸망시킬 당시, 태공망은 일대 공신으로 고대 세계에 상당히 유명했다.

이지와 여아는 간첩에 해당된다. 이런 이야기는 짐작하건대 고대의 도가 관련 책자인 '음모서陰謀書'에 보존되어 있다. 『한서』 「예문지」 제자략諸子略을 보면 도가류道家類의 서두에 『이윤伊尹』 『태공太公』 『신갑辛甲』 『죽자鬻子』 『관자(管)子』 등 다섯 서적이 나오는데, 바로 이러한 종류의 책이다. 이들 중 앞의 두 책이 바로 『이윤』과 『태공』이다. 이것들은 모두 고대의 유명하고 현명한 신하가 총명하고 덕 있는 군주를 도와 천하를 얻고 천하를 다스린 이야기로, 치국과 용병의 방법을 설명한다. 이런 이야기들은 사실 고대의 『삼국지연의』로, 당시의 음모와 책략의 대전大全이었다.[16]

지금은 『이윤』이나 『태공』의 고본古本들이 전해지지 않지만 네 가지 사료는 다른 책에 포함되어 보존되어오고 있다. 하나는 『맹자』 「고자하告子下」 편에, 또 하나는 『여씨춘추』 「신대愼大」 편에, 또 하나는 고본 『죽서기년竹書紀年』에, 마지막으로 『귀곡자鬼谷子』 「오합忤合」 편에 각각 보인다. 나는 이러한 종류의 이야기들에 대해서 약간의 고증을 한 적이 있는데, 여기에 간단히 소개해본다.

전하는 바에 따르면 이지는 간첩활동을 했는데, 탕왕湯王과 걸왕桀王에게 각각 다섯 차례나 투항하여 의탁한 적이 있었다. 탕왕은 이윤을 파견해 하나라에 들여보냈는데, 이윤을 쫓아가면서 화살을 쏘는 등 고육계를 써가면서 하나라 걸왕의 신임을 얻도록 했다. 당시 걸왕은 안으로는 완琬과 염琰을 총애하고, 밖으로는 곡역曲逆을 총애했으며, 매희妹喜에게는 소원하게 대했다. 이지는 하나라에 들어가서 반간계를 써 매희로부터 많은 정보를 얻었고, 그 후에 상나라 탕왕을 도와서 하나라 조정을 전복시켰다.

여아도 간첩활동을 했는데, 역시 세 차례나 문왕에게 투항하여 의탁했고, 또 세 차례나 상나라의 주왕에게 투항하여 의탁했다.[17]

이지와 여아는 상나라와 주나라 두 왕조의 개국 공신이었다. 고대 사람들은 현명한 공신의 대명사로 이지, 여아, 관중管仲, 안평중晏平仲, 숙하蕭何, 조참曹參을 꼽았다. 그중에도 가장 유명한 이들은 이지와 여아였다. 그런데 「용간」 편은 그들이 간첩이었다고 한다.

『손자』에서 이지와 여아를 간첩이라 표현한 것은 간첩 일의 위대성을 강조하기 위한 것이었다. 하지만 도덕 선생들은 여기에 민감하게 반응했고 특히 송나라 사람들은 그것을 도저히 받아들이지 못했다. 그들은 말하기를 이지와 여아는 상나라와 주나라의 성인인데, 그들이 어떻게 세 차례, 혹은 다섯 차례나 자기 왕을 배신하고 적군에 투항하여 간첩이 될 수 있었느냐며 이것은 성인을 모독하고 깔보는 일이라 했다. 그래서 송나라 사람인 정우현鄭友賢은 일찍이 이 문제에 대해서 다음과 같은 변론을 했다.[18]

어떤 이가 물었다. "이지와 여아는 옛 성인이다. 그런데 어찌 상나라와 주나라의 첩자가 되었는가? 손무가 그렇게 말한 것은 첩자를 사용하는 방법을 존숭하고 그것을 귀중하게 여긴다는 것이 아니겠는가?" 이에 답했다. "옛사람들이 큰일을 일으키고 대업을 이룰 때 '정도正道'를 지키지 않은 적은 없었지만 '정도'로 뜻을 얻지 못하면 '권도權道'를 빌려서 도를 이루지 않은 적이 없었다. 무릇 사업이 '권도'를 사용하는 데 이른다면 무엇인들 하지 못하겠는가? 다만 그것을 처리하는 데에 '도'가 있어 끝내 '정도'로 돌아간다면 '권도'는 성인의 덕에 해를 끼치지 않는다. 대개 병가는 그것을 '첩자'라 하고 성인은 '권도'라 말한다. 탕왕이 이지를 얻지 못했다면, 하나라 정사의 악습을 다 알 수 없었을 것이고 이지가 하나라에 있지 않았으면 탕왕의 아름다운 덕을 이루어줄 수 없었을 것이다. 무왕이 여아를 얻지 못했다면, 주왕紂王의 죄를 환히 알 수 없었을 것이고 여아가 상나라에 있지 않았다면 무왕의 덕을 이루어줄 수 없었을 것이다. 이 두 사람이 아니었다면 하늘을 따르고 사람에 응하며 죄를 징벌하고 백성을 위로하는 인의를 세울 수 없었을 것이니, 그렇다면 하나라와 상나라에서 첩자가 되지 않고 무엇을 한단 말인가? 오직 그 처리에 '도'가 있어 끝내 '정도'로 돌아갔으니 그러므로 '권도'라 이르는 것이다. 병가의 첩자는 흘러가서 되돌아오지 않아 '도'에 합치되지 못하고 속임수의 영역에 들어갔기 때문에 '첩자'라 이르는 것이다. 이른바 높은 지혜를 가지고 큰 공적을 이룬 것은 진실로 이지와 여아의 '권도'다. '권도'와 '첩자'는 실제는 같으나 이름이 다른 것이다.

여기서 말하는 "권權(임기응변의 방편)을 빌려서 도를 이룬다假權濟道"는 것은 『사마법』 「인본」에 근거한 것이다. 송나라 사람들은 『손자』를 얕잡아보고 가치를 깎아내리기 위해 항상 『사마법』을 인용했다. 클라우제비츠는 이렇게 말했다. "전쟁은 정치의 연속이다." 중국에서는 이렇게 말한다. "속임수는 인의의 연속이다."

정우현에 따르면 성인이 첩자를 사용하는 것은 '정도正'에 근거한다. 부득이하게 되었을 때 비로소 '권도權'를 사용한다. 인의는 정도이고 속임수는 권도다. 성인이 첩자를 이용하는 것은 '임기응변의 방편을 빌려서 도를 이루는 것이다假權濟道.' 정도에서 나와서 정도로 돌아가는데 권도라 부른다면, 어찌 그것이 적합한 표현이겠는가? 그런데 병법가가 첩자를 사용하는 것은 속임수로 흘러 '정도'로 되돌아갈 수 없는 일이다. 그래서 도덕을 지킬 수 없게 된다. 이러한 결론은 아주 흥미롭다.

손자는 주로 군대나 전쟁을 논하고 사람에 대해서는 많은 것을 말하지 않았다. 책에 나오는 인물은 모두 합해 네 명밖에 되지 않는다. 앞에서 소개한 전제와 조귀는 고대에 가장 유명한 자객이었다. 여기서 소개한 이윤이나 여아 역시 아주 유명한 이들이다. 이들은 『손자』에서 "지혜로운 자를 첩자로 삼는다上智爲間"고 말할 때 용간술의 모범이었다. 두 명의 테러리스트와 손자는 두 명의 간첩을 크게 칭찬한 것인데, 이 네 명은 모두 도덕에 도전한 사람들이었다.

앞서 이미 지적했듯이 '전쟁은 속임수다'라는 정의는 도덕에 대한 매우 커다란 도전이다. '용간'은 특히 속임수 중의 속임수로, 좀 더 명백한 도전이라고 할 수 있다.

도덕은 동서고금에 누구나가 말하는 것이다. '나는 도덕을 말하지 않는 사람이다'라는 말은 들어보지 못했다. 다만 무엇이 도덕인가가 문제다. 무엇이 모두가 공인하는 도덕인가? 귀납시키자면 '열 가지 계율十戒' 혹은 '여덟 가지 계율八戒' 등 몇 가지 조항으로 정리할 수 있을 것이다. 그런데 이러한 도덕적 훈계 조항을 나라를 다스리고 전쟁을 하는 국가적인 대사大事에 대응시킬 수 있을까? 그럴 수 없다.

부모를 섬기고 친구를 사귀는 일은 작은 일이다. 반면 나라를 다스리고 병사를 다루는 일은 큰일이다. 큰일을 하는데 어떻게 도덕을 말하는가? 이것은 큰 문제다.

마지막으로 한 가지 더 언급하고자 한다. "옛날에 은나라가 일어난 것은 하나라에 이지가 있었기 때문이며, 주나라가 일어난 것은 은나라에 여아가 있었기 때문이다昔殷之興也, 伊摯在夏, 周之興也, 呂牙在殷." 현행본에서는 이렇게 두 명의 큰 간첩에 대해서만 설명했다. 하지만 인췌산 한간본은 다르다. 앞의 네 구절 아래에 다음과 같이 다시 네 구절이 있다. '□나라가 흥한 것은, □솔사비率師比가 경陘에 있었기 때문이요, 연나라가 흥한 것은 소진이 제나라에 있었기 때문이다[□之興也, □]率師比在陘, 燕之興也, 蘇秦在齊.'[19] 이들을 합하면 한나라 죽간본 『손자』에 나오는 간첩은 2대 간첩이 아니고 4대 간첩이다.

소진蘇秦은 많은 사람에게 익숙하다. 그는 태공太公의 음모술陰謀術을 전한 대大외교관이었다. 앞에서 지적했듯이 현대의 간첩은 대다수가 외교관이고, 이는 고대에도 마찬가지였다. 전국 시대에 국제관계는 매우 복잡하여 마치 사마귀가 매미를 잡았는데, 참새가 뒤에서 노리고 있는 형국이었다. 외교 공방 없이는 전쟁을 할 수 없었다. 당시의 외교관은 일반적인 외교사절만은 아니었다. 행인도 있고 빈객도 있고 사신도 있었다. 그 외에도 많은 사람이 유세를 하고 돌아다녔는데, 이들을 종횡가縱橫家라고 불렀다. 예를 들어 여섯 나라에 걸쳐서 재상의 인장을 가지고 있었던 소진은 말하자면 당시의 유명한 국제 간첩이었다.

소진의 저작은 어디에 있을까? 『한서』 「예문지」 안에 『소진蘇秦』이라는 책명이 올라 있는데, 지금은 전해지지 않는다. 다만 중국의 저명한 목록 학자 위자시余嘉錫(1884~1955) 선생의 고증을 보면 지금 전해지는 『귀곡자』는 한대의 『소진』 32편 가운데 한 부분이다. 누구나 외교 음모를 연구하려면 반드시 『귀곡자』를 연구해야 한다. 그 외에도 『전국책』과 마왕두이의 백서에 있는 『전국종횡가서戰國縱橫家書』역시 소진을 연구하는 데 필요한 참고서다.

당연한 말이지만, 여기에 추가된 두 간첩을 손무는 볼 수 없었을 것이다. 봤다면, 허우바오린侯寶林(1917~1993)이 우스갯소리로 말한 것처럼 "삼국시대의 관우가 수당 시대의 진경과 싸우는關公戰秦瓊"것과 같은 상황이다. 이런 상황을 고문헌 연구에서는 '증익增益(덧붙임)'이라 하는데, 이러한 사례는 매우 많다. 하지만 이런 것 때문에 『손자』 전체가 위서라고 판단해서는 안 된다. 그리고 덧붙여진 문장이 고대에 이미 들어 있었다고 오판해서도 안 된다. 그 문장은 아마도 후대 사람들이 추가했을 것이다. 다만 어느 시기에 추가되었는가에 대해서는 좀 더 구체적인 연구가 필요하다. 예를 들어 『손자』에 추가된 문장은 손무 시대보다는 늦지만 절대로 한 무제 시기보다는 늦지 않을 것이며, 소진이 활동하던 전국 시대 말기보다는 빠르지 않을 것이라는 점은 분명히 추정할 수 있다.

고전으로 다시 돌아가다

1: 현대의 복고적 성향은 종교와 정치, 도덕에 치중해 있다. 과거에는 이런 움직임을 도통 道統, 치통治統이라고 불렀는데 그들은 한학漢學(한대의 금문학·공양학 등)이나 송학朱學(정주程朱·육왕陸王의 학문)으로 돌아가고자 했다.

2: 묵적墨翟은 묵자, 금활리禽滑釐는 묵자의 제자다.

3: 대륙에서 후스를 비판한 뒤로 중국 철학 연구자들 사이에서 후스에 대한 관심은 더욱 더 줄어들었다.

4: 평유란의 세 번째 서적『중국철학사신편』은 가장 나중에 나온 책으로, 그가 1949년 이후의 사상개조를 수용한 성과다. 예컨대『손자』를 수용하였고『노자』는 병법서인지 아닌지를 논했다. 여기서는 상세한 논의를 생략한다.

5: 여기서 '제자諸子'는 '제자백가諸子百家'로 이해하면 된다. 다만 엄밀하게 말하면 '제자' 란 '여러 선생'이라는 뜻이다. 한편 '백가'란 수많은 가문 혹은 유파를 의미한다.—옮긴이

6: 任繼愈,「先秦哲學無六家-讀六家要旨」, 任繼愈主編,『中國哲學史論』, 上海人民出版社, 1981, 433쪽.

7: 蘇德愷,「司馬談所創造的'六家'槪念」『中國文化』第7期, 1992년 가을호, 北京三聯書店, 1993년 134~135쪽. Kidder Smith, "Sima Tan and the Invention of Daoism 'Legalism,' et cetera," *Journal of Asian Studies* 62, no.1 February 2003, pp.129~156.

8: 후스는 나중에 노자를 존중하고 공자를 공경했으나 묵자는 폄하했다. 그는, 노자는 무
정부주의자로 가장 훌륭하며, 공자는 개인주의로 그다음이고, 묵자는 집단주의로 가
장 하위라고 했다. 아울러 진나라 정치의 과실은 묵가에게 물어야 하며, 한나라 정치의
성과는 도가의 공으로 쳐야 한고 했다. 이는 모두 후스의 관점을 반영한다. 그는 유가
를 반대하지는 않았지만 오직 유가만을 떠받들지도 않았다.

9: Benjamin L. Schwartz, *The World of Thought in Ancient China*, Cambridge: Belknap
Press, 1985. 중문판은 本杰明·史華玆, 『古代中國的思想世界』, 程鋼譯, 劉東校, 南京:
江蘇人民出版社, 2004.

10: A.C.Graham, *Disputers of the Tao*, La Salle: Open Court Publishing Company, 1989.
중문판은 葛瑞漢, 『論道者-中國古代哲學論辯』, 張海晏譯, 北京: 中國社會科學出版
社, 2003.

11: 차이위안페이가 후스의 『중국철학사대강』 상권에 쓴 서언序言을 참조할 것.

자서·들어가며

1: 같은 종류의 책을 모아 일정한 방식으로 분류한 뒤, 검색에 편리하도록 편집해 놓은
책.—옮긴이

2: 趙汀陽, 『壞世界硏究-作爲第一哲學的政治哲學』, 北京: 中國人民大學出版社, 2009 참
조. 저자 자오팅양은 이렇게 말했다. "나는 원래 형이상학을 연구했는데 여기서 멍청
한 사상을 아주 많이 보았고 나중에 연구한 윤리학 역시 바보 같은 사상투성이였다.
그 뒤에는 정치철학을 연구했는데 여기서도 나쁜 사상을 아주 많이 고찰하게 되었다
(5쪽)." 그는 정치철학을 '악한 세계에 대한 연구'로 정의하며 또 이렇게 말했다. "세계는
원래 악한 곳이었다. 그런데 사람들은 선한 세계에 대한 환상을 가졌다. 사람들은 정치

를 통해서 악한 세계를 연구하고 도덕을 통해서 선한 세계를 꿈꾸었다. 고대인들은 이
상을 중시했기 때문에 정치학을 윤리학의 일부분으로 여겼지만, 현대인들은 현실을 분
명히 파악했기 때문에 정치철학이 제일 철학이 되었다(1쪽)." 이 책이 바로 애공哀公의
이 이야기를 화두로 삼은 것이다.

3: 원래 이 말은 두 가지로 해석된다. 하나는 "인류는 자연적으로 도시 생활을 지향하는
동물"이라는 뜻이며, 다른 하나는 "인류는 그 본성이 바로 정치적인 동물"이라는 뜻이
다.(아리스토텔레스, 『政治學』, 吳壽彭譯, 北京: 商務印書館, 1965, 7쪽 참조.) 필자(리
링)의 생각에 '정치politics'라는 단어는 '도시polis'에서 나왔으며 그리스 사람들公民은 도
시에서 생활했다. 아리스토텔레스가 말한 '정치적 동물'이란 사실은 '도시 동물'을 뜻한
다.

4: 자오텅양趙汀陽이 말했다. "정치학이 연구하는 것은 정치 책략인데, 이는 권력과 이익
의 문제를 다루는 '병법兵法'에 해당된다. 한편 정치철학이 연구하는 것은 정치적으로
정당한 이유와 원리인데, 이는 권력과 이익에 관련된 문제를 다루는 '법리法理'에 해당
된다."(『壞世界硏究-作爲第一哲學的政治哲學』, 2쪽 참조.)

5: 중국 고대의 법가는 가끔 병가이기도 했는데, 흥미로운 것은 마키아벨리 역시 그랬다
는 점이다. 그는 『군주론』뿐만 아니라 『병법』이라는 책도 썼다.

6: 옛날부터 가장 선진적인 과학기술과 가장 엄밀한 조직 수단 그리고 가장 총명한 사고
방식은 모두 전쟁에 최초로 사용되었다.

7: 李澤厚, 「孫老韓合說」『中國古代思想史論』, 北京: 人民出版社, 1985, 77~105쪽. 何炳
棣, 「中國思想史上一項基本性的飜案:老子辨證思惟源於孫子兵法的論證」『有關孫子,
老子的三篇考證』, 臺北: 中央研究院近代史研究所, 2002, 1~35쪽.

8: J.F.C 富勒, 『西洋世界軍事史』, 桂林: 廣西師範大學教出版社, 2004, 권3, 6쪽.

9: 李零, 『花間一壺酒』, 北京: 同心出版社, 2005, 103~104쪽.

10: 올림픽 정신이 '평화'라고 하는 것에는 풍자적인 의미도 있다. 사실 올림픽의 거의 모든 운동 종목이 군사와 관련되어 있다.

11: 중국의 옛 책에서 '기관機關'은 두 가지 뜻이 있다. 하나는 기관器官을 의미한다. 예를 들면 『귀곡자鬼谷子』 「권權」의 "그러므로 입口이란 기관機關이다"라는 문장에서 볼 수 있다. 다른 의미로 기관은 자동 혹은 반자동의 기계를 말한다. 예를 들어 『논형論衡』 「유증儒增」 편에서 말하는 '목연木鳶'은 곧 '기관'을 이용해 조작하는 것이다. 일본어 '기관機關'은 영어의 organ을 번역한 것이고 '기관포'는 영어의 machine gun, 중국어의 '기관총機關槍'을 번역한 것이며 '기계'는 영어의 machine을 번역한 말이다. 현대중국어의 '기관'과 '기계'는 일본어에서 차용한 것이다.

12: 클라우제비츠의 『전쟁론』은 무기에 대해서 거의 언급하지 않아, 혹자는 그것을 "철학자의 실수"라고 보기도 한다.(羅伯特·L·奧康奈爾, 『兵器史-由兵器科技促成的西方歷史』, 로버트·L·오코넬 『Soul of the Sword: An Illustrated History of Weaponry and Warfare from Prehistory to the Present 』卿勍·金馬譯, 海口: 海南出版社, 2009, 226쪽 참조.) 사실 전략을 주요하게 다룬 책에서 무기를 전면에 내세울 수는 없을 것이다.

13: 이 책은 『전쟁은 속임수다』라는 제목으로 국내에 번역, 출판되었다.(리링 저, 김승호 역, 『전쟁은 속임수다』, 글항아리, 2012.)—옮긴이

14: 현대 중국어에서 '병제兵制'는 '군제軍制'로 '병법兵法'은 '군사학軍事學'으로 '병서兵書'는 '군사 저작軍事著作'으로 바꿔 말한다. 아주 많은 '병'자가 모두 '군軍'자로 바뀌었는데, 쉬바오린許保林선생은 이러한 현상이 현대 중국어에서 '병'자의 뜻이 축소되어 모든 군사 문제를 포괄할 수가 없기 때문이라고 생각했다.(『中國兵書通覽』, 北京: 解放軍出版社, 1990, 4~5쪽 참조.) 그러나 사실 중국의 현대 과학 용어는 상당 부분 일본어에서 차용했고, 이는 번역 때문에 일어난 변화로 다른 이유는 없다.

15: 이 두 단어는 『좌전左傳』『주례周禮』『사기史記』『한서漢書』에서 여러 차례 등장하며 의미가 매우 뚜렷한데, 절대다수의 상황에서 모두 군대의 일을 가리킨다. 다만 '병사기兵事起'(『사기』「전숙열전田叔列傳」) 혹은 '병련화결兵連禍結'(『한서』「흉노전匈奴傳」)이라는 용례가 있는데 이러한 경우는 '병'을 전쟁으로 해석할 수 있다.

16: 1970년대 나는 치쓰허齊思和 교수 집에 가서 가르침을 구한 적이 있는데 그때 그가 내게 "고염무顧炎武가 말하기를 선진 시대 고서에서 '병兵'자는 모두 무기를 말하며 진한 시대 이래 비로소 사병과 군대를 말하게 되었다고 하는데(『일지록日知錄』권7) 이 말이 옳은가 틀린가"를 물었다. 지금 내 대답은 '틀리다'이다.

17: 마르크스 『자본론』 제1권 제1편 제1장의 제4절 「상품의 물신 숭배성과 그 비밀」, 『마르크스 엥겔스 전집』 제23권에 수록되어 있다.(北京: 人民出版社, 1972, 87~101쪽.)

18: 클라우제비츠, 『전쟁론』 1권, 中國人民解放軍 軍事科學院譯, 北京: 商務印書館, 1978, 216쪽 참조.

19: 羅伯特·L·奧康奈爾, 『兵器史-由兵器科技促成的西方歷史』, 403쪽.

20: 『전국책』「위책」편의 일화.—옮긴이

21: 사람과 동물은 다르다. 동물의 무기는 신체의 일부로서 하늘에서 내린 것이고, 태어날 때부터 갖추어져 있기에 제거할 방도가 없다. 하지만 인류의 무기는 모두 체외의 도구이기에 완전히 없애버릴 수 있다.

22: 弗雷德里克·鄧恩等, 『絶對武器-原子武力與世界秩序』, 北京: 解放軍出版社, 2005.

23: 이러한 '평화'는 당시 '미국이 사람들을 많이 죽이지 않는 것'을 의미했다. 하지만 나중에 사람들은 비로소 그 실상을 깨닫고 '공포의 평화'라고 다시 정의했다.

24: 毛澤東, 「和美國記者安娜·路易斯·斯特朗的談話」(1946년 8월), 『毛澤東選集』 一卷本, 北京: 人民出版社, 1966, 1189~1194쪽.

25: 냉전시대에 쇠뇌는 한때 최종병기였지만 일단 사방에 전파되고 나자 최종병기가 될

수 없었다. 후에 화약이 발명되었고 화약 역시 같은 이유로 주목받았다. 그러면 핵무
기는 최종병기가 될 수 있을까? 그것이 모든 인류를 완전히 죽여 없애지 않는 한은,
역시 그럴 수 없을 것이다.

26: 현재의 허난 성 북부에 있었던 춘추 시대 지명.—옮긴이

27: 외삼촌 구舅와 호의 뒷글자 범犯을 합해, 구범舅犯이라 부르기도 함.—옮긴이

28: 여기서 주의할 것은 진 문공이 '적은 많고, 우리는 적은 상황'인데 어떻게 해야 하는
가라고 물어본 점이다. 호언狐偃, 즉 구범舅犯의 대답은 '속임수'였다. 클라우제비츠도
"약자는 강자에 비해서 속임수와 거짓말을 선호한다"고 했다.

29: 송나라 양공은 홍강에서 건너오는 적군(초나라군)이 다 건너올 때까지 기다렸다가
전투를 개시했다. 적이라 할지라도 어진 사람의 마음으로 전투태세를 갖출 때까지 기
다려준 것이었으나, 그로 인해 압도적인 적군의 공격에 밀려 그 자신이 부상을 입고
사망에 이르는 화를 자초했다.—옮긴이

30: 이런 종류의 인도주의의 배경에는 중세기의 무사전통과 기독교 전통이 있다.

31: 클라우제비츠, 『전쟁론』 제1권, 41쪽 참조.

32: 李零, 『中國方術續考』, 北京: 中華書局, 2006, 15~20쪽.

33: 李零, 『中國方術正考』 『中國方術續考』, 北京: 中華書局, 2006.

[상上] 이론편

-제1부-

제1편

1: 서양인이 소위 말하는 '책략stratagem' '전략strategy' '전술tactics' 그리고 '병법art of war' 등

단어는 본래 개념이 모호한 어휘다. 대개 '궤계詭計' '장도將道' '병법' 등의 뜻과 관련된다. 근 200년 사이에 사람들은 strategy를 '전략'으로, tactics를 '전술'로 이해했다.(鈕先鐘, 『西方戰略思想史』, 桂林, 廣西師範大學出版社, 2003, 導言 2~4쪽 참조.)

2: 제2차 세계대전 후 미국은 전 세계에 군대를 주둔시켰고 전 세계에서 전쟁을 했다. 그리고 이에 중독되어 전쟁 의존증이라도 걸린 듯 모든 대통령(베트남 전쟁 직후의 카터를 제외한)이 최소한 한 차례의 큰 전쟁을 벌이려고 했다. 그들이 새긴 한국전쟁 기념비에는 미국의 '열사'들은 모르는 사람들을 위해서 전쟁을 했다고 하여 마치 좋은 일을 한 것처럼 적혀 있으나 사실 그들은 자신의 나라를 위해 전쟁을 한 것이었다.

3: 손자가 더 자주 쓰는 표현은 '병兵' '중衆' '병중兵衆' '군사軍士' '사인士人' '병사兵士' 등이다.

4: 현대의 『손자』에는 두 종류가 있다. 하나는 손무孫武의 『오손자吳孫子』이고, 다른 하나는 손빈孫臏의 『제손자齊孫子』다. 이 두 서적은 조부로부터 손자에게 계속해서 이어진 일가一家의 학문으로 두 종류의 『손자』 모두 매 편이 '손자왈孫子曰'로 시작한다.

5: 예를 들면 다음과 같은 책들이 그렇다. 郭化若, 『孫子今譯』, 上海: 上海人民出版社, 1977, 1쪽. 中國人民解放軍 軍事科學院戰爭理論硏究部 『孫子』注釋小組, 『孫子兵法新注』, 北京: 中華書局, 1977, 1쪽. 吳九龍 主編, 『孫子校釋』, 北京: 軍事科學出版社, 1990年, 17쪽.

6: war로 번역한 경우는 Samuel B. Griffith, Sun Tzu, *The Art of War*, New York: Oxford University Press, 1963, p63. Roger Ames, Sun Tzu, *The Art of Warfare*, New York: Ballantine Books, 1993, p103. John Minford, Sun Tzu, *The Art of War*, New York: Penguin Books, 2003, p3. 등이 있고 warfare로 번역한 경우는 Ralph D. Sawyer, *The Seven Military Classics of Ancient China*, Colorado: Westview Press, p157에서 볼 수 있다. 또 어떤 사람은 military action으로 번역을 했는데 Thomas Cleary, *The Art of War*,

Sun Tzu, Boston: Shambhala publications, 1988, p41에서 볼 수 있다.

7: 宗福邦等主編, 『故訓匯纂』, 北京: 商務印書館, 2003, 196쪽.

8: 무기가 없는 세계(사람이 무기를 없애버린 세계)가 인류의 이상이라면 사람이 없는 세계(무기가 사람을 멸망시킨 세계)는 인류의 비극이다. 현대의 전쟁은 이 양자 간의 전쟁이라 할 수 있다.

9: '병가兵家' '병법兵法' 등의 단어 역시 이렇게 번역할 수 없다.

10: 손자는 전쟁 삼부곡을 말했는데 '내외內外'로 나누기도 한다. 「계」편은 '내'를 설명하고, 「작전」과 「모공」편은 '외'를 설명한다. '내'는 묘당廟堂 즉 조정이고 '외'는 전장戰場에 해당한다.

11: 클라우제비츠 『전쟁론』 제1권, 66~88쪽, 197~201쪽. 그는 야만 상태의 민족이 문명화된 민족보다 더 용감하지만 야만족에서 천재적인 장수는 나오지 않는다고 지적하며 지혜의 중요성을 말한다. 그리스와 로마에 천재적인 장수가 있었던 것은 그들이 더 지혜롭기 때문이라는 것이다. 여기에는 문화적인 편견이 들어 있다.

12: 클라우제비츠, 『전쟁론』 제1권, 185~186쪽.

13: 李零, 『花間一壺酒』, 北京: 同心出版社, 2005, 124~125쪽.

14: 클라우제비츠, 같은 책, 216쪽.

15: 클라우제비츠, 같은 책, 218쪽.

16: 클라우제비츠는 속임수에 대해 그다지 많이 언급하지 않았다.

17: 춘추전국 시대 노나라의 군사 이론가.―옮긴이

18: 『毛澤東選集』 1권, 字典紙四卷合訂本, 北京: 人民出版社, 1966, 203쪽.

19: 친푸취안秦福銓에 따르면, '16자 비결'의 기원이 제기된 것은 1935년 2월 5일 저우언라이周恩來와 보구博古의 긴 대화에서다. 저우언라이는 이렇게 말했다고 한다. "나는 당신이 16자 비결에 대해 진지하게 연구를 해보길 권하고 싶다. 그것은 마오쩌둥이 추

수 봉기 이후 후난 성과 장시 성 사이에 있는 뤄샤오산羅霄山 중턱에서 '산을 점거한 왕'이 되었을 때, 포위망을 공격하기 위한 전술을 구사하던 중 배운 것이다. 이는 그가 여러 차례의 유격전과 운동전을 통해 획득한 경험인데, 당시 목전의 전쟁 상황을 이끄는 데 아주 적합한 것이었다. 적은 숫자로 수가 많은 적군을 이기고 약한 병력으로 강한 병력을 제압한, 아주 소중한 병법이다."(秦福銓, 『博古和毛澤東』, 香港: 大風出版社, 2009, 127~128쪽.)

20: 클라우제비츠, 같은 책, 41쪽.

21: "산筭은 길이가 육촌六寸으로, 역수曆數를 셈을 하는 것이다." "산算은 헤아린다는 뜻이다."(『說文解學』「竹部」)

22: 수호지睡虎地 진간秦簡 「일서日書」 乙種에 "不可卜筭爲屋"(簡191貳)이라는 문장이 있다. 정리한 사람의 말에 따르면, "산筭은 서筮자의 착오"라고 한다.(睡虎地秦墓竹簡整理小組編, 『睡虎地秦墓竹簡』, 北京: 文物出版社, 1990년, 248쪽) 그러나 이러한 설명에는 의문의 여지가 있다. '산筭'자에는 원래 '농弄'자가 없었다. 이 글자는 서筮와 공廾이 합해진 글자다. 예를 들면 사무호史懋壺의 '路露筭'(『殷周金文集成』修訂增補本, 北京:中華書局, 2007, 제6책, 09714)은 '露筭'일 가능성이 아주 크다. 무巫의 초기 서체는 왕王을 닮았고 서筮와 산筭의 옛 발음 매우 비슷하다. 서筮는 성모聲母(자음)가 'sh禪'이고 운모韻母(모음)가 'ue月'이며, 산筭은 성모가 'x心', 운모가 'uan元'이다. 따라서 '복산卜筭'과 '복서卜筮'는 아마도 같은 일을 말한 것이다.

제2편

1: 첫 번째는 묘산 전의 무기 준비와 전쟁을 위한 세금이나 부역 제도의 정비, 그리고 연습 훈련이 있다. 두 번째는 묘산 후에 장수를 임명하고 계책을 전수하는 일과 갑옷 등

물자를 지급하고 무기를 배포하는 일이 있다. 세 번째는 출병 전에 신에게 올리는 마제禡祭(군대가 출정할 때 무운을 비는 제사)와 서사誓師(지휘관이 병사들의 전투 의지를 북돋아주는 의식)가 있으며, 네 번째는 출병 전의 벌교伐交(적군을 도울 만한 세력을 자기편으로 만드는 외교)가 있다.

2: 현대 군대용어 '야전野戰'은 일본어에서 빌려온 것이고 일어는 영어의 field operation을 중국 고어를 빌려 번역한 것이다. field는 숲과 건축물 이외의 빈 땅을 뜻하는데, 중국의 개념과 완벽하게 일치하지는 않는다. 중국어의 '야野'는 성의 바깥을 가리킨다.

3: 제1장과 제2장의 두 항목을 「화공」 편에서는 '비유費留'라고 부른다.

4: 고대에는 공군이 없었다. 육군 외에는 해군이 있었을 뿐이다. 중국에서 배를 이용한 전투는 강에서건 바다에서건 상관없이 모두 주사舟師 혹은 수사水師(수군)라고 불렀다. 고대 유럽의 지중해 연안 전쟁은 언제나 육지와 해상의 양면작전이었고, 때문에 해군이 굉장히 발달했다. 같은 시기 중국에 대한 기록은 비교적 적은 편인데, 믿을 만한 내용은 오나라와 월나라 양국에만 주사舟師가 있었다는 것이다.

5: 조조는 치거馳車가 『사마법』의 경차輕車이고 혁거革車가 『사마법』의 중차重車라고 생각했다. 그러나 『사마법』의 경차는 전차戰車이며, 중차는 치중거輜重車였다. 옛 서적에 나오는 치거, 경차, 혁거는 모두 말이 끌고 사람이 타는 전차였고 중차는 소가 끄는 치중거로 병기나 의상, 양식을 실었다. 혁거는 중차가 아니다.

6: 조조의 주석에는 이에 관한 언급이 없다. 옛 주석은 대부분 '승구勝久'를 하나의 단어로 보았다. 예를 들면 두목杜牧은 다음과 같이 말했다. "승구'란 말하자면 오랜 시간이 지난 뒤에 승리하는 것이다. 적과 서로 오랫동안 지구전을 벌이다가 승리를 하면, 병사들과 무기는 우둔해지고 예리함이 꺾이며, 힘을 모두 소진하여 성을 공격하는 것도 쉽지 않다." 매요신梅堯臣도 이렇게 지적했다. "비록 승리를 했다고 하더라도 기간이 오래 걸린다면, 무기는 둔해지고 군대의 사기는 꺾인다. 성을 공략하는 데 기간이 오래 걸린

다면, 힘이 빠지게 된다." 왕석王晳 역시 "굴屈은 다하다努라는 뜻이다. 승리를 구하는
데 시간이 많이 걸리면, 무기는 둔해지고 기세는 꺾인다. 성을 공격하는 일은 더욱 힘들
다"라고 했으며 장예張預도 "전장에 이르러 전투를 벌인지 오랜 시간이 걸려서 이긴다
면, 병사들은 피곤하고 그 기세는 사라질 것이다. 먼 길을 행군한 뒤에 성을 공격하게
되면, 힘은 반드시 약해질 것"이라고 말했다.

7: 옛날 사람들도 이렇게 읽는 경우가 있었다. 예를 들어 가림賈林이 말하기를 "전쟁에
서 비록 이기더라도 시간이 오래 걸린다면 이로움이 없다. 전쟁은 온전한 승리를 귀하
게 여긴다. 무기가 둔해지고 사기가 꺾이며, 병사들이 상처를 입고 말들이 병에 걸리면
곧 물러난다"고 했다. 현대 학자들은 이 구절을 많이 인용한다. 그 예로 양빙안楊丙安의
『손자집교孫子集校』(北京: 中華書局, 1959, 6~7쪽), 귀화뤄郭化若의 『손자금역孫子今譯』
(上海: 上海人民出版社, 1977, 54쪽), 중국인민해방군 군사과학원 전쟁이론연구부『손
자孫子』 주석팀의 『손자병법신주孫子兵法新注』(北京: 中華書局, 1977, 14쪽), 양빙안의
『손자회전孫子會箋』(鄭州: 中州古籍出版社, 1986, 20~21쪽)을 들 수 있다. 명나라 조본
학趙本學이『손자교해인류孫子校解引類』에서 "승勝 앞에 귀貴가 빠진 것 같다"고 하고 함
부로 고쳤는데 이는 터무니없으며, 양빙안의 의견으로는『무경武經』계통의 각 서적들도
이와 같다고 하는데, 확실하지 않다. 송본宋本『무경칠서武經七書』와 금金대 시자미施子
美의 『무경칠서강의武經七書講義』, 명나라 유인劉寅의 『무경칠서직해武經七書直解』에는
모두 이 글자가 없다.

8: 楊丙安,『孫子會箋』, 20~21쪽.

9: 1정井은 1전田이라고도 하는데, 사방 1리里×1리 합이 900묘畝였다. 화禾는 소와 말을
먹이는 볏짚이고 추芻는 불을 지펴 밥을 할 때 쓰는 건초로서 추고芻藁라고도 한다. 쌀
米은 사람이 먹는 미곡으로 찧지 않은 것을 속粟이라고 부르고, 탈곡脫穀 즉 껍질을 벗
긴 것을 미米라고 한다. '종화餸禾(1종餸의 화禾)'는 볏짚 40단, '병추秉芻(1병秉의 추芻)'

는 땔나무 1단, '부미缶米(1부缶의 미米)'는 쌀 16되이다.

10: 인류가 사냥을 할 때, 처음에는 잡으면 곧바로 죽였으나 나중에는 잡은 동물을 사육하고 번식을 시키며 길들일 수 있게 되었다. 이런 변화에도 이 두 가지, 즉 '충분한 양식'과 '안전의 보장'이라는 전제조건이 필수적이었다.

11: 조괄의 군사가 패하여 병사 40만 명이 무안군武安君에게 항복했다. 무안군이 꾀를 내어 말하기를 "전에 진나라가 상당上堂을 점령한 일이 있었는데, 상당 백성은 진나라로 귀속되기를 싫어하여 조나라로 돌아갔다. 조나라 군사들은 마음을 잘 바꾸기 때문에 모두 죽이지 않으면 뒤에 반란이 일어날지도 모른다"고 했다. 그리하여 그들을 속여 모두 죽이고, 어린아이 240명만 조나라로 돌려보냈다. 이때를 전후로 머리가 잘리거나 포로로 사로잡힌 자가 45만 명이었다. 조나라 사람들은 굉장히 두려워했다(『사기』「조세가趙世家」). 1995년 산시 성山西省 고고연구소 등의 기관에서 이들 유적지 중 영록永錄 1호 유골 구덩이를 발굴한 적이 있었다. 그런데 갱 안의 유골 대부분이 먼저 살해한 뒤에 매장한 것이었다. 추측건대 이들은 전쟁터에서 죽은 조나라 병사들이었을 것이다.(山西省考古研究所等,「長平之戰遺址永錄1號尸骨坑發掘簡報」,『文物』1996, 6期, 33~40쪽 참조.) 생각해보면, 장평長平 전투 유적지는 아직 전면적으로 발굴된 것이 아니다. 영록 1호 유골 구덩이는 아주 조그마한 것에 불과해, 면적이 25㎡에 미치지 못하며 매립된 시신도 130개에 지나지 않는다. 이러한 발견으로는 사마천이 기재한 사실을 증명할 수도, 또 그것을 뒤집을 수도 없다. 혹자는 사마천의 기록을 의심하기도 한다.(王樹新等,「戰國長平之戰新考」, 北京: 軍事科學出版社, 2007, 95~99쪽 참조.) 사마천의 기술 연대는 장평 전투에서 결코 멀리 떨어진 시간이 아니다(260년 전). 그가 7국의 역사를 기술할 때, 진秦나라의 사료가 가장 풍부했으며 진나라는 또 공적을 가장 중시했기 때문에 포로를 참수한 기록을 중요하게 여겼다. 따라서 사마천의 설은 쉽게 부정할 수 있는 것이 아니다. 더구나 항복한 포로들을 구덩이에 넣어 죽

이는 것은 고대에는 아주 보편적이었다. 당시는 그런 식으로 사람을 많이 죽였는데, 이 정도 숫자에만 그친 것이 아니었다. 여기서는 『사기』의 옛 주장을 이용한 것이다.

12: 구덩이를 파서 투항한 병사들을 생매장하는 일은 장수에게도 사실 즐거운 일은 아니었다. 이들은 종종 후환을 두려워했는데 예를 들어 백기白起는 자살하기 전에 이렇게 말했다. "나는 죽어 마땅하다. 장평 전투에서 항복한 조나라 병사 수십만 명을 속여서 산 채로 땅 속에 묻었으니 이것만으로도 죽어 마땅하다(『사기』「백기왕전열전」)." 이광李廣은 점쟁이 왕삭王朔에게 불평을 늘어놓기를, 자신은 지금까지 수많은 전투에 참가했는데, 후작에 봉해질 만한 공을 세운 적이라곤 전혀 없다고 했다. 이에 왕삭이 "장군께서 스스로 생각하시기에 후회할 만한 일을 하신 적이 있는가" 하고 물으니 이광이 답하기를 "내가 농서 태수를 지낼 때 강족이 반란을 일으켰는데, 그들에게 투항을 권유했지만 항복한 800명을 속여서 모두 같은 날에 죽였다. 지금에 이르기까지도 오로지 이것만을 크게 후회한다"라고 했다(『사기』「이장군열전李將軍列傳」).

13: 楊丙安, 『孫子會箋』, 20~21, 31~32쪽 참조.

14: 『毛澤東選集』一卷本(字典紙四卷合訂本), 北京: 人民出版社, 1966, 228~229쪽.

제3편

1: 야전野戰과 공성攻城은 모두 여러 차례 할 수 있으며, 서로 교대로 이루어질 수 있다. 하지만 일반적으로 먼저 야전이 이루어지고 공성은 그 뒤에 이루어진다. 야전에 대한 설명을 끝내고 성곽 공격에 대해 설명을 하는 것이 개괄적인 설명 방식이다.

2: 전쟁이 막바지에 이르면 항복을 받는 것도 아주 복잡한 문제다. 무조건 항복인지 아니면 조건이 달린 항복인지, 그 결과는 굉장히 다르다.(J.F.C Fuller, 『西洋世界軍事史』, 鈕先鐘譯, 桂林: 廣西師範大學出版社, 2004, 3권 524~525쪽 참조.) 제2차 세계대전이

끝나기 전 미국은 계산을 했는데 만약 자기들과 일본이 최후의 결전을 벌인다면 100만 명 정도가 죽는다는 결론이 나왔다. 그래서 소련에게 중국의 둥베이 지방으로 출병을 부탁했다. 미국을 위한 지원을 부탁한 것이다. 그 뒤 미국은 일본에서 원자탄을 투하하고, 일본을 협박하여 무조건항복을 받아냈다. 이것은 미국이 이해한 '전쟁을 하지 않고 적병을 굴복시키는 방법'이었다. J·F·C·Fuller는 이 점에 대해서 안타까워하며 "그것은 정말이지 수지가 맞지 않는 일이었다"고 했다. 첫째, 이 일로 소련과 중국 공산당의 세력이 커졌고, 둘째, 도덕적으로 억울한 누명을 썼기 때문이다. 루즈벨트는 큰 착오를 저질렀다. 그는 '무조건 항복'이 아닌 '조건부 항복'을 말했어야 한다. 몰래 일본 천왕에게 편지를 보내서 "우리는 당신을 전범으로 만들지 않을 것이며 당신의 자리를 유지해 줄 것"이라고 했다면 일본에 그렇게 많은 힘을 소모할 필요가 없었을 것이다. 그는 극단적인 보수주의자여서 소련에 대한 반감이 몹시 심했다. 전후에 미국과 소련은 패권을 다투었는데, 영국이 없었다면 그는 어떤 일이든지 모른 척했을 것이다.

3: 李零, 『兵以詐立-我讀孫子』, 北京: 中華書局, 2006, 120쪽.

4: 유럽에도 이와 유사한 개념이 있다. 예를 들면 로마는 본래 하나의 성이었으나 나중에 통일된 이탈리아 반도의 로마공화국을 가리키는 말이 되었고, 심지어 로마제국이 정복한 모든 지중해 지역을 가리키는 의미로도 '로마'가 사용되었다.

5: "이익을 온전히 하는 것全利"이란 무엇인가? 과거에 나는 '가장 적은 소모로 가장 큰 승리를 가져오는 것'이라고 해석했으나 충분히 정확한 해석은 아니다.(李零, 『兵以詐立』, 121쪽 참조.)

6: 고대에 전쟁이 일어나면 최후에는 대부분 적국의 모든 사람을 죽이고, 도시를 파괴하여 평지로 만들고, 금은보화를 남김없이 약탈하였다. 이러한 전쟁 방식은 현대에는 도덕적인 질책을 받지만, 아직 없어지지는 않았다. 현대의 인류는 도대체 얼마나 문명화된 것일까? 이것은 여전히 아주 중요한 문제다. 제2차 세계대전 때 자행된 독일과 이탈

리아의 파시즘적 폭력이나 일본의 난징학살사건과 '삼광三光정책'은 말할 필요도 없고, 영국과 미국 같은 '문명국가'도 전쟁의 최후에는 군인과 민간인을 모두 죽였다. 유럽에는 드레스덴 폭격이 있었고, 아시아에서는 히로시마·나가사키의 원자탄 폭격이 있었다. 문명적 살인 역시 결국은 살인인 것이다.

7: 이 고성들의 규모는 대략 다음과 같다.

- 조趙나라의 한단성邯鄲城: 3240m×4880m+505㎡
- 중산中山의 영수성靈壽城: 4000m×4500m
- 연燕나라의 하도下都: 4500m×4000m+3500m×3700m
- 정鄭나라와 한韓나라의 고성: 5000m×4500m
- 제나라의 임치성臨淄城: 4500m×4000m+1400m×2200m
- 초나라의 기남성紀南城: 4500m×3500m

(이상 徐宏, 『先秦城市考古學』, 北京燕山出版社, 2000, 146~165쪽 참조.)

이 여섯 개의 성은 모두 사방이 9리를 초과한다. 그 중 연나라 하도와 제나라 임치성은 명·청대의 베이징성과 차이가 거의 없을 정도의 크기이며 그밖에 네 개의 성도 베이징성의 1/4만큼 크다. 베이징성은 동서로 7000m, 남북으로 8000m에 미치지 못했으며 당나라 장안성은 이보다 컸다.

8: 工程兵工程學院, 「中國築成史研究」, 課題組, 『中國築城史』, 北京: 軍事誼文出版社. 최근에 발견된 량주 고성良渚古城의 경우 동서 길이가 1500~1700m, 남북 길이가 1800~1900m이며, 성벽의 두께가 거의 40~60m에 달한다.

9: 전한시기의 도시 총수는 현縣, 도道, 국國, 읍邑 전부를 다 합치면 1587개였다.(『漢書』「百官公卿表上」) 이 숫자는 비교적 안정적이어서 이후에도 크게 증가하지 않았다. 청나라시대의 부府·청廳·주州·현縣은 1700여 개였으며 현재의 현과 시 역시 2300여 개 정도다.

10: 명청 시대 베이징성에서 북성北城은 방어 거점이어서 매우 높고 매우 두터웠으나 높

이는 12m가 안 되고 두께는 22m가 안 된다. 높이와 두께 모두 동주 시대의 큰 성보다 못하다.

11: 전한 시대 국토면적은 400여만 평방킬로미터였고, 인구는 6000만에 가까웠다. 『한서』「지리지地理誌」에는 4만 호 이상의 큰 성들이 7개나 기록되어 있는데 예를 들면 장안성은 8.8만 호로 인구가 24만6200여 명에 달했다. 현대 현성縣城의 인구는 대략 고대의 10배 정도로 생각하면 된다. 큰 현은 100만 이상일 수도 있고, 중간 등급의 현성역시 수십만 명 정도 된다. 인구가 수만 명 정도라면 작은 현에 해당된다.

12: 부월斧鉞은 고대의 병기로, 큰 도끼 모양인데 구멍이 있어 긴 자루柄(손잡이)를 달아서 잡는다. 월鉞과 부斧는 형벌과 권력을 상징하기도 한다.—옮긴이

13: 원문의 일부 글자와 표점을 鄔錫非注譯, 『新譯 六韜讀本』(三民書局, 民國85년)에 의거하여 바꾸고 번역했다.—옮긴이

-제2부-

제4편

1: 이 다섯 구절은 아마도 『손자』에 근거한 말로, 여기가 아니라 뒤편 제3부에 나오는 「군쟁」 등 5편에 근거한 것이다.

2: 예를 들어 「허실」 편에서 "그러므로 전쟁兵에는 항상 일정하게 유지되는 세勢가 없다. 물이 항상 일정하게 유지되는 형태가 없는 것과 같다"라고 했는데, 이는 곧 물을 가지고 세를 비유한 것이다.

3: 예를 들어 「계」 편의 이른바 '시형示形'이 그런 뜻이다. '보이는' 형태는 모두 '볼 수 있는' 형태다. 시示와 시視는 그 근원이 같다.

4: 여기서 '재기在己(나에게 있다)'와 '재적在敵(적에게 있다)'은 단지 원칙상의 이야기로서, 실제로는 전쟁을 준비하는 것 역시 대응적인 성격이 강하며 결코 일방통행식의 일이 아니다.

5: 클라우제비츠, 『전쟁론』, 제1권 14쪽, 제2권 476~479쪽 참조.

6: 李零, 『孫子13編綜合硏究』, 北京: 中華書局, 2006, 426~429쪽.

7: 「형」 편과 「세」 편에서 '형'과 '세'를 전문적으로 논하고 있지만 '형'과 '세'의 개념이 여기서 처음으로 나타나는 것은 아니다. 「계」 편의 두 번째 장이 '형'을, 세 번째 장이 '세'를 이미 설명하고 있다. 저자는 '오사칠계五事七計'에 대한 설명을 마치고 나서 다른 한 장을 들어 "이득을 헤아려서 들어주어야만 세를 만들어 적지에서의 작전을 도울 수 있다. 세라는 것은 이득으로 변화를 제어하는 것이다"라고 했다. 사실 "이득으로 변화를 제어한다因利而制權也"라는 문구의 '이利(이득)'가 바로 '형形'이고 '권權(변화)'이 바로 '세勢'다. 즉 '형'과 '세'를 구분하고자 할 때 분명한 것은 '형'은 '세'의 기초이고 '세'는 '형'의 발휘라는 사실이다.

제5편

1: 李零, 『兵以詐立-我讀孫子』, 北京: 中華書局, 2006, 184~191, 223~225쪽.

2: 魏立德, 「關於孫子兵法中的數理邏輯」, 『孫子新探-中外學者論孫子』, 北京: 解放軍出版社, 1990, 122~130쪽.

3: 이하 조조의 세 문장은 曹操, 『曹公新書』의 문장이다(『唐太宗李衛公問對』 상권에서 재인용).

4: 린뱌오林彪는 중국 당대 최고의 전술가였다. 랴오선遼沈 전투에서 그가 내린 결단은 '일점양면一點兩面'과 '삼삼제三三制'였는데, 이것이 바로 고대 중국의 '기정奇正의 전술'

이었다. '일점'이란 주요 공격점과 돌파구를 뜻하는데 이것이 '기'에 해당된다. '양면'은 '일점'과 대립하는 것으로 포위, 우회하는 전략이다. 적게는 양면이지만, 양면에 한정하지 않고 삼면三面, 사면四面도 가능하다. '삼삼제'는 공격 시의 대형으로 고대의 '삼법參法' 또는 '삼재진三才陣'과 흡사하다.

5: 인췌산 한간 「세비勢備」 편에는 '세勢'에 대해 다음과 같은 설명이 있다. 활과 쇠뇌를 "가슴과 어깨 사이에서 발사하면 백보 바깥의 사람도 죽일 수 있으나, 그것이 지나가는 길을 알 수는 없다." 이는 여기서 말한 비유와 매우 흡사하다.

6: 랴오선遼沈 전투에서 린뱌오가 정리한 '사쾌일만四快一慢'은 "세는 마치 시위를 당긴 쇠뇌와 같고, 절은 마치 그것을 쏘는 것과 같다"에 속한다. '사쾌四快'는 '준비가 빨라야 하고, 전진이 빨라야 하고, 전과戰果 확장이 빨라야 하고, 추격이 빨라야 한다'는 것이다. '일만一慢'은 '이미 방어 준비가 완성된 적에 대한 공격 개시 시간은 늦어야 한다(충분히 준비한 후에 다시 공격한다)'는 것이다.

7: 李零, 『孫子13編綜合研究』, 北京: 中華書局, 2006, 430~431쪽.

8: 죽간본에는 '기전인야其戰人也'라는 구절이 없다. 고서 인용문을 보면, 『通典』 권154의 인용문은 현행본과 같으며 『御覽』 권270에서는 "그러므로 사람을 잘 싸우게 하는 세故善戰人之勢"라고 인용되어 있다. 각 책에서 모두 '전인戰人'이라고 했지 '전민戰民'이라고 하지 않았다.

9: 李零, 『兵以詐立- 我讀孫子』, 193~198쪽 참조.

제6편

1: 『唐太宗李衛公問對』, 卷中.

2: 『毛澤東選集』 一卷本, 字典紙四卷合訂本 北京: 人民出版社, 1966, 417~418쪽, 462쪽.

3: '선先'은 주도권과 관련이 있다. 일반적으로 생각하기에 "선성탈인先聲奪人(먼저 소리를 지르면 상대의 기세를 꺾을 수 있다)" 혹은 "선발제인先發制人(먼저 나가면 상대를 제압할 수 있다)"이라는 말이 있는데, 이는 편리한 위치를 선점할 수 있기 때문이다. 하지만 어떤 상황에서는 이와 정반대가 되기도 하는데, 『좌전左傳』에서는 「군지軍志」를 인용하여 이렇게 말했다. "먼저 시작한 사람은 상대의 마음을 꺾지만, 나중에 시작한 사람은 그가 쇠약해지기를 기다린다(『左傳』 문공7년, 선공12년, 소공21년)." 이는 "선성탈인先聲奪人"의 근거이기도 하다. 한편 "선발제인先發制人"은 항량項梁의 말로서, 항량은 "먼저 나가면 상대를 제압할 수 있지만, 나중에 나가면 상대에게 제압당한다(『漢書』「陳勝傳」)"고 했다. 그런데 이는 원래 『손자』에서 나온 말로, 「허실」편에 "대개 먼저 전쟁터에 가서 적을 기다리는 자는 여유롭고, 나중에 전쟁터에 도착한 자는 피곤하다"고 했는데 이 문장이 바로 선발제인의 출전이다.

4: 李零, 『孫子13篇綜合研究』, 北京: 中華書局, 2006, 431~432쪽.

5: 李零, 『兵以詐立-我讀孫子』, 北京: 中華書局, 2006, 208~209쪽 참조.

6: 王國維, 「生覇死覇考」 『王國維遺書』, 上海: 上海古籍書店, 1983, 제1책: 『觀堂集林』 권1, 1~4쪽.

7: 李零, 『兵以詐立-我讀孫子』, 212~213쪽 참조. 이 책에서 인용한 졸작 「주원에서 새로 획득한 갑골문을 읽고讀周原新獲甲骨」는 당시 아직 출간이 되지 않았다. 현재는 베이징대 중국고고학연구 등이 공역한 『古代文明』 제5권(北京: 文物出版社, 2006, 197~203쪽)에 실려 있다. 과거에 나는 2003년 주공 묘 유적지周公廟遺址의 발견에 근거하여 '3점6단三點六段'설을 제기했다. 당시 새롭게 발견된 월상月相의 명칭은 아직 '재사패'뿐으로 문헌에 기재된 재생패, 방생패, 그리고 방사패는 발견되지 않았다. 다만 나중에 그곳에서 또 몇 무더기의 갑골문이 출토되었는데, 그 가운데 이러한 월상들이 들어 있어서 '3점6단'이 분명히 고대의 제도였다는 사실을 증명할 수 있었다. 여기서는 이미 발표

한 문장의 기본적인 관점을 다시 소개한 외에 금문에 회일晦日이 아직 발견되지 않은 점에 대해서 약간의 보충을 했다.

[하下] 실전편

-제3부-

제7편

1: 『毛澤東選集』一卷本, 北京: 人民出版社, 1966, 225쪽.

2: 李零, 『兵以詐立—我讀孫子』, 230쪽 참조.

3: 삼장군三將軍은 전 군대의 총책임자主將를 말함. 요즘의 총사령관.—옮긴이

4: 상장군上將軍은 선두 부대의 장교將領다. 고대에 제후는 횡대나 종대로 상군, 중군, 하군을 거느렸는데 이를 삼군이라 함. 여기서 상군은 맨 앞에서 진격하는 부대를 말한다.—옮긴이

5: 예를 들면 『열자列子』의 「설부說符」(軍正), 『사기』의 「사마양저열전司馬穰苴列傳」(軍正)과 「대완열전大宛列傳」(軍正) 그리고 『한서』 「예문지」 병서략(軍政)에 이와 같은 용례가 있다.

6: 기정奇正이란 그 뜻이 매우 넓다. 일반적으로 중국 고대에 군대에서 사용하는 전투작전을 말할 때 기괴한 변법變法을 '기奇'라 하고 정상적인 상법常法은 '정正'이라 불렀다. 또 부대를 방어하는 것을 '정', 부대를 기동하는 것을 '기'라 불렀다. 정면 공격을 '정', 측면 공격을 '기'라고 부르기도 했다.—옮긴이

7: 李零, 『兵以詐立—我讀孫子』, 247~249쪽. 한글 번역본 『전쟁은 속임수다』(김승호 역, 글항아리, 2012)는 549~551쪽에 상세한 논의가 있다.

8: 『사마법司馬法』「천자지의天子之義」에서 더 간략하게 설명했는데 "옛날에는 달아나는 적을 멀리까지 쫓지 않고, 철수하는 군대는 뒤쫓아 따라가지 않았다古者逐奔不遠, 縱綏 不及"고 했다.

제9편

1: 여기서 '처척택處斥澤'의 뜻은 '습지에서 행군하다', 혹은 '습지에서 처신하다'(이민수 역해, 『손자병법』, 혜원출판사, 1996, 171쪽 참조)가 더 어울릴 것 같으나, 리링은 '처處'를 '숙영' 혹은 '주둔'으로 해석할 것을 고집하기 때문에 '습지에서 숙영하다'로 번역했다. 이렇게 번역하면 바로 앞의 문장 '신속히 빠져나가 그곳에 머무르지 말아야 한다唯亟去 無留'와 모순이 되는 것 같으나, 일단 리링의 해석에 따른다.—옮긴이

2: 황제黃帝: 중국 고대의 군주로 전설상 중원 지방 각 부족의 공통 시조다. 성은 공손公 孫, 이름은 헌원軒轅.—옮긴이

3: 클라우제비츠, 『전쟁론』제2권, 中國人民解放軍軍事科學院譯, 北京: 商務印書館, 1978, 469~473쪽.

4: 인췌산 한간 『오손자吳孫子』일편佚篇 중「지형형이地刑形二」라는 편이 있는데 여기에도 이 구절이 나온다. "오른쪽과 뒤로 산과 언덕을 지고 앞쪽과 왼쪽으로 물과 연못이 있어야 한다右負背山陵, 前左水澤"고 되어 있는데 부負와 배倍는 모두 '배背'로 읽어야 한다. 물과 연못은 출구이며 산과 언덕은 의탁할 곳이다. 이 편의 죽간본 문장을 보면 이 말이 『손자병법』일편에서 나온 것임을 증명할 수 있다.

제10편

1: 뒤의 세 지형에 대해서 정의를 내리지 않은 이유에 대해 어떤 사람은 탈문脫文이 있다
고도 하는데 확실치 않다. 이 세 지형의 의미는 글자만 보아도 이해가 되기 때문에 해
석이 필요치 않다고 판단했을 가능성이 크다.

2: 천天·지地·인仁의 세 가지 도 가운데 사람에 대해서 말하자면 아무래도 천도天道는
멀고 지도地道는 가깝다. 옛말에 "인도는 병법 보다 먼저다人道先兵"("『할관자鶡冠子』「근
질近迭」)라고 했는데, 병법은 인도人道에 속하며 당연히 지도地道와 가장 가깝다.

3: 영어의 army는 '육군'이기도 하고 '군대'이기도 하다. 고대의 군대는 주로 육군이었다.
당시 해군(수사水師 혹은 주사舟師라 했다)은 있었지만 공군은 없었으며, 전차병과 보
병, 기병騎兵은 모두 육군에 속했다. 지금은 무기가 크게 발달하여 각 국가에 육해공
삼군이 있으며 심지어 사람들은 "넓은 바다에서 물고기가 솟구치듯 하고 높은 하늘
에서 새가 나는 듯한" 우주비행기술까지 이루어냈다. 그러나 한 가지 간과해서는 안
되는 것은, 오늘날에 이르러서도 육군은 여전히 군사력의 요체로서 존속한다는 점이
다. 사람들이 눈을 하늘과 바다에 두면서도 육지를 보는 것은 마치 매가 하늘을 선회
하면서도 여전히 지상의 토끼를 주시하는 것과 같다. 육지의 중요성은 지금도 소홀히
할 수 없다.

4: 유방이 함양咸陽에 진입하자 소하蕭何는 곧바로 진나라 조정의 당안관檔案館(공문서
관리소)으로 달려가 먼저 '도서圖書'를 빼앗았다(『사기』「소상국세가蕭相國世家」). 여기
서 '도圖'는 대부분 지도를 가리킨다.

5: 古越·張陽, 『粟裕兵法』, 上海: 東方出版中心, 2007, 237, 252~254쪽 참조.

6: 『좌전』 인용문의 번역은 정태현 역주의 『춘추좌씨전 6』(전통문화연구회, 2009) 참고.
　—옮긴이

7: 楊寬, 『西周史』, 上海: 上海人民出版社, 1999, 693~715쪽.

8: 沈家本, 『歷代刑法考』 제4책, 北京: 中華書局, 1985, 1753~1766쪽.

제11편

1: 전선의 개념은 둘로 나뉜다. 첫째는 정면 대 정면으로 단일한 방향의 최전방과 종심縱深의 개념이다. 둘째는 정면에 측면과 후면을 더하여 2차원적인 외선外線과 내선內線의 개념이다.(외면부터 포위하여 진격하는 것을 '외선작전', 안에 숨어서 방어하는 것을 '내선작전'이라 한다.) 「구지」 편의 앞 여섯 지역은 첫째 개념에 속하고(저자는 '주객主客'과 '심천深淺'이라는 개념을 사용) 「구지」 편의 마지막 두 종류 지역은 둘째 개념과 관련이 있다.

2: 인췌산 한간 『지전地典』에 다음과 같은 구절이 있다. "성읍을 배후에 두고 전쟁하면 장차 여단의 군관尉旅를 얻게 된다. 仳(背)邑而戰, 將取尉旅"(0648) "성읍을 배후에 두고 전쟁하면 장차 여단의 책임자旅主를 얻게 된다. 仳(背)邑而戰, 得其旅主"(0545). 이것을 보면 '배후에 성읍이 많은 것背城邑多'도 좋은 일이다.

3: '범氾'은 송본宋本에는 '이圯'로 되어 있다. 이圯는 다리橋다.(예를 들어 '다리 아래 노인圯下老人'의 이圯) 그러나 옛 주석을 보면 이를 비圮자('허물다毁'라는 의미)로 보고 해석했는데, 예컨대 가림賈林과 매요신梅堯臣은 "물로 무너진 땅水毁之地"이라고 설명했다. 그러나 죽간본에는 '범지泛地'로 되어 있다. '범氾'은 '범泛'의 다른 쓰기방식이므로, 추측컨대 이 글자는 본래 '범氾'이었는데 후대에 잘못하여 '비圮' 혹은 '이圯'로 된 것 같다.

4: 「군형」 편에 '昔之善戰者'라는 구절이 나온다.—옮긴이

5: 전제와 조귀는 모두 그 용맹함이 세상에 알려진 춘추 시대 인물들이다. 전제는 오나라 사람으로, 기원전 515년 오공자吳公子 광光(훗날의 합려闔閭)이 오왕을 시해하고 자신

이 왕위에 오르려고 연회를 베풀어 오왕 요僚를 초대했는데, 전제가 물고기 뱃속에 칼을 숨겨 두었다가 요를 시해하고 자신도 살해되었다. 조귀(이름은 조말曹沫)는 노나라 사람으로, 노 장공과 제 환공이 가柯지방에서 회맹할 때에 조귀가 칼을 가지고 제 환공에게 맹약을 체결하도록 위협하여 제나라에게 빼앗긴 땅을 수복하는 데 공을 세웠다.—옮긴이

6: 馬承源 주편, 『上海博物館藏戰國楚竹書』4, 上海: 上海古籍出版社, 2004, 239~285쪽.

7: 한 문제의 이름이 유항劉恒이다.—옮긴이

8: 원서에는 "강을 건너면 배를 불사르고, 밥을 먹고 솥을 깨부수듯이 한다焚舟破釜"는 부분이 누락되어 있는데 여기서는 보충하여 번역했다.(中華書局, 『孫子兵法新注』「十一家注孫子」 참조)—옮긴이

9: 저자(리링)는 '在於順詳敵之意'를 "적의 의도를 분명하게 파악한다"고 풀이하는데, '詳' 자는 '佯'과 통한다고 보아 "거짓으로 따르는 체한다"고 풀이되기도 한다.—옮긴이

제8편

1: 李零, 『孫子13篇綜合研究』, 北京: 中華書局, 2006, 241쪽. 여기의 글자 수는 모두 중복된 문장을 제하고 셈한 것이다.

2: 이 두 개의 주석은 모두 「구변」 편 제목 아래에 있다.

3: 이 두 개의 주석은 모두 '不能得人之用矣' 아래에 있다.

4: 李零, 『孫子13篇綜合研究』, 364~367쪽.

1: 옛사람들은 '사람'을 강조했으며 이는 '무기'가 발달하지 못한 점과도 관련이 있다. 하지만 발달하지 못한 것이 사물의 본질을 훨씬 더 잘 드러내기도 한다.

2: 중국혁명군사박물관에 가서 한번 참관하는 것도 좋을 듯하다. 그곳에 가보면 현대사의 유물이 진열된 전람관에서도 여전히 큰 칼과 긴 창을 볼 수 있을 뿐만 아니라 석기시대의 무기인 돌과 몽둥이도 역사의 무대에서 물러나지 않았음을 발견하게 된다.

3: 옛사람들은 쇠뇌弩를 '노怒(성내다)'로 풀이하고, 포炮를 '포抛(던지다)'로 풀이했다. 쇠뇌는 발사틀弩臂과 발사장치弩機로 화살을 쏘는 활이고 대포는 돌덩이나 불덩어리를 던지는 기계다. 이것들은 현대의 총과 대포의 전신이라 할 수 있다.

4: 옛사람들이 말하는 '병兵'은 단지 창과 방패, 칼 등의 종류에만 한정된 병기(공격형 무기)로, 갑옷과 투구, 방패, 해자, 보루, 성곽 등(방어형 무기)은 포함되지 않았다. 반면 서양의 '무기weapon'는 두 종류를 모두 포함한다.

5: 영어의 'fire'에도 '화력(명사)', '사격하다(동사)', '포를 쏘다(동사)' 등의 뜻이 포함되어 있다.

6: 『孫子13篇綜合硏究』, 437쪽 참조.

7: 『춘추』 환공 7년에 "함구에 불을 놓았다焚咸丘"라고 했다. 이에 대해 『춘추공양전』과 『춘추곡량전』 2전에서 '분焚'은 '화공火攻'이라 했는데 정확한 것은 아니다. 그것은 짐승을 몰아서 숲을 태우는 방식이었을 가능성이 높으며 분명히 군사적 의미에서의 화공은 아니다.

8: 『묵자』 12공攻에는 '수水'는 있고 '화火'는 없는데 이것은 매우 이상하다. 현행본의 글자가 잘못된 것은 아닌지 의심스럽다. '수水' 뒤의 '혈穴'이 '화火'의 오자誤字일 가능성이

있다.(李零,『兵以詐立-我讀孫子』, 145~147쪽 참고.)

9 사수四宿는 28별자리 중 4가지 별 자리를 말한다. 고대 천문학자들은 달이 이 네 별자리를 통과할 때 바람이 많이 분다고 생각했는데 이는 경험에 따른 판단으로서, 과학적인 근거는 없다.─옮긴이

10: 李零,『兵以詐立-我讀孫子』, 340~346쪽.(『전쟁은 속임수다』, 758~768쪽 참조.)

11: 楊炳安,『孫子會箋』, 鄭州: 中州古籍出版社, 1986, 192~193쪽.

12: 옛말에 성곽에 물을 흘려보내는 것이 군대에 물을 흘려보내는 것보다 어렵다고 했다. "군대에 흘려보내는 물은 순조롭고 신속하지만, 성곽에 흘려보내는 물은 점차적이고 더디다. 신속하면 적이 미처 방비하지 못하지만, 더디면 적이 스스로 방비할 수 있다(『三國志演義』 제74회, 毛宗崗評)."

제13편

1: '간間'자에는 원래 '월月'자가 들어 있었는데(즉 閒), 간략하게 변하여 間이 된 것이다.

2:『설문해자』「문부門部」에 소개된 고문의 서법書法을 보면 '간間'자는 본디 '문門'자와 '외外'자로 이루어졌다. '외外'와 '월月'은 모두 음가를 나타낸 부분이다.

3:『좌전』의 장공莊公 28년, 희공僖公 25년, 애공哀公 11년 기록을 참조.

4: '첩諜'자는『좌전』의 환공桓公 12년, 장공莊公 28년, 희공僖公 25년, 선공宣公 8년, 성공成公 16년, 애공哀公 원년, 11년, 16년을 참조할 것. 또『국어』「진어晉語 4」및『주례』의「환인環人」「사사士師」「장륙掌戮」을 참조.『사기』「회남형산열전淮南衡山列傳」에 '중형中詗'이라는 단어가 나오는데,『색은索隱』에서는 맹강孟康의 말을 인용하여 "형詗의 음音은 정偵이다. 서쪽 사람들은 반간反間을 정偵이라 한다"고 했다.

5: 주준성朱駿聲(1788~1858)이『說文通訓定聲』「謙部」에서 이를 인용하면서 "작은 것은

간閒이라하고, 큰 것은 첩諜이라 한다小曰閒, 大曰諜"고 했다는 데서 이미 '강講'을 '첩諜'으로 읽었음을 알 수 있다.

6: 거의 모든 영문 번역본이 반간反閒을 이중간첩(double spies 혹은 double agents)으로 번역한다.

7: 미국에는 CIA와 FBI, 영국에는 비밀정보국, 소련에는 KGB가 있다. 중국의 정보조직은 국민당에는 중통中統(뒤에 '당통국党通國'으로 개칭)과 군통軍統(뒤에 '보밀국保密國'으로 개칭)이 있고, 공산당에는 특과特科가 있다.

8: 예를 들어 1930년대에 중국의 '공농홍군工農紅軍'을 영도한 독일인 오토 브라운Otto Braun은 처음에 모두가 코민테른에서 파견된 인물로 생각했으나 나중에 아니라는 사실이 밝혀졌다. 조사된 바에 따르면 그는 소련군 총참모정보부에서 파견된 인물로, 유명한 공산주의 간첩 리하르트 조르게Richard Sorge의 팀에 속해 있었다. 또 다른 예로 중미합작소中美合作所가 있는데, 이 역시 미국 해군참모부 정보부서와 국민당의 정보기관인 군통이 합작한 것이다.

9: 설령 평화의 시기라 해도, 혹은 '민주국가'일지라도 이러한 내부 감시는 여전히 존재한다. 단지 은폐되어 있을 뿐이다. 예를 들어 도청은 매우 보편적인데, 특히 각종 '비상시'에는 더욱 그렇다. 이전의 매카시즘 시대에나, 나중에 등장한 '미국식 반테러리즘'에서도 도청은 매우 중시되었다.

10: 李零, 『兵以詐立-我讀孫子』, 367~368쪽.(『전쟁은 속임수다』, 811~813쪽 참조.)

11: 주봉갑의 책은 체계도 좋지 않고 수집도 불완전하다. 최근에 주봉갑의 『간서』(楊易唯 編譯, 南寧: 廣西人民出版社, 2007)가 편역 출판되었는데, 편역자는 이 책을 "중국고대에서 첫째가는 간첩 기서奇書이자 세계 제일의 간첩 연구 전문서적"이라고 평가했으나 이는 다소 과장되었다. 사실은 이전에 이미 『손자』「용간」편이 이 있을 뿐만 아니라 『무경총요武經總要』의 「간첩」「용간」「용첩用諜」편 등이 있었다.

12 : 국민당의 '간첩왕' 다이리戴笠는『손자』「용간」편을 매우 좋아했다고 한다. 다만 그
　　가 진정으로 흠모한 것은『삼국지연의』에 등장하는 제갈량이었다(魏斐德,『間諜王
　　-戴笠與中國特工』, 梁禾譯, 南京: 鳳凰出版傳媒集團·江蘇人民出版社, 2007, 318∼
　　319쪽). 국민당은 방회幇會(민간결사조직)를 기반으로 일어났다.(장제스蔣介石와 다이리
　　는 모두 방회 경력을 가지고 있었다.) 그들의 특무 조직은 처음에 상하이의 방회를 이
　　용했기 때문에 의협심을 내세우는 호탕한 분위기를 띠었는데, 나중에 러시아와 구미
　　의 특무조직의 영향을 받아 비로소 점진적으로 현대화되었다(馬振犢,『國民黨特務
　　活動史』, 北京: 九州出版社, 2008년 참조). 1948년부터 1949년 사이에 국민당은 산
　　이 무너지듯이 전쟁에 패했는데, 전쟁터에서 뿐만 아니라 간첩전에서도 패배했다.

13 : 예를 들면『전국책戰國策』「조책사趙策四」에 진나라에서 왕전王翦을 시켜 월나라를 공
　　격한 이야기,「연책 2燕策二」의 창국군昌國君 낙의樂毅가 연燕 소왕昭王을 위해서 다섯
　　나라의 병사를 합하여 제나라를 공격한 이야기,『사기』의「연소공세가燕召公世家」「전
　　경중완세가田敬仲完世家」「진승상세가陳丞相世家」「소진열전蘇秦列傳」「백기왕전열전
　　白起王翦列傳」「위공자열전魏公子列傳」「범저채택열전范雎蔡澤列傳」「낙의열전樂毅列傳」
　　「염파린상여열전廉頗藺相如列傳」「전단열전田單列傳」 등을 들 수 있다.

14 : 李零,『孫子13篇綜合硏究』, 北京: 中華書局, 2006, 438쪽 참조.

15 :「봉신방封神榜」에 나오는 강노령姜老令, 강태공姜太公, 강상姜尙, 강자아姜子牙가 바로
　　이들인데 이런 이름들은 모두 속칭이다. 고대 남성들은 성씨로 부르지 않았으며 고
　　서에서도 이렇게 부르지 않는다.

16 :『한서』「예문지」제자략에 소설류인「이윤설伊尹說」과「죽자설鬻子說」이 있는데, 이 역
　　시 이러한 종류의 이야기에 넣을 수 있을 것이다.

17 : 李零,『孫子13篇綜合硏究』, 438∼440쪽 참고. 이에 대한 고증은 맨 처음「讀孫子札
　　記」에 발표했다. 이 글은 1989년 4월에 집필하여 그 해 손자병법 국제학술토론회(山

東惠民, 1989년 5월22-25일)에서 발표했으며, 『孫子新探-中外學者論孫子』(北京: 解放軍出版社, 1990년 2월, 189~206쪽)에 수록되었다. 吳九龍 등이 펴낸 「孫子校釋」(北京, 軍事科學出版社, 1990년 9월, 249쪽)에도 이러한 문제들을 언급했는데 이는 앞의 논문이 나온 뒤다.

18: 송본 『십일가주손자』의 부록 「十家注孫子遺說并序」에서 인용.

19: '[□之興也, □]率師比在陘'이라는 말은 고찰해볼 필요가 있다. "연나라가 흥한 것은 소진이 제나라에 있었기 때문이다燕之興也, 蘇秦在齊"라는 문장에서 연燕자 앞에 구두점이 있다.

유일한 규칙唯一的規則

1판 1쇄 l 2013년 9월 23일
1판 2쇄 l 2017년 11월 21일

지은이 l 리링
옮긴이 l 임태홍
펴낸이 l 강성민
편집장 l 이은혜
편집 l 박은아 곽우정 김지수 이은경
편집보조 l 임채원
마케팅 l 이숙재 정현민
홍보 l 김희숙 김상만 이천희
독자모니터링 l 황치영

펴낸곳 l (주)글항아리 출판등록 l 2009년 1월 19일 제406-2009-000002호

주소 l 10881 경기도 파주시 회동길 210
전자우편 l bookpot@hanmail.net
전화번호 l 031-955-8891(마케팅) l 031-955-1934(편집부)
팩스 l 031-955-2557

ISBN 978-89-6735-071-0 03100

·글항아리는 (주)문학동네의 계열사입니다.

·이 도서의 국립중앙도서관 출판시도서목록(CIP)은 e-CIP홈페이지(http://www.nl.go.kr/ecip)와
국가자료공동목록시스템(http://www.nl.go.kr/kolisnet)에서 이용하실 수 있습니다.
(CIP제어번호: CIP2013016781)